21世纪数量经济学方法论与应用丛书

季节时间序列理论与应用

杜勇宏　王　健　著

南开大学出版社
天津

图书在版编目(CIP)数据

季节时间序列理论与应用 / 杜勇宏,王健著. —天津:南开大学出版社,2008.6

(21世纪数量经济学方法论与应用丛书)

ISBN 978-7-310-02930-3

Ⅰ.季… Ⅱ.①杜…②王… Ⅲ.时间序列分析 Ⅳ.F224

中国版本图书馆CIP数据核字(2008)第070514号

南开大学出版社出版发行

出版人:肖占鹏

地址:天津市南开区卫津路94号 邮政编码:300071

营销部电话:(022)23508339 23500755

营销部传真:(022)23508542 邮购部电话:(022)23502200

*

天津泰宇印务有限公司印刷

全国各地新华书店经销

*

2008年6月第1版 2008年6月第1次印刷

787×1092毫米 16开本 14.875印张 375千字

定价:30.00元

如遇图书印装质量问题,请与本社营销部联系调换,电话:(022)23507125

国家社会科学基金项目

非经典计量经济学理论方法研究

（2003 年度一般项目，批准号 03BJY014）

总　　序

改革开放20多年来，数量经济学在我国迅速发展起来，并在研究实际经济问题中得到广泛应用。国家信息中心、中国社会科学院、教育部的重点科研基地中都设有数量经济学的专门研究机构。1998年7月教育部高等学校经济学科教学指导委员会首次将计量经济学列入经济类各专业本科生的课程，时至今日大多数学校的经济类各专业硕士生和博士生都把计量经济学列为必修和必选课程。随着我国经济体制从社会主义计划经济向社会主义市场经济的全面转变，数量经济学在研究经济问题中必然发挥越来越大的作用。采用定性与定量相结合的方法研究经济问题是今后的必然趋势。

客观地认识与科学地表述经济规律是历代经济学与计量经济学工作者的奋斗目标。然而经济活动的多因素性、随机波动性、事件发生的不可逆性以及时间序列的非平稳性一直影响着经济学的科学化进程。经济学与自然科学的一个最大不同点就是无法创造出其他因素不变的理想经济环境。自然科学中的变量常遵循函数关系，但对于经济问题却没有函数关系可言，只能建立统计模型。随着计量经济学的诞生，人们借助数学、统计学知识分析和预测经济问题。虽然这只有几十年的时间，却超过了经济学数百年积累起来的文字分析水平。最近几年，诺贝尔经济学奖的获得者中大部分都是因研究计量经济学或用计量经济学方法研究实际经济问题取得重大突破而获奖的。

自20世纪70年代至今是数量经济学在世界范围内大发展的时期，如在时间序列模型，离散选择模型，动态参数模型，状态空间模型，单整、协整、分整理论，面板数据应用，非参数估计，结构突变分析，非平稳季节时间序列的处理，广义矩法，金融计量分析，蒙特卡罗模型，自举模拟，分形理论，灰色系统，包络分析，遗传算法，神经网络分析等领域都取得了丰硕的研究成果。

目前数量经济学在我国的研究与应用和世界水平相比还存在着一定差距，还需要我国的数量经济学工作者努力奋斗、扎实工作，进一步深入、扩大国际间的学术交流，缩小与世界计量经济学水平的差距，并最终赶上世界计量经济学水平。

为了把国外的研究成果尽快介绍到国内来，为了更快地普及数量经济理论与方法并应用于实际经济问题的分析，为进一步提高我国数量经济学的学术水平，我们撰写、编辑了这套数量经济学丛书。编委会计划推出10本著作，它们是：《非参数计量经济学》，《宏观计量的若干前沿理论与应用》，《协整理论与应用》，《经济数量分析》，《可计算一般均衡模型——理论、方法与应用》，《中级计量经济学》和《EViews 使用指南》，《STATA 在统计与计量分析中的应用》，《季节时间序列理论与应用》，《面板数据的计量经济分析》。其中有些著作偏重于理论和方法的介绍，有些偏重于实际应用，通过案例向读者展示怎样在经济问题的分析中应用这些知识，还有一些著作是学习计量经济学的基本用书。这些著作的共同特点是知识结构新，反映计量经济学中某一方面的最新发展状况，并包含作者自己的研究成果。今后随着时间的推移，我们还将进一步推出更多、更好的有代表性的学术著作。

希望这套丛书能够为从事实际经济问题研究，计量经济学理论研究，数量经济学教学、学习的读者在掌握数量经济学理论与方法方面有所帮助。

读者对这套丛书有什么意见，可以随时反映给我们。书中若有不妥或错误之处，敬请广大读者批评指正。

张晓峒

2007 年 10 月

电子邮箱：nkeviews@yahoo.com.cn

前　言

经济指标是由一系列具有不同周期的、不可直接观测的要素（诸如长期趋势要素、循环要素、季节变动要素和不规则要素等等）组成。自19世纪以来，经济学家对时间序列中所包含着的季节性进行专门的分析。季节性是一个系统的但不必是不变的或完全规则的年度内的运动，它是由气候变动、宗教节日、商业实践及预期等各种原因引起的年度内的周期性变动。季节性包含有反映序列自身短周期波动信息以及序列之间关系的信息，是整个经济系统的有机组成部分，它的作用是不容忽视的。尽管季节时间序列早已成为计量经济学的一个重要分支和研究主题，但是在我国对它的研究和应用还相对滞后。而经济和金融的许多理论和现实问题又对季节性时间序列分析提出了迫切的要求。如果本书的出版能为推动和促进季节时间序列理论和应用在我国的深入发展尽一点绵薄之力，我们将感到欣慰。

本书是国内第一本系统地对季节时间序列进行介绍和研究的专著。全书共分为七章。第一章首先展示了时间序列中季节特征的多样性以及不同的季节模型，回顾了季节时间序列理论的发展历程。在随后各章中，对各种季节模型进行了详尽的介绍。其中，第二章介绍了SARIMA模型；第三章介绍了季节模式的常用检验方法；第四章介绍了季节调整方法的原理；第五章介绍了多变量季节模型；第六章介绍了周期性过程；第七章介绍了非线性季节模型。在介绍基本理论时，本书给出了一些应用案例。本书是适用于经济、管理类教师、研究者和研究生的参考读物，要求读者有时间序列分析的基础。

本书的前身是作者在南开大学张晓峒教授主持的国家社会科学基金项目《非经典计量经济学的理论方法研究》中的子项目《季节性时间序列的单整与协整分析》的总结。我们在阅读现行大量季节时间序列文献的基础上，对其进行了整合。这项工作并非一件轻松的事情，我们虽然为此付出了艰苦的努力，但是由于水平有限，书中难免仍可能存在理解不准确甚至错误的地方，对此应由作者负责，我们恳请读者批评指正。

全书大量引用了许多著名计量经济学家和学者的研究成果，也正是这些研究成果构成了本书的精华。对此，谨表由衷的感谢和敬意！作者特别感谢张晓峒教授，正是他的指导，本书才得以成稿。在写作过程中，作者还得到栾惠德博士的帮助，对此一并表示感谢。

杜勇宏　王　健

2007年2月于天津

目 录

第一章 总 论……1
第一节 季节时间序列的多样性……1
第二节 季节时间序列模型……5
一、季节 ARIMA 过程……5
二、周期性过程……7
三、非线性季节模型……8
第三节 季节性时间序列理论发展概览……10
一、早期观点……10
二、季节调整理论……11
三、最新观点及研究前沿……12
第二章 季节 ARIMA 模型……15
第一节 基本概念……15
第二节 季节 ARIMA 模型的类别……17
一、自回归移动平均乘积性季节模型……18
二、确定性季节时间序列……22
三、季节性单整过程……26
第三节 非平稳性的误设定……31
一、趋势平稳（TS）与差分平稳（DS）……31
二、确定性季节性与季节性单整……37
第四节 季节 ARIMA 模型的建立与预测……43
一、数据的平稳性检验……43
二、SARMA 模型的识别、估计和检验……44
三、预测……47
第五节 案例：美国国际航空公司旅客客票数的乘积模型和组合模型……48
第三章 季节模式的假设检验……53
第一节 确定性季节性的假设检验……53
一、Canova-Hansen 检验……53
二、Caner 检验……57
三、Tam-Reinsel 检验……58
四、一些评论……60
第二节 季节单整的检验……61
一、Dickey-Hasza-Fuller 检验……61
二、HEGY 检验……63

三、Kunst 检验……71
四、Osborn-Chui-Smith-Birchenhall 检验……72
五、一些评论……73
第三节　扩展……75
一、附加动态项……75
二、确定项……76
三、高阶非平稳性……78
四、复合检验及显著性水平……79
五、一些实证研究结果……80
第四节　案例：我国进出口总额的季节模式……81
一、平稳季节模式的检验……81
二、季节单位根检验……86
第四章　季节调整技术原理……91
第一节　构成因素的分解……91
第二节　X-12-ARIMA……92
一、X-11 程序……93
二、RegARIMA 建模与诊断……101
第三节　TRAMO/SEATS 程序……104
一、SEATS 方法的基本原理……104
二、与 X-11 的比较……107
第四节　季节调整对单位根检验的影响……108
一、数据生成过程为单位根过程……109
二、数据生成过程为平稳 ARMA 过程……110
第五节　与其他数据变换的关系……112
第六节　案例……116
案例 1：中美进出口总额的季节调整……116
案例 2：基于调整和未调整序列的单位根检验……119
第五章　多变量季节模型……121
第一节　单方程季节模型……121
一、季节调整对回归效果的影响……122
二、季节虚假回归……125
第二节　季节向量 ARIMA 模型……131
一、季节向量 ARMA 的性质……131
二、季节向量 ARIMA 模型的建立……133
三、扩展……135
第三节　季节协整与误差修正模型……137
一、单一方程季节协整方法……137
二、向量季节协整方法……140
三、扩展……142
第四节　案例：中国进出口贸易的误差修正模型……144

第六章 周期性 ARIMA 过程 ……151
第一节 周期性过程的类别和性质 ……151
一、周期性过程的定义与分类 ……151
二、PAR 过程的性质 ……155
第二节 非平稳的 PAR 过程 ……160
一、PAR 过程的单整类型 ……160
二、PAR 过程的单整性检验 ……163
第三节 周期性协整 ……170
一、周期性协整的定义 ……170
二、周期协整的检验 ……172
第四节 案例：理性预期下生命周期持久收入假说的检验 ……179
一、REPIH 的（季节）检验方法 ……179
二、中国消费行为的 REPIH 检验结果 ……180
第七章 非线性季节模型 ……183
第一节 季节 GARCH 模型 ……183
一、季节 GARCH 类模型的定义和性质 ……184
二、检验和估计 ……187
第二节 随机系数季节自回归过程 ……189
一、随机系数 ARIMA 模型的性质 ……189
二、检验和估计 ……192
第三节 周期马尔可夫开关模型 ……195
一、周期马尔可夫开关模型的定义和性质 ……195
二、估计和检验 ……199
参考文献 ……202
附表 1 t 分布百分位数表 ……219
附表 2 χ^2 分布百分位数表 ……220
附表 3 F 分布百分位数表 ……221
附表 4 VM 分布百分位数表 ……222
附表 5 DHF 分布百分位数表 ……222
附表 6 季节单位根检验临界值表 ……223
附表 7 Kunst 分布百分位数表 ……223
附表 8 季节协整检验临界值表 ……224

第一章　总 论

时间序列就是将某一个指标在不同时间上的不同数值，按照时间的先后顺序排列而成的数列。这种数列由于受到各种偶然因素的影响，往往表现出某种随机性，同时彼此之间存在着统计上的依赖关系。例如，从 1980 年到 2006 年我国的国内生产总值 GDP 和消费价格指数 CPI 就分别构成了两个不同的时间序列。在金融市场方面，上证指数和深圳指数在过去十五年内每个交易日甚至每分钟的指数水平也构成一个时间序列。事实上，宏观经济学、国际经济学和金融学里绝大多数的实证研究都是建立在时间序列分析的基础上的。在国外，大部分经济时间序列都是月度或季度数据。近年来，我国也开始公开发布月度和季度数据。这些经济时间序列的变化常常表现出某种程度的年度内的周期性规律。比如：每逢五月和十月（"黄金周"期间），我国的铁路客运量、旅游业的收入等都出现一个高峰。再如：深圳成分指数的日收益率具有某种程度的"日历效应"，在星期二出现一个高峰，在星期五出现低谷。我们将数据中所呈现出的这种在经过一定的时间间隔后（通常是一年以内）的相似性，称为具有季节（周期）性。相应地，称这样的时间序列为季节性时间序列。通过研究时间序列的季节（周期）性，我们能够更好地分析影响时间序列的因素以及时间序列之间的关系。

第一节　季节时间序列的多样性

在科技领域中，对周期现象的理解包含两个特征，即等间隔性和可重复性，在数学上用函数表示为 $f(x)=f(x+T)$，其中 T 为周期长度。有的文献中将季节变动因素描述为在固定间距（如年、季或周、日）中自我循环，是一个以 T 为周期的确定的周期性因素，它可以用哑变量形式来刻画。然而，采用这样一个定义将导致实际中的经济时间序列中大部分季节性问题不可解决。我们将给出几个经济中常见的时间序列的例子，从而对经济时间序列中的季节性有一个直观的了解。通过这几个例子，我们看到经济时间序列中的季节性有着极为不同的表现形式。

图 1.1 是中国 1990 年至 2005 年进口额和出口额的月增长率曲线。左边两图是原始数据，时间序列数据表现出极强的周期性和季节性，在每年的一月份是进出口贸易的淡季，从而形成一个低谷，每年的十二月份是进出口贸易的旺季，形成了一个高峰，甚至超过了非季节性因素对它的影响；并且，进出口月增长率的波动幅度随着时间的推移都呈现出逐渐减小的趋势。这说明，在这一时期我国进出口贸易受季节性因素的影响越来越小，这可能是因为这一时期我国进出口贸易的科技含量不断提高使然。右边两图是经过季节调整后的数据——剔除季节性影响，只留下非季节性影响。从右边两图还可以看出，非季节性因素对进口和出口的月增长率的影响程度是不同的。非季节性因素对进口月增长率的影响更大一些，考虑到上下图的刻度不同，事实上它们的峰值相差是很大的。

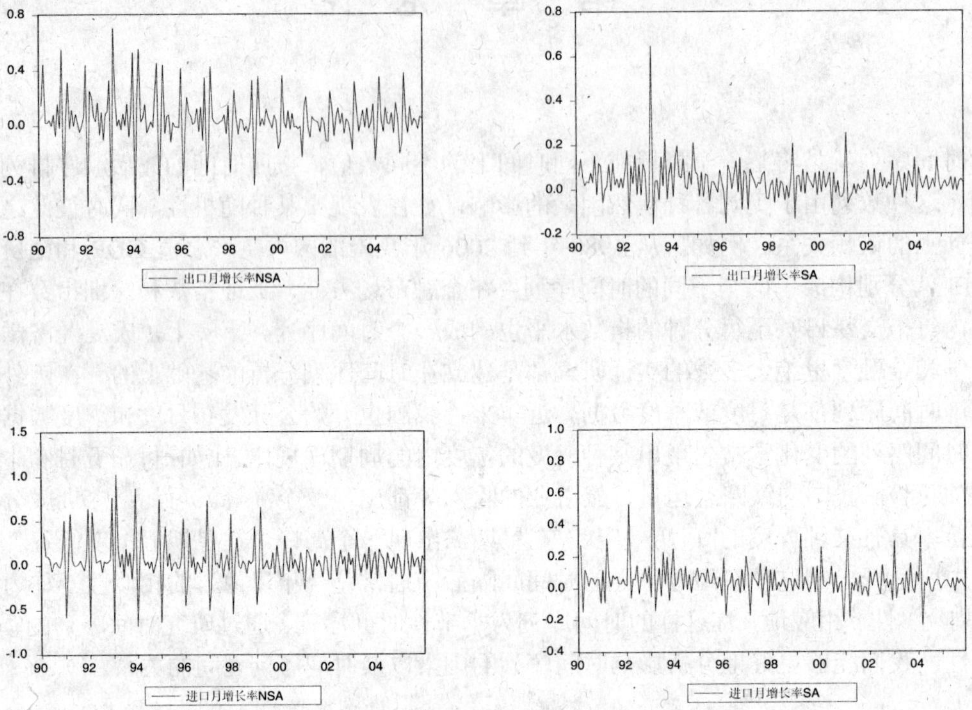

图 1.1　我国进出口月增长率曲线（1990~2005）

将每个季度的数据分别用一条曲线来表示是用来研究时间序列季节性行为的一个简便而直观的工具。图 1.2 中左边两图是我国 1995 年第一季度至 2004 年第四季度的国内生产总值 GDP 季度增长率。在这个例子中可以看出，GDP 的季度增长率非常有规律性。其中，左上图是一个标准的时间序列，左下图是不同年份分季度的 GDP 季度增长率曲线。可以看出，季节曲线互不相交，趋于平行。除了季节性影响外，从中我们看不出任何受经济周期影响的迹象。这说明，在这一时期，我国国民经济的发展持续、稳定。图 1.2 中右边两图是我国 1990 年第一季度至 2005 年第四季度的货币供应量 M1 的季度增长率。在这个例子中可以看出，货币供应量 M1 的季度增长率同样具有很强的季节性，但它的波动显然是不平稳的，各个季度的增长率曲线交织在一起。这说明，在这一时期，我国货币政策具有某种程度的季节性，可能的原因是，虽然影响货币供应量 M1 的因素很多，但这一时期我国是根据宏观经济的发展态势不断调整的，而这一时期恰逢我国宏观经济持续稳定。

图 1.3 的上面两个图表示的是深圳成分指数 2002 年 1 月 1 日至 2003 年 7 月 31 日的日回报率以及日回报率的平方，中间的两幅图分别是它们的月份平均数，下面的两幅图分别是它们按照周一到周五的星期平均数。从图中可以观察到，不论是均值还是波动幅度它们在每年中不同的月份及每星期不同的星期几都有明显的区别。也就是说，存在我们常说的日历效应。

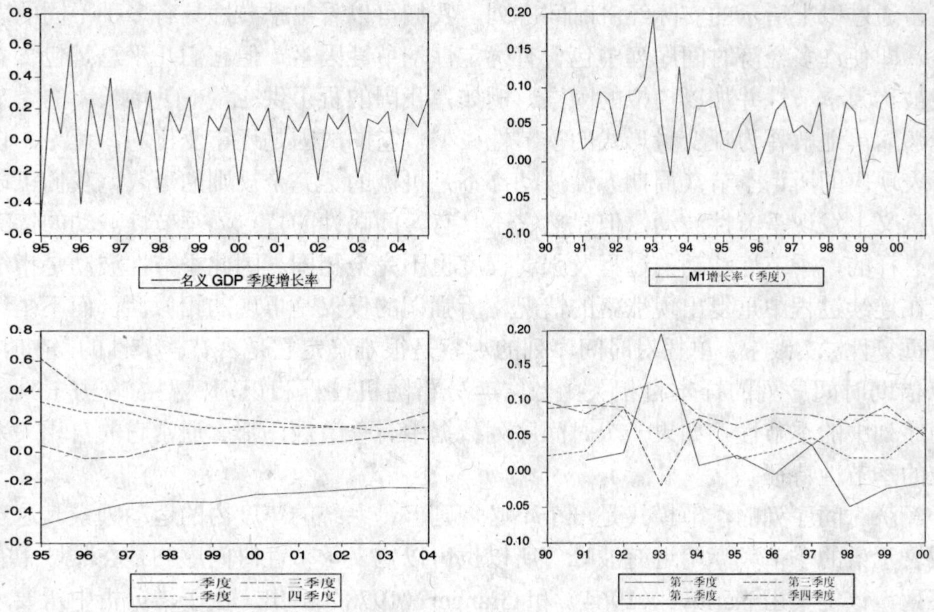

图 1.2　我国 GDP 及 M1 的季度增长率

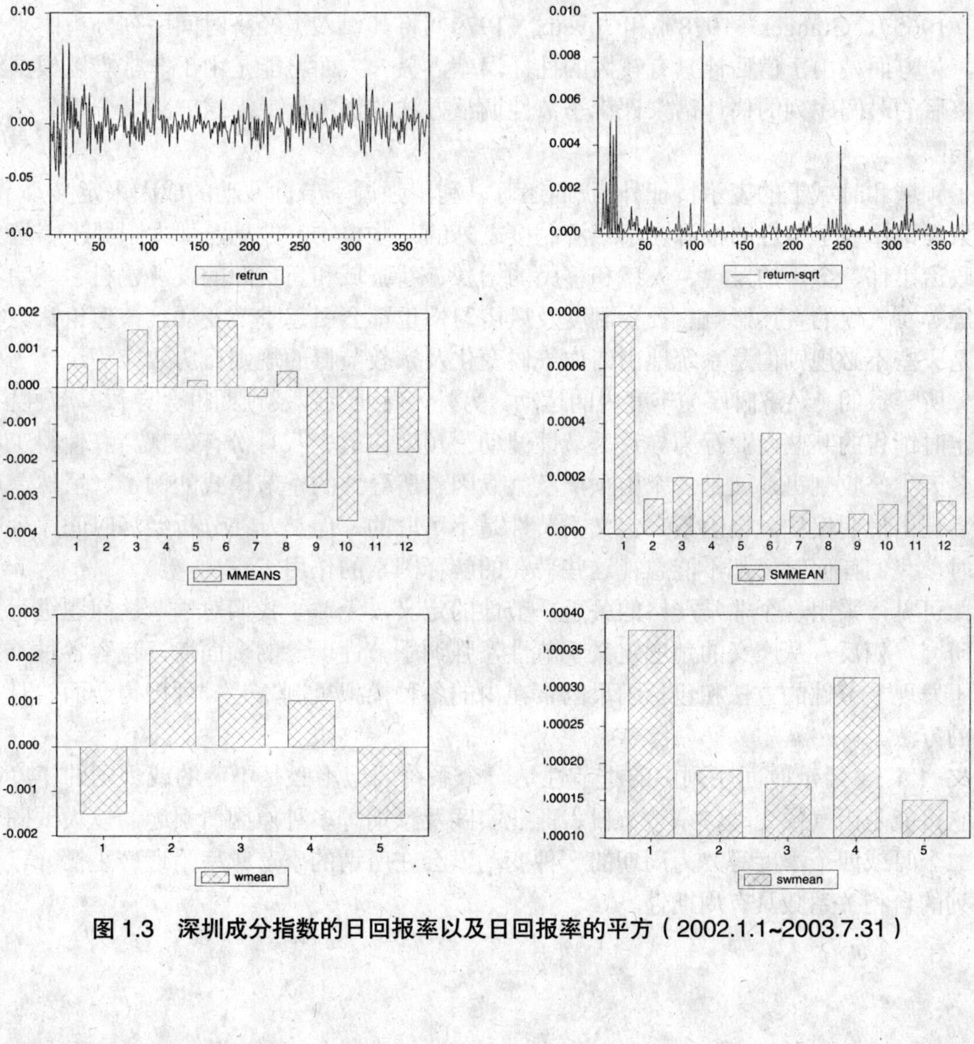

图 1.3　深圳成分指数的日回报率以及日回报率的平方（2002.1.1~2003.7.31）

总之，通过以上所示的实际经济时间序列，我们可以看出季节性具有多种不同的表现形式。显然，即使许多经济时间序列中包含有确定性季节性因素，但它们几乎总是包含着潜规则但可能被称为季节性并加以模拟的因素。例如，我国的货币供应量 M1 增长率的季节模式显然不能够简单地解释为哑变量形式的季节性模型，它的成因是逐年变化的。可见，任何经济现象所表现出的所谓季节（周期）性波动都不是机械的、完全规则的形式，我们可以在概率的平均意义上发现季节性波动，但显然它不具有等间隔性的特点，季节性波动的持续时间是不完全一样的，季节性波动的过程及强弱程度也不完全相同。因此季节性波动是指经济现象或变量在连续过程中重复出现涨落的情况，所强调的仅仅是再现的相似性，而不是绝对意义上的可重复性。实践中，单凭对时间序列的观察是很难确定它是否有季节性的，在时域中，我们可以借助时间序列的样本自相关函数——分析随机过程和识别模型的有力工具——来发现时间序列中的季节性。如果一个时间序列数据中有季节性，那么通常它的自相关系数也具有相应的季节性特征。

由于经济时间序列的季节模式是一个不必规则但是系统的年度内的运动因素。这意味着在其频域表示谱的季节频率附近有波峰。所以也可以定义季节性时间序列是在频域中有谱峰的时间序列，该定义由 Nerlove（1964）和 Granger（1978）给出。由于谱分析中所要求的平稳性假设在经济时间序列中很少实现，在季节性因素的定义中我们以 Priestly（1965）推荐的拟谱代替谱。拟谱是基于 Cramér（1960）中一类称为 Harmonizable 过程的时间序列过程，Priestly（1965），Granger（1978）和 Joyeux（1979）将其引入了经济时间序列分析中来。在应用中，一方面是由于谱估计具有较大的抽样误差，另一方面可能是由于非常难以根据经过季节调整后的时间序列的估计谱来评价季节性调整方法的优劣，使得这一频域分析方法的应用受到局限。

除了频域和时域上的表示特征外，我们还可以利用强调季节性波动的成因来定义季节性。外部因素理论认为季节性的根源在于经济制度之外的某些事物的波动，如太阳黑子、星象、战争、政治事件、金矿的发现、人口和移民的增长、新疆域和新资源的发现、科学发明和技术进步等等。气候的直接影响、社会制度及风俗习惯也都会引起季节变动。该理论认为季节性变易是一些不必规则但是系统地由诸如气候变化及宗教节日的规则日历效应等这样一些非经济现象所导致的（经济时序）年度内的运动。另外，商业实践及预期也会导致季节性模式。比如，定时销售的某些商业行为导致季节性波动。预期在七、八月份有销售高峰使得工厂在春天和冬天生产收割机，就是一个由预期及气候因素所导致的季节模式的例子。虽然，可以找到许多理由说明仅凭因果因素来定义季节性是不可取的，但是，在分析经济时间序列中的季节性时，我们任何时候都不能忽视这些潜在的解释因素的作用。

由此可见，采用一个非常严格的关于季节性的定义，无益于我们对季节性问题进行更加深入的研究。相反，从广义的角度定义季节性，强调季节性现象的多面性，包容各种不同的能够用于发现季节性的方法和包括因果因素在内的各种模拟机制，是一种更为全面、具有可操作性的方法。

定义 1.1　经济时间序列中的季节性是一个系统的但不必是不变的或规则的年度内的运动，它可能是由气候变动、宗教节日、商业实践及预期等多种原因所引起的以大致固定时期（十二个月或四个季度等）为周期的一种变动，会在所谓的季节频率附近产生谱峰，使得时间序列的自相关系数具有周期性。

第二节　季节时间序列模型

经济时间序列中关于季节性的模型是多种多样的，常用的模型主要可以分为以下三大类：季节 ARIMA 过程、周期性过程（Periodic Processes）和非线性季节模型（Nonlinear Seasonal Models）。

一、季节 ARIMA 过程

季节 ARIMA 过程是一般的 ARIMA 过程在季节时间序列模型中的推广。按照它们在均值和方差上的不同特征，可以分为确定性季节过程和季节单整过程。

1. 确定性季节过程

假定 S 表示序列的周期，即一年观察 S 次。为了简便起见，我们总是假定 t=1 时的观测值所对应的季节恰好是第一个季节。则确定性季节时间序列有如下表达式：

$$y_t=\sum_{s=1}^{S}\delta_{st}\gamma_s+z_t,\ t=1,\ 2,\ \cdots,\ T, \tag{1.1}$$

其中 δ_{st} 是季节哑变量；γ_s 是季节为 s 时序列的无条件期望，表示确定性的季节水平推移。z_t 是均值为零的弱平稳过程，它可以是具有随机季节性特征的 SARMA 过程

$$\phi_S(L^S)z_t=\theta_S(L^S)\varepsilon_t, \tag{1.2}$$

其中，$\phi_S\left(L^S\right)=1-\sum_{i=1}^{P}\phi_{iS}L^{iS}$，$\theta_S\left(L^S\right)=1-\sum_{j=1}^{Q}\theta_{jS}L^{jS}$ 且特征多项式的根都在单位圆外。序列的期望和自相关函数有周期性，以一阶季节自回归过程为例：

$$z_t=\phi_S z_{t-S}+\varepsilon_t, \tag{1.3}$$

其中 ε_t 是均值为零，方差为 σ_ε^2 的独立同分布的随机序列，且 $|\phi_S|<1$。用滞后算子可将式（1.3）表示为

$$(1-\phi_S L^S)z_t=\varepsilon_t\ 。 \tag{1.4}$$

通常，我们总假定其无条件期望为零。则其条件期望为

$$E(z_t\mid z_{t-1},\cdots)=\phi_S z_{t-S}, \tag{1.5}$$

序列的自相关函数为

$$\rho(kS)=\phi_S^k,\ k=1,\ 2,\ \cdots, \tag{1.6}$$

方差为

$$\mathrm{Var}(z_{s\tau})=\frac{\sigma_\varepsilon^2}{1-\phi_S^2}\ 。 \tag{1.7}$$

对于式（1.1）中的 y_t 与 z_t 仅在一阶矩上有所不同，在自相关函数以及方差上是相同的。图 1.4 为一个确定性季节时间序列，数据生成过程为式（1.1），其中 S=4，z_t 为 $SAR(1)$，ϕ_S=0.5，γ_1=4.5，γ_2=1.1，γ_3=−1.8，γ_4=−5.2，样本容量 T=200。

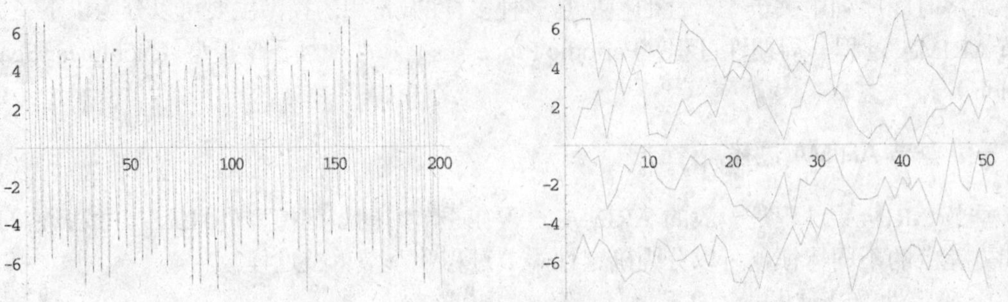

图 1.4　确定性季节时间序列示例

2. 季节单整过程

对在一年中 S 个等间隔时间点取值的非平稳随机过程 y_t，如果$(1-L)^d S(L)^D y_t$ 是一个平稳可逆的 ARMA 过程，则称 y_t 是季节单整过程，一般记作 $y_t \sim I(d, D)$，其中 $S(L) = 1+L+L^2+\cdots+L^{S-1}$。在第二章中将对该类过程进行详细介绍，下面仅以季节随机游走过程为例对其特点进行说明。季节随机游走过程是最简单的季节单整过程，它相当于在式（1.3）的一阶季节自回归过程中取 ϕ_S=1 的情形

$$\Delta_S y_t = \varepsilon_t, \tag{1.8}$$

它的无条件期望具有确定性季节性（初值），它的条件期望为

$$E(y_t \mid y_{t-1},\cdots) = E(y_{t+kS} \mid y_{t-1},\cdots) = y_{t-S}\text{，} k=1\text{，}2\text{，}\cdots\text{。} \tag{1.9}$$

持续受到初值中季节性的影响。季节随机游走过程的方差

$$\text{Var}(y_{s\tau}) = \text{Var}(y_{s0}) + \tau\sigma^2\text{，} \tag{1.10}$$

它随着年份 τ 的增加而线性增加，最后趋向于无穷。图 1.5 是季节 AR(1)序列的样本轨迹，其中，周期 S=4，样本容量 T=200，一阶季节自回归系数 ϕ_S 依次取值为 0.5，1。从图中我们可以很直观地发现这些特点。

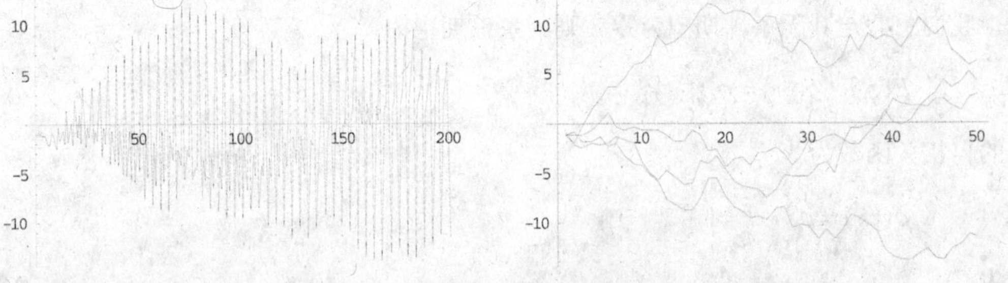

图 1.5　季节随机游走序列的样本轨迹

将 ARIMA 模型用于结构因素模型中对因素过程的模拟，得到 UCARIMA 模型。以加法模型为例，

$$y_t = y_t^{tc} + y_t^s + y_t^i 。$$

假定 y_t^i 是白噪声过程，而对于 y_t^{tc} 和 y_t^s 用两个不同的 ARMA 过程

$$\Phi_c(L)\, y_t^{tc} = \Theta_c(L) u_t,$$

$$\Phi_s(L)\, y_t^s = \Theta_s(L) v_t$$

进行模拟。其中 $\Phi_c(L)$、$\Theta_c(L)$、$\Phi_s(L)$和 $\Theta_s(L)$分别是多项式，而ε_t=（u_t，v_t）是随机向量，服从 $N(0，\Omega_\varepsilon)$。此时等价于

$$\Phi_c(L)\, \Phi_s(L)\, y_t = \Phi_s(L)\, \Theta_c(L)\, u_t + \Theta_c(L)\, \Theta_s(L) v_t + \Phi_c(L)\, \Phi_s(L)\, y_t^i 。$$

这是一个施加了限制的 ARIMA 模型。UCARIMA 模型比一般的 ARMA 模型更加符合简约原则（Nerlove 等，1979）。

二、周期性过程

周期性过程（Periodic Processes）是系数随季节变动而发生周期变化的过程，对于一般的周期过程 PARMA(p，q)过程，有

$$\phi_s(L) y_{s\tau} = c_s + \theta_s(L)\varepsilon_{s\tau}，s=1，2，\cdots，S \qquad \tau=1，2，\cdots，T_\tau， \tag{1.11}$$

其中，$\varepsilon_{s\tau} \sim N(0,\sigma_s^2)$ 并且关于年份 τ 和季节 s 相互独立。$\phi_s(L) = 1 - \phi_{s1}L - \phi_{s2}L^2 - \cdots - \phi_{sp}L^p$ 和 $\theta_s(L) = 1 - \theta_{s1}L - \theta_{s2}L^2 - \cdots - \theta_{sq}L^q$ 是关于滞后算子 L 的多项式（其中多项式的阶数 p 和 q 分别为非零系数的最大阶数）。以一阶周期性自回归过程 PAR(1)为例：

$$y_t = \sum_{s=1}^{S} \delta_{st}\phi_s^P y_{t-1} + \varepsilon_t, \tag{1.12}$$

其中，P 表示参数具有季节性的周期变化。假定其无条件期望为零，则它的条件期望为

$$E(y_t \mid y_{t-1},\cdots) = \sum_{s=1}^{S} \delta_{st}\phi_s^P y_{t-1} 。 \tag{1.13}$$

为了便于分析，通常采用向量形式来表示周期过程。譬如，当 S=2 时，有

$$\begin{pmatrix} 1 & 0 \\ -\phi_2^P & 1 \end{pmatrix}\begin{pmatrix} y_{1\tau} \\ y_{2\tau} \end{pmatrix} = \begin{pmatrix} 0 & \phi_1^P \\ 0 & 0 \end{pmatrix}\begin{pmatrix} y_{1\tau-1} \\ y_{2\tau-1} \end{pmatrix} + \begin{pmatrix} u_{1\tau} \\ u_{2\tau} \end{pmatrix}, \tag{1.14}$$

其中，τ 表示第 t 个观测值所对应的年份。根据 VAR 向量自回归过程平稳的充分必要条件可知，当

$$|\phi_1^P \phi_2^P| < 1 \tag{1.15}$$

时，该过程是平稳的。

图 1.6 分别给出了平稳和非平稳周期性过程的样本轨迹，其中左图为平稳周期性过程，$\phi_1^P = 0.5, \phi_2^P = 1.1, |\phi_1^P \phi_2^P| < 1$；右图为非平稳周期性过程，$\phi_1^P = 0.7, \phi_2^P = 1.35, |\phi_1^P \phi_2^P| \approx 1$。

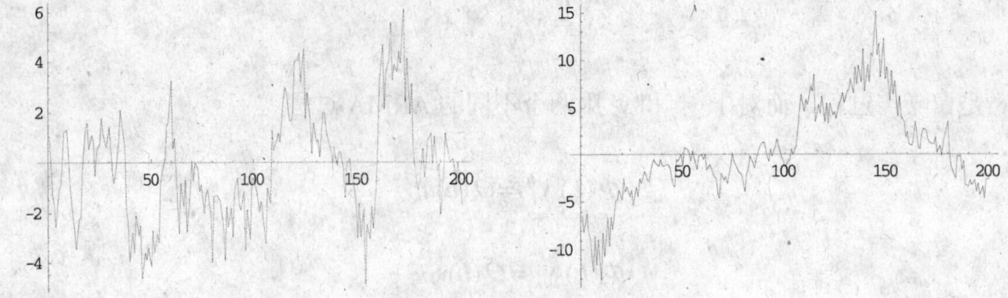

图 1.6　周期性过程的样本轨迹示例

当过程是平稳的（$|\psi|=|\phi_1^P\phi_2^P|<1$）过程时，过程的方差为

$$\mathrm{Var}(y_{1\tau})=\gamma_1(0)=\frac{1}{1-\psi^2}(\sigma_1^2+\phi_1{}^2\sigma_2^2)\ ,$$

$$\mathrm{Var}(y_{2\tau})=\gamma_2(0)=\frac{1}{1-\psi^2}(\sigma_2^2+\phi_2^2\sigma_1^2)\ 。$$

由此可见，即便扰动过程是同方差的（$\sigma_1^2=\sigma_2^2$），PAR(1)过程 $y_{s\tau}$ 仍然具有周期性异方差。过程的一阶自协方差

$$\gamma_s(1)=E(y_{s\tau}y_{S-1\tau})=\phi_s\gamma_{s-1}(0)\ 。\tag{1.16}$$

当过程是非平稳的（$|\psi|=|\phi_1^P\phi_2^P|=1$）过程时，过程的方差是发散的。

三、非线性季节模型

1．随机季节单整过程

当季节单整过程中回归系数 $\tilde{\phi}_t$ 的变化服从一个随机季节过程时，我们称其为随机季节单整过程。比如：

$$y_t=(1+\tilde{\phi}_t)y_{t-S}+\varepsilon_t,\tag{1.17}$$

其中 $\tilde{\phi}_t=\rho\tilde{\phi}_{t-S}+\xi_t, E(\tilde{\phi}_t)=0, \xi_t\ i.i.d.N(0,\sigma_\xi^2), \varepsilon_t\ i.i.d.N(0,\sigma_\varepsilon^2)$。图 1.7 给出了随机季节单整过程在不同 ρ 下的样本轨迹。从图中可以看出，序列的方差呈现爆炸性的增长。

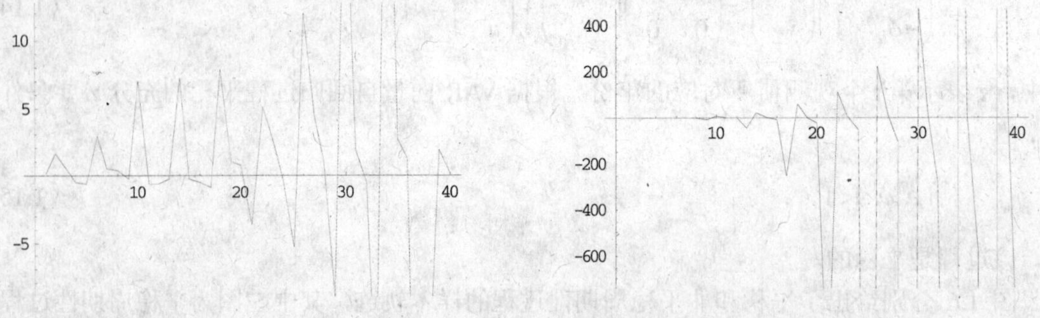

（a）$\rho=0.7$　　　　（b）$\rho=1.0$

图 1.7　随机季节单整过程的样本轨迹示例

2. 季节 GARCH 模型

在 ARCH 模型提出来之前，描述股票价格等金融现象最常用的模型是随机游走模型。根据这一模型，股价在时刻 t 的增值是期望为零的白噪声过程，在样本量较大时可用正态分布作近似。这一模型符合金融学中有效市场的理论，运用简便，常用来预测和估算股票价格。但随机游走模型在应用中有明显的局限性。金融市场中的一个常见的现象，是股价或其他类似的金融产品的变异率不仅随时间变化，而且常在某一时段中连续出现偏高或偏低的情况。比如，图 1.8 中所给出的深圳成分指数的日收益率数据，它上下波动的幅度反映了变易率的大小。显然，这一时间序列呈现出变易聚类的特点。股价和其他金融变量（如兑换率等）的这一特征很难由随机游走模型来解释，但却可用 ARCH 模型及其各种推广的 GARCH 模型来描述。

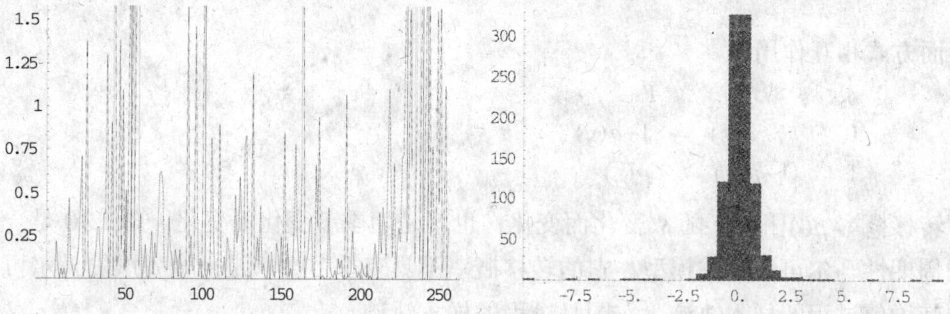

图 1.8　季节 GARCH（1，1）的样本轨迹和直方图（ϕ = 0.9，θ = 0.1，S =5）

（1）SGARCH 模型

SGARCH 模型是对 GARCH 模型的推广，以 SGARCH（1，1）为例：

$$\varepsilon_t^2 = \mu + \phi\varepsilon_{t-S}^2 + \nu_t + \theta\nu_{t-S},\ \nu_t\ i.i.d.N(0,1)\text{。} \tag{1.18}$$

它保留了变易率聚类（volatility clustering）。

（2）PGARCH 模型

如果在一个 GARCH 模型中，参数的变化服从一个季节性随机过程，则称它为周期 GARCH 模型（PGARCH 模型）。以 PGARCH（1，1）模型为例，有：

$$\varepsilon_t^2 = \mu + \phi_s\varepsilon_{t-1}^2 + \nu_t + \theta_s\nu_{t-1}\text{。} \tag{1.19}$$

它保留了变易率聚类（volatility clustering）和厚尾部分布等性质。

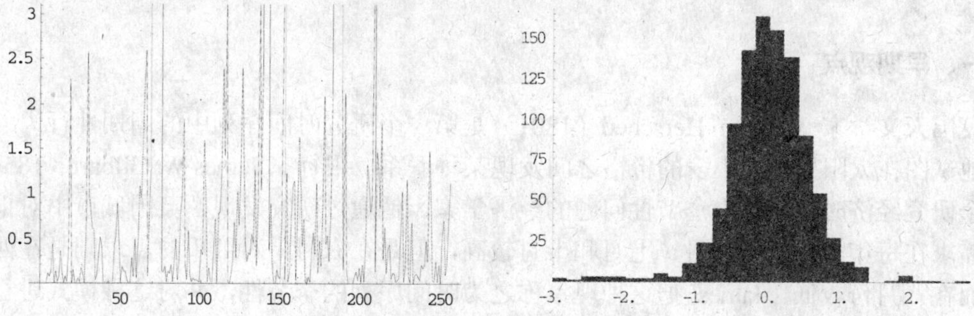

图 1.9　PGARCH 模型的样本轨迹和直方图（S = 2，ϕ_1 = 0.5，ϕ_2 = 0.9，θ_1 =θ_2 = 0.1）

3．周期性马尔可夫开关模型

考虑一个年度观察频率为 S 的单变量时间序列$\{y_t\}$，它由下面的随机结构生成

$$\{y_t-\mu[(i_t,s_t)]\}=\phi\{y_{t-1}-\mu[(i_{t-1},s_{t-1})]\}+\varepsilon_t, \tag{1.20}$$

其中，$|\phi|<1$，ε_t服从独立同分布的正态分布 $N(0,\sigma^2)$，$s_t=t\,\mathrm{mod}(S)$，

$$\mu[(i_t,s_t)]=\alpha_0+\alpha_1 i_t+\sum_{s=1}^{S-1}\delta_{st}\alpha_s\ , \tag{1.21}$$

$\mu[\bullet]$表示截矩平移函数（intercept shift function），它包含季节哑变量 δ_{st}。过程$\{i_t，s_t\}$表示状态空间，其中 i_t 是一个二元的随机开关过程，ε_t 是季节示性过程。令 $i_t\in\{0,1\}$，且过程 i_t 和 s_t 通过下面方式相互作用。

$$\begin{array}{ccc} & 0 & 1 \\ 0 & q(s_t) & 1-q(s_t) \\ 1 & 1-p(s_t) & p(s_t) \end{array} \tag{1.22}$$

其中，转移概率 $p(\cdot)$ 和 $q(\cdot)$ 随 s_t 变化而变化，也就是随季节变化而变化。图 1.10 是一种最为简单的周期性马尔可夫开关模型，它的转移概率不具有季节性，是一个齐次的马尔可夫链，左图是其均值过程的样本轨迹，右图是过程的样本轨迹。

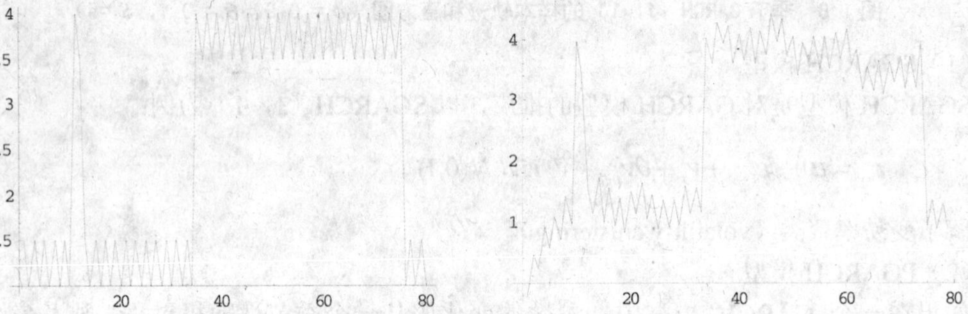

图 1.10　周期性马尔可夫开关过程的样本轨迹

（T=80，α_0=1，α_1=2.5，α_3=0.5，ϕ = 0.8，$p(s_t)$= 0.96 和 $q(s_t)$= 0.99）

第三节　季节性时间序列理论发展概览

一、早期观点

英国天文学家 William Hersched（1801）是第一个研究时间序列中的周期性行为的科学家，他试图在太阳黑子与小麦的价格之间发现某种联系。银行家 James W. Gilbart（1854）是第一个研究经济时间序列中季节性问题的经济学家。他通过研究发现，英国城市中对银行纸币的需求在每年的一月、四月、七月和十月较高，但是在农村中对纸币的需求则是在四月份较高而在八月份较低。James 把这种现象称之为时间序列的季节性，并对这种模式进行了较为系统的研究。他认为，这主要是由于红利的定期支付所致，因此反对任何试图让农村银行

和城市银行纸币供给量相一致的做法。

在经济时间序列的周期性研究中，都或多或少地采取了目测的方式，经济学家通常采用丹麦气象学家 Buys Ballot（1847）所发明的 Buys Ballot 表，将季度（月度）数据排成 4 列或者 12 列，每列对应于一个季度或者月度，表中的行数与样本中的年数相同。通过计算每列的总和或者列平均数来对数据中的季节性模式进行描述和刻画。如果周期选择不合适，将导致对序列的季节性模式的误判断。譬如，考虑一个长度为 60，周期为 4 的序列，将它分别作为周期为 3、5 或者 4 的序列来考虑，即列为 3 列、5 列或者 4 列并求每列的总和：

1	2	3
4	1	2
3	4	1
2	3	4
⋮	⋮	⋮
50	50	50

1	2	3	4	1
2	3	4	1	2
3	4	1	2	3
4	1	2	3	4
⋮	⋮	⋮	⋮	⋮
30	30	30	30	30

1	2	3	4
1	2	3	4
1	2	3	4
1	2	3	4
⋮	⋮	⋮	⋮
15	30	45	60

由上述表中可见，当周期过小或过大时，每列总和都将相等（当所选择的周期过小时，每列总和偏大；反之，当所选择的周期大于实际的周期时，每列总和偏小），这将导致无法发现季节性。

Charles Babbage（1856）在数学、物理、天文、经济和气象学等领域都有所建树，他发现 1839 年期间票据交易所平均每月的成交量具有季节性的模式，在剔除了某些受特定因素影响的交易日后，他计算了每天的平均值，并对这一模式进行了调整。William Stanley Jevons 是一位气象学家，同时还是一名经济学家，他以提出太阳黑子理论而闻名。Jevons 对季节性变易也很感兴趣，这从他对英格兰银行政策的研究（Jevons，1884）中可见一斑。他将英格兰银行十月份货币的大量流出解释为对户外工作工人支付工资所产生的连锁反应。工人领取工资后不再将工资存回银行，结果使得商业银行的储备货币几乎用尽。

这个时期，人们虽然注意到了时间序列中所表现出的季节性特征，但是只研究了产生季节性的原因以及传导机制，在经济问题的研究中没有对其予以足够的重视。Jevons（1884）对他所处时代中人们对季节性的观点进行了恰当的综述，他指出："任何一类周期性波动，无论是日度、周度、月度、季度还是年度，都不能仅将它自身作为发现和展示的主题。必须首先对这些周期性变量予以评估和剔除，以便能正确展示那些虽然不规则或非周期性但却可能更为重要的因素。"这实际上是将季节性因素看作是无用的噪声扰动，认为它模糊或掩盖了经济变量间真实的经济关系，从而必须在进行经济问题的分析之前预先对原始数据采取季节调整方法来剔除其中所包含的季节性信息。在随后很长一段时间，这种观点在季节时间序列经济计量理论研究中占统治地位。

二、季节调整理论

进入 20 世纪以来，随着经济统计信息在收集及发布上的增长及系统化，大量的工作致力于构建方法来剔除经济时间序列中的季节性。在这些研究中，最常用的时间序列模型是加法模型和乘法模型。在加法模型中，假定时间序列由趋势—循环项、季节因素以及不规则因素组成，即

$$y_t = y_t^{tc} + y_t^s + y_t^i,$$

其中，y_t^{tc}、y_t^s 和 y_t^i 分别表示趋势—循环项（经济周期）、季节因素以及不规则因素。

对于乘法模型，顾名思义，有：

$$y_t = y_t^{tc} \times y_t^s \times y_t^i。$$

在 Mill（1924）的论文中，定义趋势因素为时间序列中光滑而规则的长期运动；季节因素为周期长度小于 12 个月（或者 4 个季度）为特征的确定性的周期性波动；循环因素是"欠明确但却具有一定程度的规则性的周期性"；时间序列中除去趋势因素、循环因素、季节性因素后剩余的部分构成不规则因素。20 世纪 20 年代和 30 年代的大多数有关季节性的文献都对这两个模型表示认同，将研究的主要注意力直接转向了构造季节性调整方法这一更具技术性的问题。

二次世界大战以来，随着电子计算机的广泛使用及计算速度的大幅度提高，经济时间序列季节性调整的技术及方法得到了快速发展和普遍应用。季节调整的原理很简单，但计算量很大。粗略地讲，它就是对原始数据进行过滤，剔除其中的季节性因素。全球范围内的统计机构都花费了大量的人力和物力研究和开发季节调整程序。目前，最流行的方法是美国统计署商业部由 Julius Shiskin 及其合作者研究的 X-11 方法（Shishkin 等，1967）及其最新升级 X-12-ARIMA。除此之外，还有诸如由西班牙银行 Agustin Maravall 开发的 TRAMO/SEATS 方法（见第四章），Andrew Harvey 的 STAMP 方法等。

Slutzky（1927）和 Yule（1927）发现，对白噪声序列采用诸如移动平均滤子这样的调整算子时，可能在序列中插入一个循环的周期，使得调整后的序列反而具有周期性，文献中称之为 Slutzky-Yule 现象。这一现象成为 20 世纪二三十年代季节时间序列研究的主要对象，随后的研究发现可以对调整的效果加以估计（至少对简单的移动平均算子），从而阻止上述虚假周期的产生（Granger 和 Newbold，1974）。

在加法模型情形下，假设每年的季节性波动是不变的；在乘法模型中，假设每年的季节性因素与趋势及循环因素之比不变。但是，在大多数实际经济时间序列中，上述假设通常并不成立。20 世纪 20 年代的许多文章也对此提出了批评，Mendershausen（1937a）对此进行了翔实的讨论及调查，并作出了改进。他将处理季节性方法分为机械的方法和因果分析的方法两大类，并倾向于采用因果分析的方法。他认为机械的方法所依赖的不变性假设在实际情况下几乎很少成立，机械的方法只是发展过程中的一个必经阶段；因果分析的方法从科学的角度更具有价值。

三、最新观点及研究前沿

季节调整后的数据目前主要用于评估目前的经济情况或研究商业周期（Nerlove 等，1979）以及用于计量经济模型的回归分析。对前两种情形，研究中只借助于商业周期指数等指标，而不依赖于计量经济模型和方法，因此使用调整后的数据是合适的。对于季度宏观经济计量模型，虽然在实际应用中大多数都直接采用了官方机构公布的剔除了季节性后的调整数据，但研究表明，在经济计量回归分析中直接运用官方季节调整后的数据将增加误设定模型的风险，可能导致得到的经济变量间虚假的动态关系，并且在预测上效果不佳。主要观点见于 Lovell（1963，1966），Jorgenson（1964，1967），Kukkonen（1968），Thomas 和 Wallis（1971），

Engle（1974，1980），Sims（1974），Wallis（1974，1977，1978），Hylleberg（1977，1979），Gersovitz 和 MacKinnon（1978），Bunzel 和 Hylleberg（1982）及 Nerlove 等（1979）文献。他们认为，不能将单个经济变量中的季节性简单地看作是孤立的现象，而应该将它与其他经济变量中的季节性相联系，并且认为季节性因素自身包含有反映序列之间关系的信息，应该将季节性看作结构计量经济模型的有机组成部分。对于如何在回归中处理时间序列所表现出的季节性特点，统计学家和计量经济学家分别从不同角度进行了探索。

最初，在建立季节模型时，人们首先想到的是利用季节虚拟变量来模拟时间序列中的季节性特征，这一类模型目前在实证研究中仍被广泛应用。随着对经济时间序列中季节性特征认识的不断深入，发现序列中的季节性并非总是一成不变的，它随着时间的推移也常常发生或快或慢的演进。在 20 世纪 70 年代，比较典型而富有代表性的模型包括含误差变量模型（Errors-in-Variables Model）、时变参数模型（Time-Varying Parameter Model）、季节 ARIMA 模型（Box 和 Jenkins，1976）等。将这些模型用于结构模型中对季节性因素的模拟，使得结构模型从不同角度得以推广。近二十年来，随着非平稳和非线性时间序列分析方法和理论的发展，季节时间序列理论也扩展到了非平稳和非线性研究领域。

目前，常用的建立季节时间序列模型的方法有四种：第一种是像 Barsky 和 Miron（1989）所说的那样将季节性看作是完全确定的；第二种方法是将季节性模拟作为平稳性随机过程与确定性过程之和（Canova，1992）；第三种方法是将季节性模拟作为具有季节性单位根的非平稳性过程[参见 Hylleberg，Engle，Granger 和 Yoo（1990）及 Engle，Granger，Hylleberg 和 Lee（1993），以下简称为 HEGY（1990）及 EGHL（1993）]；第四种方法是将季节性模拟作为系数随季节变动而发生周期变化的周期过程[参见 Gersovitz 和 MacKinnon（1978），Osborn（1988），Hansen 和 Sargent（1993）等]。

一方面，一些平稳性季节性模式的假设是合理的，比如节日期间一直是许多商品的零售旺季。另一方面，经济时间序列的季节性模式也可能具有巨大的变化，甚至使得季节性波峰和波谷的位置都发生了变化。这方面的例子包括 Engle，Granger 和 Hallman（1988）所研究的能源消费序列，Engle，Granger，Hylleberg 和 Lee（1993）研究的日本的消费和收入序列，Canova（1993）所研究的工业产量序列，Hylleberge，Jorgensen 和 Sorensen（1993）所分析的一些 GDP 序列。事实表明，依赖于预感、直觉、典型化事实来事先确定哪种方法能得到关于数据的最佳统计描述几乎是不可能的。

实际应用中急需简单实用的统计技术分辨不同形式的季节因素，Dickey，Hasza 和 Fuller（1984）第一个提出了这方面的检验框架，更进一步，HEGY（1990）及 EGHL（1993）将 Dickey 和 Fuller（1979）单位根检验的方法扩展到季节性单位根检验的情形。除此之外，Canova 和 Hansen（1995）将 KPSS 扩展到季节性检验。Caner（1998）对季节性单位根也进行了研究。进一步，Ghysels（1994b），Smith 和 Otero（1997）以及 Franses 和 Vogelsang（1998）等将 Perron（1989）中论述的结构突变对单位根检验的影响扩展到季节模型，Busetti 和 Harvey（2003）对季节频率上的结构突变对 CH 检验的影响进行了探索。对于周期单位根，Ghysels，Hall 和 Lee（1996）将 HEGY 方法扩展到周期单位根检验；Franse（1994）将协整理论用于周期单位根的检验；Boswjk 和 Franses（1996）构造了似然比统计量对周期单位根进行检验。

在此基础之上，如果发现多个经济时间序列在同一季节频率上都存在单位根时，可以进一步研究变量之间是否存在协整，并建立相应的误差修正模型。HEGY（1990）及 EGHL（1993）将单方程 EG 两步法（Engle 和 Granger，1987）的思想用于季节协整中，建立了英国的消费函数。Lee（1992）将 Johansen（1988，1991）的向量协整理论扩展到多变量季节性协整研究中，Johansen 和 Schaumburg（1999）对此进行了进一步的完善，奠定了向量季节性协整的理论基础。

关于周期性过程的协整和误差修正模型的研究，主要有 Birchenhall 等（1989），Boswijk 和 Franses（1995），Franses 和 Kloek（1995），Kleibergen 和 Franses（1999），Franses（1996a）以及 Franses 和 McAleer（1998）等。

此外，有关非线性季节模型的研究也在不断深入。Taylor 和 Smith（1998）对随机季节单整过程进行了分析，发现它具有季节异方差，并且方差呈现爆炸式增长。随机季节单整过程在线性季节单整过程与季节 ARCH 模型之间搭起了桥梁。SGARCH 和 PGARCH 模型，抓住金融市场普遍存在的变易率聚类（波动集群）（volatility clustering）和厚尾部分布等性质，是一类具有季节异方差的 ARMA 过程。Bollerslev 和 Ghysels（1996）利用德国马克对美元和德国马克对英镑的汇率的日度数据说明了 PGARCH 模型在实证研究中的适用性。周期马尔可夫开关模型具有非线性预测修正和隐藏周期的特征。Ghysels（1991，1994b，1997b）用它来研究英国商业周期转折点分布的非均匀性（the non-uniformity of the distribution）。非线性季节模型的研究尚处于起步阶段，存在许多值得深入探讨的问题。但是，金融市场的高频数据以其复杂的季节模式对计量经济学家提出了挑战，也为非线性季节模型的应用提供了广阔的舞台。

随着世界经济一体化进程的加快，各国间的交流与合作越来越频繁。为减少摩擦与矛盾，也为加强国际组织对各国经济运行状况的监督，国际社会在各领域纷纷建立了国际通行标准。我国在加入 WTO 之后开始按照 GDDS 和 SDDS 的统一标准发布数据，例如国民账户体系、国际收支平衡表按年公布，广义货币概览按月公布，汇率则每日公布等。这使得我们将面对大量的季度或月度数据，这些数据携带了丰富的季节性信息，而这些季节性因素对整个经济系统的作用是不容忽视的，通过对季节性问题的研究，决策者可以在更为真实和充分的信息约束下进行更加理性的抉择。并且季度模型比年度模型有更多的观测值，这种样本容量的增加使得我们在建模过程中可以选择滞后期更长的滞后结构，容纳更多的相关经济变量，特别是能够解释年度模型所难以涉及的短期经济周期现象，特别适合于分析和预测经济的短周期波动，从而更好地揭示经济现象的本质。

第二章　季节 ARIMA 模型

在本章中，我们讨论与单变量季节时间序列相关的一些问题。在第一节中，重点介绍季节时间序列分析中的一些常用基本概念。随后，在第二节中讨论三类具有不同特性的季节 ARIMA 模型：确定性季节模型、自回归移动平均乘积性季节模型和季节单整过程。确定性季节时间序列的研究和发展总是与随机季节性时间序列，尤其是非平稳随机季节性时间序列的研究紧密相连的，我们不应该将它们分割开来考虑，为此，在第三节中对这三类季节时间序列模型进行分析和比较。随后，第四节中介绍季节 ARIMA 模型的建模过程。在第五节中，从数据出发对美国国际航空公司旅客客票数建立乘积模型和组合模型。

第一节　基本概念

随机过程 随机过程是同一概率空间（Ω，F，P）上的一族随机变量$\{x(\omega, t), \omega\in\Omega, t\in T\}$，其中 T 为参数集。随机过程通常简称为过程，记为$\{x_t\}$或 x_t。若参数集是整数集或非负整数集，则称$\{x_t, t\in T\}$为随机序列。对于每一个 t，$t\in T$，$x(\cdot, t)$是概率空间（Ω，F，P）上的一个随机变量。对于每一个 ω，$\omega\in\Omega$，$x(\omega, \cdot)$是随机过程在参数集 T 中的一次实现，也称为样本轨迹。

强平稳过程 如果一个随机过程的性质不因时间起点的变化而变化，即无论对 T 的任何时间子集（t_1，t_2，…，t_n）以及任何实数 k，$(t_i+k)\in T$，$i=1, 2, \cdots, n$ 都有

$$F(x(t_1), x(t_2), \cdots, x(t_n))=F(x(t_1+k), x(t_2+k), \cdots, x(t_n+k)) \tag{2.1}$$

成立，其中：$F(\cdot)$表示 n 个随机变量的联合分布函数，则称这个随机过程是**强平稳**的。强平稳意味着随机过程所有存在的矩都不随时间的变化而变化。

***m* 阶平稳过程** 如果一个随机过程 m 阶矩以下的矩的取值全部与时间无关，则称该过程为 m 阶平稳过程。比如过程$\{x_t\}$满足

$$E[x(t_i)]=E[x(t_i+k)]=\mu<\infty,$$
$$\mathrm{Var}[x(t_i)]=\mathrm{Var}[x(t_i+k)]=\sigma^2<\infty,$$
$$\mathrm{Cov}[x(t_i), x(t_j)]=\mathrm{Cov}[x(t_i+k), x(t_j+k)]=\sigma_{ij}{}^2<\infty。$$

其中：μ，σ^2 和 $\sigma_{ij}{}^2$ 为常数，则称该随机过程$\{x_t\}$为**二阶平稳过程**。

下面介绍两种基本的随机过程。

白噪声过程 对于一个随机过程$\{x_t, t\in T\}$，如果 $E(x_t)=0$，$\mathrm{Var}(x_t)=\sigma^2<\infty$，$t\in T$；$\mathrm{Cov}(x_t, x_{t+k})=0$，$(t+k)\in T$，$k\neq 0$，则称$\{x_t\}$为白噪声过程。显然，白噪声是二阶平稳随机过程。如果$\{x_t\}$同时还服从正态分布，则它还是一个强平稳的随机过程。

ARIMA 过程 如果平稳过程$\{x_t\}$满足下面的表达式

$$\Phi(L)\triangle^d x_t=\Theta(L)\varepsilon_t, \tag{2.2}$$

其中：ε_t是白噪声过程，多项式 $\Phi(L)\equiv 1-\sum_{i=1}^{p}\phi_i L^i$ 和 $\Theta(L)\equiv 1-\sum_{i=1}^{q}\theta_i L^i$ 的根都位于单位圆外。

则称$\{x_t\}$为 d 阶单整 p 阶自回归 q 阶移动平均过程，记作 ARIMA(p,d,q)。

随机游走过程 如果过程$\{x_t\}$满足下面的表达式

$$x_t=x_{t-1}+\varepsilon_t\ , \tag{2.3}$$

其中：ε_t 是白噪声过程，则称$\{x_t\}$为随机游走过程。随机游走过程是非平稳的随机过程。由上式可知随机游走过程的方差为无限大：

$$x_t= x_{t-1}+ \varepsilon_t= \varepsilon_t + \varepsilon_{t-1}+x_{t-2} = \varepsilon_t + \varepsilon_{t-1}+\varepsilon_{t-2} +\cdots$$

$$\text{Var}(x_t) = \text{Var}(\varepsilon_t + \varepsilon_{t-1}+\varepsilon_{t-2}+\cdots)= \sum_{i=-\infty}^{t}\sigma_u^2 \rightarrow\infty$$

这使得它的均值变得毫无意义。

时间序列 时间序列就是对某个指标在不同时间上的观测值，按照时间的先后顺序排列而成的数列，通常也记作$\{x_t,\ t\in T\}$。由于受到各种偶然因素的影响，数据往往表现出某种随机性，同时彼此之间存在着统计上的相依关系。如果将观测值 x_t 视为某个随机变量的样本值，那么时间序列就是随机序列的一个实现[①]。

虽然自然科学领域中的许多时间序列都是平稳的，但经济领域中多数宏观经济时间序列却都是非平稳的，即其均值与方差随时间的变化而变化。进行时间序列分析之前，首先应通过差分把非平稳时间序列变换为平稳的时间序列（在差分之前，常常先对观测值取对数，从而消除时间序列中的异方差）。在实际应用中对于经济时间序列进行一次或二次差分就足够了。对于时间序列 x_t，一阶差分可表示为

$$x_t- x_{t-1} =\triangle x_t =(1-L)\, x_t = x_t -L\, x_t$$

其中：△称为一阶差分算子。L 称为一阶滞后算子，定义为 $Lx_t= x_{t-1}$。k 阶滞后算子定义为 $L^k x_t= x_{t-k}$。二次一阶差分表示为

$$\triangle^2 x_t=\triangle\triangle x_t=\triangle x_t -\triangle x_{t-1}=(x_t - x_{t-1})-(x_{t-1} - x_{t-2})= x_t - 2x_{t-1}+x_{t-2}$$

$$\triangle^2 x_t=(1-L)^2 x_t=(1-2L+L^2)\, x_t = x_t- 2x_{t-1}+x_{t-2}$$

自相关系数 对于平稳过程$\{x_t\}$，相差 k 个时期的两个随机变量之间依赖程度或相关程度可用 k 阶自相关系数 ρ_k 表示为

$$\rho_k = \frac{\text{Cov}(x_t, x_{t-k})}{\text{Var}(x_t)} \tag{2.4}$$

对于时间序列$\{x_t\}$，相差 k 个时期的样本自相关系数 $\hat{\rho}_k$ 为

$$\hat{\rho}_k = \frac{\sum_{t=k+1}^{n}(x_t-\bar{x})\ (x_{t-k}-\bar{x})}{\sum_{t=1}^{n}(x_t-\bar{x})^2} \tag{2.5}$$

式中：n 是数据的个数；$\bar{x}=\frac{1}{n}\sum_{t-1}^{n}x_t$ 是数据的算术平均值。

---

① 在实际应用中，时间序列这个术语既表示随机序列本身也表示该过程的一个实现。

偏自相关系数 对于平稳过程$\{x_t\}$，偏自相关系数 ϕ_{kk} 是在给定了（x_{t-1}，x_{t-2}，…，x_{t-k+1}）的条件下，x_t 与 x_{t-k} 之间的条件相关程度。直接计算 ϕ_{kk} 的方法比较复杂，通常按照如下的递推算法求得。

$$\begin{cases}\phi_{11}=\rho_1 \\ \phi_{kk}=\dfrac{\rho_k-\sum\limits_{i=1}^{k-1}\phi_{k-1,i}\cdot\rho_{k-i}}{1-\sum\limits_{t=1}^{k-1}\phi_{i,i}\cdot\rho_i}\ (k=2,3,\cdots) \\ \phi_{k,i}=\phi_{k-1,i}-\phi_{kk}\phi_{k-1,i-1}\ (i=1,2,\cdots,k-1)\end{cases} \tag{2.6}$$

对于时间序列$\{x_t\}$，将样本自相关系数 $\hat{\rho}_k$ 代入式(2.6)即可得到样本的偏自相关系数 $\hat{\phi}_{kk}$。特别地，在自回归模型中，偏自相关系数具有截尾的特点；在移动平均模型中，自相关系数具有截尾的特点。将时间序列的自相关系数与偏自相关系数绘制成图，并标出一定的置信区间，这种图就称为**自相关分析图**。在博克斯—詹金斯法中，偏自相关系数与自相关系数用于识别 ARMA 模型的阶数。在自相关分析图中，自相关系数与偏自相关系数的置信区间（自相关分析图中的两条虚线之间的区域）都取为（$-2/\sqrt{n}$，$2/\sqrt{n}$），这里 n 是指时间序列中所含的数据的项数。

时域分析和频域分析是分析时间序列的两种方法，它们从不同的角度分别刻画了序列的相关特征和周期特点。其中频域分析将过程看作是由互不相关的不同频率和振幅的正弦波和余弦波的周期函数的加权叠加，利用傅立叶变换和谱密度函数来确定不同频率中的重要的周期如何影响过程的行为。

总体谱 对于二阶矩平稳过程$\{x_t\}$，$E\,x_t=\mu$，k 阶自协方差 $r_k=\mathrm{Cov}(x_t,\ x_{t+k})$绝对可加，称

$$f(\omega)=\frac{1}{2\pi}\sum_{k=-\infty}^{+\infty}r_k\mathrm{e}^{-ik\omega} \tag{2.7}$$

为过程的总体谱，记作 $f(\omega)$。总体谱是总体自协方差函数的离散傅立叶变换，是以 2π 为周期的非负偶函数。特别，对于 ARMA 过程

$$\Phi(L)\,x_t=\Theta(L)\varepsilon_t\,,$$

其谱密度函数为

$$f(\omega)=\frac{|\Theta(\mathrm{e}^{-i\omega})|^2}{|\Phi(\mathrm{e}^{-i\omega})|^2}\sigma_\varepsilon^2\,。 \tag{2.8}$$

样本谱 对于时间序列$\{x_t\}$，将样本自协方差 $\hat{r}_k$ 代入上式（2.7）即可得到样本谱

$$\hat{f}(\omega)=\frac{1}{2\pi}\sum_{k=-(T-1)/2}^{(T-1)/2}\hat{r}_k\mathrm{e}^{-ik\omega}\,。 \tag{2.9}$$

第二节　季节 ARIMA 模型的类别

对于许多序列而言，它们都是在一年之内定期度量的，从而很可能表现出某种季节规律

性。换句话说，一个变量同它上一年同一季度（月、周等）的值的关系可能比它同前一期的值的相关更为密切。于是，便出现了常用的如下季节时间序列模型。

一、自回归移动平均乘积性季节模型

（一）自回归乘积性季节模型（SAR）

定义 如果一个过程 z_t 可表达为

$$\Phi(L)\ \Phi_S(L^S)\ z_t = \varepsilon_t, \tag{2.10}$$

其中：ε_t 是白噪声过程，$\Phi_S(L^S) \equiv 1-\sum_{i=1}^{P}\phi_{iS}L^{iS}$，$\Phi(L) \equiv 1-\sum_{i=1}^{p}\phi_i L^i$，则过程 z_t 称为自回归乘积性季节模型，记作 AR（p）×SAR（P）。如果特征方程 $\Phi(L)\ \Phi_S(L^S)=0$ 的根都在单位圆外，则 z_t 是一个平稳的随机过程。

以如下季节自回归过程为例

$$z_t=\phi_S z_{t-S}+\varepsilon_t\ , \tag{2.11}$$

其中：ε_t 是均值为零、方差为 σ^2 的独立同分布的随机序列，且$|\phi_S|<1$。用滞后算子可将上式表示为

$$(1-\phi_S L^S)\ z_t=\varepsilon_t,$$

这是一般 AR(S)过程的一个特例，其中 $S-2$ 个系数设置为零。通常，假定其无条件期望为零。则其条件期望为

$$E(z_t|z_{t-1},\cdots) = \phi_S z_{t-S},$$

显然，条件期望具有季节性周期。

可将式（2.11）表示为

$$z_{s\tau}=\phi_S z_{s\tau-1}+\varepsilon_{s\tau},\quad s=1，2，\cdots，S,\ \tau=1，2，\cdots，T_\tau \tag{2.12}$$

其中：$\varepsilon_t=\varepsilon_{s\tau}\ i.i.d.(0,\sigma^2)$，进一步可将式（2.12）通过递归表示为

$$z_{s\tau}=\phi_S^\tau z_{s,0}+\sum_{j=0}^{\tau-1}\phi_S^j\varepsilon_{s,\tau-j} \tag{2.13}$$

可见，这一随机季节性过程包括两个季节性来源。一个是季节 s 的不可测初值，即 $z_{s,0}$，通过 $\phi_S^\tau z_{s,0}$ 对该季未来的观测值产生影响。另一个来源是季节 s 以前所有年份的扰动 $\varepsilon_{s,\tau-j}\ (j>0)$，它通过 $\sum_{j=0}^{\tau-1}\phi_S^j\varepsilon_{s,\tau-j}$ 使得每个扰动对该季未来的观测值都将产生影响，通过扰动使得偶然模式的发生趋于重复。在这两种情形下，这些与季节性相关联的模式中通常都要 $\phi_S>0$。当过程是平稳的时候，则有 $0<\phi_S<1$，这时我们发现，初值 $z_{s,0}$ 及任何单个的扰动 $\varepsilon_{s,\tau-j}\ (j>0)$ 对未来观测值的影响都将随时间的推移而消失。式（2.13）的方差为

$$\text{Var}(z_{s\tau})=\phi_S^{2\tau}\text{Var}(z_{s0})+\sigma^2\sum_{j=0}^{\tau-1}\phi_S^{2j}$$

当过程是平稳的情形下，$-1<\phi_S<1$，且 $\text{Var}(z_{s\tau})=\text{Var}(z_{s,0})$，则方差为

$$\text{Var}(z_{s,\tau})=\sigma^2/(1-\phi_S^2), \tag{2.14}$$

它关于季节 $s=1，2，\cdots，S$ 及年份 $\tau=1，2，\cdots，T_\tau$ 是常数。序列的自相关函数为

$$\rho(kS)=\phi_S{}^k\ ,\quad k=1,\ 2,\ \cdots \tag{2.15}$$

随着滞后阶数的增加而减小，在之后 S，$2S$，$3S$，…处有相对的峰值。序列的偏自相关函数在滞后 S 阶之后为零，具有截尾的特征。模型的谱密度为

$$f(\omega)=\sigma^2/[1+\phi_S^2-2\phi_S\cos(S\omega)]\text{。} \tag{2.16}$$

图 2.1 给出了取自季节 AR(1)序列的一个样本轨迹以及谱、自相关图和偏自相关图。

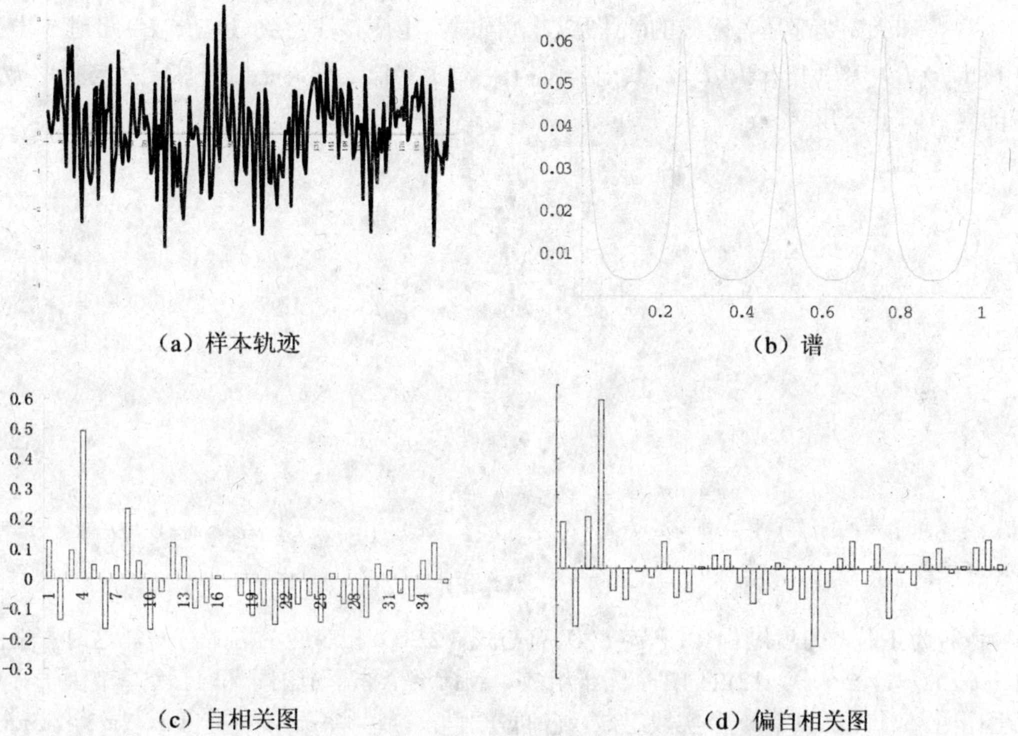

（a）样本轨迹　（b）谱

（c）自相关图　（d）偏自相关图

图 2.1　季节 AR(1)序列的样本轨迹、谱、自相关图和偏相关图（$\phi_4=0.5$，$S=4$，$T=200$）

虽然随机季节性通常与含有年度滞后的过程相联系，但当过程为滞后阶数小于 S 的自回归平稳过程时，也可能产生这类季节性。例如，AR(1)过程

$$z_t=\phi z_{t-1}+\varepsilon_t\ ,\quad t=1,\ 2,\ \cdots,\ T, \tag{2.17}$$

这意味着

$$z_t=\phi^t z_0+\sum_{j=0}^{t-1}\phi^j\varepsilon_{t-j}\ , \tag{2.18}$$

当 $0<|\phi|<1$ 时，该过程是平稳的。此时，对于任一季节随着 t 的增加，其初值 $z_{s,0}$ 及任何过去扰动对未来观测值的影响都是严格减少的。但是当 $-1<\phi<0$ 时，z_t 有短暂的两期模式。当 t 为偶数期时，$\phi^t z_0$ 与 z_0 同号，当 t 为奇数期时，$\phi^t z_0$ 与 z_0 异号。从而，任何单个扰动的影响也是随时间的推移具有一个（逐渐减少的）两期模式。如果数据是季度的，那么这种半年模式可看作随机季节性的一个特殊形式。对于季度数据，AR(2)的过程

$$z_t=\phi_2 z_{t-2}+\varepsilon_t\ , \tag{2.19}$$

当 $-1<\phi_2<0$ 时，会产生另外一种特殊的季节性模式，它表现为每隔两期符号变换一次，恰好

每四期（即一年）重复一次。

对于季度数据，SAR(1)过程的多项式算子可分解为

$$\left(1-\phi_4 L^4\right)=\left(1-\sqrt[4]{\phi_4}L\right)\left(1+\sqrt[4]{\phi_4}L\right)\left(1+\sqrt[2]{\phi_4}L^2\right), \tag{2.20}$$

当 ϕ_4 为正时，一个自回归系数为正的 SAR(1)多项式可分解为一个非季节因式 $(1-\sqrt[4]{\phi_4}L)$ 及两个与季节性有关的因式 $(1+\sqrt[4]{\phi_4}L)$ 和 $(1+\sqrt[2]{\phi_4}L^2)$。因式 $(1+\sqrt[4]{\phi_4}L)$ 和 $(1+\sqrt[2]{\phi_4}L^2)$ 中分别蕴含有一个全年模式及两个半年模式。实际上，自回归过程 $(1+\sqrt[4]{\phi_4}L)\,z_t=\varepsilon_t$ 和 $(1+\sqrt[2]{\phi_4}L^2)\,z_t=\varepsilon_t$ 的谱密度在频率 π 和 π/2 处都是有谱峰的(见图 2.2)。同时，也应该注意到 $(1+\sqrt[2]{\phi_4}L^2)$ 可进一步分解为（$1+\mathrm{i}\sqrt[4]{\phi_4}L$）×（$1-\mathrm{i}\sqrt[4]{\phi_4}L$），其中 $\mathrm{i}=\sqrt{-1}$。对于实值过程，不能将这一对与频率 π/2 相对应的复数因子分开。

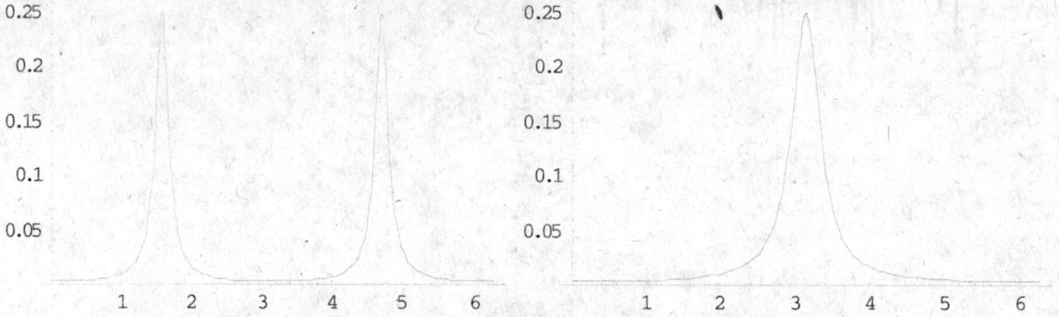

（a）$(1+\sqrt[2]{\phi_4}L^2)\,z_t=\varepsilon_t$，$\phi_4=0.64$　　（b）$(1+\sqrt[4]{\phi_4}L)\,z_t=\varepsilon_t$，$\phi_4=0.4096$

图 2.2　样本谱示例

当 ϕ_{12} 为正时，月度过程（$1-\phi_{12}L^{12}$）有与式（2.20）相对应的因式分解。这时，它由形如$(1+\psi_i L)$ $(i=1，2，\cdots，12)$的 12 个因子组成，包括 1 个非季节因子和 11 个季节因子。其中季节因子由 5 个复数对和一个实数组成，它们分别与季节频率 π/6，π/3，π/2，2π/3 和 5π/6 及 π 相对应。这与月度情形下确定性季节过程中的季节频率是一致的。

（二）移动平均乘积性季节模型过程（SMA）

定义 如果一个过程 z_t 可表达为

$$z_t=\Theta(L)\,\Theta_S(L^S)\,\varepsilon_t\ , \tag{2.21}$$

其中：ε_t 是白噪声过程，$\Theta_S(L^S)=1-\sum_{i=1}^{Q}\theta_{iS}L^{iS}$ ，$\Theta(L)=1-\sum_{i=1}^{q}\theta_i L^i$ ，q 和 Q 是模型的阶数，则过程 z_t 称为**移动平均乘积性季节模型，**记作 MA(q)×SMA(Q)。

如果特征方程 $\Theta(L)\Theta_S(L^S)=0$ 的根都在单位圆外，则 z_t 是一个可逆的随机过程。移动平均模型的阶数 q 和 Q 原则上可为任意非负整数，在实际应用中只有低阶移动平均过程的性质才是重要的，一般取值在 1～2 之间。可逆的移动平均乘积性季节模型可以表示成一个平稳的无限阶自回归乘积性季节模型，它的偏自相关系数衰减至零，而不会截尾；它的自相关系数是截尾的。模型的谱密度为

$$f(\omega)=|\Theta(\mathrm{e}^{-i\omega})\Theta_S(\mathrm{e}^{-i\omega})|^2\ \sigma^2\ 。\tag{2.22}$$

以 MA(1)×SMA(1)为例，

$$z_t=(1-\theta_1 L)(1-\theta_S L^S)\varepsilon_t$$

其中：ε_t 是均值为零、方差为 σ^2 的独立同分布的随机序列，$|\theta_1|<1$，且 $|\theta_S|<1$。这是一般 MA(S+1) 过程的一个特例，其中 $S-2$ 个系数设置为零，而且余下的三个系数之间具有非线性关系。自相关系数在 $S+1$ 阶后截尾，偏自相关系数则逐渐消失。图 2.3 给出了取自 MA(1)×SMA(1) 序列的样本轨迹以及谱、自相关图和偏自相关图。

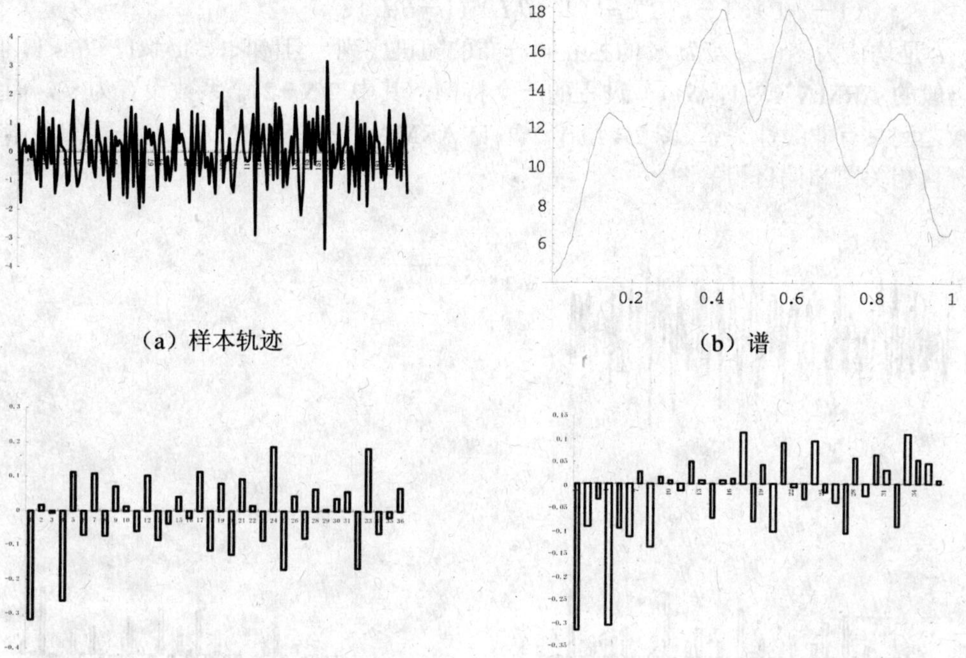

（a）样本轨迹　　（b）谱

（c）自相关图　　（d）偏自相关图

图 2.3　季节 MA(1)×SMA(1)序列的样本轨迹以及谱、自相关图和偏自相关图

（θ_1=0.5，θ_4=0.25，S=4，T=200）

（三）自回归移动平均乘积性季节模型（SARMA）

定义 如果一个过程 z_t 可表达为

$$\Phi(L)\,\Phi_S(L^S)z_t=\Theta(L)\,\Theta_S(L^S)\,\varepsilon_t \tag{2.23}$$

则过程 z_t 称为**自回归移动平均乘积性季节模型**，记作 ARMA(p,q)×SARMA(P,Q)。其中：ε_t 是白噪声过程，$\Phi_S(L^S)\equiv 1-\sum_{i=1}^{P}\phi_{iS}L^{iS}$，$\Phi(L)\equiv 1-\sum_{i=1}^{p}\phi_i L^i$，$\Theta_S(L^S)=1-\sum_{i=1}^{Q}\theta_{iS}L^{iS}$，$\Theta(L)=1-\sum_{i=1}^{q}\theta_i L^i$，$p$、$P$、$q$ 和 Q 是模型的阶数。如果特征方程 $\Phi(L)\,\Phi_S(L^S)=0$ 和 $\Theta(L)\,\Theta_S(L^S)=0$ 的根都在单位圆外，则 z_t 是一个平稳可逆的随机过程。特别地，当 $\Theta(L)\,\Theta_S(L^S)=1$ 时，称过程为**季节自回归乘积性季节模型**，记作 AR(p)×SAR(P)。当 $\Phi(L)\,\Phi_S(L^S)=1$ 时，称过程为**移动平均乘积性季节模型**，记作 MA(q)×SMA(Q)。

自回归乘积性季节模型与移动平均乘积性季节模型的有效组合，便构成了自回归移动平均乘积性季节模型对于平稳可逆的 SARMA 过程可以表示成一个平稳的无限阶自回归乘积性季节模型或者一个可逆的无限阶移动平均乘积性季节模型。它的偏自相关系数和自相关系数

都衰减至零，不会截尾。模型的谱密度为

$$f(\omega)=\frac{|\Theta(\mathrm{e}^{-i\omega})\Theta_S(\mathrm{e}^{-i\omega})|^2}{|\Phi(\mathrm{e}^{-i\omega})\Phi_S(\mathrm{e}^{-i\omega})|^2}\sigma^2。$$

以 ARMA(1,1)×SARMA(1,1)为例，

$$(1-\phi_1 L)(1-\phi_S L^S)z_t=(1-\theta_1 L)(1-\theta_S L^S)\varepsilon_t$$

其中：ε_t是均值为零，方差为σ^2的独立同分布的随机序列，且$|\phi_1|<1$，$|\phi_S|<1$，$|\theta_1|<1$，$|\theta_S|<1$。这是一般的 ARMA（S+1，S+1）过程的一个特例，其中 2(S−2)个系数设置为零，而且余下的系数之间具有非线性关系。图 2.4 给出了取自 ARMA(1,1)×SARMA(1,1)序列的样本轨迹及其谱、自相关图和偏自相关图。

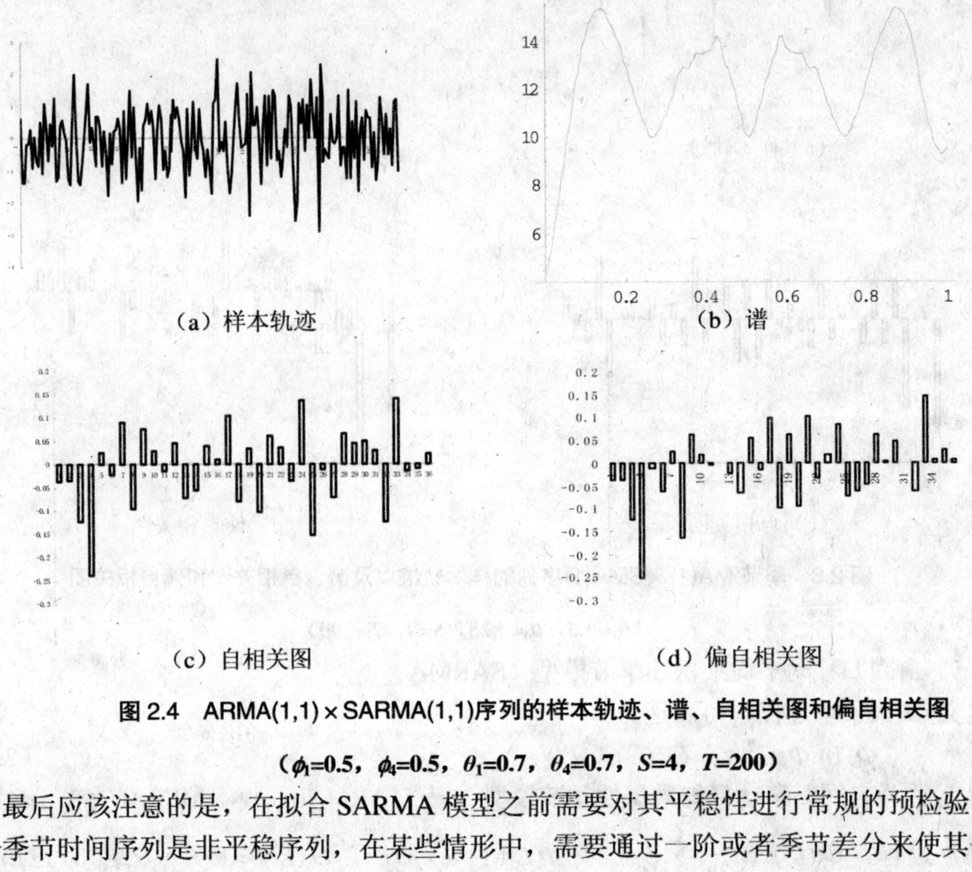

（a）样本轨迹　　（b）谱

（c）自相关图　　（d）偏自相关图

图 2.4　ARMA(1,1)×SARMA(1,1)序列的样本轨迹、谱、自相关图和偏自相关图

（ϕ_1=0.5，ϕ_4=0.5，θ_1=0.7，θ_4=0.7，S=4，T=200）

最后应该注意的是，在拟合 SARMA 模型之前需要对其平稳性进行常规的预检验。如果一个季节时间序列是非平稳序列，在某些情形中，需要通过一阶或者季节差分来使其平稳。

二、确定性季节时间序列

（一）确定性季节时间序列的虚拟变量表示

在应用经济计量学研究中，确定性季节时间序列通常采用的是虚拟变量表达形式：

$$y_t=\sum_{s=1}^{S}\delta_{st}\gamma_s+z_t,\quad t=1,2,\cdots,ST, \tag{2.24}$$

其中：z_t是均值为零的弱平稳过程，δ_{st}是季节虚拟变量。在τ年 s 季节时过程的无条件期望

$$E(y_{s\tau})=\gamma_s,\quad s=1,2,\cdots,S, \tag{2.25}$$

由此可见，确定性季节过程具有季节性的均值平移，它与年份无关。这种时变的均值，意味

着过程 y_t 是非平稳的。但是，$y_{s\tau}-E(y_{s\tau})=z_{s\tau}$ 是弱平稳的，所以该离差的二阶矩性质除了关于年份 τ 是不变的以外，关于季节 s 也是不变的。

由于与 S 个季节中的每个季节有关的数据占总观察值的比例为 $1/S$，因此 y_t 的样本均值为

$$\mu=\frac{1}{S}\sum_{s=1}^{S}\gamma_s\ , \tag{2.26}$$

当 $\mu\neq 0$ 时，式（2.24）这种简单的虚拟变量表示方法将季节性与 y_t 的非零样本均值混在一起。当这种全年均值被分离出去之后，季节 s 的确定性季节效果为 $m_s=\gamma_s-\mu$ 。显然，这种定义相当于施加了限制 $\sum_{s=1}^{S}m_s=0$。对此，一个自然的解释是认为当观测值按年求和后应该不再包括有确定性季节性。这时，式（2.24）可等价地写作

$$y_t=\mu+\sum_{s=1}^{S}\delta_{st}\ \gamma_s+z_t, \tag{2.27}$$

在第一章中关于确定性季节性的讨论中，隐含着假定 $\mu=0$。

当式（2.27）中 μ 被替换为 $\mu_0+\mu_1 t$ 时，则过程扩展为一个包括有趋势因素在内的模型

$$y_t=\mu_0+\mu_1 t\ +\sum_{s=1}^{S}\delta_{st}\ \gamma_s+z_t, \tag{2.28}$$

其中的趋势因素仅与年度有关，而与季节无关。进一步地，还可以允许各个季节包含有各自的趋势，即

$$y_t=\mu_0+\mu_1 t\ +\sum_{s=1}^{S}\left(m_{0s}+m_{1s}t\right)\ \delta_{st}\ +z_t,$$

其中：季节系数满足限制 $\sum_{s=1}^{S}m_{0s}=\sum_{s=1}^{S}m_{1s}=0$ 以保证季节性因素按年度求和后为零。这种带趋势的确定性季节性在实践中可能对许多经济序列是不现实的，它意味着年中各季节观测值是随时间发散的。通常，我们认为模型中所包括的趋势是非季节性的。图 2.5 给出了取自序列 $y_t=\mu_0+\mu_1 t\ +\sum_{s=1}^{S}\delta_{st}\ \gamma_s+z_t$ 的样本轨迹及其谱、自相关图和偏自相关图。

在过程（2.27）或（2.28）中，$z_t=y_t-E(y_t)=y_{s\tau}-E(y_{s\tau})$的平稳性意味着每个观测值与其各个季节均值的离差有一个关于 s 和 τ 不变的常量方差。从这个意义上讲，确定性季节性过程确保观测值不会“游走”得离它们上述的均值太远。

（二）确定性季节时间序列的三角函数表示

利用三角函数，确定性季节性过程式（2.27）可等价地表示为

$$y_t=\mu+\sum_{k=1}^{S/2}[\alpha_k\cos(\frac{2\pi kt}{S})+\beta_k\sin(\frac{2\pi kt}{S})]+z_t\ , \tag{2.29}$$

它明确认识到整个的均值 μ。注意，对 α_k 我们需考虑 $k=1$，2，…，$S/2$，但对 β_k 仅需考虑 $k=1$，2，…，$S/2-1$，因为 $\beta_{S/2}$ 所乘的正弦项总是 0。这种表示是季节性谱分析及季节调整的基础，早期文献见 Hannan，Terrell 和 Tuckwell（1970）。

对季度数据情形，式（2.29）意味着式（2.27）的季节虚拟变量系数与确定因素的三角函数表示有如下关系

$$\gamma_1=\mu+\beta_1-\alpha_2,$$

$$
\begin{aligned}
&\gamma_2=\mu-\alpha_1+\alpha_2, \\
&\gamma_3=\mu-\beta_1-\alpha_2, \\
&\gamma_4=\mu+\alpha_1+\alpha_2。
\end{aligned}
\tag{2.30}
$$

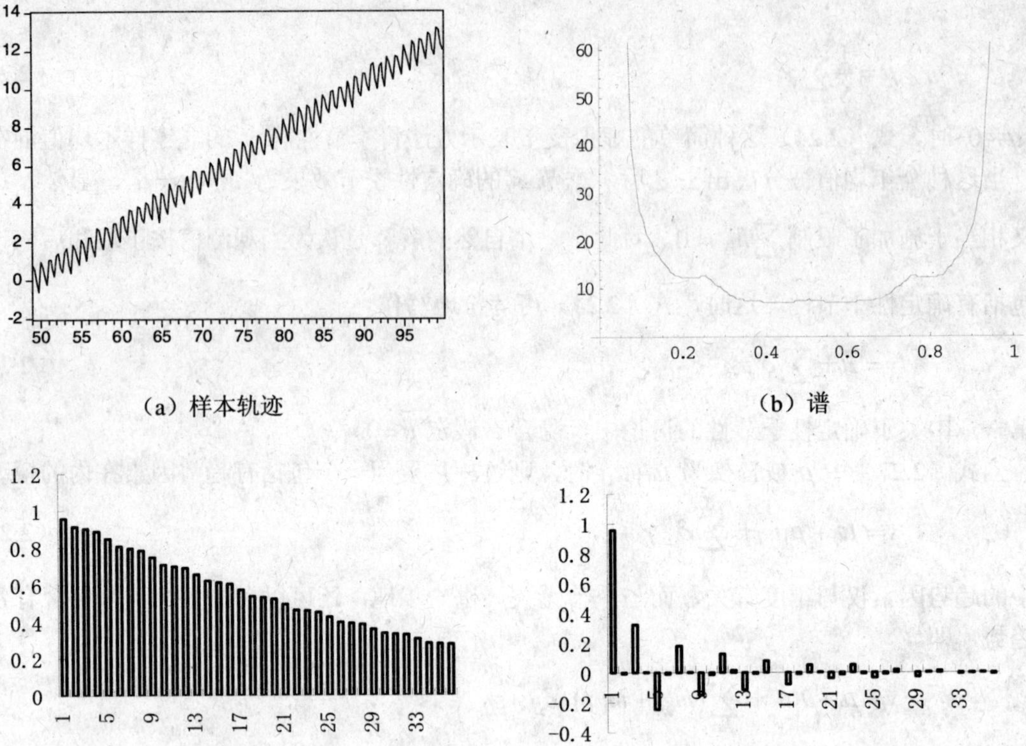

（a）样本轨迹　　（b）谱

（c）自相关图　　（d）偏自相关图

图 2.5　序列 $y_t=\mu_0+\mu_1 t+\sum_{s=1}^{S}\delta_{st}\gamma_s+z_t$ 的样本轨迹及其谱、自相关图和偏自相关图

(μ_0=0，μ_1=0.25，γ_1=0.55，γ_2=0.4，γ_3=−0.25，γ_4=−0.7，S=4，T=200)

在季度情形，α_1 和 β_1 与频率 $\pi/2$ 相对应，分别是三角函数 $\cos(t\pi/2)$ 和 $\sin(t\pi/2)$ 的系数。$\cos(t\pi/2)$ 和 $\sin(t\pi/2)$ 是周期为 4 的周期函数，在每个周期中它们的取值依次为 1，0，−1，0。所以，虽然在式（2.30）中的 α_1 仅与 γ_2 和 γ_4 有关，β_1 仅与 γ_1 和 γ_3 有关，但在频域中这两个循环是不可分割的，它们都是与一个周期为 4 的循环相对应。同样的道理，由于 α_2 与频率 π 相对应，是三角函数 $\cos(t\pi)$ 的系数，$\cos(t\pi)$ 的取值依次为−1 和 1，所以 α_2 是与一个周期为 2 的循环相联系。由式（2.29）和式（2.30）可知，任何具有确定性季节模式的季度数据在年中的四个季度都可被表达为这两个频率的线性组合，即 $\alpha_1\cos(t\pi/2)+\beta_1\sin(t\pi/2)+\alpha_2\cos(t\pi)$，所以频率 $\pi/2$ 和 π 被称为季节频率。由这些三角函数的性质可知，任何 4 个连续 t 值的季节性模式必须和为 0。

式（2.30）可写作

$$
\boldsymbol{\Gamma}=\boldsymbol{RB}, \tag{2.31}
$$

其中 $\boldsymbol{\Gamma}=(\gamma_1,\gamma_2,\gamma_3,\gamma_4)^{\mathrm{T}}$，$\boldsymbol{B}=(\mu,\alpha_1,\beta_1,\alpha_2)^{\mathrm{T}}$ 和 $\boldsymbol{R}$ 是 4×4 非奇异矩阵：

$$
\boldsymbol{R}=\begin{bmatrix}1 & 0 & 1 & -1\\ 1 & -1 & 0 & 1\\ 1 & 0 & -1 & -1\\ 1 & 1 & 0 & 1\end{bmatrix}=\begin{bmatrix}1 & \cos(\frac{2\pi}{4}) & \sin(\frac{2\pi}{4}) & \cos(\frac{4\pi}{4})\\ 1 & \cos(\frac{4\pi}{4}) & \sin(\frac{4\pi}{4}) & \cos(\frac{8\pi}{4})\\ 1 & \cos(\frac{6\pi}{4}) & \sin(\frac{6\pi}{4}) & \cos(\frac{12\pi}{4})\\ 1 & \cos(\frac{8\pi}{4}) & \sin(\frac{8\pi}{4}) & \cos(\frac{16\pi}{4})\end{bmatrix}。 \tag{2.32}
$$

式（2.31）反映了季度情形下三角函数表示法式（2.29）与常用的虚拟变量表示法式（2.27）之间的关系。显然对月度数据 S=12 以及其他抽样频率 S 的具有确定性季节模式的数据同样有矩阵方程式（2.31）。对月度数据 S=12，这时季节频率为 π/6，π/3，π/2，2π/3，5π/6 和 π，（除 π 之外）每个频率处有两个循环发生（一个通过余弦项另一个通过正弦项），频率 π 处仅有一个循环发生（因为 sin(0) = 0，只剩余弦项）。任何月度数据的确定性季节模式可利用这些季节频率处的正弦和余弦角函数来表示，其中 $\boldsymbol{R}$ 和 $\boldsymbol{B}$ 中的各元素由式（2.29）定义。根据构造可知，在这些表示方法中都是将整个均值 μ 从确定性季节因素中分离出来了的，这使得任何 12 个连续观测值之中的确定性季节因素之和为零。

在一般的有 S 个季节的情形下，当向量 $\boldsymbol{B}$ 中包括样本均值时，$\boldsymbol{R}$ 是一个方阵，由于季节虚拟变量表示法与三角函数表示法之间有唯一的一一对应关系，所以矩阵一定是非奇异的。若将 $\boldsymbol{R}$ 的第 i 列记作向量 R_i，则有 $\boldsymbol{R}=(R_1, R_2,\cdots,R_S)$，其中 $R^{\mathrm{T}}_j R_i = 0$，$i \neq j$，即式（2.31）中矩阵 $\boldsymbol{R}$ 的列是互相正交的。这一性质保证了 $R^{\mathrm{T}}_j R_i =\boldsymbol{D}$，其中 $\boldsymbol{D}$ 为一对角阵。若 $\boldsymbol{D}$ 的第 i 个对角元为 D_i，由三角函数的性质，我们可知 $d_1=d_S=S$，$d_i=S/2$，$i\neq 1,S$，即可得 $\boldsymbol{R}$ 的逆矩阵为

$$
\boldsymbol{R}^{-1}=\begin{bmatrix}1/d_1 R_1^{'}\\ 1/d_2 R_2^{'}\\ \vdots\\ 1/d_S R_S^{'}\end{bmatrix}。 \tag{2.33}
$$

例如，在季度情形下，有

$$
\boldsymbol{R}^{-1}=\begin{bmatrix}0.25 & 0.25 & 0.25 & 0.25\\ 0 & -0.5 & 0 & 0.5\\ 0.5 & 0 & -0.5 & 0\\ -0.25 & 0.25 & -0.25 & 0.25\end{bmatrix}。
$$

注意到 $\boldsymbol{R}$ 的第 1 列是元素全为 1 的列向量。这时 $R^{\mathrm{T}}_1 R_1= d_1=4$，则 $\boldsymbol{R}^{-1}$ 的第 1 行中元素为 1/4，即可得 $\mu=\frac{1}{4}\sum_{s=1}^{4}\gamma_s$。值得注意的是，将系数 α_k 和 β_k 表示成正弦和余弦函数，这实际上是 $\boldsymbol{B}=\boldsymbol{R}^{-1}\boldsymbol{\Gamma}$ 的一个具体的代数表达式。

将零频谱与样本均值相对应，这在有些情况下是非常有用的。这时，将 μ 按三角函数写作 $\alpha_0\cos(2\pi kt/S)+\beta_0\sin(2\pi kt/S)$，其中 k=0，$\alpha_0=\mu$，则式（2.29）等价于

$$
y_t=\sum_{k=0}^{S/2}[\alpha_k\cos(\frac{2\pi kt}{S})+\beta_k\sin(\frac{2\pi kt}{S})]+z_t。 \tag{2.34}
$$

因为样本均值有其专门的统计意义，所以我们继续将它记作 μ，在研究与论述中仍采用表达式（2.29）而不用式（2.34）。

对于式（2.28）这种趋势项含有确定性季节性变化的模型，我们在此不做专门的表述。显然，这种具有确定性季节性变化的趋势的系数仍可利用三角函数表示法来予以表达。并且，只需在式（2.31）中关于 $\boldsymbol{R}$、$\boldsymbol{\Gamma}$ 及 $\boldsymbol{B}$ 中的元素进行适当定义，矩阵方程式（2.31）仍然反映了其趋势项系数的三角函数表示法与常用的虚拟变量表示法之间的关系。

三、季节性单整过程

定义 对在一年中 S 个等间隔时点取值的非平稳随机过程 y_t，如果$(\triangle_S)^d y_t$ 是一个平稳可逆的 ARMA 过程，则称 y_t 是 d 阶**季节性单整过程**，记作 $y_t \sim SI(d)$。

通常，一阶年度差分算子$\triangle_S$ 也被称作季节性差分算子。该定义表明，如果年度差分算子使得 y_t 成为一个平稳可逆过程，那么 $y_t \sim SI(1)$。在实际应用中，通常很少考虑阶数 d 大于 1 的季节性单整过程。

（一）季节性随机游走过程

当 SAR（1）过程中的自回归系数 $\phi_S=1$ 时，我们称其为**季节性随机游走过程**。季节性随机游走过程是季节性单整过程中最为简单的一种情形。此时前面讨论的式（2.12）和式（2.13）为

$$y_{s\tau}=\phi_S y_{s\tau-1}+\varepsilon_{s\tau}=y_{s0}+\sum_{j=1}^{T}\varepsilon_{sj} 。\tag{2.35}$$

式（2.35）是关于所有的 s=1, 2, …, S 都成立的。换言之，一个季节性随机游走过程是由 S 个随机游走构成的，它们分别与年中的某一个季节相对应。由于各个季节之间的扰动是相互独立的，从而这 S 个随机游走彼此之间是相互独立的。

与平稳的季节性随机过程相反，季节性随机游走过程中某个季节 s 的初值 z_{s0} 和任何单个的扰动 $\varepsilon_{s,\tau-j}\ (j>0)$，对未来观测值的影响都不会随着时间的推移而消失。因此，如果 $E(y_{s0})=\gamma_s\neq 0$，那么对所有的 τ，有 $E(y_{s\tau})=\gamma_s$。换句话说，季节性随机游走过程对于初值中任何第 s 个季节的确定性季节因素都会传递到未来同一季节的观测值中[①]。我们通常为了简单起见，在研究中假定初值为 0 或者说假定过程的期望值为零，这时初值的作用便可不予考虑了，但是千万不要因此而误以为季节性随机游走过程中没有确定性季节性。虽然如此，上节所讨论的确定性季节过程与这时所研究的季节性随机游走过程二者之间是有着明显的不同的，确定性季节过程的方差不随着年份 τ 及季节 s 的变动而变化，季节性随机游走过程的方差 $\text{Var}(y_{s\tau})=\text{Var}(y_{s0})+\tau\sigma^2$ 则随着年份 τ 的增加而线性增加，最后趋向于无穷。正是由于这种单调增加的方差，使得观察值可以随着时间的推移偏离其无条件期望 γ_s。

对于季度数据下的季节性随机游走过程，其多项式算子可分解为

$$1-L^4=(1-L)(1+L)(1+L^2),\tag{2.36}$$

这意味着 y_t 的谱密度函数为

$$f_y(\omega)=\frac{\sigma^2}{|1-\mathrm{e}^{-4i\omega}|^2}=\frac{\sigma^2}{|(1-\mathrm{e}^{-i\omega})(1+\mathrm{e}^{-i\omega})(1+\mathrm{e}^{-2i\omega})|^2} 。$$

它在非季节频率 $\omega=0$ 和季节频率 $\omega=\pi$、$\omega=\pi/2$ 处取值为无穷（它的频率是与其单位根－1 和

① 不具有时间趋势的确定季节性过程同样具有这一性质。

±i 相对应的）。类似地，对于月度数据的情形，此时分解因式 $1-L^{12}$ 意味着 y_t 的谱密度函数在月度频率及零频率有无限的功率谱。

（二）带有漂移项的季节性随机游走过程

在经济时间序列中，要求季节性随机游走过程不含有漂移项是非常不现实的，它没有顾及经济时间序列通常所表现出的明显的趋势行为。考虑具有常数漂移项 γ 的季节性随机游走过程

$$\triangle_S y_t=\gamma+\varepsilon_t, \qquad t=1,2,\cdots,ST_\tau, \tag{2.37}$$

其中：$\gamma\neq0$，$\varepsilon_t\sim i.i.d.(0,\sigma^2)$。由于每个过程 $y_{s\tau}$（$s=1,2,\cdots,S$）仅与同一季节的扰动项有关，所以它们之间是相互独立的。经过反复迭代，式（2.37）可等价表示为

$$y_{s\tau}=\gamma\tau+y_{s0}+\sum_{j=1}^{T}\varepsilon_{sj}, \qquad s=1,2,\cdots,S, \qquad \tau=1,2,\cdots,T_\tau, \tag{2.38}$$

图 2.6 给出了取自序列 $\triangle_S y_t=\gamma+\varepsilon_t$ 的样本轨迹及其谱、自相关图和偏自相关图。

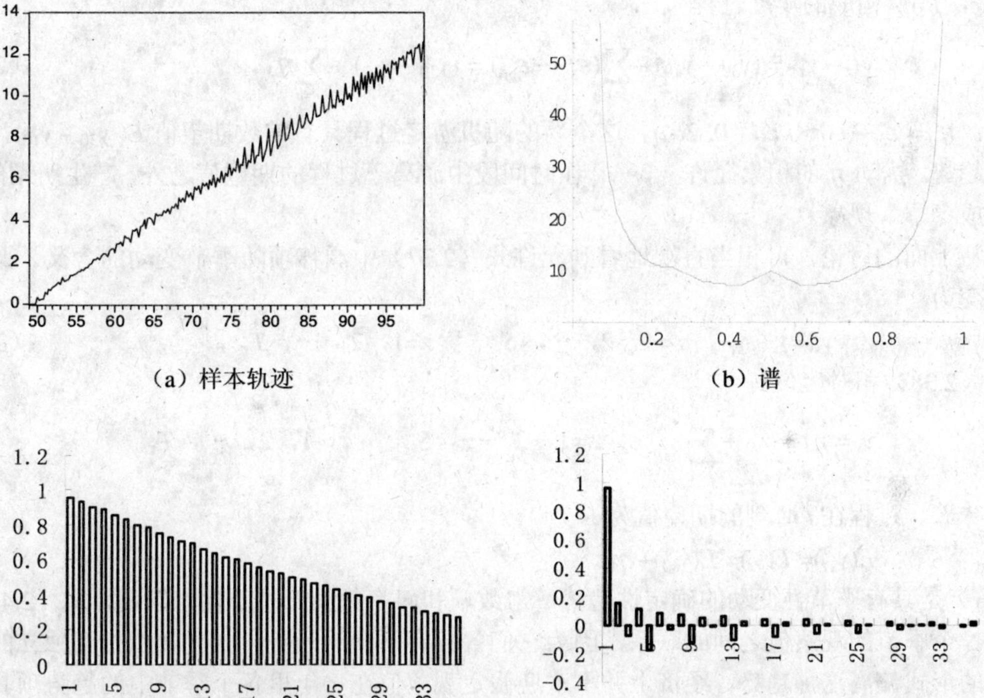

（a）样本轨迹 （b）谱 （c）自相关图 （d）偏自相关图

图 2.6 序列 $\triangle_S y_t=\gamma+\varepsilon_t$ 的样本轨迹及其谱、自相关图和偏自相关图(γ=0.25，S=4，T=200)

令 $\boldsymbol{Y}_\tau=(y_{1\tau},\ y_{2\tau},\ \cdots,\ y_{S\tau})'$ 表示由第 τ 年 S 个观测值所构成的向量，则式（2.38）有向量表示

$$\boldsymbol{Y}_\tau=\gamma\tau\boldsymbol{e}_S+\boldsymbol{Y}_0+\sum_{j=1}^{\tau}\boldsymbol{U}_j, \quad \tau=1,2,\cdots,T_\tau \tag{2.39}$$

其中：$\boldsymbol{e}_S$ 为一个元素全为 1 的 S 维单位向量，第 τ 年的扰动向量记作 $\boldsymbol{U}_\tau=(\varepsilon_{1\tau},\ \varepsilon_{2\tau},\ \cdots,\varepsilon_{S\tau})'$，$\boldsymbol{U}_\tau\sim i.i.d.(0,\sigma^2\boldsymbol{I}_S)$。式（2.38）和式（2.39）可看作是一般具有漂移项的非季节性随机游走过程 $\triangle y_t=\gamma+\varepsilon_t$，及其迭代式

$$y_t=\gamma t+ y_0+\sum_{j=1}^{t}\varepsilon_j\ ,\qquad t=1,2,\cdots,ST_\tau \tag{2.40}$$

在季节性情形下的推广。

关于式（2.38）有两个特征值得讨论。首先是它的无条件期望

$$E(y_{s\tau})=\gamma\tau+E(y_{s0}) \tag{2.41}$$

这表明，虽然过程式（2.37）没有直接包括有确定性季节性影响，但却隐含在随 s=1，2，…，S 而变动的 $E(y_{s0})$中了。其次是带有漂移项的季节性随机游走过程式（2.38）显然与非季节性随机游走过程具有相同的性质，都是平滑而又大范围地偏离趋势。虽然每个过程 $y_{s\tau}$（s=1，2，…，S）仅与同一季节的扰动项有关，但是式（2.41）表明 $y_{s\tau}$趋势的斜率与季节无关，为常数 γ。

式（2.37）还表明，单个随机游走过程（s=1，2，…，S）的线性组合仍可表达为一个随机游走过程。例如，根据式（2.38），由 y_t 中每年第 3 季度与第 1 季度的变动 $y_{3\tau}-y_{1\tau}$(τ=1，2，…，T_τ)所构成的年度过程

$$y_{3\tau}-y_{1\tau}=(y_{30}-y_{10})+\sum_{j=1}^{\tau}(\varepsilon_{3j}-\varepsilon_{1j})=(y_{30}-y_{10})+\sum_{j=1}^{\tau}\eta_j\ , \tag{2.42}$$

其中：$\eta_j=\varepsilon_{3j}-\varepsilon_{1j}\sim i.i.d.(0, 2\sigma^2)$。这个新的随机游走过程具有常数期望值 $E(y_{30}-y_{10})$，但不含有趋势。扰动 η_j 的积累允许 $y_{3\tau}-y_{1\tau}$ 在时间段中游离于过程的期望值之外，产生所谓的“夏季变成冬季”现象。

从上面的讨论，可相当直观地看到允许式（2.37）中漂移项随季节变动的含义。此时，过程变为

$$\triangle_S y_{s\tau}=\gamma_s+\varepsilon_{s\tau}\ ,\ s=1，2，\cdots，S,\qquad \tau=1，2，\cdots，T_\tau\ , \tag{2.43}$$

与式（2.38）相对应，有

$$y_{s\tau}=\gamma_s\tau+y_{s0}+\sum_{j=1}^{\tau}\varepsilon_{sj}.\ \varepsilon_{s\tau},s=1，2，\cdots，S,\qquad \tau=1，2，\cdots，T_\tau$$

这意味着，过程在 t 时刻的期望值为

$$E(y_{s\tau})=E(y_t)=E(y_{s0})+\gamma_s\tau$$

（通常）是具有季节性变动的确定性趋势，常数项和斜率都具有季节性。但是，式（2.43）不包括 S 个季节的观察值之间的联系，因为它们各自有不同的趋势，同时又以相互独立的随机游走的形式偏离这种趋势。经济上并不欢迎假定观察值在一年里各个季节中的趋势项具有季节性，因为这意味着各个季节将按照各自的趋势发散。

当季节性随机游走过程具有随季节变动的漂移项时，意味着过程 $y_{s\tau}$（s =1, 2, …, S）的线性组合，它与式（2.42）类似，但稍有不同：

$$y_{3\tau}-y_{1\tau}=(y_{30}-y_{10})+(\gamma_3-\gamma_1)\ \tau+\sum_{j=1}^{\tau}(\varepsilon_{3j}-\varepsilon_{1j})\ ,$$

说明过程具有斜率为 $\gamma_3-\gamma_1$ 的非零趋势。由于在许多情况下对这类行为难以作出合理的经济意义上的解释，所以我们通常假定季节单整过程中的漂移项是常数。

（三）更一般的过程

将带有常数漂移项的季节性随机游走过程式（2.37）进一步扩展，允许过程一阶季节差分后是弱平稳自相关的，则得到带有常数漂移项的季节性单整过程

$$\Phi(L)\triangle_S y_t=\gamma+\Theta(L)\,\varepsilon_t,\quad t=1,2,\cdots,ST_\tau, \tag{2.44}$$

其中：$\gamma\neq 0$，$\varepsilon_t\sim i.i.d.(0,\sigma^2)$，多项式 $\Phi(L)$和 $\Theta(L)$的根位于单位圆外。当然，允许这些多项式具有 Box 和 Jenkins（1976）季节 ARMA 模型的乘积形式，比如，$\Phi(L)=\Phi_1(L)\Phi_S(L^S)$，其中 $\Phi_1(L)$和 $\Phi_S(L^S)$分别为关于 L 和 L^S 的多项式。

令 $z_t=\Phi^{-1}(L)\,\Theta(L)\,\varepsilon_t$，关于平稳自回归多项式求逆，可将式（2.44）写作

$$\triangle_S y_t=\gamma^*+z_t,\quad t=1,2,\cdots,ST_\tau, \tag{2.45}$$

其中：$\gamma^*=\gamma/\Phi(1)\,E(\triangle_S y_t)$。这是因为，关于式（2.44）两边求期望有

$$\Phi(1)E(\triangle_S y_t)=E(\Phi(L)\triangle_S y_t)=E[\gamma+\Theta(L)\varepsilon_t]=\gamma。$$

式（2.45）与带漂移项的季节性随机游走过程（2.37）非常相像。用双下标记号表示并反复迭代 z_t滞后项，得

$$y_{s\tau}=\gamma^*\tau+y_{s0}+\sum_{j=1}^{\tau}z_{sj},\quad s=1,2,\cdots,S,\quad \tau=1,2,\cdots,T_\tau。 \tag{2.46}$$

同式（2.38）一样，式（2.46）意味着过程 $y_{s\tau}$的均值具有相同的时间趋势，但常数项随 $E(y_{s0})$变动而变动。另外，式（2.46）还意味着原过程由 S 个不同的形如 $\sum_{j=1}^{T_\tau}z_{sj}$ 的单整过程组成，其中每个单整过程 $\sum_{j=1}^{T_\tau}z_{sj}$ 与 S 个季节中的一个季节相对应。但是与式（2.38）所不同的是，由于平稳因素 z_{sj}之间是相关的，过程 $\sum_{j=1}^{T_\tau}z_{sj}$ 之间可以是自相关和交叉项相关的。

利用第 τ 年的观察值及（弱平稳）扰动向量 $\boldsymbol{Z}_\tau$，式（2.45）有向量表示：

$$\begin{aligned}\boldsymbol{Y}_\tau&=\boldsymbol{Y}_{\tau-1}+\gamma^*\boldsymbol{e}_S+\boldsymbol{Z}_\tau\\&=\gamma^*\tau\boldsymbol{e}_S+\boldsymbol{Y}_0+\sum_{j=1}^{\tau}\boldsymbol{Z}_j,\ \tau=1,\ 2,\ \cdots,\ \boldsymbol{T}_\tau。\end{aligned} \tag{2.47}$$

其中：$\boldsymbol{e}_S$是一个 S 维单位向量（其分量全为 1）。扰动 $\boldsymbol{Z}_\tau$服从一个平稳的向量 ARMA 过程

$$\Phi(L)Z_\tau=\Theta(L)\,U_\tau, \tag{2.48}$$

其中：$\Phi(L)$和 $\Theta(L)$是关于 L 的 $S\times S$ 阶矩阵多项式，其所有的根均在单位圆外。至此，在式（2.47）中我们所得到的$\triangle_S\boldsymbol{Y}_\tau$是一个向量 ARMA 过程，这是一个关于 $\boldsymbol{Y}_\tau$的 ARIMA 过程。换言之，y_t是季节单整过程意味着向量 $\boldsymbol{Y}_\tau$有 S 个单位根（每个对应于一个季度）。当数据生成过程 DGP 如式（2.47）时，根据 Engle 和 Granger（1987）的方法，向量 $\boldsymbol{Y}_\tau$中的 S 个过程不可能协整。因此，对任何季节性单整过程，年度序列 $y_{s\tau}$（$s=1,2,\cdots,S$）的任何线性组合仍是一个 I（1）过程。

从频率的角度看，季节单整过程在所有频率上季节模式是一致的，要么都有单位根，要么都没有。但是，实际应用中时间序列的季节模式是非常复杂的。在不同的频率上，往往季节模式并不是完全一致的。为了分析时间序列的季节性单位根，有必要对季节差分算子进行因式分解。它可以分解为一阶差分算子△和季节移动平均过滤算子 $S(L)$的乘积

$$\triangle_S=1-L^S=(1-L)(1+L+L^2+\cdots+L^{S-1})=\triangle S(L)$$

$S(L)=1+L+L^2+\cdots+L^{S-1}$ 中仍含有模为 1 的单位根。按照 Engle, Granger 和 Hallman（1989）的记号，可以将季节单整过程重新定义如下。

定义 对在一年中 S 个等间隔时点取值的非平稳随机过程 y_t，如果$(1-L)^dS(L)^Dy_t$ 是一个

平稳可逆的 ARMA 过程，则称 y_t 是季节单整过程，记作 $y_t \sim I(d,D)$。

在实际应用中，d 和 D 很少大于 1，常见的季节单整过程有如下几类：$I(1,1)$、$I(1,0)$、$I(0,1)$、$I(2,1)$、$I(2,0)$。$I(0,0)$ 和 $I(1,1)$分别对应于前面研究的确定性季节性和季节单整过程。

（四）变换和季节单位根

确定性季节性过程的虚拟变量表示法和三角函数表示法之间一一对应的关系是通过非奇异矩阵 $\boldsymbol{R}$ 来反映的。具体地说，将时域的虚拟变量表示式左乘 $\boldsymbol{R}^{\mathrm{T}}$ 便得到了对应频域上的三角函数表达形式（除去刻度项 d_i 外）。任何一个季节性单整过程，从时域上看，可分解为 S 个与季节相对应的非平稳单整过程，Dickey，Hasza 和 Fuller（1984）（以下简称 DHF）最先认识到季节性单整过程的这种特点并对此进行了研究。但是，随后的季节单位根文献并没有采用这种思路去直接研究与每个季节所对应的单整过程，而是对数据进行式（2.50）那样的变换，利用变换后的数据对季节差分算子中的单位根分别予以讨论。因此，考虑这两种方法之间的关系是非常有用的。

考虑第 τ 年的观察值所构成的向量 $\boldsymbol{Y}_\tau$，定义

$$\boldsymbol{Y}^{(S)}{}_\tau=\boldsymbol{R}^{\mathrm{T}}\boldsymbol{Y}_\tau\text{，} \tag{2.49}$$

以季度数据情形为例，有

$$\boldsymbol{Y}^{(4)}{}_\tau=\begin{bmatrix} y_t^{(1)} \\ y_t^{(2)} \\ y_t^{(3)} \\ y_t^{(4)} \end{bmatrix}=\begin{bmatrix} 1 & 1 & 1 & 1 \\ -1 & 1 & -1 & 1 \\ 0 & -1 & 0 & 1 \\ 1 & 0 & -1 & 0 \end{bmatrix}\begin{bmatrix} y_{t-3} \\ y_{t-2} \\ y_{t-1} \\ y_t \end{bmatrix}\text{。} \tag{2.50}$$

虽然式（2.50）中的矩阵 $\boldsymbol{R}^{\mathrm{T}}$ 与式（2.32）中矩阵 $\boldsymbol{R}^{\mathrm{T}}$ 行的顺序不同，但这仅仅影响 $y_t^{(i)}$的顺序，所以无关紧要。我们采用式（2.50）这种顺序主要是为了与季节单位根文献中所用变量，特别是 HEGY（1990）文章中所用变量记号保持一致。另外，从 $y_t^{(4)}=-L\,y_t^{(3)}$这个角度来说，$y_t^{(4)}$是多余的。

由于

$$1-L^S=(1-L)(1+L)(1+L^2)$$

对于带漂移项的季度单整过程$\triangle_4 y_t=\gamma+z_t$，有

$$(1-L)\,y_t^{(1)}=\gamma+z_t\text{，} \tag{2.51}$$

$$(1+L)\,y_t^{(2)}=\gamma+z_t\text{，} \tag{2.52}$$

$$(1+L^2)\,y_t^{(3)}=\gamma+z_t\text{，} \tag{2.53}$$

在式（2.50）中，变换 $\boldsymbol{R}^{\mathrm{T}}$ 对各个变量分别施加了 $1-L^4$ 中的三个非平稳实数因子，这种变换有助于我们同时对$\triangle_S=1-L^S$中所隐含的 S 个单位根分别进行研究。在式（2.51）（2.52）（2.53）的每种情形下，剩余的因子导致变换后的过程具有动态非平稳特性。特别地，$y_t^{(1)}$包括一般的单位根 1，$y_t^{(2)}$包括单位根-1，$y_t^{(3)}$的随机特性源于因子 $1+L^2$ 的复数单位根$\pm\mathrm{i}$。单位根 1 与零频率相对应，季节单位根-1 和$\pm\mathrm{i}$ 分别与频率 π 和 $\pi/2$ 相对应。

更详细地，式（2.51）意味着

$$y_t^{(1)}=y_0^{(1)}+\gamma t+\sum_{j=0}^{t-1}z_{t-j}\text{。} \tag{2.54}$$

过程 $y_t^{(1)}$是传统的带漂移项的单整过程，非零常数项 γ 将导致线性整体趋势。

对过程 $y_t^{(2)}$，式（2.52）意味着一个“反弹”：

$$y_t^{(2)}=-y_t^{(2)}+\gamma+z_t。\qquad (2.55)$$

因此，$y_t^{(2)}$表示了每期半个循环，每两期一个循环（对季度数据来说是半年一个循环）。在式（2.55）中，对$y_t^{(2)}$的滞后项反复迭代有

$$y_t^{(2)}=\begin{cases}-y_0^{(2)}+\gamma+\sum_{j=0}^{t-1}(-1)^j z_{t-j}, & t\text{为奇数,}\\ y_0^{(2)}+\sum_{j=0}^{t-1}(-1)^j z_{t-j}, & t\text{为偶数。}\end{cases}\qquad (2.56)$$

值得注意的是，过程 $y_t^{(2)}$的非零常数项不会导致任何趋势因素。并且，随着平稳过程 z_t关于时间的积累，每期积累中有符号的变化。

最后，根据式（2.53），有

$$y_t^{(3)}=-y_t^{(3)}+\gamma+z_t。\qquad (2.57)$$

该过程暗含每两期的一个反弹及每四期的一个循环（当 S=4 时是一年的循环）。因为是 y_{t-2}而不是 y_{t-1}影响 y_t，所以实际上一定有两个不同的单整过程，一个与奇数期观测值（t =1, 3, 5, …）有关，另一个与偶数期观察值（t =2, 4, 6, …）有关。在式（2.57）中关于偶数期替代，对过程 $y_t^{(3)}$有

$$y_t^{(3)}=\begin{cases}-y_0^{(3)}+\gamma+\sum_{j=0}^{g}(-1)^j z_{t-2j}, & t=2,\ 6,\ 10,\ \cdots\\ y_0^{(3)}+\sum_{j=0}^{g}(-1)^j z_{t-2j}, & t=4,\ 8,\ 12,\ \cdots\end{cases}\qquad (2.58)$$

其中：$g=\text{int}[(t-1)/2]$。当 t =1, 5, 9,⋯ 和 t =3, 7, 11,⋯时，式（2.58）中的两个表达式仍然适用，只是初始值应由 $y_0^{(3)}$变为 $y_{-1}^{(3)}$。由于 $y_t^{(4)}=-Ly_t^{(3)}$，我们只需研究其中任何一个即可。同时我们也应注意到，与过程 $y_t^{(2)}$一样，过程 $y_t^{(3)}$中的非零常数项 γ 也不会导致整体趋势的产生。

第三节　非平稳性的误设定

在前两节关于季节性问题的讨论中，我们采用了目前在文献中占主导地位的观点，认为一个观察到的季节时间序列通常应该按照确定性季节性过程或者季节性单整过程进行模拟。在这两种情形下，都可能还同时含有平稳的随机季节性过程。对于有限样本 T，确定性季节性过程和季节性单整过程一般表现出相似的经验性质，都具有很强的季节模式，功率谱集中在季节频率（$2k\pi/S$）上。从而导致两类最常见的误设定：一种是数据生成过程是确定性季节性过程但却判断为季节性单整过程，于是采用了季节差分模型；另一种恰恰相反，数据生成过程是季节性单整过程但却采用了确定性季节性模型。研究这两类误设定所导致的后果对于随后模型的建立是非常有益的。

一、趋势平稳(TS)与差分平稳(DS)

考虑趋势平稳序列的一个简单例子。如果

$$y_t=\alpha+\beta t+z_t\ ,\qquad z_t=\phi z_{t-1}+\varepsilon_t \qquad (2.59)$$

等价于

$$y_t=[a(1-\phi)+\phi\beta]+\beta(1-\phi)t+\phi y_{t-1}+\varepsilon_t\,, \tag{2.60}$$

其中：ε_t是一个（高斯）白噪声序列，且$|\phi|<1$。由图 2.7 可以看出，实际值围绕着趋势而波动，波幅没有明显的增大或减小倾向。基于这一原因，这个序列被称为趋势平稳（Trend Stationary，TS）。均值水平的稳定上升使这个序列成为非平稳序列。然而其一阶差分是平稳的。由上式有

$$\triangle y_t=\beta+\triangle z_t,\qquad t=1,2,\cdots,T,$$

其中：$\triangle y_t$ 是平稳的，从而$\triangle z_t$ 也是平稳的。假定 z_t 是 ARMA（1，0），则$\triangle z_t=(1-\phi L)^{-1}\times(1-L)\,\varepsilon_t$是 ARMA（1，1）；但因 MA 多项式有一个单位根，因此它是不可逆的。

当 $\phi=1$ 时，式（2.60）为

$$y_t=\beta+y_{t-1}+\varepsilon_t \tag{2.61}$$

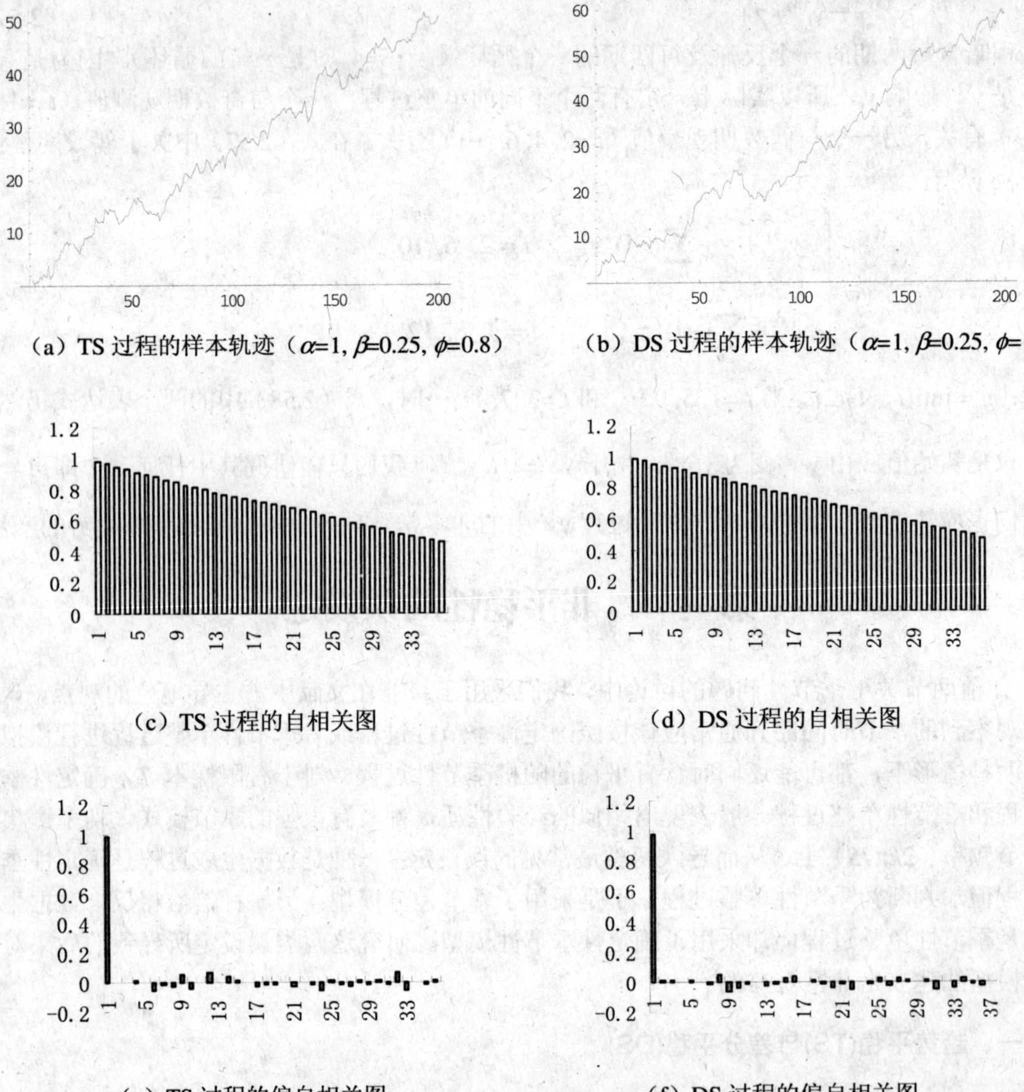

（a）TS 过程的样本轨迹（α=1, β=0.25, ϕ=0.8）　（b）DS 过程的样本轨迹（α=1, β=0.25, ϕ=1）

（c）TS 过程的自相关图　（d）DS 过程的自相关图

（e）TS 过程的偏自相关图　（f）DS 过程的偏自相关图

图 2.7　趋势平稳和差分平稳序列的示例

这是一个单位根序列，由图 2.7(b)可见它的波动与趋势平稳（TS 序列）是非常类似的，只不

过离开了原来的线性趋势。它的一阶差分为

$$\triangle y_t=\beta+\varepsilon_t,$$

可见$\triangle y_t$ 是平稳的，它由一个常数加上一个白噪声序列组成。所以该序列被称为差分平稳（Difference Stationary，DS）。

表面上看，趋势平稳 TS 序列和差分平稳 DS 序列似乎是一回事，其实二者有着本质上的区别。z_t度量了序列在时期 t 对趋势的偏离，如果把ε_t看作系统的新息（innovations）或冲击（shocks），用ε_t表示 z_t有

$$z_t=\varepsilon_t+\phi\,\varepsilon_{t-1}+\phi^2\varepsilon_{t-2}+\cdots$$

从而

$$\frac{\partial z_{t+k}}{\partial \varepsilon_t}=\phi^k,$$

那么在 TS 情形下$|\phi|<1$，新息对 y_t 只有一种短暂的渐弱的影响；而在 DS 情形中由于 $\phi=1$，这种影响则是持久的。

通过上述两个简单设定的 TS 和 DS 序列，我们已经看到了它们之间的不同。更一般地，模型为

$$y_t=\alpha+\beta t+z_t\ ,\quad A(L)z_t=B(L)\,\varepsilon_t, \tag{2.62}$$

其中：$A(L)$和 $B(L)$为滞后算子的 p 阶和 q 阶多项式。当 $A(L)$所有的根都落在单位圆之外时，对趋势的偏离服从一个平稳的 ARMA(p, q)模型，y_t 是一个 TS 序列。如果 $A(L)$包含有一个单位根，即

$$A(L)=(1-L)\,A^*(L),$$

其中 $A^*(L)$ 所有$(p-1)$个根都落在单位圆之外，此时式（2.62）为

$$A^*(L)\,(\triangle y_t-b)=B(L)\,\varepsilon_t,$$

$\triangle y_t$ 是一个平稳的 ARMA$(p-1, q)$模型，y_t 是一个 DS 序列。

（一）DS 误设定为 TS

在讨论误设定的后果时，我们利用了与单整过程渐近特性相关的各种结果。为方便起见，下面把常用的各种渐近分布结果做一个汇总。

对于数据生成系统

$$y_t=y_{t-1}+z_t,\quad y_0=0，t=1, 2, \cdots, T,$$

其中：扰动 z_t 是一个零均值的弱平稳过程。当 $T\to\infty$ 时

$$T^{-1/2}y_t\Rightarrow\sigma W(r),\qquad r=t/T\in[0,1]。 \tag{2.63}$$

其中：$W(r)$是一个标准布朗运动（也称作 Wiener 过程），右侧双箭头代表依分布收敛。有关 Wiener 分布理论的详细内容见 Hamilton（1994a）或 Banerjee 等（1993）。

$$T^{-3/2}\sum_{t=1}^{T}y_t\Rightarrow\sigma\int_0^1 W(r)\mathrm{d}r\ , \tag{2.64}$$

$$T^{-1}\sum_{t=1}^{T}\varepsilon_t y_{t-1}\Rightarrow\sigma^2\int_0^1 W(r)\mathrm{d}W(r)\ , \tag{2.65}$$

$$T^{-2}\sum_{t=1}^{T}y_t^2\Rightarrow\sigma\int_0^1[W(r)]^2\mathrm{d}r\ , \tag{2.66}$$

$$T^{-5/2}\sum_{t=1}^{T}ty_t\Rightarrow\sigma\int_0^1 rW(r)\mathrm{d}r\ , \tag{2.67}$$

当将样本均值 $\bar{y}=T^{-1}\sum_{t=1}^{T}y_t$ 从 y_t 中减去时，由式（2.63）和式（2.64）可得

$$T^{-1/2}(y_t-\bar{y})\Rightarrow\sigma\left[W(r)-\int_0^1 W(r)\mathrm{d}r\right],\tag{2.68}$$

其中：称 $\tilde{W}(r)=\sigma\left[W(r)-\int_0^1 W(r)\mathrm{d}r\right]$ 为剔除均值后的布朗运动。

假定数据生成过程 DGP 为 DS 过程

$$y_t=\beta+y_{t-1}+\varepsilon_t=y_0+\beta t+\xi_t,\tag{2.69}$$

其中：$\xi_t=\sum_{j=1}^{t}\varepsilon_j$ 。若我们错误地采用 TS 模型，建立了如下线性回归模型

$$y_t=\alpha+\beta t+z_t,\tag{2.70}$$

下面，我们推导式（2.70）中回归系数 β 和 α 的估计量 $\hat{\beta}$ 和 $\hat{\alpha}$ 以及它们的 t 统计量、回归模型的可决系数 R^2 及 DW 统计量的极限分布。

1．$\hat{\beta}$ 的极限分布

$$\hat{\beta}=\frac{\sum_{t=1}^{T}(y_t-\bar{y})\left(t-\frac{T+1}{2}\right)}{\sum_{t=1}^{T}\left(t-\frac{T+1}{2}\right)^2}=\frac{\sum_{t=1}^{T}ty_t-\frac{T(T+1)}{2}\bar{y}}{\sum_{t=1}^{T}t^2-\frac{T(T+1)^2}{4}},\tag{2.71}$$

将式（2.69）代入上式，

$$\hat{\beta}=\frac{\sum_{t=1}^{T}t(y_0+\beta t+\xi_t)-\frac{T(T+1)}{2}[y_0+\frac{\beta(T+1)}{2}+\bar{\xi}]}{\frac{T(T+1)(2T+1)}{6}-\frac{T(T+1)^2}{4}}$$

$$=\frac{\sum_{t=1}^{T}\beta t^2+\sum_{t=1}^{T}t\xi_t-\frac{\beta T(T+1)^2}{4}-\frac{T(T+1)}{2}\bar{\xi}}{\frac{T(T+1)(T-1)}{12}}$$

$$=\beta+\frac{\sum_{t=1}^{T}t\xi_t-\frac{T(T+1)}{2}\bar{\xi}}{\frac{T(T+1)(T-1)}{12}}。$$

将式（2.64）和式（2. 67）的结果用于上式，当 $T\to\infty$ 时

$$\hat{\beta}\Rightarrow\beta\tag{2.72}$$

$$T^{1/2}(\hat{\beta}-\beta)\Rightarrow 12\sigma\int_0^1 rW(r)\mathrm{d}r-6\sigma\int_0^1 W(r)\mathrm{d}r,\tag{2.73}$$

2．$\hat{\alpha}$ 的极限分布

$$\hat{\alpha}=\overline{y}-\frac{T+1}{2}\hat{\beta}, \qquad s=1,2,3,4, \tag{2.74}$$

当 $T\to\infty$ 时

$$T^{-\frac{1}{2}}\hat{\alpha}=T^{-\frac{1}{2}}\overline{y}-T^{1/2}\hat{\beta}\frac{T+1}{2T}=T^{-\frac{1}{2}}[y_0+\frac{\beta(T+1)}{2}+\overline{\xi}]-T^{1/2}\hat{\beta}\frac{T+1}{2T}$$

$$=T^{-\frac{1}{2}}[y_0+\frac{(\beta-\hat{\beta})(T+1)}{2}+\overline{\xi}]$$

将式（2.64）的结果用于上式，当 $T\to\infty$ 时

$$T^{-1/2}\hat{\alpha}\Rightarrow 6\sigma\int_0^1 rW(r)dr-2\sigma\int_0^1 W(r)\,\mathrm{d}r \tag{2.75}$$

所以，$\hat{\alpha}$ 是发散的。

3．$t(\hat{\beta})$ 的极限分布

$$S_w^2=T^{-1}\sum_{\tau=1}^{T}\hat{w}_t^2=\frac{1}{T}\sum_{t=1}^{T}\left(y_t-\hat{\alpha}-\hat{\beta}t\right)^2$$

$$=\frac{1}{T}\sum_{t=1}^{T}\left[y_t-\overline{y}-\hat{\beta}(t-\frac{T+1}{2})\right]^2=\frac{1}{T}\sum_{t=1}^{T}\left[\xi_t-\overline{\xi}+(\beta-\hat{\beta})(t-\frac{T+1}{2})\right]^2$$

$$=\frac{1}{T}\sum_{t=1}^{T}\left(\xi_t-\overline{\xi}\right)^2+\frac{1}{T}\sum_{\tau=1}^{T}(\beta-\hat{\beta})^2\left(t-\frac{T+1}{2}\right)^2+\frac{2}{T}\sum_{\tau=1}^{T}(\beta-\hat{\beta})\left(t-\frac{T+1}{2}\right)\left(\xi_t-\overline{\xi}\right)$$

将式（2.68）的结果用于上式，当 $T\to\infty$ 时

$$\frac{1}{T^2}\sum_{t=1}^{T}\left(\xi_t-\overline{\xi}\right)^2=\frac{1}{T^2}[\sum_{t=1}^{T}\xi_t^2-T\overline{\xi}^2]\Rightarrow\sigma^2\left[\int_0^1 W(r)^2\mathrm{d}r-\left(\int_0^1 W(r)\mathrm{d}r\right)^2\right]$$

$$\frac{1}{T^2}\sum_{\tau=1}^{T}(\beta-\hat{\beta})^2\left(t-\frac{T+1}{2}\right)^2\Rightarrow 12[\sigma\int_0^1 rW(r)\mathrm{d}r-\frac{1}{2}\sigma\int_0^1 W(r)\mathrm{d}r]^2$$

$$\frac{1}{T^2}\sum_{\tau=1}^{T}(\beta-\hat{\beta})\left(t-\frac{T+1}{2}\right)\left(\xi_t-\overline{\xi}\right)=T^{1/2}(\beta-\hat{\beta})T^{-5/2}[\sum_{\tau=1}^{T}t\xi_t-\overline{\xi}\frac{T(T+1)}{2}]$$

$$\Rightarrow -12[\sigma\int_0^1 rW(r)\mathrm{d}r-\frac{1}{2}\sigma\int_0^1 W(r)\mathrm{d}r]^2$$

从而可得，当 $T\to\infty$ 时

$$S_w^2/T\Rightarrow\sigma^2\left[\int_0^1 W(r)^2\mathrm{d}r-\left(\int_0^1 W(r)\mathrm{d}r\right)^2\right]-12\left[\sigma\int_0^1 rW(r)\mathrm{d}r-\frac{1}{2}\sigma\int_0^1 W(r)\mathrm{d}r\right]^2 \tag{2.76}$$

由于

$$T^{-1}t(\hat{\beta})=\frac{\hat{\beta}}{T^{1/2}s(\hat{\beta})}=\frac{\hat{\beta}(T^{-3}\sum_{t=1}^{T}(t-\frac{T+1}{2})^2)^{1/2}}{T^{-1/2}s_w},$$

将式（2.72）的结果用于上式，当 $T\to\infty$ 时

$$T^{-1}t(\hat{\beta})\Rightarrow\frac{\beta/\sqrt{12}}{\left\{\int_0^1 W(r)^2\mathrm{d}r-\left(\int_0^1 W(r)\mathrm{d}r\right)^2-12\left[\int_0^1 rW(r)\mathrm{d}r-\frac{1}{2}\int_0^1 W(r)\mathrm{d}r\right]^2\right\}^{1/2}} \tag{2.77}$$

4．R^2 的极限分布

$$R^2=\frac{\sum_{t=1}^{T}\left(\hat{y}_t-\bar{y}\right)^2}{\sum_{t=1}^{T}\left(y_t-\bar{y}\right)^2}=\frac{\hat{\beta}^2\sum_{t=1}^{T}\left(t-\frac{T+1}{2}\right)^2}{\sum_{t=1}^{T}\left(y_t-\bar{y}\right)^2}, \tag{2.78}$$

由于

$$T^{-3}\sum_{t=1}^{T}\left(y_t-\bar{y}\right)^2=T^{-3}\sum_{t=1}^{T}\left[\xi_t-\bar{\xi}+\beta(t-\frac{T+1}{2})\right]^2$$

$$=T^{-3}\sum_{t=1}^{T}\left(\xi_t-\bar{\xi}\right)^2+T^{-3}\sum_{\tau=1}^{T}\beta^2\left(t-\frac{T+1}{2}\right)^2+2T^{-3}\sum_{\tau=1}^{T}\beta\left(t-\frac{T+1}{2}\right)\left(\xi_t-\bar{\xi}\right),$$

将式（2. 66）、式（2.67）和式（2.68）的结果用于上式，当 $T\to\infty$ 时

$$T^{-3}\sum_{t=1}^{T}\left(y_t-\bar{y}\right)^2\Rightarrow\frac{\beta^2}{12},.$$

于是

$$R^2\Rightarrow 1。 \tag{2.79}$$

5．DW 的极限分布

$$DW=\frac{\sum_{t=2}^{T}(\hat{w}_t-\hat{w}_{t-1})^2}{\sum_{t=1}^{T}(\hat{w}_t)^2}=\frac{T^{-2}\sum_{t=2}^{T}(y_t-y_{t-1}-\hat{\beta})^2}{T^{-1}s_w^2}=\frac{T^{-2}\sum_{t=2}^{T}(\varepsilon_t+\beta-\hat{\beta})^2}{T^{-1}s_w^2}$$

$$=\frac{T^{-2}[\sum_{t=2}^{T}(\beta-\hat{\beta})^2+2(\beta-\hat{\beta})\sum_{t=2}^{T}\varepsilon_t+\sum_{t=2}^{T}{\varepsilon_t}^2]}{T^{-1}s_w^2},$$

应用大数定律，当 $T\to\infty$ 时

$$DW\Rightarrow 0。 \tag{2.80}$$

（二）TS 误设定为 DS 模型

假定数据生成过程 DGP 为 TS，若我们错误地采用了 DS 模型。一阶差分后的序列是平稳的，但不可逆。图 2.8 分别给出了 TS 和 DS 一阶差分后序列的相关图，从中可以看出这两个序列都是平稳的。

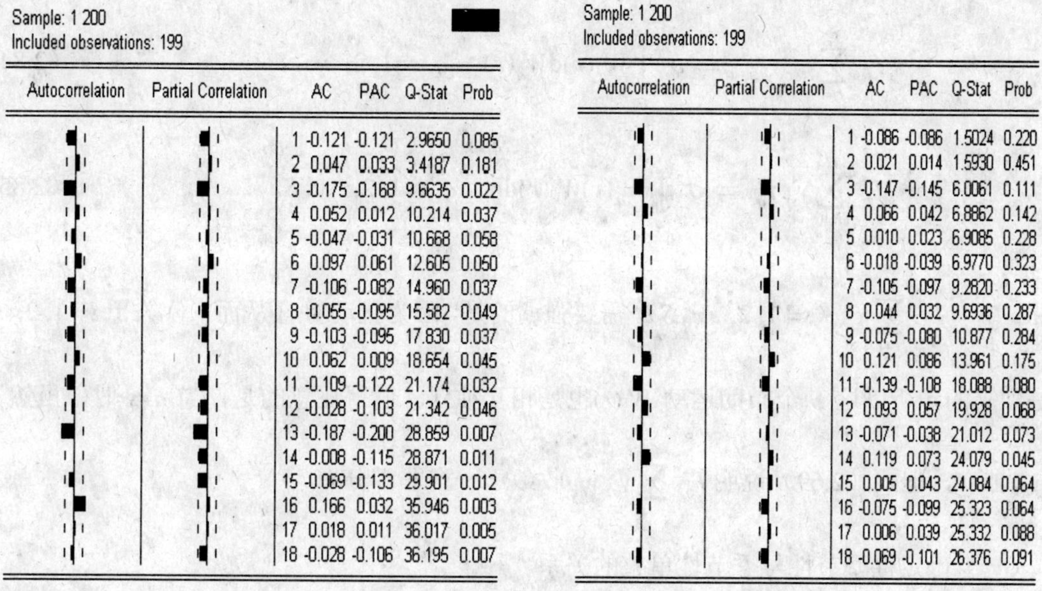

Sample: 1 200
Included observations: 199

	AC	PAC	Q-Stat	Prob
1	-0.121	-0.121	2.9650	0.085
2	0.047	0.033	3.4187	0.181
3	-0.175	-0.168	9.6635	0.022
4	0.052	0.012	10.214	0.037
5	-0.047	-0.031	10.668	0.058
6	0.097	0.061	12.605	0.050
7	-0.106	-0.082	14.960	0.037
8	-0.055	-0.095	15.582	0.049
9	-0.103	-0.095	17.830	0.037
10	0.062	0.009	18.654	0.045
11	-0.109	-0.122	21.174	0.032
12	-0.028	-0.103	21.342	0.046
13	-0.187	-0.200	28.859	0.007
14	-0.008	-0.115	28.871	0.011
15	-0.069	-0.133	29.901	0.012
16	0.166	0.032	35.946	0.003
17	0.018	0.011	36.017	0.005
18	-0.028	-0.106	36.195	0.007

（a）TS

Sample: 1 200
Included observations: 199

	AC	PAC	Q-Stat	Prob
1	-0.086	-0.086	1.5024	0.220
2	0.021	0.014	1.5930	0.451
3	-0.147	-0.145	6.0061	0.111
4	0.066	0.042	6.8862	0.142
5	0.010	0.023	6.9085	0.228
6	-0.018	-0.039	6.9770	0.323
7	-0.105	-0.097	9.2820	0.233
8	0.044	0.032	9.6936	0.287
9	-0.075	-0.080	10.877	0.284
10	0.121	0.086	13.961	0.175
11	-0.139	-0.108	18.088	0.080
12	0.093	0.057	19.928	0.068
13	-0.071	-0.038	21.012	0.073
14	0.119	0.073	24.079	0.045
15	0.005	0.043	24.084	0.064
16	-0.075	-0.099	25.323	0.064
17	0.006	0.039	25.332	0.088
18	-0.069	-0.101	26.376	0.091

（b）DS

图 2.8　TS 和 DS 一阶差分后的序列相关图

TS 序列的一阶差分的低阶自相关都是不显著的。然而，从前面的描述可以知道，这是一个 ARMA(1,1)序列，它的一阶自相关系数为

$$\rho_1=\frac{(\alpha-\beta)(1-\alpha\beta)}{1-2\alpha\beta+\beta^2}。$$

当 α 和 β 在数值上很接近时，比如上图的 TS 序列中 $\alpha=0.8$ 且 $\beta=1$，此时一阶自相关系数将很小，随后的自相关系数将更小。对于 TS 和 DS 序列，不管是原序列还是差分后序列的相关图都不能让我们有效地区别这两类序列。因此，必须对序列进行规范的单位根检验。讨论单位根检验的主要论文有 Dickey（1976）、Dickey-Fuller（1979）、Phillips（1987）、Phillips 和 Perron（1988）、Evans 和 Savin（1984）。

二、确定性季节性与季节性单整

对于季节性随机游走过程

$y_{s\tau}=\phi_S\, y_{s\tau-1}+\varepsilon_{s\tau}$，$s=1, 2, \cdots, S$，　　$\tau=1, 2, \cdots, T_\tau$，

其中：$y_{s0}=0$，$\varepsilon_{s\tau}\sim\ i.i.d.(0,\sigma^2)$。由上一节的讨论可知，它是由 S 个随机游走过程构成的。用 T_τ 代替 T，式（2.63）～式（2.68）的结果适用于 S 个随机游走过程中的每一个（我们用脚标 s 来表明与季节 s 相对应），即有

$$T_\tau^{-1/2}\, y_{s\tau}\Rightarrow\sigma W_s(r),\qquad r=\tau/T_\tau\in[0,1], \tag{2.81}$$

$$T_\tau^{-3/2}\sum_{\tau=1}^{T_\tau} y_{s\tau}\Rightarrow\sigma\int_0^1 W_s(r)\mathrm{d}r, \tag{2.82}$$

$$T_\tau^{-1/2}(y_{s\tau}-\bar{y}_s)\Rightarrow\sigma\tilde{W}_s(r),\quad s=1,\ 2,\ \cdots,\ S, \tag{2.83}$$

$$T_\tau^{-1}\sum_{\tau=1}^{T_\tau}\varepsilon_{s\tau}y_{q,\tau-1}\Rightarrow\sigma^2\int_0^1 W_q(r)\mathrm{d}W_s(r)\ ,\quad q, s=1, 2, \cdots, S, \tag{2.84}$$

$$T_\tau^{-2}\sum_{\tau=1}^{T_\tau}y_{s\tau}y_{q\tau}\Rightarrow\sigma^2\int_0^1 W_q(r)W_s(r)\mathrm{d}r\ ,\quad q, s=1, 2, \cdots, S, \tag{2.85}$$

其中：$\bar{y}_s=T_\tau^{-1}\sum_{t=1}^{T_\tau}y_{s\tau}$（$s=1, 2, \cdots, S$）。需要强调的是，因为扰动 $\varepsilon_{s\tau}$（从而 $y_{s\tau}$）关于 $s=1, 2, \cdots, S$ 是独立的，所以这 S 个布朗运动 $W_s(r)$ 也是相互独立。值得注意的是，当 $q\neq s$ 时，虽然 $y_{q\tau}$ 与 $y_{s\tau}$ 独立，但式（2.69）说明 $T_\tau^{-2}\sum_{\tau=1}^{T_\tau}y_{s\tau}y_{q\tau}$ 收敛于一个非零分布。

（一）确定性季节性与季节性单整的关系

考虑了两个对立的设定，其中一个是简单的确定性季节性模型

$$y_{s\tau}=\gamma_s+\varepsilon_{s\tau},\quad s=1, 2, \cdots, S,\qquad \tau=1, 2, \cdots, T_\tau, \tag{2.86}$$

另外一个过程为

$$\triangle_S y_{s\tau}=(1-\theta_S L^S)\varepsilon_{s\tau},\quad s=1, 2, \cdots, S,\qquad \tau=1, 2, \cdots, T_\tau, \tag{2.87}$$

当 $-1<\theta_S<1$ 时，式（2.87）是一个特殊的季节性单整过程，$\triangle_S y_{s\tau}$ 是一个季节 MA 过程。Bell（1987）在月度时间序列的情形下对确定性季节性与季节性单整过程之间的关系进行了讨论，证明了当 $\theta_S=1$ 时这两个过程是等价的。他的分析框架可以很容易地直接推广到任意的 S。

年度差分过程式（2.87）意味着

$$y_{s\tau}=y_{s,\tau-1}+(1-\theta_S L^S)\varepsilon_{s\tau},$$

$$y_{s\tau}=y_{s0}+\sum_{j=1}^{\tau}(1-\theta_S L^S)\varepsilon_{sj}\text{。} \tag{2.88}$$

当 $\theta_S=1$ 时，有

$$\begin{aligned}y_{s\tau}&=y_{s0}+\sum_{j=1}^{\tau}(\varepsilon_{sj}-\varepsilon_{s,j-1})\\&=y_{s0}-\varepsilon_{s0}+\varepsilon_{s\tau}\\&=\gamma_s+\varepsilon_{s\tau}\text{。}\end{aligned}$$

显然，当 $y_{s0}=\gamma_s+\varepsilon_{s0}$ 时这又是一个确定性季节性过程。从而，在式（2.86）和式（2.87）这两个过程中，当 $\theta_S=1$ 以及有相同的初值 $y_{s0}=\gamma_s+\varepsilon_{s0}$ 时，这两个过程恰好是同一表达式，因此二者是等价的。当白噪声过程 $\varepsilon_{s\tau}$ 被平稳 ARMA 过程 $z_{s\tau}$ 所代替时，上述结果仍成立。

我们通常认为，当 $\theta_S=1$ 时式（2.87）左右两边的季节差分算子 $\triangle_S$ 和不可逆的 MA 算子 $(1-L^S)$ 可同时消去。这一逻辑可以推广用于证明当发生“近消去”，即式（2.87）中的 θ_S 与 1 很接近但小于 1 时，此时季节性单整过程在有限样本的情形下的性质与确定性季节性过程式（2.86）的性质是非常类似的。反过来，式（2.86）中包含有一个平稳的季节性 AR 项，并且自回归的系数小于 1 且与 1 很接近时，它的性质在实际中可能与季节性差分 $\triangle_S y_{s\tau}$ 中的季节性 MA 过程的性质很相似。换言之，由于实际应用中我们所观察到的都是有限样本，因

此区分确定性季节性过程与季节性单整过程是很困难的。

当使用季节性数据（比如季度、月度或者星期数据）时，在建模中一般采用添加季节虚拟变量或者对数据作用不同差分算子（Δ或者Δ_S）的方法使其成为平稳序列。从而导致两类最常见的误设定，一种是数据生成过程是确定性季节性过程但却采用了季节差分模型。另一种恰恰相反，数据生成过程是季节单整过程但却采用了确定性季节性模型。下面，我们分别研究这两类误设定所导致的后果。

（二）季节性单整误设定为确定性季节性

假定数据生成过程 DGP 为季节性随机游走过程

$$y_{s\tau}=y_{s,\tau-1}+\varepsilon_{s\tau}=y_{s0}+\sum_{j=0}^{\tau-1}\varepsilon_{s,\tau-j}\ ,\ s=1,2,\ \cdots,S,\ \tau=1,2,\ \cdots,T_\tau,$$

其中：初值 $y_{s0}=0$， $s=1,\cdots,S$，$\varepsilon_{s\tau}\sim i.i.d.(0,\sigma^2)$。若我们错误地采用了确定性季节性模型 DVM

$$y_t=\sum_{s=1}^{S}\delta_{st}\ \gamma_s+z_t, \tag{2.89}$$

则所得的 OLS 估计是虚假的，我们称之为"虚假确定性季节性"。

1．虚拟变量系数的估计量 $\hat{\gamma}_s$ ($s=1,2,\ \cdots,S$）是发散的。

虚拟变量系数的 OLS 估计 $\hat{\gamma}_s$ 为

$$\hat{\gamma}_s=(X'X)^{-1}X'Y=\overline{y}_s=T_\tau^{-1}\sum_{\tau=1}^{T_\tau}y_{s\tau}\ , \tag{2.90}$$

即季节 s 的观测值的样本均值，根据式（2.66)，有

$$T_\tau^{-1/2}\hat{\gamma}_s=T_\tau^{-3/2}\sum_{\tau=1}^{T_\tau}y_{s\tau}\Rightarrow\sigma\int_0^1 W_s(r)\mathrm{d}r\ 。 \tag{2.91}$$

由此可见，$\hat{\gamma}_s$ 是发散的，即随着 $T_\tau\to\infty$，$\hat{\gamma}_s$ 越来越远离真值 $\gamma_s=0$。

2．$t(\hat{\gamma}_s)$是发散的。

$$t(\hat{\gamma}_s)=\frac{\hat{\gamma}_s}{s(\hat{\gamma}_s)}=\frac{\hat{\gamma}_s}{S_w/T_\tau}\ ,$$

其中

$$S_w^2=\frac{\sum_{\tau=1}^{T_\tau}\sum_{s=1}^{S}\hat{w}_{s\tau}^2}{S(T_\tau-1)}=\frac{T_\tau}{(T_\tau-1)S}\left[\frac{1}{T_\tau}\sum_{\tau=1}^{T_\tau}\hat{w}_{1\tau}^2+\frac{1}{T_\tau}\sum_{\tau=1}^{T_\tau}\hat{w}_{2\tau}^2+\cdots+\frac{1}{T_\tau}\sum_{\tau=1}^{T_\tau}\hat{w}_{S\tau}^2\right]$$

$$\frac{1}{T_\tau}\sum_{\tau=1}^{T_\tau}\hat{w}_{s\tau}^2=\frac{1}{T_\tau}\sum_{\tau=1}^{T_\tau}\left(y_{s\tau}-\overline{y}_s\right)^2,\quad s=1,2,\ \cdots,S。$$

当 $T_\tau\to\infty$时

$$\frac{1}{T_\tau}\sum_{\tau=1}^{T_\tau}\left(y_{s\tau}-\bar{y}_s\right)^2 \Rightarrow \sigma^2\left[\int_0^1 W_s^u(r)^2\,\mathrm{d}r-\left(\int_0^1 W_s^u(r)\mathrm{d}r\right)^2\right]=C_s。$$

则

$$T_\tau^{-1}S_w^2 = T_\tau^{-2}S^{-1}\sum_{s=1}^{S}\sum_{\tau=1}^{T_\tau}\hat{w}_{s\tau}^2 \Rightarrow S^{-1}\sum_{s=1}^{S}C_s = B, \tag{2.92}$$

$$T_\tau^{-1}t\left(\hat{\gamma}_s\right)=\frac{T_\tau^{-1/2}\hat{\gamma}_s}{T_\tau^{-1/2}S_w}\Rightarrow\frac{\sigma\int_0^1 W_s(r)\mathrm{d}r}{\sqrt{B}}, \tag{2.93}$$

又 $\hat{\gamma}_s$ 是发散的，于是 $t(\hat{\gamma}_s)$ 也是发散的。从而在原假设 H_0: $\gamma_s=0$ ($s=1, 2, \cdots, S$）下，经典的 t 检验也是无效的。

3．回归方程的可决系数 R^2 渐近收敛于布朗运动的泛函。

$$R^2=\sum_{t=1}^{T}(\hat{y}_t-\bar{Y})^2/\sum_{t=1}^{T}(y_t-\bar{Y})^2,$$

于是

$$R^2=\frac{\frac{1}{T_\tau}\sum_{s=1}^{S}(\sum_{\tau=1}^{T_\tau}y_{s\tau})^2-\frac{1}{ST_\tau}(\sum_{s=1}^{S}\sum_{\tau=1}^{T_\tau}y_{s\tau})^2}{\sum_{s=1}^{S}\sum_{\tau=1}^{T_\tau}y_{s\tau}^2-\frac{1}{ST_\tau}(\sum_{s=1}^{S}\sum_{\tau=1}^{T_\tau}y_{s\tau})^2}。 \tag{2.94}$$

其中：$\hat{y}_t=\hat{y}_{s\tau}=\hat{\gamma}_s$，$\bar{y}=\frac{1}{S}\sum_{s=1}^{S}\hat{\gamma}_s$。上式分子分母同除以 T_τ^2

$$R^2=\frac{\sum_{s=1}^{S}(T_\tau^{-\frac{3}{2}}\sum_{\tau=1}^{T_\tau}y_{s\tau})^2-\frac{1}{S}(\sum_{s=1}^{S}T_\tau^{-\frac{3}{2}}\sum_{\tau=1}^{T_\tau}y_{s\tau})^2}{\sum_{s=1}^{S}(T_\tau^{-1}\sum_{\tau=1}^{T_\tau}y_{s\tau}^2)-\frac{1}{S}(\sum_{s=1}^{S}T_\tau^{-\frac{3}{2}}\sum_{\tau=1}^{T_\tau}y_{s\tau})^2}。$$

由式（2.82）和式（2.85）得证

$$R^2\Rightarrow\frac{\sum_{s=1}^{S}[\int_0^1 W_s(r)\mathrm{d}r]^2-\frac{1}{S}[\sum_{s=1}^{S}\int_0^1 W_s(r)\mathrm{d}r]^2}{\sum_{s=1}^{S}\int_0^1[W_s(r)]^2\mathrm{d}r-\frac{1}{S}[\sum_{s=1}^{S}\int_0^1 W_s(r)\mathrm{d}r]^2} \tag{2.95}$$

4．F 统计量是发散的。

由于

$$F=\frac{RSS/k}{ESS/(T-k-1)}, \qquad R^2=\frac{RSS}{ESS+RSS},$$

其中：RSS 和 ESS 分别为回归平方和及残差平方和，T 为样本容量，k 为回归式中所包含的变量的个数。经整理有

$$R^2=\frac{1}{1+\left(T-k-1\right)/kF},$$

R^2 渐近收敛于布朗运动的函数，显然 F/T 也渐近收敛于一个布朗运动的函数，F 统计量是发散的。在原假设 H_0: $\gamma_1=\gamma_2=\cdots=\gamma_S$ 下，经典的 F 检验也是无效的。

5．DW 渐近收敛于布朗运动泛函。

$$DW=\frac{\sum_{t=2}^{T}(\hat{w}_t-\hat{w}_{t-1})^2}{\sum_{t=1}^{T}(\hat{w}_t)^2}=\frac{\sum_{s=1}^{S}\sum_{\tau=1}^{T_\tau}(\hat{w}_{s\tau}-\hat{w}_{s-1,\tau})^2}{\sum_{s=1}^{S}\sum_{\tau=1}^{T}(\hat{w}_{s,\tau})^2}\approx 2(1-\frac{\sum_{s=1}^{S}\sum_{\tau=1}^{T_\tau}\hat{w}_{s\tau}\hat{w}_{s-1,\tau}}{\sum_{s=1}^{S}\sum_{\tau=1}^{T_\tau}(\hat{w}_{s,\tau})^2}),$$

由残差的定义可知

$$\sum_{s=1}^{S}\sum_{\tau=1}^{T_\tau}\hat{w}_{s\tau}\hat{w}_{s-1,\tau}=\sum_{s=1}^{S}\sum_{\tau=1}^{T_\tau}(y_{s\tau}-\overline{y}_s)(y_{s-1,\tau}-\overline{y}_{s-1})$$

$$=\sum_{s=1}^{S}\sum_{\tau=1}^{T_\tau}y_{s\tau}y_{s-1,\tau}-T_\tau\sum_{s=1}^{S}\overline{y}_s\overline{y}_{s-1},$$

当 $T_\tau\to\infty$ 时，

$$T_\tau^{-2}\sum_{s=1}^{S}\sum_{\tau=1}^{T_\tau}\hat{w}_{s\tau}\hat{w}_{s-1,\tau}\Rightarrow\sum_{s=1}^{S}\int_0^1 W_s^u(r)W_{s-1}^u(r)\mathrm{d}r-\sum_{s=1}^{S}\int_0^1 W_s^u(r)\mathrm{d}r\int_0^1 W_{s-1}^u(r)\mathrm{d}r=A。$$

另外，由式（2.92）可得 $T_\tau\to\infty$ 时，

$$DW\Rightarrow 2(1-\frac{A}{SB})。\tag{2.96}$$

DW 渐近收敛于布朗运动的函数。

作为检验残差一阶自相关性的统计量，当 S=1 时，有 $DW\Rightarrow 0$ [Engle 和 Granger（1987），Engle 和 Yoo（1987）以及 Sargan 和 Bhargava（1983）]。$S\neq1$ 时，DW 渐近收敛于布朗运动的函数，不能用于判断所得到的确定性季节模式是否是虚假的。

在有限样本情形下，下文中的蒙特卡罗模拟试验结果表明此时 R^2 和 DW 统计量不能有效判断虚假的季节模式。这是 Granger 和 Newbold（1974）提出并由 Phillips （1986）正式分析的“伪”回归现象在季节情形下的直接反映。Franses（1995a）通过 Monte Carlo 研究再次证实了这一理论和发现。Abeysinghe（1994）和 da Silvalopes and Montages（1999）对此做了进一步模拟研究，并给出经验性支持。所以，当过程为非平稳随机季节过程时，我们不能采用传统的 F 统计量来检验过程中是否包含确定性季节性，而需要采用在此情形下仍具有有效性的检验统计量。虽然，我们的上述讨论是在式（2.89）下进行的，但是这一理论结果可推广到更加一般的线性回归模型。

当数据生成系统为一般的单整过程时，

$$y_{s\tau}=y_{s,\tau-1}+z_{s\tau}=y_{s0}+\sum_{j=0}^{\tau-1}z_{s,\tau-j},\quad s=1, 2, \cdots, S,\ \tau=1, 2, \cdots, T_\tau,\tag{2.97}$$

其中：扰动 $z_{s\tau}\sim$ $i.i.d.(0,\sigma^2)$是一个均值为零，方差为 σ^2 的弱平稳新息过程，初值 y_{s0}=0。若

错误地采用 DVM 模型式(2.89)，则同样会得到虚假的确定性季节性。此时，$\hat{\gamma}_s$、统计量 $t(\hat{\gamma}_s)$ 和 F 统计量都是发散的，R^2 和 DW 统计量收敛于布朗运动的泛函。

（三）确定性季节性误设定为季节性单整

当数据生成过程 DGP 是确定性季节性过程

$$y_t=\sum_{s=1}^{S}\delta_{st}\ \gamma_s+z_t,$$

其中：$\Phi(L)\ z_t=\Theta(L)\ \varepsilon_t$，$\varepsilon_t\sim i.i.d(0,\sigma^2)$。$\Phi(L)$，$\Theta(L)$分别为 q 阶和 p 阶多项式，其根在单位圆外。但我们却采用了季节差分模型

$$\triangle_S\ y_t=\triangle_S\ z_t,$$

结果季节均值 $\delta_{st}\gamma_s$ 被$\triangle_S$剔除，在模型中不可识别，$\triangle_S\ z_t$ 是过度差分的[参见 Maravall(1995)]。由于季节差分使得过程的移动平均多项式中引入了$\triangle_S$ 因子，导致过程是不可逆的，从而这种等价性并非意味着确定性季节过程是季节性单整的。理论上，确定性季节性过程与季节性单整过程是两种完全不同的过程，不可将二者混为一谈。

以季节数据为例，图 2.9 分别给出了确定性季节性过程和季节性单整过程的四阶差分后序列的相关图。从图中可以看出，这两个序列四阶差分后都是平稳的。这些相关图不能让我们区分开一个均值移动的平稳过程 $I(0,0)$和一个没有漂移项的季节性单整过程 $I(1,1)$。我们必须从统计上寻找对季节单位根的检验方法。讨论季节单位根检验的主要论文有 Dickey，Hasza 和 Fuller（1984），Engle，Granger 和 Hallman（1989），Hylleberg，Engle，Granger 和 Yoo（1990）等，我们将在第三章中进行详细介绍。

Sample: 1950:1 2000:4
Included observations: 200

Autocorrelation	Partial Correlation		AC	PAC	Q-Stat	Prob
		1	0.087	0.087	1.5340	0.216
		2	-0.018	-0.025	1.5967	0.450
		3	-0.022	-0.018	1.6929	0.639
		4	-0.126	-0.124	4.9550	0.292
		5	-0.015	0.006	4.9993	0.416
		6	0.121	0.118	8.0244	0.236
		7	0.001	-0.024	8.0247	0.330
		8	-0.072	-0.085	9.1217	0.332
		9	0.153	0.175	14.060	0.120
		10	-0.048	-0.054	14.554	0.149
		11	-0.088	-0.088	16.194	0.134
		12	-0.017	-0.029	16.255	0.180
		13	0.091	0.151	18.060	0.155
		14	0.064	0.047	18.940	0.167
		15	0.013	-0.076	18.977	0.215
		16	-0.142	-0.147	23.400	0.103
		17	-0.133	-0.019	27.287	0.054
		18	-0.041	-0.040	27.663	0.067

（a）确定性季节性过程

Sample: 1950:1 2000:4
Included observations: 200

Autocorrelation	Partial Correlation		AC	PAC	Q-Stat	Prob
		1	0.076	0.076	1.1797	0.277
		2	-0.013	-0.019	1.2155	0.545
		3	-0.022	-0.019	1.3124	0.726
		4	-0.013	-0.010	1.3450	0.854
		5	-0.011	-0.010	1.3690	0.928
		6	0.100	0.101	3.4340	0.753
		7	-0.006	-0.023	3.4428	0.841
		8	0.006	0.011	3.4500	0.903
		9	0.137	0.141	7.4240	0.593
		10	-0.049	-0.072	7.9270	0.636
		11	-0.086	-0.072	9.5078	0.575
		12	0.039	0.050	9.8300	0.631
		13	0.075	0.072	11.053	0.606
		14	0.046	0.033	11.507	0.646
		15	0.001	-0.036	11.507	0.716
		16	-0.083	-0.065	13.016	0.672
		17	-0.139	-0.115	17.293	0.435
		18	-0.057	-0.072	18.017	0.455

（b）季节性单整过程

图 2.9　确定性季节性过程和季节性单整过程的四阶差分后相关图

同样的道理，当数据生成过程 DGP 为包含确定性季节性的一般单整过程，即

$$y_t=\sum_{s=1}^{S}\delta_{st}\ \gamma_s+z_t$$

时，季节差分后有

$$\triangle_S\, y_t=\mu+(1+2+\cdots+L^{S-1})\ z_t,$$

其中：$\mu=\sum_{s=1}^{S}\gamma_s$。在这种情形下，季节均值 γ_s 仍然不可识别并且$(1+2+\cdots+L^{S-1})\ z_t$是过度差分（季节性）的。如果从相关图来看，我们也无法区分开一个包含确定性季节性的一般单整过程 $I(1,0)$和一个季节性单整过程 $I(1,1)$。

第四节　季节 ARIMA 模型的建立与预测

季节时间序列的建模方法与一般的时间序列建模方法步骤相似，通常采用博克斯—詹金斯法（简称 Box-Jenkins 法或 ARMA 法）。这种建模方法不考虑以经济理论为依据的解释变量的作用，而是依据变量本身的变化规律，利用外推机制描述时间序列的变化。

建立时间序列模型主要包括三个步骤。第一，检验时间序列的平稳性，如果序列是非平稳的话，对序列经过适当的变换使其平稳。第二，从变换序列的自相关性质出发，识别 ARMA 模型的形式，并进行模型参数的估计和诊断检验。第三，模型的预测。建模过程的流程图见图 2.10。下面我们以季度数据为例，分别介绍季节时间序列模型建立的步骤。

一、数据的平稳性检验

建立时间序列模型的前提是时间序列必须具有平稳性。如果时间序列是非平稳的，建立模型之前应先把它变换成平稳的时间序列，同时仍保持原时间序列的随机性。平稳随机序列的统计特性不随时间的推移而变化。但是，大量的社会经济现象随时间的推移，总表现出非平稳的某种特征，比如随时间而稳定增长或衰减的趋势、随时间的周期性波动等。显然，这时序列不是均值不变的。序列中的非平稳性可能源于趋势、单位根或者季节性。实际应用中，检验非平稳性的方法主要有以下两类。

一类是通过原序列及其经过差分变换后新序列的相关图进行主观判断。如果一个随机过程是含有单位根的，对于有限样本，自相关函数将衰减得很慢；对于无限样本，自相关函数将不衰减。所以在分析相关图时，如果发现相关图衰减缓慢，就表明序列可能是非平稳的，应对其进行差分变换，并继续对差分后的序列进行相关图分析。在实际应用中，对数据作用差分算子$\triangle$、$\triangle_S$以及$\triangle\triangle_S$，并计算序列 y_t、$\triangle y_t$、$\triangle_S y_t$ 以及$\triangle\triangle_S y_t$ 的自相关函数。从而确定差分的形式和差分的阶数而后通过适当的差分使其平稳化，利用差分变换后的数据建立 SARMA 模型。但是，结合前面两节的讨论我们发现，通过相关图将常见的季节性单整过程 $I(1，1)$、$I(1，0)$、$I(0，1)$、$I(2，1)$、$I(2，0)$以及确定性季节性（趋势）平稳过程区分开是相当困难的。

另一类是对单位根以及季节单位根进行规范的统计检验。当序列中含有单位根时，通过适当的变换使其平稳化，利用变换后的平稳序列建立 SARMA 模型。如果序列中不含单位根，则先用最小二乘法按照某种函数拟合数据序列中的确定性部分（趋势和周期），然后对消除了确定性部分的残差序列建立合适的 ARMA 模型，最后以前两步的参数估计作为初始值，对确定性部分和 ARMA 部分的所有参数重新估计，得出模型的最终估计。

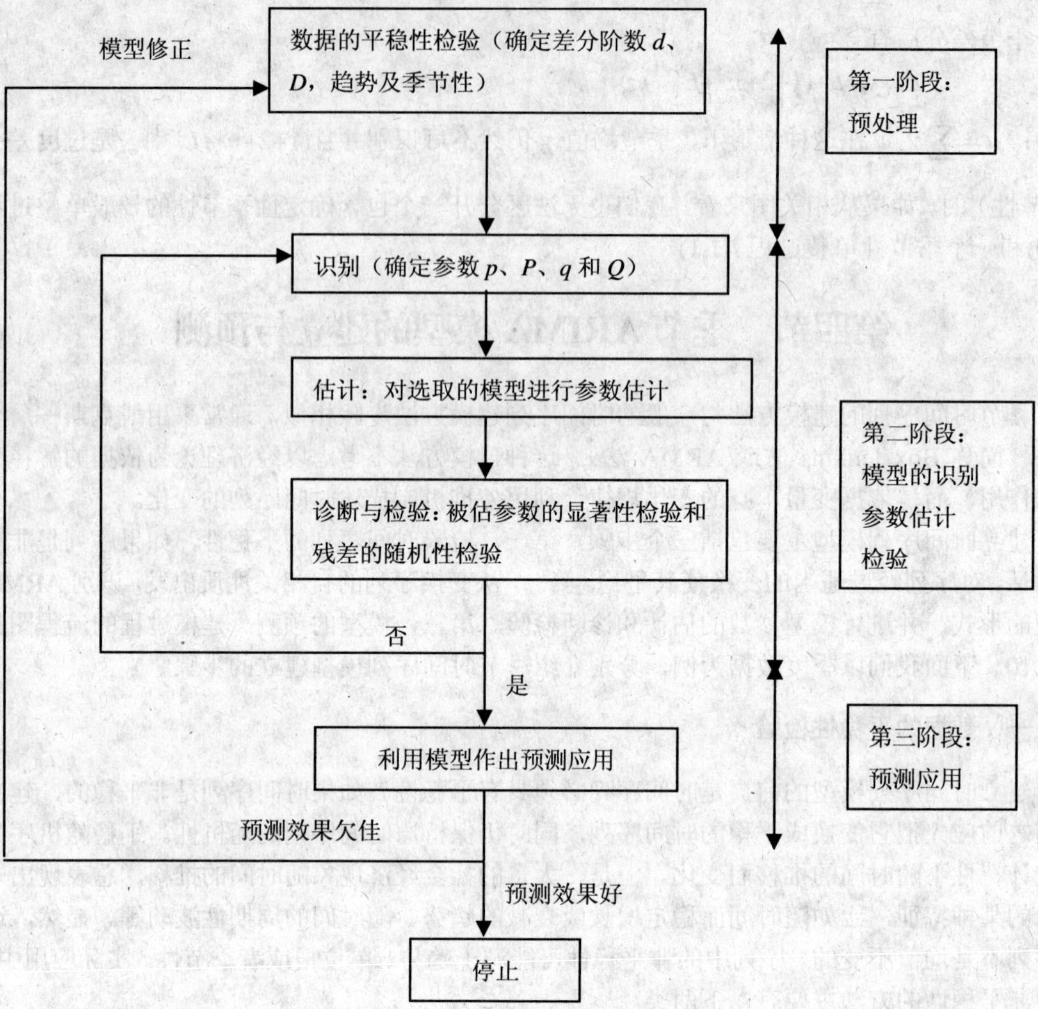

图 2.10　季节 ARIMA 模型的建模流程图

二、SARMA 模型的识别、估计和检验

（一）识别

在时间序列是平稳的前提下，应该如何识别 SARMA 模型的阶数呢？对于 SARMA 模型的识别和参数估计基本上采用 Box-Jenkins 方法，根据序列的自相关和偏自相关图可以为识别模型自回归的阶数和移动平均的阶数提供初步的信息。比如，如果自相关图表现为拖尾衰减特征，而偏自相关图在 p 期后出现截尾特征，则序列是一个 p 阶自回归过程 AR；如果自相关图表现为在 q 期后出现截尾而偏自相关图是拖尾衰减特征，则这个过程是一个 q 阶移动平均过程 MA；如果自相关图和偏自相关图都表现出拖尾的衰减特征，说明这是一个混合形式的 ARMA 过程。自回归移动平均混合模型由自回归和移动平均两部分组成，其自相关系数与偏自相关系数比单纯的自回归模型与移动平均模型复杂，为识别自回归部分和移动平均部

分的阶数，不妨认为过程是由 AR 和 MA 两部分叠加而成，利用自相关图和偏自相关图的峰值特征分别识别自回归部分和移动平均部分的阶数。

与一般时间序列类似，对于周期长度为 S 的季节时间序列，如果在相应于周期 S 的整数倍的点上自相关或偏自相关函数出现绝对值较大的峰值及震荡变化，我们可以据此对模型自回归的阶数（p 和 P）和移动平均的阶数（q 和 Q）作出初步判断。比如，对于一个平稳的月度时间序列——美国新动工私人住房单元总额（千户计），样本自相关函数先减小，然后在 12 阶滞后处上升到一个相对的峰值，随后的更高阶滞后的自相关系数显著减小，而偏自相关系数在 1 阶滞后处表现出一个正的凸起并在 13 阶滞后处表现出一个负的凸起，则表明一个 AR(1)×SAR(1)是合适的（见图 2.11）。由于相关图具有较大方差，在模型识别阶段应多选择几种模式以供进一步选择。

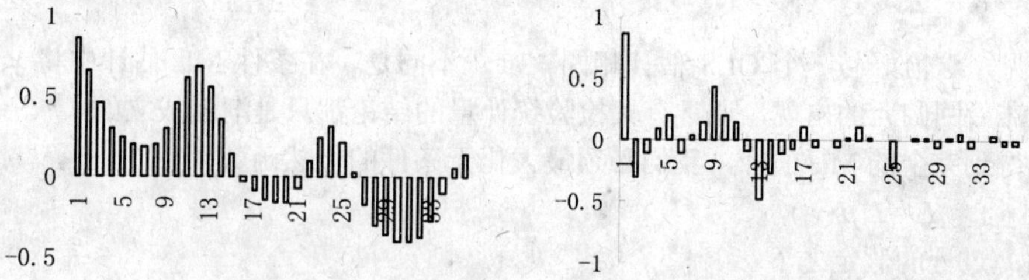

（a）自相关　　　　（b）偏自相关

图 2.11　美国新动工私人住房单元总数（千户计）的相关图

Hannan 和 Rissanen 提出了另一种识别 ARMA 模型阶数的方法。这个程序有三个步骤：

第一步，用 OLS 对几个相当高阶的纯 AR 进行模型估计。这样做的原因是由于任何一个平稳可逆的 ARMA 过程总是可以等价表示为一个无限阶的 AR 过程。

第二步，选取第一步中具有赤池信息准则（AIC）值最小的回归模型，并把这个回归中的残差 e_t 作为对 AR 模型中未知误差的估计值。

第三步，利用这些估计残差拟合若干个 ARMA 模型。例如，拟合一个 ARMA(2，1)，则回归式是

$$y_t=\alpha_0+\alpha_1 y_{t-1}+\alpha_2 y_{t-2}+e_t-\beta_1 e_{t-1}+\text{误差},$$

这类回归用 OLS 对各种 p 值和 q 值来拟合，求得残差方差 $\hat{\sigma}^2_{p,q}$。然后选取使施瓦茨准则

$$\ln \hat{\sigma}^2_{p,q}+(p+q)\ln T/T \tag{2.98}$$

最低的 ARMA 模型。必须强调的是，这一步中所得到的对 ARMA 模型的数值估计只是识别过程的副产品，并不是对有关系数的最终估计。

（二）模型参数的估计

一般计量经济学软件中都为 ARMA 模型的估计程序提供（线性或非线性）最小二乘法或者条件或完全最大似然法（ML）。下面我们仅以 AR（1）过程为例对 ARMA 模型的参数估计进行介绍。

对于 AR（1）过程

$$y_t=\alpha_0+\alpha_1 y_{t-1}+\varepsilon_t,$$

其中 ε_t 是白噪声。如果视 y_1 为给定，那么剩下的 $T-1$ 个观测值的条件似然函数为

$$L^*=p(y_2, y_3,\cdots, y_n|y_1)= p(y_2|y_1)\, p(y_3|y_2)\cdots p(y_n|y_{n-1})。\tag{2.99}$$

进一步，假定 ε_t 是高斯白噪声 $N(0,\sigma^2)$，则

$$p(y_t|y_{t-1})=\frac{1}{\sqrt{2\pi}\sigma}\exp\left[-\frac{1}{2\sigma^2}\left(y_t-\alpha_0-\alpha_1 y_{t-1}\right)^2\right],$$

从而条件对数似然函数为

$$\ln L^*=\text{常数}-\frac{n-1}{2}\ln\sigma^2-\frac{1}{2\sigma^2}\sum_{t=2}^{T}\left(y_t-\alpha_0-\alpha_1 y_{t-1}\right)^2,\tag{2.100}$$

选择 α_0 和 α_1 使得 $\ln L^*$ 最大化就给出条件 ML 估计，这等同于选择 α_0 和 α_1 使得

$$\sum_{t=2}^{T}\left(y_t-\alpha_0-\alpha_1 y_{t-1}\right)^2$$

最小。可见，这恰好与一个 OLS 估计相同。唯一不同是，在条件 ML 估计中将 y_1 值视为给定。由于滞后回归元的出现，通常有关检验统计量的结论都只是渐近成立的。

为了得到完全的 ML 估计，我们必须最大化无条件的似然函数

$$L=L^* p(y_1),\tag{2.101}$$

在 AR（1）过程的假定之下

$$y_1\sim N\left(\frac{\alpha_0}{1-\alpha_1},\ \frac{\sigma^2}{1-\alpha_1^2}\right),$$

$$\ln p(y_1)=\text{常数}+\frac{1}{2}\ln\left(1-\alpha_1^2\right)-\frac{1}{2}\ln\sigma^2-\frac{1-\alpha_1^2}{2\sigma^2}\left(y_1-\frac{\alpha_0}{1-\alpha_1}\right)^2,$$

因而无条件的对数似然函数为

$$\begin{aligned}\ln L&=\ln L^*+\ln p(y_1)\\&=\text{常数}+\frac{1}{2}\ln\left(1-\alpha_1^2\right)-\frac{n}{2}\ln\sigma^2-\frac{1-\alpha_1^2}{2\sigma^2}\left(y_1-\frac{\alpha_0}{1-\alpha_1}\right)^2\\&\quad-\frac{1}{2\sigma^2}\sum_{t=2}^{T}\left(y_t-\alpha_0-\alpha_1 y_{t-1}\right)^2。\end{aligned}$$

由于无条件的对数似然函数关于 α_0 和 α_1 的一阶导数不再是这些参数的线性方程，从而 $\ln L$ 的最大化需要迭代技巧。在小样本中，$\ln L$ 最大化和 $\ln L^*$ 最大化之间的差别可能很大。但是，随着样本容量的增大，二者之间的差别逐渐减小。更高阶的 AR(p)模式可用类似的方法去拟合,此时最小二乘法和条件最大似然法视前 p 个观测值为给定，完全最大似然法程序也是现成的。

当模型中含有移动平均成分或者完全最大似然估计时，对于参数来说模型都是非线性的，通常有直接搜索法、直接优化法和线性迭代法等方法。这些方法的计算量都很大，一般都是借助计算机来实现。

（三）模型的检验

识别及估计方法给出了一个估计的 ARMA 模型。下一步就是对模型估计结果进行诊断与检验，以求发现所选用的模型是否合适。

一是对模型中估计出来的系数做一系列检验。例如，检验其中的一个变量或全部变量的

某一子集的显著性，还可以检验对此设定增加一个或多个变量的效应。参数估计值的显著性检验是通过 t 检验完成的。

二是检验残差序列的随机性。如果一个模型拟合得当，则残差应该是白噪声序列。如果残差显著地背离白噪声，那么这个模型就不能令人满意，应对模型进行修正或重新建模。残差序列随机性的判别是用 Box 和 Pierce（1970）提出的 Q 统计量进行检验完成的。Q 统计量可按下式计算：

$$Q=T\sum_{k=1}^{K}\hat{\rho}_k^2\,, \tag{2.102}$$

其中 T 为时间序列观测值的个数，K 为自相关系数的个数，$\hat{\rho}_k$ 为残差的样本自相关系数。若拟合的模型合适，则 Q 统计量近似服从 χ^2_{K-p-q} 分布，其中 p 为 ARMA 模型中自回归部分所含的最大时滞，q 为移动平均部分所含的最大时滞。

显然，如果拟合的模型不合适，残差序列中必含有其他成分，Q 统计量的值将很大；反之，Q 统计量的值将很小。对于给定的显著性水平 α，判别规则如下：

若 $Q \leqslant \chi^2_{\alpha,K-p-q}$，则判定所选用的模型是合适的，可以用于预测。

若 $Q>\chi^2_{\alpha,K-p-q}$，则判定所选用的模型不适合用于预测，应当进一步地改善。

三、预测

拟合 ARMA 模式的主要目的就是对超出样本时期的序列进行推测。这种推测有时被当作一个基准，以便与用更复杂的多变量模型所做出的预测相比较。在推测或预测中，有两个不可避免的误差来源，即：由于忽略了未来的新生量而产生的误差；由于参数的真实值与估计值之间的差异而导致的误差。

本节中，我们只论及误差的第一个来源。假定从时期 1 至 T 对 y_t 的观测值已知，以到时间 T 为止可利用的信息为条件所做的预测。简单地说，一个预测的均方误（Mean Squared Error，MSE）就是对预测误差平方的平均或期望值。于是对称地处理了正和负的预测误差，从而被广泛地用作对选择预测规则的准则。我们希望找到一种最小化 MSE 的预测规则。可以证明，对 y_{T+s} 最小化 MSE 的预测，是在给定时刻 T 为止可利用的信息条件下 y_{T+s} 的条件期望。作为一个说明，考虑对 AR（1）过程

$$y_t-\mu=\alpha_1(y_{t-1}-\mu)y_{t-1}+\varepsilon_t,$$

其中 ε_t 是高斯白噪声 $N(0,\sigma^2)$，$|\alpha_1|<1$。更简便地可写成

$$y_t=(1-\alpha_1)\,\mu+\alpha_1 y_{t-1}+\varepsilon_t。$$

则 y_{T+1} 的最小化 MSE 的预测为

$$\hat{y}_{T+1}=E(y_{T+1}|\,y_T)=(1-\alpha_1)\,\mu+\alpha_1\,y_T。$$

上式的右边唯一未知的是时刻 $T+1$ 中的新生量，而它由其期望值零来取代。预测可重新整理为

$$(\hat{y}_{T+1}-\mu)=\alpha_1(y_T-\mu),$$

即 y_{T+1} 的预测值与均值之差是时刻 T 时对均值偏离的 α_1 倍。预测误差为

$$e_{T+1}=y_{T+1}-\hat{y}_{T+1}=\varepsilon_{T+1},$$

故而有 $\mathrm{Var}(e_{T+1})=\sigma^2$。对于 $T+s$ 期有

$$y_{T+s}=(1-\alpha_1^{\ s})\,\mu+\alpha_1^{\ s}\,y_T+(\varepsilon_{T+s}+\alpha_1\varepsilon_{T+s-1}+\cdots+\alpha_1^{\ s-1}\varepsilon_{T+1}),$$

对 y_{T+s} 的预测为

$$(\hat{y}_{T+s}-\mu)=\alpha_1(\hat{y}_{T+s-1}-\mu)=\alpha_1^{\ s}(y_T-\mu),$$

显然随着 $s\to\infty$，有 $\hat{y}_{T+s}\to\mu$。而预测误差方差

$$\mathrm{Var}(e_{T+s})=(1+\alpha_1^{\ 2}+\alpha_1^{\ 4}+\cdots+\alpha_1^{\ 2(s-1)})\,\sigma^2\to\sigma^2/(1-\alpha_1^{\ 2})。$$

于是，随着预测时域的延伸，预测值趋近于该过程的无条件均值，而且预测误差方差朝着该过程的无条件方差增大。

对于 MA(q)过程和 ARMA(p,q)过程，预测中需要已知 ε 的先前值。T 期之后的 ε 以其数学期望来代替，则随着预测期的加长，移动平均部分逐渐淡出预测模型。在 $T+q$ 期之后，预测形式变成纯自回归形式。

第五节　案例:美国国际航空公司旅客客票数的乘积模型和组合模型

美国国际航空公司旅客客票数 y_t 的数据（1949 年 1 月～1960 年 12 月）在表 2.1 中给出，原始数据 y_t 的动态折线图见图 2.12。

表 2.1　国际航空公司旅客客票数（1949 年 1 月～1960 年 12 月）

年份	1 月	2 月	3 月	4 月	5 月	6 月	7 月	8 月	9 月	10 月	11 月	12 月
1949	112	118	132	129	121	130	148	148	136	119	104	118
1950	115	126	141	135	125	149	170	170	153	133	114	140
1951	145	150	178	163	172	173	199	199	184	162	146	166
1952	171	180	193	181	183	218	230	242	209	191	172	194
1953	196	196	236	235	229	243	264	272	237	211	180	201
1954	204	188	235	227	234	264	302	293	259	229	203	229
1955	242	233	267	269	270	315	364	347	312	274	237	278
1956	284	277	317	313	318	374	413	405	355	306	271	306
1957	315	301	356	348	355	422	465	467	404	347	305	336
1958	340	318	362	348	363	435	491	505	404	359	310	337
1959	360	342	406	396	420	472	548	559	463	407	362	405
1960	417	391	419	461	472	535	622	606	508	461	390	432

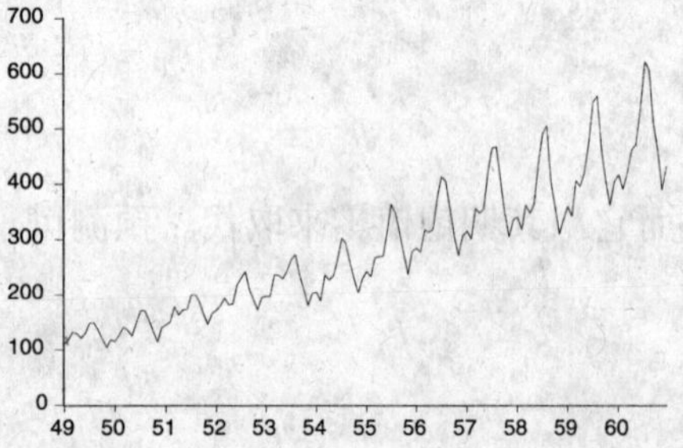

（a）y_t

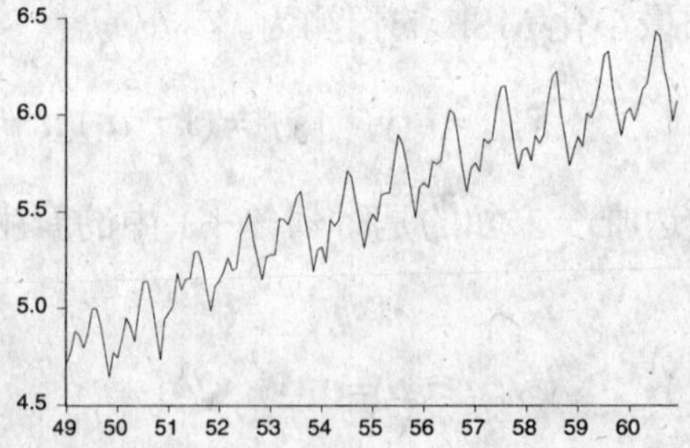

（b）$\ln y_t$

图 2.12　国际航空公司旅客客票数 y_t和 $\ln y_t$

可以发现，该时间序列具有明显的季节性周期特征、周期为 12，每年 7 月和 8 月旅客人数最多，并且不同年的客票数有逐年增长的趋势。由于 y_t 的变化率随 y_t 的增加而增加，为了使数据的波动幅度基本稳定，消除异方差，将数据进行对数变换

$$y_t = \ln(y_t),$$

对 $\ln y_t$ 分别作用差分算子△、$\triangle_S$ 以及△$\triangle_S$，并计算序列 $\ln y_t$、$\triangle \ln y_t$、$\triangle_{12}\ln y_t$ 及 $\triangle\triangle_{12}\ln y_t$ 的自相关函数，结果经整理汇总后放于图 2.13 中。

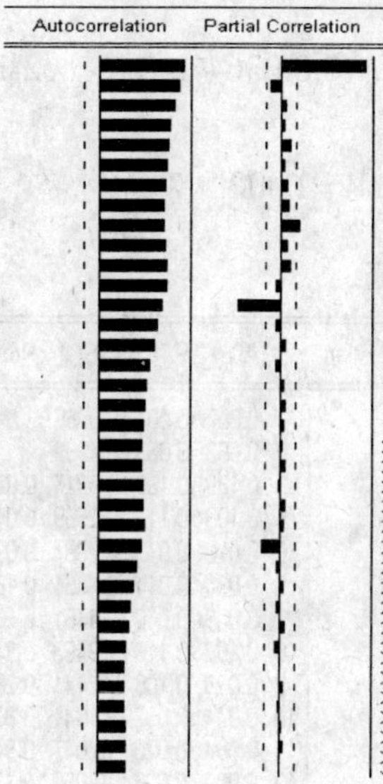

	AC	PAC	Q-Stat	Prob
1	0.954	0.954	133.76	0.000
2	0.899	-0.115	253.52	0.000
3	0.851	0.052	361.62	0.000
4	0.810	0.034	460.15	0.000
5	0.781	0.108	552.37	0.000
6	0.757	0.026	639.64	0.000
7	0.739	0.064	723.34	0.000
8	0.728	0.086	805.23	0.000
9	0.734	0.205	889.10	0.000
10	0.744	0.065	976.06	0.000
11	0.758	0.108	1066.9	0.000
12	0.762	-0.046	1159.3	0.000
13	0.716	-0.483	1241.7	0.000
14	0.663	-0.043	1312.8	0.000
15	0.619	0.050	1375.2	0.000
16	0.577	-0.050	1430.0	0.000
17	0.545	0.035	1479.2	0.000
18	0.521	0.051	1524.4	0.000
19	0.502	0.032	1566.8	0.000
20	0.492	0.009	1607.8	0.000
21	0.498	0.053	1650.2	0.000
22	0.506	-0.015	1694.3	0.000
23	0.516	0.057	1740.6	0.000
24	0.520	0.041	1788.0	0.000
25	0.483	-0.201	1829.2	0.000
26	0.437	-0.035	1863.3	0.000
27	0.401	0.038	1892.1	0.000
28	0.365	-0.039	1916.2	0.000
29	0.338	0.044	1937.1	0.000
30	0.315	-0.052	1955.3	0.000
31	0.297	0.007	1971.7	0.000
32	0.289	0.039	1987.3	0.000
33	0.295	-0.009	2003.8	0.000
34	0.304	0.011	2021.5	0.000
35	0.314	0.033	2040.5	0.000
36	0.318	-0.008	2060.3	0.000

（a）$\ln y_t$

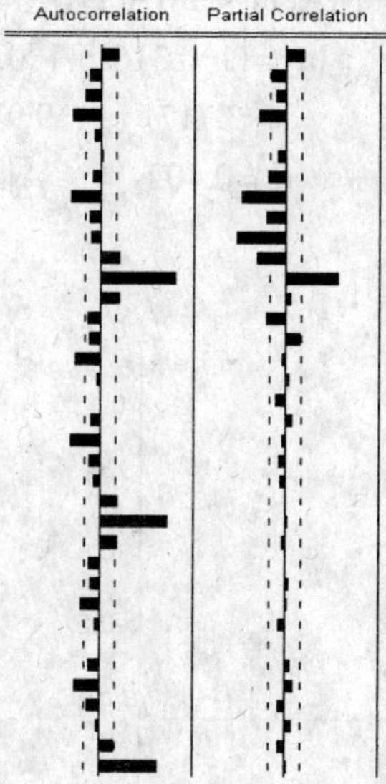

	AC	PAC	Q-Stat	Prob
1	0.196	0.196	5.5995	0.018
2	-0.117	-0.162	7.6176	0.022
3	-0.164	-0.113	11.624	0.009
4	-0.312	-0.294	26.165	0.000
5	-0.071	0.008	26.913	0.000
6	0.009	-0.092	26.926	0.000
7	-0.098	-0.193	28.391	0.000
8	-0.334	-0.491	45.477	0.000
9	-0.123	-0.198	47.836	0.000
10	-0.107	-0.536	49.634	0.000
11	0.210	-0.305	56.583	0.000
12	0.834	0.572	166.64	0.000
13	0.215	0.052	173.99	0.000
14	-0.143	-0.198	177.28	0.000
15	-0.121	0.158	179.64	0.000
16	-0.275	-0.032	191.96	0.000
17	-0.038	0.030	192.19	0.000
18	-0.002	-0.110	192.19	0.000
19	-0.107	0.081	194.11	0.000
20	-0.326	-0.028	212.02	0.000
21	-0.120	-0.064	214.46	0.000
22	-0.074	-0.042	215.39	0.000
23	0.194	0.002	221.89	0.000
24	0.740	0.018	317.25	0.000
25	0.195	-0.036	323.96	0.000
26	-0.125	0.000	326.72	0.000
27	-0.108	0.029	328.80	0.000
28	-0.210	0.015	336.74	0.000
29	-0.051	-0.080	337.21	0.000
30	0.008	0.005	337.22	0.000
31	-0.117	0.052	339.74	0.000
32	-0.281	0.087	354.51	0.000
33	-0.134	-0.069	357.89	0.000
34	-0.039	0.071	358.17	0.000
35	0.149	-0.064	362.45	0.000
36	0.654	0.024	445.32	0.000

（b）$\triangle \ln y_t$

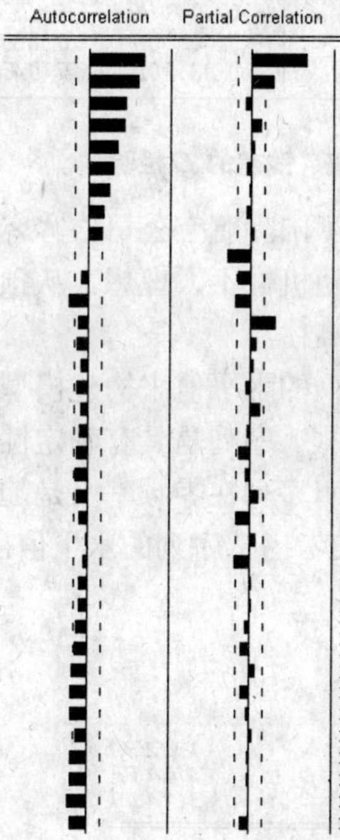

	AC	PAC	Q-Stat	Prob
1	0.693	0.693	64.778	0.000
2	0.621	0.272	117.25	0.000
3	0.464	-0.077	146.82	0.000
4	0.445	0.128	174.12	0.000
5	0.374	0.025	193.65	0.000
6	0.319	-0.043	207.97	0.000
7	0.256	-0.016	217.25	0.000
8	0.192	-0.048	222.51	0.000
9	0.175	0.040	226.90	0.000
10	0.006	-0.287	226.91	0.000
11	-0.087	-0.159	228.02	0.000
12	-0.243	-0.189	236.70	0.000
13	-0.124	0.304	239.00	0.000
14	-0.137	0.077	241.82	0.000
15	-0.086	0.028	242.93	0.000
16	-0.144	-0.044	246.09	0.000
17	-0.092	0.119	247.38	0.000
18	-0.106	-0.029	249.11	0.000
19	-0.136	-0.134	252.03	0.000
20	-0.155	-0.049	255.81	0.000
21	-0.133	0.109	258.63	0.000
22	-0.100	-0.175	260.23	0.000
23	-0.018	0.081	260.29	0.000
24	-0.046	-0.188	260.63	0.000
25	-0.109	0.020	262.61	0.000
26	-0.101	0.019	264.31	0.000
27	-0.139	-0.045	267.57	0.000
28	-0.151	-0.108	271.43	0.000
29	-0.191	0.061	277.72	0.000
30	-0.199	-0.114	284.59	0.000
31	-0.198	-0.029	291.47	0.000
32	-0.145	0.030	295.21	0.000
33	-0.210	-0.016	303.08	0.000
34	-0.202	-0.021	310.45	0.000
35	-0.252	-0.008	322.07	0.000
36	-0.219	-0.106	330.90	0.000

（c）$\triangle_{12}\ln y_t$

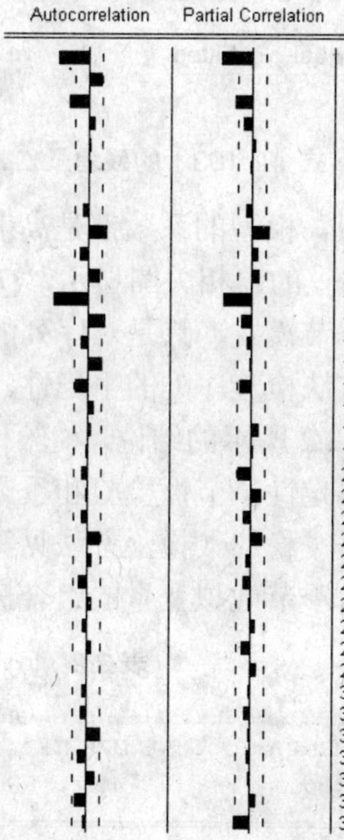

	AC	PAC	Q-Stat	Prob
1	-0.385	-0.385	19.826	0.000
2	0.153	0.006	23.002	0.000
3	-0.244	-0.215	31.107	0.000
4	0.079	-0.105	31.956	0.000
5	0.016	0.032	31.992	0.000
6	0.014	-0.011	32.020	0.000
7	0.000	-0.005	32.020	0.000
8	-0.080	-0.075	32.925	0.000
9	0.232	0.221	40.606	0.000
10	-0.114	0.060	42.489	0.000
11	0.133	0.097	45.064	0.000
12	-0.438	-0.355	73.160	0.000
13	0.199	-0.117	79.006	0.000
14	-0.095	-0.054	80.361	0.000
15	0.172	-0.019	84.830	0.000
16	-0.151	-0.137	88.282	0.000
17	0.059	0.000	88.820	0.000
18	0.026	0.094	88.927	0.000
19	-0.009	0.018	88.941	0.000
20	-0.062	-0.154	89.548	0.000
21	-0.018	0.119	89.599	0.000
22	-0.074	-0.095	90.472	0.000
23	0.158	0.145	94.500	0.000
24	0.048	-0.057	94.876	0.000
25	-0.112	-0.097	96.953	0.000
26	0.049	-0.011	97.355	0.000
27	-0.043	0.051	97.669	0.000
28	0.051	-0.114	98.105	0.000
29	-0.007	0.064	98.114	0.000
30	-0.046	-0.023	98.475	0.000
31	-0.074	-0.079	99.424	0.000
32	0.174	-0.008	104.73	0.000
33	-0.108	-0.025	106.78	0.000
34	0.105	-0.020	108.77	0.000
35	-0.140	0.067	112.34	0.000
36	-0.028	-0.182	112.49	0.000

（d）$\triangle\triangle_{12}\ln y_t$

图 2.13　$\ln y_t$、$\triangle \ln y_t$、$\triangle_{12}\ln y_t$ 以及 $\triangle\triangle_{12}\ln y_t$ 的相关图

分析这些样本自相关函数，不难看出 $\ln y_t$ 的样本自相关函数缓慢衰减，说明 $\ln y_t$ 是一个非平稳序列。$\triangle\ln y_t$ 的样本自相关函数在 k 为 12、24、36 处出现峰值，并呈正弦衰减。$\triangle_{12}\ln y_t$ 的样本自相关函数呈缓慢衰减，$\triangle\triangle_{12}\ln y_t$ 的样本自相关函数呈正弦衰减，仅在 k 为 1 和 12 处取值较大，样本偏自相关函数是截尾的，仅在 k 为 1 和 12 处取值较大。因此，从相关图的角度来看对序列进行 $\triangle\triangle_{12}\ln y_t$ 的差分处理是可行的。按照第四节中季节 ARMA 模型的建模程序，我们根据 1949 年 1 月到 1959 年 12 月的数据对序列 $\triangle\triangle_{12}\ln y_t$ 进行低阶拟合，建立乘积型 SARMA 模型，即 MA(1)×SMA(1)模型。

$$\triangle\triangle_{12}\ln y_t=(1-0.316L)(1-0.666L^{12})u_t,\qquad u_t\sim N(0,0.0364^2) \tag{2.103}$$

$$(-3.717)\qquad(-9.973)$$

$$R^2=0.402,\qquad \text{Ajusted}-R^2=0.397,\qquad DW=2.002$$

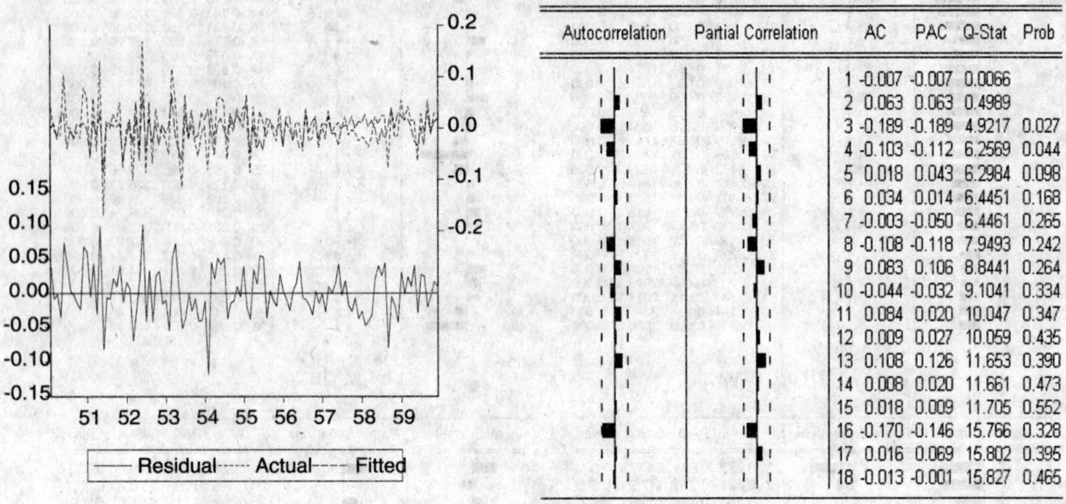

	AC	PAC	Q-Stat	Prob
1	-0.007	-0.007	0.0066	
2	0.063	0.063	0.4989	
3	-0.189	-0.189	4.9217	0.027
4	-0.103	-0.112	6.2569	0.044
5	0.018	0.043	6.2984	0.098
6	0.034	0.014	6.4451	0.168
7	-0.003	-0.050	6.4461	0.265
8	-0.108	-0.118	7.9493	0.242
9	0.083	0.106	8.8441	0.264
10	-0.044	-0.032	9.1041	0.334
11	0.084	0.020	10.047	0.347
12	0.009	0.027	10.059	0.435
13	0.108	0.126	11.653	0.390
14	0.008	0.020	11.661	0.473
15	0.018	0.009	11.705	0.552
16	-0.170	-0.146	15.766	0.328
17	0.016	0.069	15.802	0.395
18	-0.013	-0.001	15.827	0.465

图 2.14　式（2.103）的残差及 $\triangle\triangle_{12}\ln y_t$ 的实际值与拟合值、残差的 Q 检验

从式（2.103）可见，模型的系数都是高度显著的，回归解释了国际航空公司旅客客票数方差的 40.2%。但是残差的自相关图显示，Q 统计量显示残差的随机性不太理想。从预测的角度看，预测重现了季节模式，只是对序列的低水平值多少有些高估。

下面我们用统计方法检查序列的平稳性，尝试是否可以用序列的水平值来构建模型。一个 ADF 检验给出了表 2.2 所示的结论，检验认为序列中没有单位根。序列是具有确定性季节性的趋势平稳过程。确定性季节性检验和季节单位根检验也都表明序列在零频率上是趋势平稳的，在季节频率上是平稳的（检验方法见第三章）。因此，我们考虑从序列的水平值出发，建立一个含有趋势项、季节虚拟变量的组合模型。

表 2.2　$\ln y_t$ 的单位根检验

ADF Test Statistic	-6.976422	1% Critical Value*	-4.0250
		5% Critical Value	-3.4419
		10% Critical Value	-3.1453

*MacKinnon critical values for rejection of hypothesis of a unit root.

首先采用最小二乘法按照某种函数拟合数据序列中的确定性部分（趋势和季节性），然后对消除了确定性部分的残差序列建立 SARMA 模型。按照 Hannan 和 Rissanen 方法，表明一个 ARMA(2,0)×SARMA(1,1)模型是合理的。最后以前两步所得的确定性部分和 ARMA 部分参数估计作为初始值，用非线性最小二乘方法得出模型的最终估计。

表 2.3　国际航空公司旅客客票数的组合模型

Variable	Coefficient	Std. Error	t-Statistic	Prob.
@TREND	0.009183	0.000645	14.24762	0.0000
@SEAS(1)	4.832071	0.066471	72.69468	0.0000
@SEAS(2)	4.766182	0.062063	76.79573	0.0000
@SEAS(3)	4.921896	0.062917	78.22798	0.0000
@SEAS(4)	4.898516	0.062763	78.04829	0.0000
@SEAS(5)	4.919102	0.065300	75.33138	0.0000
@SEAS(6)	5.060009	0.067973	74.44155	0.0000
@SEAS(7)	5.160836	0.067599	76.34497	0.0000
@SEAS(8)	5.148539	0.067590	76.17344	0.0000
@SEAS(9)	4.988630	0.064850	76.92553	0.0000
@SEAS(10)	4.851876	0.065061	74.57440	0.0000
@SEAS(11)	4.712927	0.065506	71.94628	0.0000
@SEAS(12)	4.809894	0.064559	74.50420	0.0000
AR(1)	0.589332	0.089803	6.562508	0.0000
AR(2)	0.224766	0.087456	2.570039	0.0116
SAR(12)	0.655762	0.056501	11.60630	0.0000
MA(12)	-0.885830	0.000261	-3399.983	0.0000
R-squared	0.995255	Mean dependent var		5.563956
Adjusted R-squared	0.994503	S.D. dependent var		0.368134
S.E. of regression	0.027295	Akaike info criterion		-4.231684
Sum squared resid	0.075245	Schwarz criterion		-3.832518
Log likelihood	266.6694	F-statistic		1323.912
Durbin-Watson stat	2.025218	Prob(F-statistic)		0.000000

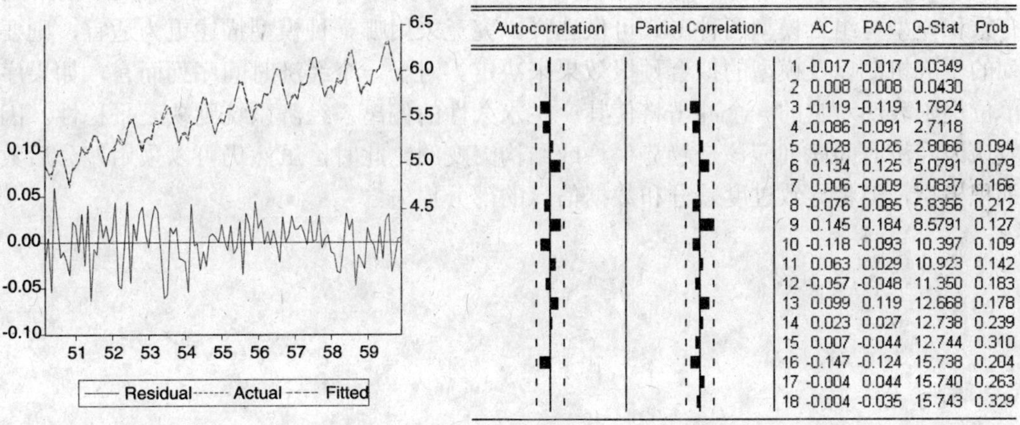

图 2.15　组合模型的残差及 $\ln y_t$ 的实际值与拟合值、残差的 Q 检验

从表 2.3 可见，模型的系数都是高度显著的，回归解释了国际航空公司旅客客票数方差的 99.5%。Q 统计量显示残差是随机白噪声的。从预测的角度看，预测也重现了季节模式，只是对序列的低水平值多少有些高估。

我们对美国国际航空公司旅客客票数分别建立了乘积性季节 ARMA 模型和组合模型，并进行分析预测。1960 年的 12 个观测值用于样本期外的预测检验，预测数据和预测相对精度见表 2.4 和图 2.16（LNYFB59 表示乘积模型的预测，LNYFZH59 表示组合模型的预测）。

表 2.4 预测数据和预测相对精度

	真值	乘积模型		组合模型	
时期	lny	预测值	相对精度	预测值	相对精度
60:01	6.033	6.037	−0.001	6.030	0.001
60:02	5.968	5.993	−0.004	5.978	−0.002
60:03	6.038	6.148	−0.018	6.146	−0.018
60:04	6.133	6.122	0.002	6.139	−0.001
60:05	6.157	6.156	0.000	6.164	−0.001
60:06	6.283	6.3	−0.003	6.311	−0.005
60:07	6.433	6.425	0.001	6.416	0.003
60:08	6.407	6.434	−0.004	6.408	0.000
60:09	6.230	6.264	−0.005	6.270	−0.006
60:10	6.133	6.134	0.000	6.145	−0.002
60:11	5.966	6.004	−0.006	6.015	−0.008
60:12	6.068	6.114	−0.008	6.121	−0.009

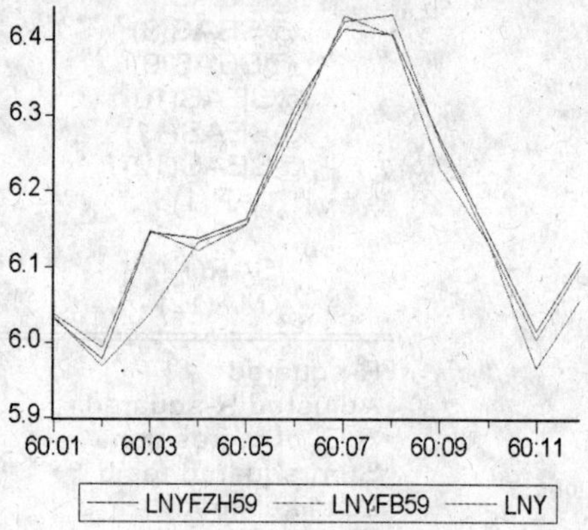

图 2.16 $\ln y_t$ 的实际值与预测值

一般地，对一组观测数据，可以采用不同的模型进行描述。比如，对于趋势平稳的序列，我们可以用组合模型去拟合，也可以用 ARIMA(1,1,1)来拟合；对于含有季节性周期的序列，也有乘积模型与组合模型两种形式可供选择。究竟采用哪一种模型描述更为适宜，则要根据序列的生成机制以及模型的拟合预报效果来决定。对于一个经济时间序列而言，如果序列含有单位根则表明对它的一个冲击将使其产生永久性的偏离，经济系统则缺乏平稳性。因此，一般认为经济时间序列应该是趋势平稳或结构突变的。此时，虽然仍可以采用差分后数据建立乘积模型，但将导致过度差分和数据信息的部分损失。

第三章　季节模式的假设检验

在本章中，我们将详细地讨论用于区分确定性季节时间序列和非平稳随机季节性时间序列的假设检验，并推荐了几种目前常用的此类假设检验。第一节中所研究的假设检验的原假设为确定性随机季节模式，第二节中所研究的假设检验的原假设为非平稳随机季节性时间序列。这两类检验可看作是互补的。为了使季节单位根检验更具有实用性，我们在第三节对季节单位根模型进行扩展，允许季节单位根过程包含确定性因素，允许确定性因素发生结构突变，允许过程具有高阶季节非平稳性等。在第四节中，我们采用上述检验方法，就我国的进出口总额的季节性特征进行实证分析。

第一节　确定性季节性的假设检验

在应用经济计量的实践中，我们常常认为季节性可以采用确定性表示方法。但是，从上一章的讨论中不难发现，如何有效地检验季节时间序列是否具有这种确定性季节性，这是研究中一个关键的问题。

在构成因素模型中，Harvey(1989)提出通过对

$$H_0\colon \omega^2=0; \qquad H_1\colon \omega^2\neq 0 \tag{3.1}$$

进行假设检验来判断季节性时间序列中的季节模式是否为确定性季节性模式。这个检验可通过传统的似然比 LR(Likelihood Ratio)检验、沃尔德（Wald）检验和拉格朗日乘数 LM（Lagrange Multiplier）检验来构造完成，在原假设下，检验统计量中的参数恰好位于所允许参数空间的（零）边界上。这些方法由于简便而颇具吸引力，但是这些方法假定数据生成过程 y_t 能充分由（相对简单的）构成因素模型来描述，因此它们的使用范围受到了限制。特别地，这些检验中不允许过程具有平稳随机季节性。下面的 Canova 和 Hansen（1995）检验方法仍然是在构成因素方法这种宽泛的框架下进行的，但是它允许数据生成过程 y_t 是更为一般的过程类型，其适用范围更为广泛。

一、Canova-Hansen 检验

Canova-Hansen（以下简称 CH）检验方法是在季节时间序列确定性季节性的三角函数表达式（2.29）的基础上进行的。这种三角函数表示法在第二章第二节中已经进行过详细的介绍，在此我们可将式（2.29）写作

$$y_t=\sum_{s=1}^{S}\boldsymbol{F}_s'\boldsymbol{B}_t\delta_{st}+z_t\,, \tag{3.2}$$

其中：1×S 向量 $\boldsymbol{F}_s'$ 是式（3.2）中矩阵 $\boldsymbol{R}$ 的第 s 行的行向量 $\boldsymbol{B}_t=(\mu_t,\alpha_{1t},\beta_{1t},\cdots,\alpha_{S/2,t})^{\mathrm{T}}$。假设扰动项 z_t 是平稳的且服从正态分布，但可以具有自相关性。当对所有的 t，满足 $\boldsymbol{B}_t=\boldsymbol{B}$ 时，上式

与式（2.29）相同。但是，这里的检验是基于各个分量的变化服从一个随机游走过程来进行的，即 $\boldsymbol{B}_t$ 是一个向量随机游走过程

$$\boldsymbol{B}_t = \boldsymbol{B}_{t-1} + \boldsymbol{V}_t = \boldsymbol{B}_0 + \sum_{i=1}^{t} \boldsymbol{V}_i \text{，} \tag{3.3}$$

其中：假定扰动向量 $\boldsymbol{V}_t$ 独立同分布，有 $E(\boldsymbol{V}_t\boldsymbol{V}_t')=\omega^2\boldsymbol{H}$，$\boldsymbol{H}$ 是一个已知的正定矩阵。并且，扰动向量 $\boldsymbol{V}_t$ 与 z_t 是独立的。在原假设下 $\omega^2=0$，于是 $\boldsymbol{B}_t$ 关于时间是一个常数，从而序列有确定季节性。在备择假设下 $\omega^2>0$，$\boldsymbol{B}_t$ 中的每一个分量中都包含有一个单位根。因为 $\boldsymbol{B}_t$ 中的各个分量分别与零频率和季节频率相关联，从而在备择假设下过程 y_t 在所有这些频率处都是非平稳的，有单位根。CH 检验研究的是与季节性相关联的参数 α_k 与 β_k 是随着时间的推移而发展的情形，这种分析框架可以扩展到常数项 μ_t 随着时间的推移而发展的情形。在接下来的讨论中我们重点对季节性参数进行研究。

在 Canova 和 Hansen 关于确定性季节性的零假设下，数据生成过程 DGP 式（3.2）可以用向量形式写作

$$\boldsymbol{Y}_\tau=\boldsymbol{\Gamma}+\boldsymbol{Z}_\tau=\boldsymbol{RB}+\boldsymbol{Z}_\tau, \tag{3.4}$$

其中：$\boldsymbol{Y}_\tau=（y_{1\tau},\ y_{2\tau},\ \cdots,\ y_{S\tau}）'$是第 τ 年的观察向量，扰动 $\boldsymbol{Z}_\tau$ 是相应的零均值平稳过程，并且其协方差 $\boldsymbol{\Omega}_Z=E(\mathrm{Z}_t\mathrm{Z}_t')$。除了允许 $\boldsymbol{\Omega}_Z$ 自相关以外，它还可以是按照季节具有异方差的。其中矩阵 $\boldsymbol{R}$ 与第二章第二节中一致，该矩阵的列是相互正交的，从而 $\boldsymbol{R'R}=\boldsymbol{D}$ 是一个对角矩阵。将式（3.4）两侧同时左乘以矩阵 $\boldsymbol{R}'$ 得

$$\boldsymbol{R'Y}_\tau=\boldsymbol{DB}+\boldsymbol{R'Z}_\tau \tag{3.5}$$

其中：$E(\boldsymbol{R}'\mathrm{Z}_t\mathrm{Z}_t'\boldsymbol{R})=\boldsymbol{\Omega}_{RZ}=\boldsymbol{R}'\boldsymbol{\Omega}_Z\boldsymbol{R}$。由于 $\boldsymbol{D}$ 是对角矩阵，所以 $\boldsymbol{DB}$ 是对 $\boldsymbol{B}$ 的刻度化。譬如，在季度数据的情形下，$\boldsymbol{DB}=(4\mu,2\alpha_1,2\beta_1,4\alpha_2)'$。式（3.5）意味着 $\boldsymbol{R'Y}_\tau$ 是唯一与刻度化后的 $\boldsymbol{B}$ 的第 i 个分量相联系，其扰动由 $\boldsymbol{R}'\mathrm{Z}_\tau$ 的第 i 个分量给定。为了解决统计量中的未知参数，我们假定 CH 检验中的采用的式（3.3）中 $\boldsymbol{V}_t$ 的协方差矩阵 $\boldsymbol{H}$ 是与 $\boldsymbol{R'Z}_\tau$ 的协方差矩阵有关，即假定 $\boldsymbol{H}=\boldsymbol{\Omega}_{RZ}^{-1}$。

确定性季节性的三角函数表示法及虚拟变量表示法是等价的。因此，式（3.2）和式（2.34）的普通最小二乘估计（OLS）的残差是相同的。在原假设 $\omega^2=0$ 下，利用这些最小二乘估计的残差来构造统计量。根据 OLS 残差 $\hat{z}_t$（t=1,2,⋯,T）构造 $S\times1$ 维向量部分和 $\hat{Z}_t^a$，其中 $(\hat{\boldsymbol{Z}}_t^a)'=(\sum_{j=1}^{t}\hat{z}_j\delta_{1j},\cdots,\sum_{j=1}^{t}\hat{z}_j\delta_{Sj})$（$t$=1,2,⋯,$T$）。因此，向量 $\hat{\boldsymbol{Z}}_t^a$ 表示到 t 期为止各个季节的残差的部分和，即向量 $\hat{\boldsymbol{Z}}_t^a$ 的第 s 个分量是季节 s 至时期 t 为止残差的部分和。根据 Nyblom（1989）关于原假设为常系数的情形下所提出的局部最有效检验分析方法，Canova 和 Hansen 建议采用拉格朗日乘子（LM）检验统计量

$$L=\frac{S}{T^2}\sum_{t=1}^{T}(R'\hat{Z}_t^a)'\hat{\Omega}_{RZ}^{-1}(R'\hat{Z}_t^a)=\frac{S}{T^2}\sum_{t=1}^{T}(\hat{Z}_t^a)'\hat{\Omega}_{RZ}^{-1}\hat{Z}_t^a \text{，} \tag{3.6}$$

其中：$\hat{\Omega}_{RZ}=R'\hat{\Omega}_Z R$。$\hat{\Omega}_Z$ 是原假设下的一个一致估计量，Canova 和 Hansen 推荐在检验中使用 Newey 和 West（1987）中的非参数核估计量来估计 $\hat{\Omega}_Z$。

$$\hat{\Omega}_Z=\sum_{k=-m}^{m}w(\frac{k}{m})\frac{1}{T}\sum_{t=1}^{T-k}d_{t+k}\hat{z}_{t+k}d_t'\hat{z}_t \text{，} \tag{3.7}$$

其中：$d_t=(\delta_{1t},\delta_{2t},\cdots\delta_{St})$，$\delta_{st}$ 是季节虚拟变量。

下面借助于季度数据情形下的简单例子，对检验统计量式（3.6）做出更深入的解释。为了对一般情形下这一统计量的渐近分布加以了解，对于年度扰动向差 $\boldsymbol{Z}_\tau$，$(\Omega_Z)^{-1/2}Z_\tau$ 中的分量之间是互不相关的，并且有相同的单位方差。但是，它们之间并不一定按照时间的变动有不相关性。在正态性假设下，$(\Omega_Z)^{-1/2}Z_\tau$ 中的分量之间还是互相独立的。按照年份 1 到 τ 进行加总可得到一个 $I(1)$向量过程 $X_\tau=(\Omega_Z)^{-1/2}\sum_{j=1}^{\tau}Z_j$，它的各个分量之间是相互独立的，各自分别由一个方差为 1 的扰动所驱动，并且其初始值为零。与式（2.81）类似，X_τ 是独立同分布的随机向量的部分和，它有极限分布

$$\frac{1}{\sqrt{T_\tau}}X_\tau\Rightarrow W^x(r),\tag{3.8}$$

其中：$W^x(r)$ 是一个 $S\times1$ 维标准向量布朗运动，它的各个分量之间相互独立。进一步，与式（2.85）类似

$$\frac{1}{T_\tau^2}\sum_{j=1}^{T_\tau}X_\tau'\,X_\tau\Rightarrow\int_0^1W^x(r)'W^x(r)\,\mathrm{d}r,\tag{3.9}$$

参见 Hamilton(1994a)或者第二章中关于渐近分布的讨论。

在零假设条件下，Canova 和 Hansen 检验统计量式（3.6）收敛于一个和式（3.9）密切相关的分布，即有

$$L\Rightarrow\int_0^1\left[W^x(r)-rW^x(1)\right]'\left[W^x(r)-rW^x(1)\right]\mathrm{d}r,\tag{3.10}$$

该结果可以看作是对向量布朗运动 $W^x(r)$ 的一个修正（它将 $rW^x(1)$ 从 $W^x(r)$ 中减去），这是因为实践中我们必须估计式（3.5）中的 $\boldsymbol{B}$[参见 Nyblom（1989）]。另外，式（3.6）在刻度上与式（3.9）的左侧不同，它是按照 S/T^2 进行刻度化并且关于所有的 T 求和。按照 t 求和意味着是对 $T=ST_\tau$ 项求和而不是对 T_τ 项求和，因此后者的这些变化对渐近分布没有什么影响。

如果 $W^x(r)$ 是 $S\times1$ 维向量，则称式（3.10）右侧的分布为自由度为 S 的 von Mises 分布，记为 VM(S)。Nyblom（1989）及 Canova 和 Hansen（1995）对 von Mises 分布的渐近分布编制了概率分布表。在 CH 检验中，对于给定的显著性水平 α，当 L 的值大于临界值 L_α 时，我们拒绝原假设。

当分析中不包括整个均值 μ 或者当考虑 $\boldsymbol{B}$ 某个子集时，式（3.10）有类似的结果。实质上，如果我们只考虑 $\boldsymbol{B}$ 的某个子集（其中元素分别与我们所感兴趣的季节频率相对应），令其具有式（3.3）这样的随机游走行为，则同理可以构造与之相对应的检验统计量。显然，检验中可能存在的单位根个数决定了 von Mises 分布的自由度。因此，如果确定性季节性的检验中排除了均值 μ，那么在备择假设下允许有 $S-1$ 个单位根存在，并且统计量 L 的渐近分布为 VM（$S-1$）。另外，$\boldsymbol{B}$ 中与频率 π 相对应的参数只有 $\alpha_{S/2}$ 一个，与频率 $2\pi k/S$ 相对应的参数都有两个，分别为 α_k 与 β_k。因为它们在循环性质中不可能被分离开进行单独讨论，所以在 $\boldsymbol{B}$ 的子集中必须成对出现。如果将这种检验方法单独用于均值 μ，这实际上就是

Kwiatkowski 等（1992）所说的 KPSS 方法。

Canova 和 Hansen 认为在回归检验式中允许包含有被解释变量，并且一般应包括一阶滞后项 y_{t-1}。Hylleberg（1995）指出回归检验式中不应包括 y_{t-1}，因为 y_{t-1} 至少会吸收掉季节性单位根－1 的影响。当数据生成过程是第二章中所讨论的季节性单整过程时，这种季节单位根经常出现。当零频率包括在检验统计量之中时，类似地，y_{t-1} 会吸收掉零频率单位根 1 的影响。在回归检验式中，不能包括有更长滞后期的被解释变量，因为它们会吸收掉季节频率单位根的影响，从而使得检验无效。实际上，如果利用非参数方法解决残差中的序列自相关问题，那么回归检验式中就不必再包括有滞后的被解释变量 y_{t-1}。

为了更加直观地阐述上文中的观点，我们考虑季度数据的情形，此时 $\boldsymbol{R}$ 由式（2.32）给出。为了使分析尽可能地简单，我们还假定过程 $z_t=\varepsilon_t$ 不但是非自相关的而且还是非异方差的，即 $E(Z_tZ_t')=\sigma^2 I_S$。在这一特殊情形下，有

$$\Omega_{RZ}=E(\boldsymbol{R}'Z_tZ_t'\boldsymbol{R})=\sigma^2\boldsymbol{R}'\boldsymbol{R}=\sigma^2 D=\sigma^2\begin{bmatrix}4&0&0&0\\0&2&0&0\\0&0&2&0\\0&0&0&4\end{bmatrix}。\tag{3.11}$$

若已知扰动 $z_t=\varepsilon_t$ 在原假设下具有这些标准性质，那么此时确定性季节性因素的 OLS 估计是最优的。为了简化分析，假定对式（2.24）表示法中的虚拟变量进行最小二乘估计（OLS），其残差用双下标的形式表示，有 $\hat{\varepsilon}_t=\hat{\varepsilon}_{s\tau}$。并且为了简便，还假定时期 t 恰好是 τ 年的第四个季度，则

$$\boldsymbol{R}'\hat{Z}_t^a=\boldsymbol{R}'\hat{E}_t^a=\begin{bmatrix}1&1&1&1\\0&-1&0&1\\1&0&-1&0\\-1&1&-1&1\end{bmatrix}\begin{bmatrix}\sum_{j=1}^{\tau}\hat{\varepsilon}_{1j}\\\sum_{j=1}^{\tau}\hat{\varepsilon}_{2j}\\\sum_{j=1}^{\tau}\hat{\varepsilon}_{3j}\\\sum_{j=1}^{\tau}\hat{\varepsilon}_{4j}\end{bmatrix}$$

$$=\begin{bmatrix}\sum_{j=1}^{\tau}\hat{\varepsilon}_{1j}+\sum_{j=1}^{\tau}\hat{\varepsilon}_{2j}+\sum_{j=1}^{\tau}\hat{\varepsilon}_{3j}+\sum_{j=1}^{\tau}\hat{\varepsilon}_{4j}\\\sum_{j=1}^{\tau}\hat{\varepsilon}_{4j}-\sum_{j=1}^{\tau}\hat{\varepsilon}_{2j}\\\sum_{j=1}^{\tau}\hat{\varepsilon}_{1j}-\sum_{j=1}^{\tau}\hat{\varepsilon}_{3j}\\\sum_{j=1}^{\tau}\hat{\varepsilon}_{4j}-\sum_{j=1}^{\tau}\hat{\varepsilon}_{3j}+\sum_{j=1}^{\tau}\hat{\varepsilon}_{2j}-\sum_{j=1}^{\tau}\hat{\varepsilon}_{1j}\end{bmatrix}。\tag{3.12}$$

更一般地，当时期 t 所对应的是 τ 年中 $s<4$ 的季度时，则式（3.12）中对季节 $s+1,\cdots,4$ 的求和是到第 $\tau-1$ 年为止。

在上述这些简化的假定之下，利用式（3.12）和式（3.11），CH 检验统计量由式（3.6）的第一行给出，即

$$L=\frac{1}{T^2\tilde{\sigma}^2}\sum_{t=1}^{T}[(\sum_{j=1}^{\tau}\hat{\varepsilon}_{1j}+\sum_{j=1}^{\tau}\hat{\varepsilon}_{2j}+\sum_{j=1}^{\tau}\hat{\varepsilon}_{3j}+\sum_{j=1}^{\tau}\hat{\varepsilon}_{4j})^2$$

$$+2(\sum_{j=1}^{\tau}\hat{\varepsilon}_{4j}-\sum_{j=1}^{\tau}\hat{\varepsilon}_{2j})^2+2(\sum_{j=1}^{\tau}\hat{\varepsilon}_{1j}-\sum_{j=1}^{\tau}\hat{\varepsilon}_{3j})^2$$

$$+(\sum_{j=1}^{\tau}\hat{\varepsilon}_{4j}-\sum_{j=1}^{\tau}\hat{\varepsilon}_{3j}+\sum_{j=1}^{\tau}\hat{\varepsilon}_{2j}-\sum_{j=1}^{\tau}\hat{\varepsilon}_{1j})^2] \tag{3.13}$$

或

$$L=L_0+L_{\pi/2}+L_{\pi}。 \tag{3.14}$$

其中：$\hat{\Omega}_{RZ}=\tilde{\sigma}^2D$ 并且 $\tilde{\sigma}^2$ 是 σ^2 的 OLS 估计量。在式（3.14）这种形式下，L_0、$L_{\pi/2}$ 和 L_{π} 分别是与频率 0、π/2 和 π 相对应的检验统计量。这三个因素分别由式（3.13）的第 1 行、第 2 行及第 3 行表示（在每种情形下，都是按照 t=1, 2, …, T 来进行求和的，并且都是除以 $T^2\tilde{\sigma}^2$ 来进行刻度化的）。根据式（3.5）及第二章第二节的讨论可以得到它们与谱频率的关系。经过复杂但直接的代数运算，我们发现式（3.13）中的这些检验统计量还可以写作

$$L=\frac{4}{T^2\tilde{\sigma}^2}\sum_{t=1}^{T}[(\sum_{j=1}^{\tau}\hat{\varepsilon}_{1j})^2+(\sum_{j=1}^{\tau}\hat{\varepsilon}_{2j})^2+(\sum_{j=1}^{\tau}\hat{\varepsilon}_{3j})^2+(\sum_{j=1}^{\tau}\hat{\varepsilon}_{4j})^2]。 \tag{3.15}$$

式（3.15）是四个季度中每个季节所对应的部分和的平方和。因此，式（3.15）与式（3.6）中第 2 行这个 CH 检验统计量的一般形式是相对应的。

在零假设成立条件下，L～VM（4）。当不考虑均值 μ（零频率）时，在原假设为确定性季节性的检验中 L～VM（3）。同理，在原假设下，与谱频率 π/2 和 π 分别对应的统计量服从 VM（2）和 VM（1）分布。

当式（3.2）的扰动不是独立同分布时，即 Ω_Z 不是一个对角矩阵，从而使得在不同频率的检验统计量不再是相互独立的。因此得不到像式（3.14）的结果。

二、Caner 检验

Caner（1998）采用了与 CH 检验相同的框架，Caner 检验假定扰动服从独立同分布过程。从本质上讲，Caner 检验就是上述所讨论的当扰动是简单的独立同分布过程时的情形。另一个区别在于，Caner 建议采用自回归增项这种参数方法来解决时间序列过程中的动态性，而不是采用 CH 检验所选择的非参数 Newey-West 修正。

Caner 在不考虑均值 μ 时，对确定性季节性这一原假设进行了检验。虽然如此，他的方法也可以推广到包括均值 μ 在内的情形。这时，原假设下所对应的模型为

$$\Phi(L)y_t=\sum_{s=1}^{S}F_s^{'}B_t\delta_{st}+\varepsilon_t, \tag{3.16}$$

其中：$\boldsymbol{B}_t$ 关于时间是常数。根据我们早先的讨论（尤其是第二章第三节的讨论），在合适的初值条件下，原假设下所对应的过程等价于

$$\Phi(L)\triangle_S y_t=\Theta(L)\,\varepsilon_t, \tag{3.17}$$

其中：$\Theta(L)$=1−L^S。在备择假设下，认为式（3.17）中的 $\Theta(L)\ \varepsilon_t$ 是一个一般的 MA(S)过程而不是(1−L^S)ε_t。更为特别的是，备择假设意味着 $\boldsymbol{B}_t$ 包含一个或者更多个单位根，从而 y_t 是

非平稳的。当 $\boldsymbol{B}_t$ 包含 S 个单位根时，Δ_S 能够剔除过程中的这种非平稳性。但是，这种一般形式的 MA(S)多项式 $\Theta(L)$，是允许在备择假设下 $\boldsymbol{B}_t$ 的一部分元素而不是全部元素是时变的这种可能性存在的。在实践中，Caner 建议根据式（3.17）估计 $\boldsymbol{\Phi}(L)$，它给出了一个在原假设和备择假设下都是一致的估计量。特别地，他建议采用极大似然估计方法而不是 OLS 方法进行估计。

类似于式（3.13）中这种 CH 检验统计量的特定情形，我们有 Caner 检验统计量

$$L = \frac{S}{\tilde{\sigma}^2 T^2} \sum_{t=1}^{T} (R'\hat{E}_t^a)' D^{-1} (R'\hat{E}_t^a) , \tag{3.18}$$

其中：$\tilde{\sigma}^2$ 是 $\sigma^2=\mathrm{Var}(\varepsilon_t)$的一致估计量，$\hat{E}_t^a$ 是根据式（3.16）的残差进行构造的。在原假设成立条件下，$L \Rightarrow$VM（S）。当不考虑常数时，$L \Rightarrow$VM（$S-1$）。与式（3.14）一样，整个统计量可以被分解为 S 个分别与季节谱频率相对应的统计量的和。从而，如果确定性季节性的检验中不包括均值，则在季度情形下检验统计量 $L = L_{\pi/2} + L_{\pi} \Rightarrow$VM（3），其中在谱频率π/2 和π处的 L 统计量分别按照分布收敛于 VM（2）和 VM（1）分布。

三、Tam-Reinsel 检验

Tam 和 Reinsel（1997）也研究了当原假设为确定性季节性时的季节性单整检验，以下简称 TR。对具有式（2.24）虚拟变量表达形式的过程做年度差分，这时检验等价于对过程

$$\Delta_S y_t = z_t - \theta_S z_{t-S} , \qquad \tau = 1, 2, \cdots, T_\tau \tag{3.19}$$

进行原假设为 θ_S=1 的检验。在这里我们仍假定扰动 $z_t=\varepsilon_t \sim i.i.d.(0, \sigma^2)$，对 z_t 是一般的平稳随机扰动过程的情形我们将在本节的最后部分予以讨论。对 Caner 检验中的式（3.17）和 TR 检验中的式（3.19）做一个简单的比较，我们可以发现这两种检验是类似的。下面，我们将进一步阐述这两种方法之间的关系。

Tam 和 Reinsel 采取了局部最优不变无偏检验的观点，并且给出了检验统计量的两个等价的表达形式。其中：第一种表示方式是通过式（3.19）得到的。假定扰动是独立同分布的，则在原假设 θ_S=1 成立时，式（3.19）又可写为

$$\Delta_S y_{s\tau} = \varepsilon_{s\tau} - \varepsilon_{s,\tau-1} , \tag{3.20}$$

显然，第 s 季节的观测值仅与同一季节的扰动有关。每年各季的年度差分构成一个 $S\times1$ 的向量，记作 $\Delta_S Y_\tau = (\Delta_S y_{1\tau}, \Delta_S y_{2\tau}, \cdots, \Delta_S y_{S\tau})'$，在原假设成立的条件下，其协方差为

$$E\left(\Delta_S Y_{\tau1} \Delta_S Y'_{\tau2}\right) = \begin{cases} 2\sigma^2 I_s \ , \tau_1 = \tau_2, \\ -\sigma^2 I_s \ , \tau_2 = \tau_1 \pm 1, \\ \quad 0 \ , \text{其他。} \end{cases}$$

那么 $\Delta_S Y = (\Delta_S Y_1', \Delta_S Y_2', \cdots, \Delta_S Y_{T_\tau}')'$ 的协方差矩阵是 $T\times T$ 阶，记 $E(\Delta_S Y \Delta_S Y') = \Omega_Y$。在原假设为 θ_S=1，备择假设是 θ_S<1（这意味着过程的移动平均部分是可逆的）下，Tam 和 Reinsel 所构造的检验统计量为

$$L_{\mathrm{MA}}=\frac{1}{T_\tau}\frac{\Delta_S Y'\left[\Omega_Y\right]^{-2}\Delta_S Y}{\Delta_S Y'\left[\Omega_Y\right]^{-1}\Delta_S Y},\tag{3.21}$$

这是一个局部最优不变无偏检验统计量，对于给定的显著性水平 α，当 L_{MA} 的值大于临界值时，我们拒绝原假设。

Tam 和 Reinsel 还给出了检验统计量的另一种表达形式，这种表示形式在计算上更加简单。正如 Bell（1987）所指出的和第二章第三节中所讨论的那样，它实际上是利用了当 θ_S=1 时季节差分过程和确定性季节性之间的等价关系。从而，他们采用了与式（3.20）（季节移动平均表示法）等价的表示方式

$$y_t=\sum_{s=1}^{S}\gamma_s\delta_{st}+\varepsilon_t,\qquad t=-s+1,\ \cdots,\ 1,\ T,\tag{3.22}$$

在这种表示方法下，时期是从 τ=0 开始的，它将初值包括在内，这在 Bell（1987）的等价性中是非常重要的。根据 $S+T$ 个观察值对式（3.22）进行普通最小二乘估计，得到残差 $\hat{\varepsilon}_t=\hat{\varepsilon}_{s\tau}$，则可通过

$$\begin{aligned}L_{\mathrm{MA}}&=\frac{1}{ST_\tau\left(T_\tau+1\right)\tilde{\sigma}^2}\sum_{s=1}^{S}\sum_{\tau=0}^{T_\tau}\left[\sum_{j=0}^{\tau}\hat{\varepsilon}_{sj}\right]^2\\&=\frac{1}{ST_\tau\left(T_\tau+1\right)\tilde{\sigma}^2}\sum_{\tau=0}^{T_\tau}\left(\hat{E}_\tau^a\right)'\hat{E}_\tau^a\end{aligned}\tag{3.23}$$

来计算检验统计量，其中 $\tilde{\sigma}^2$ 是 σ^2 的 OLS 估计量，$\hat{E}_\tau^a$ 是第 τ 年年末时各个季节的累计残差。$\hat{E}_\tau^a$ 和 $\hat{E}_t^a$ 在构造方法上是一致的，只不过 $\hat{E}_\tau^a$ 只对具有完整年度数据的残差累计求和，于是，它是适用于 $t=S\tau$ 时的数据。

根据式（3.9），有

$$\frac{1}{\sigma^2\left(T_\tau+1\right)^2}\sum_{\tau=0}^{T_\tau}\left(\hat{E}_\tau^a\right)'\hat{E}_\tau^a\Rightarrow\int_0^1 W_\varepsilon(r)'W_\varepsilon(r)\,\mathrm{d}r\tag{3.24}$$

其中：$W_\varepsilon(r)$是一个独立的 $S\times1$ 维标准向量布朗运动。由于 $E_\tau^a=(\sum_{j=1}^{\tau}\varepsilon_{1j},\cdots,\sum_{j=1}^{\tau}\varepsilon_{Sj})'$，$W_\varepsilon(r)$的第 s 个分量是只与第 s 个季节相关的扰动累计求和所得到的统计量的极限分布。

由于在式（3.23）中利用的是残差（各个季节 s=1, 2, ⋯, S 的残差都具有零均值）而不是真实的扰动，从而可得

$$L_{\mathrm{MA}}\Rightarrow\frac{1}{S}\int_0^1\left[W_\varepsilon(r)-rW_\varepsilon(1)\right]'\left[W_\varepsilon(r)-rW_\varepsilon(1)\right]\mathrm{d}r\tag{3.25}$$

这时的刻度化用的是 T_τ（T_τ+1）而不是 T_τ^2，用 $\tilde{\sigma}^2$ 代替了 σ^2，这些所产生的影响是可以渐近忽略的。虽然 Tam 和 Reinsel 没有提及该极限分布与 von Mises 分布的关系，但是我们可以看出 L_{MA}～（1/S）VM（S）。

Tam 和 Reinsel（1997）将此检验扩展到允许式（3.19）中的扰动服从平稳可逆的 ARMA 过程 $z_t=\phi(L)^{-1}\theta^*(L)\varepsilon_t$ 的情形，此时所采用的模型如下：

$$\phi(L)\Delta s y_t = \theta(L)\varepsilon_t = \theta^*(L)(1-\theta_s L^s)\varepsilon_t \text{。} \tag{3.26}$$

在零假设成立条件下，有 θ_S=1。与 CH 检验一样，需要一个在原假设及备择假设下都具有一致性的估计量，从而使得根据 $\phi(L)$ 和 $\theta^*(L)$ 的估计所做的参数化修正不会对统计量的渐近分布产生影响。Tam 和 Reinsel（1998）进一步将这种方法扩展到式（3.26）中，包括常数项在内的情形，这意味着 y_t 的数据生成过程中可能出现确定性趋势，这种确定性趋势对所有的季节都是相同的。但是，我们应该注意常数项对检验统计量的渐近分布及临界值将产生不可忽视的影响。有关季节性随机游走过程中常数项作用的内容将在第三节予以讨论。

四、一些评论

CH 检验、Caner 检验和 TR 检验之间是相互联系的。除了用 S 所进行的刻度化之外，它们的统计量都服从相同的渐近分布。从而，如果不考虑刻度化方面的差异，它们的渐近临界值表中的临界值也是非常类似的。但是，由于这些临界值都是通过蒙特卡罗（Monte Carlo）模拟得到的，所以它们之间还是存在差异的。

这些检验统计量之间的关系不仅仅体现在具有相同的渐近分布。姑且不考虑它们在计算残差时采用了不同的方法，观察式（3.6）和式（3.23）我们发现它们也是非常相似的。事实上，在扰动不相关的情形下（即 $\hat{Z}_t^a = \hat{E}_t^a$ 和 $\hat{\Omega}_Z = \tilde{\sigma}^2 I_S$），CH 检验和 TR 检验这两种方法除了刻度不同之外，二者在同一样本期间内根据对确定性季节性模型估计所得到检验统计量是相同的。虽然，从形式上 CH 检验的统计量是对所有的观察值求和，而 TR 检验的统计量是对所有年份求和，但是由于各个季节的扰动在一年中只有一个取值，所以这种差异是不存在的。在这种不相关的情形下，如果对于 τ=1,2,⋯,T_τ 的数据分别采用这两种方法进行估计，则它们的检验统计量之间具有如下关系

$$L_{\mathrm{MA}} = \frac{T_\tau}{S(T_\tau - 1)} L \text{。} \tag{3.27}$$

式（3.27）适用于当原假设为式（2.24）中确定性因素的参数（$\gamma_1,\cdots,\gamma_1,\ldots,\gamma_S$）是时不变的这种情形。CH 方法和 Caner 方法不要求检验中过程的均值 μ 为常数，这是它优于 TR 方法的地方。另外，CH 方法和 Caner 检验统计量可以进行分解，能够分别对各个季节频率和各个季节进行研究；而 TR 方法实际上通过对各个季节的调查来建立一个联合检验统计量。虽然 Canova 和 Hansen（1995）、Caner（1998）、Tam 和 Reinsel（1997）这三种方法的检验统计量具有相同的渐近分布，但是当样本容量有限时，这三种方法的结果可能是有差异的。

Canova 和 Hansen（1995）、Caner（1998）、Tam 和 Reinsel（1997）这三种方法中所采用的估计方法在实践中也有着重大差别。如上所述，Canova 和 Hansen 检验及 Tam 和 Reinsel 检验中是直接对过程 y_t 的确定性季节性模型进行估计，而 Caner 检验是对过程 y_t 的季节差分模型（理论上与未差分模型是等价的）进行估计。在扰动服从 ARMA 过程的情形下，Tam 和 Reinsel 建议采用差分模型。在原假设成立时，这种季节差分设定有一个不可逆的移动平均扰动。虽然，他们都对扰动是不可逆情形下进行了讨论，并且他们的结论此时依然成立，但是在实践中这仍然一个重要的问题。例如，Newbold，Agiakloglou 和 Miller（1994）发现，在同一种方法下，对 MA 过程采用不同的估计方法以及用不同的计算机软件包都将会影响整

个 ARMA 模型的估计。通常我们采用精确极大似然估计方法来估计 MA 过程，因为精确极大似然估计方法在可逆边界附近有更好的性质[参见 Ansley 和 Newbold（1980），Osborn（1982）]。另一个重要的区别是，Canova 和 Hansen（1995）采用的是非参数方法，Caner（1998）、Tam 和 Reinsel（1997）这两种方法中采用了参数方法。Caner 的 Monte Carlo 研究表明，当残差是白噪声时，参数估计方法具有更好的性质。因此在实际应用中，问题的关键在于模型设定和估计方法的选择是采用差分模型还是水平模型，对残差的修正是采用参数方法还是非参数方法？

在对季节性的属性进行假设检验时，文献中通常认为要么原假设为确定性季节性，对立假设为季节单位根；要么原假设为季节单位根，对立假设为确定性的形式。虽说这两种情形下的检验是互补的，但在实践中一般从季节性是季节单位根的原假设开始。在下一节，我们将对此展开深入讨论。

第二节　季节单整的检验

在这一节里，我们介绍用于检验原假设为季节单位根的各种方法。为使分析尽可能地简化，便于阐明季节单位根检验统计量的基本分布结果，在此我们主要讨论初始值为 0 并且不带漂移项的季节随机游走过程。出于同样的目的，我们假定回归检验中残差不存在自相关性，从而回归式中不必添加增项。显然，这些假定是非常理想化的。实际上，在季节单位根检验中这些因素起着举足轻重的作用，在第三节中我们将对此类问题进行讨论。

一、Dickey-Hasza-Fuller 检验

Dickey，Hasza 和 Fuller（1984，以下简称 DHF）将 Dickey 和 Fuller（1979，以下简称 DF）中对非季节性 AR（1）过程单位根检验的方法直接推广到季节性单位根检验中，这也是第一篇在原假设为 $y_t \sim SI(1)$下讨论季节性单位根检验的文章。假定已知过程是 SAR（1）过程

$$y_t = \phi_S y_{t-S} + \varepsilon_t, \qquad t = 1,2,\cdots,T, \tag{3.28}$$

其中：$\varepsilon_t \sim i.i.d.(0,\ \sigma^2)$。DHF 检验在原假设 $H_0:\phi_S = 1$及对立假设 $H_1:\phi_S < 1$下进行，对立假设意味着 y_t 是平稳的。另一种更方便的等价方法是将式（3.28）重新表达为

$$\Delta_S y_t = \alpha_s y_{t-S} + \varepsilon_t, \qquad t = 1,2,\cdots,T \tag{3.29}$$

其中：$\alpha_S \equiv -(1-\phi_S)$。此时，原假设为 $H_0:\alpha_S = 0$；对立假设为 $H_1:\alpha_S < 0$。

与一般的 DF 方法一样，DHF 检验通常是通过式（3.29）中参数 α_S 的估计量 $\hat{\alpha}_S$ 的 t 统计量

$$t(\hat{\alpha}_S) = (\hat{\alpha}_S)/[s\hat{e}(\hat{\alpha}_S)] = \left(\sum_{t=1}^{T} y_{t-S}\Delta_S y_t\right) \Bigg/ \left[\tilde{\sigma}^2 \sum_{t=1}^{T} y_{t-S}^2\right]^{1/2}$$

来完成的。其中：$\hat{\alpha}_S$ 和 $s\hat{e}(\hat{\alpha}_S)$ 分别为对式（3.29）中参数 α_S 应用普通最小二乘法 OLS 所得

的估计值以及其标准差，$\tilde{\sigma}^2$ 是对 ε_t 的方差 σ^2 的无偏估计。

$$\hat{\alpha}_S=\frac{\sum_{t=1}^{T}y_{t-S}y_t}{\sum_{t=1}^{T}(y_{t-S})^2}-1=\frac{\sum_{t=1}^{T}y_{t-S}\varepsilon_t}{\sum_{t=1}^{T}(y_{t-S})^2},$$

$$s\hat{e}(\hat{\alpha}_S)=\left(\frac{\tilde{\sigma}^2}{\sum_{t=1}^{T}(y_{t-S})^2}\right)^{1/2},$$

$$\tilde{\sigma}^2=\frac{\sum_{t=1}^{T}[y_t-(\hat{\alpha}_S+1)y_{t-S}]^2}{T-1}。$$

在原假设 $\alpha_S=0$ 下，t 统计量为

$$t(\hat{\alpha}_S)=\left(\sum_{t=1}^{T}y_{t-S}\varepsilon_t\right)\Big/\left[\tilde{\sigma}^2\sum_{t=1}^{T}y_{t-S}^2\right]^{1/2},\tag{3.30}$$

通过 Monte Carlo 模拟，DHF 给出了不同 T 和 S 下统计量 $t(\hat{\alpha}_S)$ 的临界值表。

DHF 检验涉及 S 个序列 $y_{s\tau}$（s=1, 2, ⋯, S）。为便于研究，仍假定恰好有 $T=ST_\tau$ 个观察值，则此时

$$t(\hat{\alpha}_S)=\frac{\sum_{s=1}^{S}\sum_{\tau=1}^{T_\tau}\varepsilon_{s\tau}y_{s,\tau-1}}{\tilde{\sigma}\left[\sum_{s=1}^{S}\sum_{\tau=1}^{T_\tau}y_{s,\tau-1}^2\right]^{1/2}}=\frac{T_\tau^{-1}\sum_{s=1}^{S}\sum_{\tau=1}^{T_\tau}\varepsilon_{s\tau}y_{s,\tau-1}}{\tilde{\sigma}\left[T_\tau^{-2}\sum_{s=1}^{S}\sum_{\tau=1}^{T_\tau}y_{s,\tau-1}^2\right]^{1/2}},\tag{3.31}$$

当 $T_\tau\to\infty$时，有

$$\tilde{\sigma}^2\xrightarrow{p}\sigma^2。\tag{3.32}$$

其中：$\xrightarrow{p}$ 表示依概率收敛。根据极限理论，有

$$t(\hat{\alpha}_S)\Rightarrow\left[\sum_{S=1}^{S}\int_0^1 W_S(r)\,\mathrm{d}W_S(r)\right]\Big/\left[\sum_{S=1}^{S}\int_0^1[W_S(r)]^2\,\mathrm{d}r\right]^{1/2},\tag{3.33}$$

式（3.33）所给出 DHF 统计量的渐近分布是一个非标准分布，它与 DF 检验中的 t 分布非常类似。特别地，当 S=1 时恰好为 DF 检验中的 t 分布。从式（3.33）可以看出，DHF 检验统计量的渐近分布依赖于 S(每一年中所做观测的频率)。

为进一步探究对 S 的依赖，首先由伊藤公式

$$f(W(t))=f(0)+\int_0^t f'(W(s))\,\mathrm{d}W(s)+\frac{1}{2}\int_0^t f''(W(s))\mathrm{d}s$$

我们有

$$\int_0^1 W_s(r)\mathrm{d}W_s(r)=\frac{1}{2}\left\{\ [W_s(1)]^2-1\right\},\tag{3.34}$$

其中：$[W_s(1)]^2$即为$\chi^2(1)$（见 Banerjee 等，1993）。式（3.33)的分子是相互独立的 S 项之和，因此

$$\sum_{s=1}^{S}\ \int_0^1 W_s(r)\mathrm{d}W_s(r)=\frac{1}{2}\sum_{s=1}^{S}\left\{\ [W_s(1)]^2-1\right\}=\frac{1}{2}\,[\chi^2(S)-S\,]。\tag{3.35}$$

虽然$\chi^2(S)-S$的期望为零，但它并不是对称分布。分布的这种非对称性可能对假设检验产生影响，Fuller（1996）指出，在非季节性随机游走过程中，$\hat{\phi}_1<1$的概率近似为 0.68，这是因为$P\{\chi^2(1)<1\}$=0.68。由于式（3.33）中的分母永远为正，于是$P\{\chi^2(S)<S\}$便记录了$t(\hat{\alpha}_S)$为负的概率。对季节随机游走过程，在季度数据情形下，有$P\{\chi^2(4)<4\}$=0.59，在月度数据情形下，有$P\{\chi^2(12)<12\}$=0.55。可见，随着 S 的增加，检验统计量为负的概率是逐渐减小的。但是，从 DHF 所列百分位数表可以发现$t(\hat{\alpha}_S)$的尾部百分位数实际上与 S 无关，由此可见增加观察频率的主要效果是降低检验统计量在零附近的非对称性。

二、HEGY 检验

HEGY 检验通过对$\triangle_S$的因子分解来检验季节性单位根，这就要求我们对单位根±1 及共轭复数单位根对±i（我们通常称其为“非标准”的单位根）进行检验[见 Ahtola 和 Tiao（1987），Chan 和 Wei（1988）或 Chan（1989a）]。对于标准的单位根+1 的检验，参见 Dickey 和 Fuller（1979）、Dickey 和 Fuller（1981）、Phillips（1987）、MacKinnon（1991）等。下面，我们主要讨论如何对非标准单位根－1 和共轭复单位根进行检验。

（一）检验单位根－1

以含单位根–1 的 AR（1）过程为例：

$$y_t^*=-y_{t-1}^*+v_t,\tag{3.36}$$

其中：$y_0^*=0$，$v_t\sim\ i.i.d.(0,\sigma^2)$。由式（3.36），有

$$y_t^*=\sum_{j=0}^{t-1}(-1)^j v_{t-j}\ ,\tag{3.37}$$

对非标准单位根–1 的检验可看作在

$$(1+L)y_t^*=\alpha^* y_{t-1}^*+v_t\qquad t=1,2,\cdots,T\tag{3.38}$$

中，对原假设为 H_0：$\alpha^*=0$；对立假设为 H_1：$\alpha^*>0$ 进行假设检验。在原假设下，参数α^*的 OLS 估计量$\hat{\alpha}^*$的 t 统计量为

$$t(\hat{\alpha}^*)=\left(\sum_{t=1}^{T}v_t y_{t-1}^*\right)\Bigg/\left[\tilde{\sigma}^2\sum_{t=1}^{T}(y_{t-1}^*)^2\right]^{1/2},\tag{3.39}$$

由于过程（3.36）并不是一个随机游走过程，因此不能对式（3.39）直接采用第二章第三节中的渐近分布结果。幸运的是，我们可以证明式（3.39）是通常 DF 检验中 t 统计量的“镜像”。

利用式（3.37），可知

$$\sum_{t=1}^{T}v_t y_{t-1}^*=\sum_{t=1}^{T}v_t\sum_{j=0}^{t-2}(-1)^j v_{t-j-1}\ ,$$

令 $\varepsilon_t=(-1)^t v_t$，显然，当 v_t 是关于 0 的对称分布时 $\varepsilon_t=(-1)^t v_t$ 和 v_t 是同分布的。则

$$\sum_{t=1}^{T} v_t y_{t-1}^* = \sum_{t=1}^{T} (-1)^t \varepsilon_t \sum_{j=0}^{t-2} (-1)^j (-1)^{t-j-1} \varepsilon_{t-j-1}$$

$$= -\sum_{t=1}^{T} \varepsilon_t \sum_{j=0}^{t-2} \varepsilon_{t-j-1} 。$$

令 $y_t = \sum_{j=1}^{t} \varepsilon_j = \sum_{j=0}^{t-1} \varepsilon_{t-j}$ ，则

$$\sum_{t=1}^{T} v_t y_{t-1}^* = -\sum_{t=1}^{T} \varepsilon_t y_{t-1} 。\tag{3.40}$$

式（3.40）说明，$\sum_{t=1}^{T} v_t y_{t-1}^*$ 与 $-\sum_{t=1}^{T} \varepsilon_t y_{t-1}$ 有相同的分布性质。由于 y_t 是一个随机游走过程，根据式（2.61）有

$$T^{-1} \sum_{t=1}^{T} v_t y_{t-1}^* \Rightarrow -\sigma^2 \int_0^1 W(r) \mathrm{d}W(r) 。\tag{3.41}$$

另一方面，因为任何符号的改变对平方值没有影响，所以变量 $(y_t^*)^2 = [\sum_{j=0}^{t-1} (-1)^j v_{t-j}]^2$ 和 $(y_t)^2 = [\sum_{j=0}^{t-1} \varepsilon_{t-j}]^2$ 有相同的分布性质，$T^{-2} \sum_{t=1}^{T} (y_{t-1}^*)^2$ 和 $T^{-2} \sum_{t=1}^{T} (y_{t-1})^2$ 有相同的极限分布。将式（3.39）的分子分母同除以 T，即可得

$$t(\hat{\alpha}^*) \Rightarrow -\left[\int_0^1 W(r) \mathrm{d}W(r) \right] \Big/ \left[\int_0^1 [W(r)]^2 \mathrm{d}r \right]^{1/2} 。\tag{3.42}$$

这意味着仅需改变一下符号，则不带漂移项的 DF 临界值表即可用于单位根 −1 的检验 [见 Fuller（1996），Chan 和 Wei（1988）]。

（二）复数单位根的检验

对于复数单位根的检验，我们以最简单的 AR（2）过程为例

$$y_t^* = -y_{t-2}^* + v_t ，\tag{3.43}$$

其中：假定扰动 $v_t \sim i.i.d.(0, \sigma^2)$，初值 $y_0^* = y_{-1}^* = 0$ 。这相当于式（2.57）中过程 $y_t^{(3)}$ 无漂移项并初始值为 0 的情形。可将式（3.43）这种复数单位根过程看作一个 S=2（每年有 2 个季节）的季节过程。这时，有

$$y_{s\tau}^* = -y_{s,\tau-1}^* + v_{s\tau} ，s=1，2，\tag{3.44}$$

$$y_{s\tau}^* = \sum_{j=0}^{\tau-1} (-1)^j v_{s,\tau-j} ，\tag{3.45}$$

其中：过程 $y_{1\tau}^*$ 和 $y_{2\tau}^*$ 独立并且它们都有非标准单位根−1。

类似于 DHF 检验，可通过计算

$$(1+L^2)y_t^* = \alpha_2^* y_{t-2}^* + v_t \tag{3.46}$$

中 $\hat{\alpha}_2^*$ 的 t 统计量进行单位根检验，检验的原假设为 H_0：$\alpha_2^*=0$；对立假设为 H_1：$0<\alpha_2^*<2$,。采用式（3.44）中双下标记号，在原假设下有

$$t(\hat{\alpha}_2^*) = \left(\sum_{s=1}^{2}\sum_{\tau=1}^{T_\tau} v_{s\tau} y_{s,\tau-1}^*\right) \Big/ \left[\tilde{\sigma}^2 \sum_{s=1}^{2}\sum_{\tau=1}^{T_\tau}(y_{s,\tau-1}^*)^2\right]^{1/2}, \tag{3.47}$$

将等式（3.47）右侧分子分母同除以 T_τ^{-1}，利用渐近分布结果式(2.61)和式(2.62)，即可得

$$t(\hat{\alpha}_2^*) \Rightarrow -\left(\sum_{s=1}^{2}\int_0^1 W_s(r)\mathrm{d}W_s(r)\right) \Big/ \left[\sum_{s=1}^{2}\int_0^1 [W_s(r)]^2 \mathrm{d}r\right]^{1/2}, \tag{3.48}$$

其中：$W_s(r)$（s=1,2）是独立的标准布朗运动过程。式（3.48）表明，只需经过简单的符号变化便可利用 S=2 时的 DHF 临界值表检验式（3.46）中 α_2^* 是否为零。这其实是 DHF 检验方法和上节介绍的“镜像”原理的直接体现。

假定的数据生成过程为式（3.43），我们对

$$(1+L^2)y_t^* = \alpha_1^* y_{t-1}^* + v_t \tag{3.49}$$

进行原假设为 $\alpha_1^*=0$，对立假设为 $\alpha_1^*\neq 0$ 的回归检验。因为式（3.49）中 L^2 的系数为 1，所以无论 α_1^* 取何值，过程 $(1-\alpha_1^* L + L^2)y_t^* = v_t$ 都有两个模为 1 的复数根 $\kappa_1 \pm \kappa_2 \mathrm{i}$。因此，$\alpha_1^*$ 的取值只会影响 κ_1 和 κ_2，而不会影响这对复数根 $\kappa_1 \pm \kappa_2 \mathrm{i}$ 的模。所以，严格地说，这并不是一个单位根检验。事实上，κ_1 和 κ_2 的值是与复数单位根过程的谱频率相联系的。例如，当 κ_1 = 0，κ_2 =1 时，复数根 $\kappa_1 \pm \kappa_2 \mathrm{i}$ 与谱频率 $\pi/2$ 相联系。因此，检验 $\alpha_1^*=0$ 是否成立实际上就是检验一个单位根过程是否每 4 期有一个完整的循环（即单位根过程是否是在谱频率 $\pi/2$ 处产生）。由于没有关于过程周期性的先验信息，因此对立假设是双边的。

对回归检验式（3.49），有

$$t(\hat{\alpha}_1^*) = \frac{\sum_{t=1}^{T} v_t y_{t-1}^*}{\tilde{\sigma}\left[\sum_{t=1}^{T}(y_{t-1}^*)^2\right]^{1/2}} = \frac{\sum_{\tau=1}^{T_\tau}[v_{1\tau} y_{2,\tau-1}^* + v_{2\tau} y_{1\tau}^*]}{\tilde{\sigma}\left[\sum_{\tau=1}^{T_\tau}[(y_{2,\tau-1}^*)^2 + (y_{1\tau}^*)^2]\right]^{1/2}}。$$

上式分子分母同除以 T_τ，利用 $y_{1\tau}^* = -y_{1,\tau-1}^* + v_{1\tau}$ 有

$$t(\hat{\alpha}_1^*) = \frac{T_\tau^{-1}\sum_{\tau=1}^{T_\tau} v_{1\tau}v_{2\tau} + T_\tau^{-1}\sum_{\tau=1}^{T_\tau}[v_{1\tau} y_{2,\tau-1}^* - v_{2\tau} y_{1,\tau-1}^*]}{\tilde{\sigma}\left[T_\tau^{-2}\sum_{\tau=1}^{T_\tau}(v_{1\tau})^2 + T_\tau^{-2}\sum_{\tau=1}^{T_\tau}[(y_{2,\tau-1}^*)^2 + (y_{1,\tau-1}^*)^2] - 2T_\tau^{-2}\sum_{\tau=1}^{T_\tau} v_{1\tau} y_{1,\tau-1}^*\right]^{1/2}}, \tag{3.50}$$

其中：$T_\tau^{-1}\sum_{\tau=1}^{T_\tau} v_{1\tau}v_{2\tau}$ 收敛于独立序列 $v_{1\tau}$ 和 $v_{2\tau}$ 的协方差（等于零）；由于 $T_\tau^{-1}\sum_{\tau=1}^{T_\tau} v_{1\tau}^2$ 收敛于 σ^2，因此 $T_\tau^{-2}\sum_{\tau=1}^{T_\tau} v_{1\tau}^2$ 渐近收敛于 0；根据式（2.61），$T_\tau^{-2}\sum_{\tau=1}^{T_\tau} v_{1\tau}y_{1,\tau-1}^*$ 渐近收敛于 0。

令 $\varepsilon_{s\tau}=(-1)^\tau v_{s\tau}$，则

$$\sum_{\tau=1}^{T_\tau} v_{s\tau}y_{q,\tau-1}^* = \sum_{\tau=1}^{T_\tau}(-1)^\tau \varepsilon_{s\tau}\sum_{j=0}^{\tau-2}(-1)^j(-1)^{\tau-j-1}\varepsilon_{q,\tau-j-1}$$

$$= -\sum_{\tau=1}^{T_\tau}\varepsilon_{s\tau}y_{q,\tau-1},$$

其中：$y_{q\tau}=\sum_{j=1}^{\tau}\varepsilon_{qj}$。当 $q\neq s$ 时，过程 $\varepsilon_{s\tau}$ 与 $y_{q\tau}$ 独立并且 $\varepsilon_{s\tau}$ 与 $-\varepsilon_{s\tau}$ 同分布（负号对分布没有影响）。由式（2.68），有

$$T_\tau^{-1}\sum_{\tau=1}^{T_\tau} v_{s\tau}y_{q,\tau-1}^* \Rightarrow \sigma^2\int_0^1 W_q(r)\mathrm{d}W_s(r),\ q,s=1,2, \tag{3.51}$$

即可得

$$t(\hat{\alpha}_1^*) \Rightarrow \frac{\int_0^1 W_2(r)\mathrm{d}W_1(r)-\int_0^1 W_1(r)\mathrm{d}W_2(r)}{\left[\sum_{s=1}^{2}\int_0^1 [W_s(r)]^2\mathrm{d}r\right]^{1/2}}。 \tag{3.52}$$

因为 $W_1(r)$ 和 $W_2(r)$ 同分布，所以 $t(\hat{\alpha}_1^*)$ 是关于 0 的对称分布。

由 $T=2T_\tau$ 以及 $y_{1\tau}^*=-y_{1,\tau-1}^*+v_{1\tau}$ 可得

$$\frac{1}{T^2}\sum_{t=1}^{T} y_{t-1}^*y_{t-2}^* = \frac{1}{4T_\tau^2}\sum_{\tau=1}^{T_\tau}[y_{2,\tau-1}^*y_{1,\tau-1}^*+y_{1\tau}^*y_{2,\tau-1}^*]$$

$$=\frac{1}{4T_\tau^2}\sum_{\tau=1}^{T_\tau}[y_{2,\tau-1}^*y_{1,\tau-1}^*-y_{1,\tau-1}^*y_{2,\tau-1}^*+v_{1\tau}y_{2,\tau-1}^*]$$

$$=\frac{1}{4T_\tau^2}\sum_{\tau=1}^{T_\tau}v_{1\tau}y_{2,\tau-1}^*。$$

利用式（3.51）$T_\tau^{-1}\sum_{\tau=1}^{T_\tau} v_{1\tau}y_{2,\tau-1}^* \Rightarrow \sigma^2\int_0^1 W_2(r)\mathrm{d}W_1(r)$，从而可知 $\frac{1}{T^2}\sum_{t=1}^{T} y_{t-1}^*y_{t-2}^*$ 收敛于其期望值 0，即回归变量 y_{t-1}^* 和 y_{t-2}^* 渐近正交（注意：独立的随机游走过程之间并不正交）。它使得联合回归检验式

$$(1+L^2)y_t^* = \alpha_1^*y_{t-1}^*+\alpha_2^*y_{t-2}^*+v_t \tag{3.53}$$

中回归变量矩阵 $T^{-2}\boldsymbol{X}^{\mathrm{T}}\boldsymbol{X}$ 是渐进对角阵。正是由于这种渐近正交性，使得我们可以在式（3.53）

中分别对 $\alpha_1^*=0$ 或 $\alpha_2^*=0$ 进行检验，此时关于 $t(\hat{\alpha}_1^*)$ 和 $t(\hat{\alpha}_2^*)$ 的极限分布与式(3.52)或式(3.48)中的结果一致。

另一种常用的检验复数单位根的方法是，将生成过程

$$(1+L^2)y_t^*=v_t$$

中的算子 $1+L^2$ 直接分解为$(1+\mathrm{i}L)(1-\mathrm{i}L)$，构造复数变量 $x_t^{(1)}=(1+\mathrm{i}L)y_t^*=y_t^*+\mathrm{i}y_{t-1}^*$。而后，在回归式

$$(1-\mathrm{i}L)x_t^{(1)}=(1+L^2)y_t^*=(\pi_R+\mathrm{i}\pi_I)x_{t-1}^{(1)}+v_t \tag{3.54}$$

中，对复数单位根 i 进行检验。应注意到式（3.54）右端复变量 $x_{t-1}^{(1)}$ 的系数即有实部又有虚部，在原假设下，右端仅为 v_t，即原假设为 H_0：$\pi_R=\pi_I=0$。其对立假设为过程是平稳的，这意味着 H_1：$\pi_I<0$（以满足复单位根平稳性），但 π_R 可正可负。

因为过程是实值过程，所以复数根应成对出现。对于复数根 i 的共轭复数$-i$，同样，我们可以构造复数变量 $x_t^{(2)}=(1-\mathrm{i}L)y_t^*=y_t^*-\mathrm{i}y_{t-1}^*$，而后在与式（3.54）对应的回归式

$$(1+\mathrm{i}L)x_t^{(2)}=(1+L^2)y_t^*=(\pi_R-\mathrm{i}\pi_I)x_{t-1}^{(2)}+v_t \tag{3.55}$$

中，对复数单位根$-$i 进行检验。显然，自变量 $x_{t-1}^{(1)}$ 和 $x_{t-1}^{(2)}$ 是一对共轭复数，又因为因变量 $(1+L^2)y_t^*$ 相同，所以式（3.54）和式（3.55）右端的系数也是一对共轭复数。因此，在式（3.54）和在式（3.55）中进行检验是等价的。

将式（3.54）和在式（3.55）在同一个单一检验的回归检验中，得

$$\begin{aligned}(1+L^2)y_t^*&=(\pi_R+\mathrm{i}\pi_I)x_{t-1}^{(1)}+(\pi_R-\mathrm{i}\pi_I)x_{t-1}^{(2)}+v_t\\&=2\pi_R y_{t-1}^*-2\pi_I y_{t-2}^*+v_t\text{。}\end{aligned} \tag{3.56}$$

其中：$x_t^{(1)}=y_t^*+\mathrm{i}y_{t-1}^*$，$x_t^{(2)}=y_t^*-\mathrm{i}y_{t-1}^*$。显然式（3.56)与式（3.53）等价。通过检验 y_{t-1}^* 的系数是否为零可以判断原过程的根是否有实部，通过检验 y_{t-2}^* 的系数是否为零可以判断原过程是否有单位根，通过检验 y_{t-1}^* 和 y_{t-2}^* 的系数是否同时为零可以判断原过程的根是否为±i。

（三）HEGY 检验

在季度数据情形下，HEGY 方法直接对季节差分算子进行因式分解$\triangle_4=(1+L)(1-L)(1+\mathrm{i}L)(1-\mathrm{i}L)$，而后利用如下辅助回归式进行季节单位根检验

$$\Delta_4 y_t=\pi_1 y_{t-1}^{(1)}-\pi_2 y_{t-1}^{(2)}-\pi_3 y_{t-2}^{(3)}-\pi_4 y_{t-1}^{(3)}+\varepsilon_t,\ t=1,2,\cdots,T, \tag{3.57}$$

其中

$$\begin{bmatrix}y_t^{(1)}\\y_t^{(2)}\\y_t^{(3)}\\y_t^{(4)}\end{bmatrix}=\begin{bmatrix}1&1&1&1\\-1&1&-1&1\\0&-1&0&1\\1&0&-1&0\end{bmatrix}\begin{bmatrix}y_{t-3}\\y_{t-2}\\y_{t-1}\\y_t\end{bmatrix}\text{。}$$

在原假设下，$\Delta_4 y_t = \varepsilon_t$，即 $H_0: \pi_1 = \pi_2 = \pi_3 = \pi_4 = 0$。单位根 1 与零频率相对应，季节单位根－1 和±i 分别与频率 π 和 π/2 相对应。上述变换相当于给原始数据分别施加了 $1-L^4$ 中三个非平稳实值因子 $1-L$，$1+L$ 和 $1+L^2$ 中的两个，使得变换后的变量 $y_t^{(1)}$、$y_t^{(2)}$、$y_t^{(3)}$ 只在相应的频率上具有动态非平稳性。即，$y_t^{(1)}$ 只包括一般的单位根 1，$y_t^{(2)}$ 只包括单位根－1；$y_t^{(3)}$ 的非平稳随机性源于复数单位根±i。

我们在如下回归式中对变量 $y_t^{(1)}$ 进行检验

$$(1-\phi_1 L) y_t^{(1)} = \varepsilon_t ,$$

其中：零假设为 $H_0: \phi_1 = 1$；备择假设为 $H_1: \phi_1 < 1$。令 $\pi_1 = \phi_1 - 1$，可将上面的回归式等价表述为

$$(1+L) y_t^{(1)} = -\pi_2 y_{t-1}^{(1)} + \varepsilon_t ,$$

由 $\Delta_4 y_t = (1-L) y_t^{(1)}$，可得另一等价的检验回归式

$$\Delta_4 y_t = \pi_1 y_{t-1}^{(1)} + \varepsilon_t \tag{3.58}$$

其中：零假设为 $H_0: \pi_1 = 0$；备择假设为 $H_1: \pi_1 < 0$。这是通常意义上的 DF 单位根检验。

同理，关于变量 $y_t^{(2)}$，对如下回归式进行检验

$$(1+\phi_2 L) y_t^{(2)} = \varepsilon_t ,$$

其中，零假设为 $H_0: \phi_2 = 1$；备择假设为 $H_1: \phi_2 < 1$。令 $\pi_2 = \phi_2 - 1$，可将上面的回归式等价表述

$$(1+L) y_t^{(2)} = -\pi_2 y_{t-1}^{(2)} + \varepsilon_t 。$$

由 $\Delta_4 y_t = (1+L) y_t^{(2)}$，可得另一等价的检验回归式

$$\Delta_4 y_t = -\pi_2 y_{t-1}^{(2)} + \varepsilon_t , \tag{3.59}$$

此时，原假设及对立假设分别为 $H_0: \pi_2 = 0$ 和 $H_1: \pi_2 < 0$，这是关于非标准单位根－1 的检验。由于式（3.59）中的回归元为 $-y_t^{(2)}$，于是式（3.59）中检验统计量就可直接采用一般的 DF 表。

最后，关于变量 $y_t^{(3)}$，在如下回归式进行检验

$$(1+\phi_4 L + \phi_3 L^2) y_t^{(3)} = \varepsilon_t ,$$

其中，零假设 $H_0: \phi_3 = 1,\ \phi_4 = 0$；备择假设 $H_1: \phi_3 < 1,\ \phi_4 \neq 0$。令 $\pi_3 = \phi_3 - 1,\ \pi_4 = \phi_4$，即有

$$\Delta_4 y_t = -\pi_3 y_{t-2}^{(3)} - \pi_4 y_{t-1}^{(3)} + \varepsilon_t 。 \tag{3.60}$$

此时，原假设和对立假设分别为 $H_0: \pi_3 = \pi_4 = 0$ 和 $H_1: \pi_3 < 0, \pi_4 \neq 0$。这种对立假设是双边的，其原因与检验回归式（3.49）中的一阶滞后系数 α_1^* 相同。应当注意的是，由于 $\Delta_4 y_t = (1+L^2) y_t^{(3)}$，这时式（3.60）与复数根情形下联合回归式（3.53）是一回事，并且 S=2

时的 DHF 临界值表可直接用于检验π_3。由于式（3.58）、式（3.59）和式（3.60）中回归变量的渐近正交性，可以在单一回归检验式（3.57）中对它们同时进行检验，而不会对系数估计值的渐近性质产生任何影响。

总之，在原假设$H_0:\pi_1=0$下，式（3.58）中的$y_t^{(1)}$是一个传统的随机游走过程，由式（3.27）可知$T^{-1/2}y_t^{(1)}$渐近收敛于标准布朗运动，记为$W_1^*(r)$，即

$$T^{-1/2}y_t^{(1)}\Rightarrow W_1^*(r)。$$

在原假设为$H_0:\pi_1=0$下，式（3.58）中的检验是一个 DF 检验，即有

$$t(\hat{\pi}_1)\Rightarrow\left[\int_0^1 W_1^*(r)\mathrm{d}W_1^*(r)\right]\Big/\left[\int_0^1[W_1^*(r)]^2\mathrm{d}r\right]^{1/2},\tag{3.61}$$

这是一个传统的 Dickey-Fuller 分布，Fuller（1996）中给出了临界值表。

在原假设$H_0:\pi_2=0$下，式（3.59）中参数π_2的统计量

$$t(\hat{\pi}_2)=-\left(\sum_{t=1}^{T}\varepsilon_t y_{t-1}^{(2)}\right)\Big/\left[\tilde{\sigma}^2\sum_{t=1}^{T}(y_{t-1}^{(2)})^2\right]^{1/2},\tag{3.62}$$

由单位根－1 的检验的讨论，立即可得

$$t(\hat{\pi}_2)\Rightarrow\left[\int_0^1 W_2^*(r)\mathrm{d}W_2^*(r)\right]\Big/\left[\int_0^1[W_2^*(r)]^2\mathrm{d}r\right]^{1/2}\tag{3.63}$$

正如已经强调的那样，由于式（3.59）中的回归元为$-y_t^{(2)}$，与式（3.42）中的负号抵消，所以检验统计量服从一般的 DF 分布。

在原假设$H_0:\pi_3=\pi_4=0$下，由式（3.48）和式（3.52）有

$$t(\hat{\pi}_3)\Rightarrow\frac{\int_0^1 W_3^*(r)\mathrm{d}W_3^*(r)+\int_0^1 W_4^*(r)\mathrm{d}W_4^*(r)}{\left\{\int_0^1[W_3^*(r)]^2\mathrm{d}r+\int_0^1[W_4^*(r)]^2\mathrm{d}r\right\}^{1/2}},\tag{3.64}$$

$$t(\hat{\pi}_4)\Rightarrow\frac{\int_0^1 W_3^*(r)\mathrm{d}W_4^*(r)-\int_0^1 W_4^*(r)\mathrm{d}W_3^*(r)}{\left\{\int_0^1[W_3^*(r)]^2\mathrm{d}r+\int_0^1[W_4^*(r)]^2\mathrm{d}r\right\}^{1/2}}。\tag{3.65}$$

在式（3.63）中，我们将与$y_t^{(2)}$相对应的标准布朗运动记为$W_2^*(r)$。在式（3.64）以及式（3.65）中，布朗运动$W_3^*(r)$和$W_4^*(r)$是与$y_t^{(3)}$的复单位根行为相对应的。

将本节出现的布朗运动记为$W_i^*(r)$（i =1，2，3，4）是为了与第二章第三节中与季节 s 相对应的布朗运动$W_s(r)$（s=1，2，3，4）予以区别。过程$W_i^*(r)$是过程$W_s(r)$的线性组合，这种线性组合与式（3.16）中 HEGY 变换是相对应的。Smith 和 Taylor（1998）或 Osborn 和 Rodrigues（1998）对这两个布朗运动集合之间的关系进行了详细的讨论。

HEGY 建议，应联合检验π_3和π_4，因为它们都与非平稳复数单位根±i 有关。在这种联合检验，可以像一般的 F 检验那样计算统计量$F(\hat{\pi}_3 \cap \hat{\pi}_4)$，但这时统计量$F(\hat{\pi}_3 \cap \hat{\pi}_4)$分布不是标准 F 分布。由于回归变量的正交性使得$\hat{\pi}_3$和$\hat{\pi}_4$是渐进独立的，Engle 等（1993）证明$F(\hat{\pi}_3 \cap \hat{\pi}_4)$的极限分布与$1/2[t^2(\hat{\pi}_3)+t^2(\hat{\pi}_4)]$的极限分布相同。

Ghysels, Lee 和 Noh（1994, 以下简称为 GLN）对 HEGY 方法进行了推广，建议对季度数据采用联合检验统计量$F(\hat{\pi}_1 \cap \hat{\pi}_2 \cap \hat{\pi}_3 \cap \hat{\pi}_4)$和$F(\hat{\pi}_2 \cap \hat{\pi}_3 \cap \hat{\pi}_4)$。前者是关于原假设$y_t \sim SI(1)$的一个全面检验，后者是关于求和算子$1+L+L^2+L^3$所暗含的季节单位根的联合检验。同样，由于 HEGY 回归变量的渐近正交性，$F(\hat{\pi}_1 \cap \hat{\pi}_2 \cap \hat{\pi}_3 \cap \hat{\pi}_4)$与$\frac{1}{4}\sum_{i=1}^{4}[t(\hat{\pi}_i)]^2$有相同渐近分布。从而，在原假设下有

$$F(\hat{\pi}_1 \cap \hat{\pi}_2 \cap \hat{\pi}_3 \cap \hat{\pi}_4)$$

$$\Rightarrow \frac{1}{4}\left\{\frac{[\int_0^1 W_1^*(r)\mathrm{d}W_1^*(r)]^2}{\int_0^1 [W_1^*(r)]^2\mathrm{d}r}+\frac{[\int_0^1 W_2^*(r)\mathrm{d}W_2^*(r)]^2}{\int_0^1 [W_2^*(r)]^2\mathrm{d}r}\right. \quad \text{（DF 分布）}$$

$$+\frac{[\int_0^1 W_3^*(r)\mathrm{d}W_3^*(r)+\int_0^1 W_4^*(r)\mathrm{d}W_4^*(r)]^2}{\int_0^1 [W_3^*(r)]^2\mathrm{d}r+\int_0^1 [W_4^*(r)]^2\mathrm{d}r} \quad \text{（DHF 分布）}$$

$$\left.+\frac{[\int_0^1 W_3^*(r)\mathrm{d}W_4^*(r)-\int_0^1 W_4^*(r)\mathrm{d}W_3^*(r)]^2}{\int_0^1 [W_3^*(r)]^2\mathrm{d}r+\int_0^1 [W_4^*(r)]^2\mathrm{d}r}\right\} \quad \text{（对称分布）} \tag{3.66}$$

根据上述讨论，$F(\hat{\pi}_1 \cap \hat{\pi}_2 \cap \hat{\pi}_3 \cap \hat{\pi}_4)$与四个分布的平方的简单平均有相同渐近分布。其中两个是 DF 分布，分别对应于$t(\hat{\pi}_1)$和$t(\hat{\pi}_2)$的；另外一个是 DHF 分布对应于$t(\hat{\pi}_3)$；第四个是产生于$t(\hat{\pi}_4)$的对称分布。显然，对于$F(\hat{\pi}_2 \cap \hat{\pi}_3 \cap \hat{\pi}_4)$有类似表达结果，它是一个 DF 分布以及一个 S=2 的 DHF 分布和一个产生于$t(\hat{\pi}_4)$的对称分布的平方的简单平均。

在季节单整性问题的研究中，当我们考虑全面的 F 类检验时，我们应当清醒认识到这种检验的双边性质，即其对立假设为过程的根不全是单位根。因此，当拒绝原假设时，过程的根中可能只有一个根（或一对复根）是平稳的（模大于 1），而其他的根都是单位根。所以，严格地说，对于原假设为 y_t～SI(1)的 F 检验，它的对立假设并不是说过程是季节平稳的。

GLN 还观察到，当数据中有季节单位根时，如果回归式包括了足够多的增项来考虑季节单位根，则一般的 DF 检验仍然有效。这是由因式分解

$$(1-L^S)=\Delta_S=(1-L)(1+L+L^2+\ldots+L^{S-1})=\Delta S(L)$$

所导致的。即，SI（1）过程$\Delta_S y_t=\varepsilon_t$可等价表示为

$$\Delta_1 y_t=\alpha_1 y_{t-1}+\phi_1\Delta_1 y_{t-1}+\cdots+\phi_{S-1}\Delta_1 y_{t-S+1}+\varepsilon_t \tag{3.67}$$

其中：$\alpha_1=0$并且 $\phi_1=\phi_2=\cdots=\phi_{S-1}=-1$。当利用式（3.67）作单位根回归检验时，统计量$t(\hat{\alpha}_1)$的渐近分布服从一般的 DF 分布。但是由于$\phi_1$，$\phi_2$，…，$\phi_{S-1}$依赖于季节单位根，这使得它们估

计值的“t 类”统计量具有非标准的分布。在 Rodrigues 和 Osborn（1999a）的文章中，论述了当回归式未能包括足够多的增项来消除季节单位根的影响时，统计量 $t(\hat{\alpha}_1)$ 的渐近分布不服从一般的 DF 分布，DF 检验不再适用。

对于月度数据的情形，Beaulieu 和 Miron（1993）及 Franses（1991）介绍了如何利用 HEGY 方法对季节单位根进行检验。Beaulieu 和 Miron 对原始数据所采用的变换就是将变换式（2.49）作用于 12 个连续的到 t 期结束的观察值，于是，这些变换后的变量具有 HEGY 所定义的渐近正交性。而 Franses 所采用的变量不具有这种渐近正交性，这使得在应用中 Beaulieu-Miron 方法更受欢迎。Beaulieu 和 Miron 还给出回归系数估计值的渐近分布，其中与实根+1 和－1 相对应的“t 类”统计量都服从一般的 DF 分布，与每一对共轭复数根（共有五对）相对应的两个“t 类”统计量分别服从 S=2 的 DHF 分布和一个形如式（3.65）的分布。Beaulieu 和 Miron（1993）以及 Franses（1991）都采用 F 类统计量对与每对复根相对应的两个系数进行了联合检验，并未采用 F 统计量关于整个滤子 Δ_{12} 或者 11 个季节单位根进行联合检验。在月度数据情形下，Tayler（1997）就季节单位根的联合检验进行了讨论，并给出了合适的临界值表。Breitung 和 Franses（1998）将 HEGY 方法扩展到 Phillips 和 Perron（1988）类的统计量中，从另一方面推动了 HEGY 方法的发展。

三、Kunst 检验

Kunst（1997）也对季节单整性检验进行了研究，他所采用的方法与 HEGY 的方法明显不同。他采用了如下回归检验式

$$\Delta_S y_t = \phi_1 y_{t-1} + \cdots + \phi_{S-1} y_{t-S+1} + \alpha_S y_{t-S} + \varepsilon_t, \quad t=1, 2, \cdots, T, \tag{3.68}$$

当假定滞后项 $y_{t-1}, y_{t-2}, \cdots, y_{t-S+1}$ 的系数都为 0 时，式（3.68）即为 DHF 检验中的回归检验式（3.29）。因此，Kunst 检验可看作是含有滞后项 $y_{t-1}, y_{t-2}, \cdots, y_{t-S+1}$ 的 DHF 检验。在原假设下，过程是季节单整的，即 $H_0: \phi_1 = \phi_2 = \cdots = \phi_{S-1} = \alpha_S = 0$。Kunst 推荐利用联合统计量 $F(\hat{\phi}_1 \cap \hat{\phi}_2 \cap \cdots \cap \hat{\phi}_{S-1} \cap \hat{\alpha}_S)$ 来进行假设检验。作为一个单位根检验，这种“F 类”统计量并不服从标准的 F 分布，于是对不同 S 值 Kunst 给出了相应的临界值表。

分析 Kunst 检验统计量的渐近性质时，表达式相当麻烦，在此我们仅考虑 S=4 的情形。在季节性随机游走的原假设下，有 $\Delta_4 y_t = \varepsilon_t$，利用双下标记号，将交叉积项 $\sum_{t=1}^{T} y_{t-i} y_{t-j}$，$i < j$ 表示为（相距 $j-i$ 个季度的）独立随机游走过程的交叉积之和

$$\sum_{t=1}^{T} y_{t-1} y_{t-2} = \sum_{\tau=1}^{T_\tau} (y_{4,\tau-1} y_{3,\tau-1} + y_{1\tau} y_{4,\tau-1} + y_{2\tau} y_{1\tau} + y_{3\tau} y_{2\tau})\text{。}$$

利用式（3.34）渐近结果，并由 $T = 4T_\tau$，于是

$$T^{-2} \sum_{t=1}^{T} y_{t-1} y_{t-2} \Rightarrow \frac{1}{16} \sigma^2 \int_0^1 [W_4(r) W_1(r) + W_2(r) W_1(r)$$

$$+W_3(r)W_2(r)+W_4(r)W_3(r)]\mathrm{d}r\,, \tag{3.69}$$

显然，$T^{-2}\sum_{t=1}^{T}y_{t-2}y_{t-3}$，$T^{-2}\sum_{t=1}^{T}y_{t-3}y_{t-4}$ 和 $T^{-2}\sum_{t=1}^{T}y_{t-1}y_{t-4}$ 都有式（3.69）所给出的渐近分布。同理，有

$$T^{-2}\sum_{t=1}^{T}y_{t-1}y_{t-2}\Rightarrow\frac{1}{8}\sigma^2\int_0^1[W_1(r)W_3(r)+W_2(r)W_4(r)]\mathrm{d}r\,。 \tag{3.70}$$

由式（3.69）和式（3.70）可见，在Kunst检验中，回归向量（纯量化后的）交叉积矩阵 $T^{-2}(X^{\mathrm{T}}X)$ 不是对角矩阵，从而回归式（3.68）中的回归变量之间不具有渐近正交性。因此，若式（3.68）中包括了多余的滞后项 $y_{t-1},y_{t-2},\cdots,y_{t-S+1}$ 时，将对所估系数的渐近性质产生不容忽视的影响，使得 $t(\hat{\alpha}_S)$ 不再服从式（3.33）的DHF分布。

在Kunst检验中采用的是联合检验统计量 $F(\hat{\phi}_1\cap\hat{\phi}_2\cap\cdots\cap\hat{\phi}_{S-1}\cap\hat{\alpha}_S)$，这种联合检验的"$F$类"统计量与HEGY方法中关于所有系数进行联合检验时所使用的"F类"统计量是等价的。对季度情形，式（3.57）所定义的回归变量 $y_{t-1}^{(1)}$，$y_{t-1}^{(2)}$，$y_{t-2}^{(3)}$，$y_{t-1}^{(4)}$ 是变量 y_{t-1}，y_{t-2}，y_{t-3} 和 y_{t-4} 的非奇异线性变换，式（3.57）和式（3.68）所计量的残差是相同的，从而根据残差平方和所构造的"F类"统计量关于回归变量的这种非奇异变换具有不变性，这意味着对给定的数据集统计量 $F(\hat{\pi}_1\cap\hat{\pi}_2\cap\hat{\pi}_3\cap\hat{\pi}_4)$ 和统计量 $F(\hat{\phi}_1\cap\hat{\phi}_2\cap\hat{\phi}_3\cap\hat{\alpha}_4)$ 有相同数值。Ghysels等（1994a）对 S=4时HEGY方法及Kunst方法中"F类"统计量的百分位数表进行了比较，证明它们实质是相同的[①]。显然，这些结论对月度数据的情形也是成立的，即Taylor（1997）的 F 统计量等价于Kunst"F类"统计量（S=12）。另外，Kunst还给出了 S=7的情形的临界值，用于检验日度时间序列是否有"周内效应"——一周内的季节性单整。

四、Osborn-Chui-Smith-Birchenhall 检验

Osborn，Chui，Smith和Birchenhall等（1988，以下简称为OCSB）中的检验方法采用了如下回归式

$$\Delta_1\Delta_S y_t=\beta_1\Delta_S y_{t-1}+\beta_2\Delta_1 y_{t-S}+\varepsilon_t\,,\ t=1,2,\cdots,T, \tag{3.71}$$

由于 $\Delta_S y_{t-1}=(1+L+L^2+\cdots+L^{S-1})\Delta_1 y_{t-1}$，可见式（3.71）中所有变量都被施加了一阶差分，从而OCSB检验相当于对一阶差分后数据中的季节性单位根进行检验。因此OCSB方法最初是用于检验高阶季节性单位根的方法。但是，它同样也适用于直接检验原始数据中的一阶季节性单位根。根据Rodrigues和Osborn（1999a）和OCSB，此时所采用的回归检验式为

$$\Delta_S y_t=\beta_1(1+L+L^2+\cdots+L^{S-1})y_{t-1}+\beta_2 y_{t-S}+\varepsilon_t\,,\ t=1,2,\cdots,T, \tag{3.72}$$

其中：原假设为 $y_t\sim\mathrm{SI}(1)$。与上述其他检验回归式不同的是，式（3.72）的回归变量不是相互独立的，第一回归变量 $(y_{t-1}+y_{t-2}+\cdots+y_{t-S})$ 中包括有第二回归变量 y_{t-S}。

---

① 由 F 类统计量的定义可知，Kunst（1997）的百分位数除以4后应该与Ghysels等（1994a）的百分位数相同。在月度情形下，Kunst值除以12后应该与Taylor（1997）相同。但是，由于他们的百分位数均是Monte Carlo模拟的结果，所以百分位数表不尽相同。

在式（3.72）中，检验统计量$t(\hat{\beta}_1)$可用于检验 0 频率是否有季节性单位根。这相当于对年度求和序列$(1+L+L^2+\cdots+L^{S-1})y_t$做一般的 DF 检验，其中：原假设为$\beta_1=0$，对立假设为$\beta_1<0$。同理，可利用检验统计量$t(\hat{\beta}_2)$做一般的原假设为$\beta_2=0$，对立假设为$\beta_2<0$的 DHF 检验。在 OCSB 回归检验中，DF 分布与 DHF 分布的临界值表不再适用（Osborn 和 Rodrignes，1998）。

我们仍以 S=4 的情形为例，此时式（3.72）中回归变量交叉积矩阵$T^{-2}(X^{\mathrm{T}}X)$的第一主对角元为$T^{-2}\sum_{t=1}^{T}(y_{t-1}+y_{t-2}+\cdots+y_{t-4})^2=T^{-2}\sum_{t=1}^{T}(y_{t-1}^{(1)})^2$，其中$y_t^{(1)}$定义同 HEGY 回归式（3.57）中的第一个回归变量。从 HEGY 检验可知，在 SI（1）原假设下，$y_t^{(1)}$是一个随机游走过程，并且

$$T^{-2}\sum_{t=1}^{T}(y_{t-1}+y_{t-2}+\cdots+y_{t-4})^2=T^{-2}\sum_{t=1}^{T}[y_{t-1}^{(1)}]^2\Rightarrow\sigma^2\int_0^1[W_1^*(r)]^2\,\mathrm{d}r,$$

由于每个$y_{s\tau}$，s=1, 2, 3, 4 都是一个随机游走过程，可得该交叉积矩阵$T^{-2}(X^{\mathrm{T}}X)$的第二个主对角元素为

$$T^{-2}\sum_{t=1}^{T}(y_{t-4})^2=(4T_\tau)^{-2}\sum_{\tau=1}^{T_\tau}\sum_{s=1}^{4}(y_{s,\tau-1})^2\Rightarrow\frac{\sigma^2}{16}\sum_{s=1}^{4}\int_0^1[W_s(r)]^2\,\mathrm{d}r\text{。}$$

但是，$T^{-2}(X^{\mathrm{T}}X)$的非对角项并不渐近为 0，有

$$T^{-2}\sum_{t=1}^{T}y_{t-4}(y_{t-1}+y_{t-2}+\cdots+y_{t-4})=T^{-2}\left[\sum_{t=1}^{T}(y_{t-4})^2+\sum_{i=1}^{3}\sum_{t=1}^{T}y_{t-i}y_{t-4}\right],$$

这不仅仅是由于$\sum_{t=1}^{T}(y_{t-4})^2$的原因，而且$T^{-2}\sum_{t=1}^{T}y_{t-i}y_{t-4}(i=1,2,3)$收敛于式（3.69）或式（3.70）。如果$T^{-2}(X^{\mathrm{T}}X)$渐近对角，那么$t(\hat{\beta}_1)$和$t(\hat{\beta}_2)$可适用 DF 和 DHF 分布；可惜这种对角化并不成立，因此 OCSB 检验中$t(\hat{\beta}_1)$和$t(\hat{\beta}_2)$需要编制专门的临界值表。

OCSB 检验可用于联合检验$\beta_1=\beta_2=0$。将回归式（3.72）等价表述为

$$\varDelta_S y_t=\beta^*(y_{t-1}+y_{t-2}+\cdots+y_{t-S+1})+\alpha_S y_{t-S}+\varepsilon_t,\ t=1,2,\cdots,T, \tag{3.73}$$

式（3.73）中的回归变量是式（3.72）中回归变量的非奇异线性变换，所以联合检验统计量$F(\hat{\beta}_1\cap\hat{\beta}_2)$与$F(\hat{\beta}^*\cap\hat{\alpha}_S)$在数值上相等。从而，式（3.73）可看作施加了约束$\phi_1=\phi_2=\cdots=\phi_{S-1}$的 Kunst 回归检验。这种约束使得 OCSB 检验的功效优于 Kunst 联合检验以及 HEGY 方法中的联合检验的功效。

五、一些评论

Ghysels，Lee 和 Noh（1994）在季度数据情形下，在各种数据生成过程下研究了 DHF 及 HEGY 检验的势及功效性质。他们建议采用 HEGY 方法，但是同时也指出，当回归检验

式中的自回归单位根与移动平均根发生近似消去时，会扭曲 HEGY 方法的检验势。例如，对季度 SI（1）过程

$$\Delta_4 y_t = \varepsilon_t - \theta_4 \varepsilon_{t-4} \tag{3.74}$$

当 θ_4 小于 1 但却与 1 很接近时，就会导致 HEGY 检验统计量的势严重歪曲。实际中，在 5% 名义显著性水平，检验的势接近 1——即当原假设为真时，它也几乎总是被拒绝。这实质上是由于移动平均多项式 $1-\theta_4 L^4$ 与自回归多项式 $\Delta_4 = 1 - L^4$ 的近似消去所引起的。所有 HEGY 检验统计量（零频率及季节频率）均受到影响，虽然通过在回归检验式中加入附加动态项后对此能有所改进，但势歪曲问题仍然存在。DHF 检验方法同样不能解决这一问题。

当数据生成过程中的一阶移动平均项系数 θ 接近+1 或－1 时，

$$\Delta_4 y_t = \varepsilon_t - \theta_1 \varepsilon_{t-1} \tag{3.75}$$

也会影响到 HEGY 检验的势。这是因为 HEGY 检验是基于分解 $\Delta_4 = (1-L)(1+L)(1+L^2)$ 进行的，因子$(1\pm L)$将会与移动平均项中的因子发生近似消去（Hylleberg，1995）。但是，GLN 发现由于 DHF 检验不会发生这类近似消去，从而 DHF 检验的势几乎不受这种一阶 MA 因子的影响。

Rodrigues 和 Osborn（1999a）利用月度数据对 DHF、HEGY 和 OCSB 这些季节单位根检验方法作了与 GLN 相类似的比较研究。他们的结论与 GLN 一致，并且在近似消去问题的研究上有所突破。他们指出，当数据生成过程为式（3.74）时，LM 序列相关检验不能发现回归检验式中的残差有自相关性。换句话说，当季节 MA 系数与 1 接近（导致所有季节单位根统计量有非常糟的势）时，不仅发生近似消去而且传统的自相关诊断检验无法发现模型的这种误设定。这使得在实际应用中建模者意识不到回归检验式中附加动态项的设定有问题。

通过对各种方法的比较，Rodrigues 和 Osborn 发现，当（月度）数据生成过程是平稳随机季节性过程时，与 DHF 或 OCSB 检验相比，HEGY 检验的功效较差。他们认为这是由于 HEGY 方法是基于季节差分算子的因式分解进行的，它不仅意味在月度数据研究情形下比其他两种检验方法要估计更多的参数，而且使得回归检验式中自回归多项式的根与 1 更加容易接近。例如，$1-\phi_{12}L^{12}$ 中与零频率相联系的因子是 $1-\sqrt[12]{\phi_{12}}\,L$，这表明当 ϕ_{12} 取中等正数值时就有一个与 1 很接近的根。而在 DHF 方法或 OCSB 方法中，是直接对季节滞后项的系数进行检验，不存在这个问题。

Psaradakis（1997）对近似消去问题提出一个解决方法。他建议采用“预白化”后的数据，在原假设下进行季节单位根检验。为便于表达，假定数据中不含有确定因素项。首先对季节差分后的数据建立 p_0 阶自回归模型，其中 p_0 是从数据出发基于信息准则所设定的滞后阶数

$$\Delta_S y_t = \sum_{i=1}^{p_0} \phi_i \Delta_S y_{t-i} + \varepsilon_t , \tag{3.76}$$

利用由式（3.76）所得参数估计值对水平序列 y_t 进行“预白”，然后对预白化数据

$$\tilde{y}_t = (1-\sum_{j=1}^{p_o} \hat{\phi}_i L^i) y_t$$

进行季节单位根检验，在单位根回归检验式中不再含有附加动态项。Psaradakis 发现，使用预白化数据时的 DHF 和 HEGY 统计量的势比通常那种使用非预白化数据时的检验统计量的势（即使回归检验式中含有附加动态项）有大幅改进。

第三节 扩展

为了使季节单位根检验更具有实用性，我们在上一节的基础上对季节单位根模型从以下各方面进行扩展：允许季节单位根过程包含附加动态项、确定性因素以及允许确定性因素发生结构突变，允许过程具有高阶季节非平稳性等。

一、附加动态项

由于因变量的自相关性，一般我们都要在回归检验式中包含附加动态项以吸收误差项中的自相关性。当这些附加动态项是平稳变量时，它们对季节单位根检验统计量的渐近性质不会产生影响。因此，我们通常在季节单位根回归检验式中包括 $\Delta_S y_t$ 的滞后项。

如何确定回归检验式中附加动态项的阶数，是我们在实践中所面临另一重要问题。如果阶数过低，会使检验统计量的势发生扭曲；而阶数过高，又会使检验统计量的实际功效降低。实践中，常用的方法是从数据出发根据 Akaike 或 Schwartz 准则确定滞后阶数。Hall（1994）指出，如果对季节性时间序列不加选择地采用上述准则来确定滞后阶数可能会导致严重的后果。在应用中，通常采用 Monte Carlo 方法对此进行研究。

特别地，Hall 研究了对一般的 ADF 回归检验式

$$\Delta_1 y_t = \alpha y_{t-1} + \gamma + \sum_{i=1}^{p_0} \phi_2 \Delta_1 y_{t-i} + \varepsilon_t \,, \tag{3.77}$$

其中：p_0 由观察数据设定，假定 $\varepsilon_t \sim i.i.d.(o,\sigma^2)$。当 $\Delta_1 y_t$ 为 AR(p)过程时，$\alpha=0$，于是当 $p_0 \geqslant p$ 时 DF 临界值仍渐近有效。若回归检验式中所设定的附加动态项不能保证 DF 临界值仍渐近有效的话，将导致检验有不适当的势。例如，对于数据生成过程

$$\Delta_1 y_t = \phi_4 \Delta_1 y_{t-4} + \varepsilon_t \,,$$

由于缺少 1,2 和 3 阶自回归滞后项，在中等样本容量下如果我们仍从数据出发基于信息准则选择滞后阶数的话，将使得滞后阶数的设定过低，导致检验统计量的势发生扭曲。蒙特卡罗模拟表明，当样本容量 T=100 时， ADF 检验的势是严重扭曲的。因此，ADF 回归检验式中必须包括 1，2，…，$S-1$ 阶滞后项，即我们应连续地添加滞后动态项。

DHF、HEGY 和 OCSB 的原文中均建议采用两步法来计算检验统计量，即第一步在原假设下确定模型中附加动态项的滞后阶数，第二步再对原假设进行检验。这是由于在原假设下 $\Delta_S y_t$ 或 $\Delta_1\Delta_S y_t$ 是平稳过程，等价于一个无穷阶自回归过程，根据 Taylor 级数展开定理，$\Delta_S y_t$ 或 $\Delta_1\Delta_S y_t$ 近似等价于一个 AR(p)过程。事实上，这种两步法已经很少有人采用了，实证研究中更倾向于在同一步中确定附加动态项的滞后阶数并进行检验。这种一步法实际上是在备择假设下确定附加动态项的滞后阶数的，对回归检验式并未施加季节性单位根的限制。而两步

法及预白化方法都是在原假设下确定模型中附加动态项的滞后阶数的。Psaradakis（1997）使用预白化数据使得检验统计量的势发生大幅改进。究竟是由于对数据进行了预白化还是由于预白化是在原假设成立的条件下进行的，这仍是一个没有定论的问题。

GLN（1994）还发现当数据生成过程有季节单位根时，如果在回归检验式中没有添加足够多 $\Delta_1 y_t$ 的动态滞后项，则此时 DF 检验的功效很差。例如，在季度数据情形下，回归检验式（3.67）中至少应包括三阶附加动态项。当回归检验式中含有足够多 $\Delta_1 y_t$ 的动态滞后项时，统计量 $t(\hat{\alpha}_1)$ 与 HEGY 检验中统计量 $t(\hat{\pi}_1)$ 有类似的渐进分布。当数据生成过程具有确定性季节性并且是平稳的一阶自回归过程时，HEGY 方法中的联合统计量 $F(\hat{\pi}_1 \cap \hat{\pi}_2 \cap \hat{\pi}_3 \cap \hat{\pi}_4)$ 比 DHF 方法中的检验统计量 $t(\hat{\alpha}_4)$ 有更好的功效。这是由于在 DHF 方法中，认为在备择假设下过程是季节性平稳随机过程，而在 HEGY 方法中它的备择假设更加宽泛。虽然在回归检验式中包括多余的附加动态项或无关的确定性因素可能导致功效降低，但是 GLN 仍建议在回归检验式中保留这些项（特别是季节性变量），以免由于错误地将它们剔除而导致检验势严重扭曲。

在季度数据的情形下，Burridge 和 Taylor (2000)对附加动态项在 HEGY 回归检验中的作用从理论及实际应用两方面进行了分析。他们发现，扰动的自相关性将影响与复数单位根相关联的“t 类”统计量的渐近分布，并且添加附加动态项并不能解决这类问题。但是，联合“F 类”统计量却是不变的。

二、确定项

当一般的单位根回归检验式中包括确定性因素时，将对 Dickey-Fuller 检验统计量的渐近分布和有限样本性质产生不容忽视的作用，Hamilton (1994a)和 Banerjee 等（1993）都对此进行了讨论。如果季节单位根回归检验式中包括确定项时，同样会影响检验统计量的渐近分布和有限样本性质。即便真实的数据生成过程（初始值为零）中不含有确定性因素，但是在回归检验式中却包括了常数项、季节虚拟变量或线性趋势，这将会对其中某些检验统计量的渐近分布和有限样本性质产生影响。

当回归检验式中包括有 S 个季节虚拟变量时，相当于为每个季节添加了一个常数项。实际上，这时与 S 个季节相对应的 S 个随机游走过程 $y_{s\tau}$（s=1, 2, ⋯, S）变为中心化后的随机游走过程 $\tilde{y}_{s\tau} = y_{s\tau} - \bar{y}_s$，其中 $\bar{y}_s$ 是第 s 季节 T_τ 个观察值的样本均值。结果，当回归检验式中包括季节虚拟变量时，与每个季节相对应的随机游走过程的渐进分布是中心化的布朗运动 $\tilde{W}_s(r) = W_s(r) - \int_0^1 W_s(r)\mathrm{d}r$。当回归检验式中包括趋势（除季节虚拟变量之外）项时，与每个季节相对应的随机游走过程的渐进分布是中心化且去除趋势后的布朗运动（Smith 和 Taylor, 1998）。在 HEGY 检验中，统计量的渐近分布是布朗运动 $W_s^*(r)$ 的函数，其中 $W_s^*(r)$ 是 $W_s(r)$（s=1, 2, ⋯, S）的线性组合。当回归检验式中包括有 s 个季节虚拟变量时，从原始数据 $y_{s\tau}$（s=1, 2, ⋯, S）中去除均值等价于对 HEGY 变量进行了中心化，这使得 HEGY 检验统计量的渐近分布是中心化后布朗运动 $\tilde{W}_s^*(r)$ 的函数。

当回归检验式中包括有年度趋势项时，只影响与零频率相对应统计量的渐进分布。因此，只需用中心化且去除趋势后的布朗运动来代替式（3.61）中的 $W_1^*(r)$。例如，在季度数据情形下，由式（2.50）有 $y_t^{(2)} = y_t - y_{t-1} + y_{t-2} - y_{t-3}$ 和 $y_t^{(3)} = y_t - y_{t-2}$，它们都是由不同季度观测值的差分组成的，这种差分去除了数据中的年度趋势，于是，当回归检验式中包括有年度趋势项时，不会对 $\hat{\pi}_2$、$\hat{\pi}_3$ 和 $\hat{\pi}_4$ 的渐近分布产生影响。然而，当回归检验式中包括随季节变化的季节趋势时，则会对 $\hat{\pi}_2$、$\hat{\pi}_3$ 和 $\hat{\pi}_4$ 的渐近分布产生影响。

Kiviet 和 Phillips（1992）的分析表明，在常用的季节性单位根检验中，当回归检验式中包括季节虚拟变量时，便保证了检验统计量关于初始值具有不变性；而当回归检验式中包括趋势项时，保证了检验统计量关于（常数）漂移项具有不变性。从而，当回归检验式中包括这些确定性因素时，在对立假设下可以认为 y_t 剔除一般长期线性趋势和确定性季节性因素后是一个平稳过程。因此，在原假设为 y_t ～SI（1）时，我们通常应在回归检验式中包括季节虚拟变量及线性趋势。只有当原假设下认为漂移项具有季节性变动时，才会在回归检验式中包括季节性趋势。无论真实 DGP 如何，当回归检验式中包括这些确定性因素时，都会改变检验统计量的有限样本分布。因此，对季节数据中的趋势要特别重视。

Perron（1989）发现，如果一个在趋势附近平稳的非季节性过程的确定性因素有结构突变，但却未被发觉，则在实际检验中我们很难将它与一个单位根过程区分开。Ghysels（1994a）、Smith 和 Otero（1997）及 Franses 和 Vogelsang（1998）将上述结果扩展到一个或多个季节虚拟变量可能具有结构突变的季节性过程。

我们讨论最简单的一种情形，过程只有单个的结构突变，假定数据生成过程不含趋势项，扰动是独立同分布的。在原假设为过程具有季节性单位根下，通过 DHF 回归检验式进行检验

$$\Delta_S y_t = \alpha_S y_{t-S} + \sum_{s=1}^{4} \gamma_s \delta_{st} + \sum_{s=1}^{4} \gamma_s^* \delta_{st}^* + \varepsilon_t \,, \tag{3.78}$$

其中：$\delta_{st}^* = 0,\ t \le T_B$；$\delta_{st}^* = \delta_{st},\ t > T_B$，即 δ_{st}^* 在 T_B 之前为 0，在 T_B 期后是一传统的季节性虚拟变量。为便于描述，令 $T_B = \lambda T$，其中：λ 是发生结构突变之前样本数占样本总量的比重。在原假设 $H_0 : \alpha_S = 0$ 下，利用式（3.78）所进行的检验实际上是一个允许结构突变的 DHF 检验。

正如 Ghysels (1994a)在季节情形下和 Perron (1989)关于非季节情形下所指出的那样，我们可以把式（3.78）中的结构突变理解为（原假设下）在时刻 T_B 之后产生了一个新的季节性随机游走过程。由于一个季节性随机游走过程是由 S 个独自的单位根过程组成，因此对于有结构突变的季节性随机游走过程，在时刻 T_B 前有 S 个独立的随机游走过程，在时刻 T_B 后有另外 S 个独立的随机游走过程。于是，$\hat{\alpha}_S$ 的 t 统计量的渐近分布是这 $2S$ 个独立布朗运动的函数，即

$$t(\hat{\alpha}_S) \Rightarrow \frac{\lambda \sum_{s=1}^{S} \int_0^1 \tilde{W}_s(r) \mathrm{d}\tilde{W}_s(r) + (1-\lambda) \sum_{s=S}^{2S} \int_0^1 \tilde{W}_s(r) \mathrm{d}\tilde{W}_s(r)}{\left\{ \lambda^3 (1-\lambda) \sum_{s=1}^{S} \int_0^1 [\tilde{W}_s(r)]^2 \mathrm{d}r + \lambda\ (1-\lambda)^3 \sum_{s=S}^{2S} \int_0^1 [\tilde{W}_s(r)]^2 \mathrm{d}r \right\}^{1/2}}, \tag{3.79}$$

其中：$\tilde{W}_s(r), s = 1, 2, \cdots, 2S$ 是独立的中心化后的布朗运动。当回归检验式中带有常数项时，在 λ=0.5 这种特定情形下，可以发现式（3.79）是关于 $2S$ 季节的 DHF 分布。当扰动是更一般的

弱平稳随机过程 z_t 时，上述结论仍然成立。

对于其他季节单位根检验方法，也同样可以考虑确定性因素中的结构突变问题。Smith 和 Otero（1997）及 Franses 和 Vogelsang（1998）对季度数据时的 HEGY 方法中的结构突变问题进行了研究。Smith 和 Otero 采用的是 Monte Carlo 法，而 Franses 和 Vogelsang 则是从理论上进行了探讨。但是他们都只对单个检验统计量 $t(\hat{\pi}_1)$、$t(\hat{\pi}_2)$ 和 $F(\hat{\pi}_3 \cap \hat{\pi}_4)$ 进行了研究，而未对联合检验统计量 $F(\hat{\pi}_1 \cap \hat{\pi}_2 \cap \hat{\pi}_3 \cap \hat{\pi}_4)$ 进行研究。按照 Zivot 和 Andrews（1992）中的方法，Franses 和 Vogelsang 讨论了如何从数据出发估计结构突变点 T_B。

结构突变使得 HEGY 检验中的所有统计量的分布受到的影响，这便得 $t(\hat{\pi}_1)$ 和 $t(\hat{\pi}_2)$ 的临界值左移，$F(\hat{\pi}_3 \cap \hat{\pi}_4)$ 的临界值右移。Franses 和 Vogelsang 指出，当根据 $t(\hat{\pi}_1)$ 或 $t(\hat{\pi}_2)$ 最小来确定突变点时，所得临界值表与 Perron 和 Vogelsang（1992）在非季节情形下所得临界值表在经验上是相同的。这是由于 HEGY 方法中统计量 $t(\hat{\pi}_1)$ 和 $t(\hat{\pi}_2)$ 都是服从 DF 分布的。

da Silva Lopes 和 Montanes（1999）提出了另一种观点。他们假定数据生成过程是有结构突变的确定性季节性模型，但却采用了通常的 HEGY 检验。这时，除了 $t(\hat{\pi}_4) \Rightarrow 0$ 之外，HEGY 检验中的其他统计量都渐近发散，因为严格地讲，$t(\hat{\pi}_4)$ 并不是一个用于单位根检验的统计量。在有限样本情形下，结构突变通常使得检验统计量的分布向零点平移，并且这些统计量的分布还受结构突变的强弱程度的影响。于是，可以利用 HEGY 检验统计量粗略地区分过程是带有结构突变的确定性季节过程还是季节单位根过程。但是，我们应该注意到结构突变的出现将降低这些检验的功效。

三、高阶非平稳性

我们已经用相当多的篇幅对一阶季节非平稳性进行了讨论，下面，我们进一步对高阶季节非平稳性进行研究。例如，Box 和 Jenkins（1976）的所谓航空模型，它假定数据生成过程形如

$$\Delta\Delta_s y_t = (1-\theta_1 L)(1-\theta_{S'} L^S)\varepsilon_t\,, \tag{3.80}$$

其中：$|\theta_1|<1,\ |\theta_S|<1$。当数据表现出高阶非平稳性的特征时，通常采用“向下检验”的方法来确定单整阶数。这是因为当原假设所设定的单整阶数低于数据生成过程的真正阶数时，检验的势不正确。在非季节的情形下，Dickey 和 Pantula（1987）对单整阶数的确定进行了讨论，Ilmakunnas（1990）进一步讨论了如何在季节单位根检验中正确地确定单整阶数。

常见的高阶季节性单整经济时间序列为 $\Delta_1 y_t \sim SI(1)$，更高阶数的季节性单整时间序列缺乏实际的经济含义。在原假设 $\Delta_1 y_t \sim SI(1)$ 下，除一阶差分之外还要求对水平序列 y_t 作季节差分。由于季节差分意味着过程除季节单位根之外还有一个零频率单位根，于是在原假设下，水平序列 y_t 有两个零频率单位根。当 $\Delta_1 y_t \sim SI(1)$ 时，按照 Engle, Granger 和 Hallman（1989）的记号，记作 $y_t \sim I(2,\,1)$。它表明过程有两个零频率单位根和由季节求和算子 $(1+L+L^2+\cdots+L^{S-1})$ 所隐含的 $S-1$ 个季节单位根。Osborn 等（1988）中的记号却未将季节差分算子 Δs 中所隐含的季节性单位根和零频率单位根分离开，因此我们采用了 Engle, Granger 和 Hallman（1989）的记号。在此只考虑了两种情形，即 $(1+L+L^2+\cdots+L^{S-1})$ 隐含

的$S-1$个单位根都出现或者所有与季节频率相关的根都严格位于单位圆外（随机季节性是平稳的）。而没有像 HEGY 方法中那样对单个的季节频率或者任意几个频率上的单位根（季节性单位根的一个子集）进行检验。

Hasza 和 Fuller（1982）通过如下回归检验式对原假设I（2，1）进行联合检验

$$y_t = \phi_1 y_{t-1} + \phi_S y_{t-S} + \phi_{S+1} y_{t-S-1} + \sum_{s=1}^{S} \delta_{st} r_s + z_t , \quad (3.81)$$

其中：原假设为$\phi_1 = \phi_S = 1$，$\phi_{S+1} = -1$。这个检验的备择假设非常宽泛，因此，拒绝原假设并不能确定数据生成过程的具体形式。通常采用向下检验的方法对具体的备择假设进行再检验。

Ilmakunnas（1990）讨论了在季节单位根检验中利用向下检验确定过程单整阶数的步骤。当初始原假设为$y_t \sim I(2, 1)$时，可以采用如下三种不同方法：

（1）如果检验的备择假设为$y_t \sim I(1, 1)$，则可对$\Delta_S y_t$或$\Delta_1 y_t$进行 DF 单位根检验。考虑到可能有季节单位根出现，后一种情形的回归检验式中应至少包括因变量$S-1$个滞后项。如果拒绝原假设，则新的原假设为$y_t \sim I(1, 1)$，此时可再利用第三章第三节中的季节单位根检验方法对过程y_t进行检验。

（2）如果检验的备择假设为I（2，0）、I（1，1）和I（1，0），则可对$\Delta_1 y_t$（注意：不是y_t）利用回归检验式（3.57）进行 HEGY 检验。如果拒绝原假设，则新的原假设为$y_t \sim I(1, 1)$、$I(1, 0)$ 或I（2，0），此时对零频率单位根可采用一般的方法进行假设检验，相应的备择假设分别为I（0，1）、I（0，0）或I（1，0）。

（3）如果检验的备择假设为I（1，1）和I（1，0），则可对水平序列y_t利用回归式（3.71）进行 OCSB 检验。如果拒绝原假设I（2，1），则新的原假设为I（1，1）或I（1，0），此时对零频率单位根可采用一般的方法进行假设检验，相应的备择假设分别为I（0，1）、I（0，0）。

在上述这三种方法中，通常都要求在回归检验式中带有确定项和附加动态项。

四、复合检验及显著性水平

上述所讨论的季节性单位根检验方法都涉及了对多个系数的联合检验问题。例如，对 HEGY 回归检验式（3.57），Hylleberg 等（1990）建议对π_1和π_2进行单边检验，对（π_3，π_4）进行序贯检验或者联合检验。由于在备择假设下认为过程是平稳的，所以对π_1、π_2和π_3采用单边检验。而当使用联合F类统计量时，备择假设是双边的。当这三个检验中的某一个原假设都被拒绝时，我们就拒绝季节性单位根原假设，但是只有当这三个检验中的某一个原假设都被拒绝时，我才能认为过程是平稳的。许多应用研究者都采纳了 HEGY 的建议，使用了联合检验$\pi_1 = \pi_2 = \pi_3 = \pi_4 = 0$，但是他们未能认识到复合检验与单个检验之间的显著性水平差异。

我们假定在显著性水平α下，分别对π_1和π_2进行检验，对（π_3，π_4）进行联合检验。由于回归变量的渐近正交性，我们通常可以认为这些单个检验是互相独立的。从而，当原假设y_t～SI(1)为真时，不能拒绝原假设的概率为$1-\alpha^3$。当α很小时，此概率大约为$1-3\alpha$。比如，当α=0.05 时，复合检验的显著性水平为$1-0.95^3=0.14$。在月度数据情形下，这一问题尤为严重。我们假定在显著性水平α下，关于实数根π_1和π_2分别进行单个检验以及每个

复数对（π_i，π_{i+1}）（$i=3,5,7,9,11$）分别进行联合检验，则不能拒绝原假设 $y_t \sim SI(1)$ 的概率 $1-(1-\alpha)^7$ 或近似等于 7α。比如，当 $\alpha=0.05$ 时，复合检验的显著性水平为 0.3。虽然 Dickey（1993）对 HEGY 方法中复合检验的显著性水平问题予以了探讨，但在许多应用研究中并未得到足够重视。

如果我们希望复合检验的显著性水平为 α，那么一种简单的方法便是要求单个检验中的显著性水平为 α/n，其中 n 为所采用的单个检验的个数（在季度情形下，n=3；在月度情形下，n=7）。因此，除了传统的 1%和 5%显著性水平之外，对 $t(\hat{\pi}_1)$ 和 $F(\hat{\pi}_3 \cap \hat{\pi}_4)$ 还需编制显著性水平为 α/n 的临界值表。但是，当检验回归式中的回归变量不具有渐近正交性时，复合检验与单个检验的显著性水平之间不再具有这种确定性关系。如果仍想利用单边检验来完成复合检验，利用 Bonferroni 不等式得到复合检验的显著性水平的上界，即假定 n 个单个检验是分别在显著性水平 $\alpha_i(i=1, 2, \cdots, n)$ 下进行的，则复合检验的显著性水平最多为 $\sum_{i=1}^{n}\alpha_i$，与单个检验之间是否独立无关。Savin（1984）对线性回归模型复合检验中所涉及的各种问题进行了深入研究。

在 Kunst 或 OCSB 回归检验式中，其回归变量都不具有渐近正交性。在 Kunst 回归检验式（3.68）中，采用“F 类”统计量对 $\phi_1=\phi_2=\cdots=\phi_{S-1}=0$ 进行联合检验以及 $t(\hat{\alpha}_S)$ 进行单边检验。这两个检验中可采用不同的显著性水平，以显示“F 类”检验或“DHF 类”季节单位根检验在复合检验中的相对重要性（应该注意的是，上述统计量的分布都是非标准的）。同理，在 OCSB 回归检验式（3.72）中是利用 $t(\hat{\beta}_1)$ 和 $t(\hat{\beta}_2)$ 分别进行单边检验，所以对复合检验的显著性水平可以予以控制。

当然，我们也可以在显著性水平 α 下直接采用 F 统计量对相应的回归检验式中的参数进行联合检验。但是，这种方法不能识别某一特定系数在对立假设下是否是单边的，而且它对检验中的各个系数是同等看待的。

五、一些实证研究结果

近年来，涌现了大量关于季节单位根的实证文章。但是，对宏观经济时间序列是否普遍存在季节单位根这一问题，各研究者尚未达成共识。下面对其主要结论做一个简单回顾。

实证研究中，Barsky 和 Miron（1989）研究了美国二战后的 25 个宏观经济变量，认为季节模式是确定不变的，Canova（1992）对同一数据集的研究发现，其中仅有耐用消费支出、进口、出口以及消费价格指数这四个变量的季节模式是平稳的，其余变量的季节模式都或强或弱地在季节频率上存在非平稳性。Ghysels（1991）也得出了同样的结论。Canova（1993）对欧洲八国的工业生产指数进行了检验，认为除法国以外其余七国的工业生产指数都具有非平稳季节模式。Lee 和 Siklos（1991）对加拿大宏观经济时间序列是否存在季节单位根进行了检验。Miron 及其同事对许多国家宏观经济时间序列进行研究后发现，没有证据表明这些时间序列中存在季度或月度季节性单位根[参见 Miron（1994）]。与之恰恰相反，同样基于 Miron 研究中所采用的一些数据，Hylleberg 等（1993）发现“变化的和不断演进的季节模式是宏观经济时间序列中普遍存在的一种现象”。Hylleberg（1994）认为，这是由于在 Miron 研究中的回归检验式采用的附加动态项较少以及近似消去现象的发生，从而使得原假设（过程存在季节性单位根）总是被拒绝。此外还应注意，Hylleberg 等对原假设（过程是季节性单整的）的检验，是通过对过程在零频率和每一季节频率处是否有单位根分别进行检验的，但他未对整个检验的显著性水平加以控制。这也是大部分季节性单位根实证研究中常常忽略的一个问题。在所研究的序列中，几乎没有发现恰好包含了 S 个季节单位根的（即数据生成过程是季节单整的）宏观经济时间序列。

Franses 和 Vogelsang（1998）对 Hylleberg 等（1993）中所采用的 14 国季度实际 GDP 数据，从确定性因素可能具有结构突变这一角度进行了深入研究。他们的结论基于如何对待检验出来的结构突变点[特别地，是利用可加性异常点模型（additive outlier model）还是新息异常点模型（innovation outlier model）]。他们发现，当回归检验式中允许确定性因素具有结构突变时，一些原先没有被拒绝原假设（季节性单位根）现在却在相当低的显著性水平被拒绝了。

目前关于季节性单位根检验后建立的模型是否有更好的后样本（postsample）预测精度，这方面的研究还比较少。Osborn，Heravi 和 Birchonhall（1999）对三个欧洲国家数十个工业品产量序列进行了研究。他们发现，虽然季节单位根检验表明，这些序列都不是季节单整的，但是基于季节性差分数据所建立的模型与根据确定性季节性所建立的模型至少（按照均方根预测误差）在预测精度上是一样的。Paap（1997）等对上述两种模型就预测精度在小范围内进行了比较研究，他们发现，虽然后者的预测精度可能通过允许结构变突而得到改进，但是结构突变模型无法预测在预测期内何时发生突变。对我国宏观经济时间序列中季节模式类型的全面检验至今尚未见于文献。

第四节　案例：我国进出口总额的季节模式

下面我们就利用本章所介绍的常用方法及步骤对我国进出口总额的季节模式进行分析。受数据获得的影响，样本区间为 1990 年第一季度至 2006 年第四季度。为消除数据中可能存在的异方差，所有变量都取了自然对数。

一、平稳季节模式的检验

我国出口额(E_t)季度时间序列数据(1990.1～2006.4)取自然对数后，$\ln E_t$ 的变化曲线见图 3.1(a)。$\ln E_t$ 序列的变化都表现出明显的季节特征，第四季度的值都远远高于其余三个季度的值。这是由我国出口产品的结构所决定的。

对上述时间序列进行一阶差分，则差分后的序列仍表现出明显的季节特征(见图 3.1(b))。通过对上述时间序列做四阶差分，发现四阶差分后所得序列不再有明显的季节特征(见图 3.1(c))。这种季节性特征究竟是确定性的还是季节单位根的，仅从上图是无法断定的。如果数据生成过程是确定性季节性过程，则对原始数据做季节差分后所得的序列是一个不可逆的 MA 过程。由图 3.1(d)可见，$\Delta_4 \ln E_t$ 的自相关函数以正弦形式缓慢衰减，这表明 $\Delta_4 \ln E_t$ 中可能存在共轭复数根并且至少有一个单位根。从而，数据生成过程可能是一个确定性季节性过程。下面，利用 CH 方法、Caner 方法以及 TR 方法对序列是否有确定性季节性做进一步的检验。

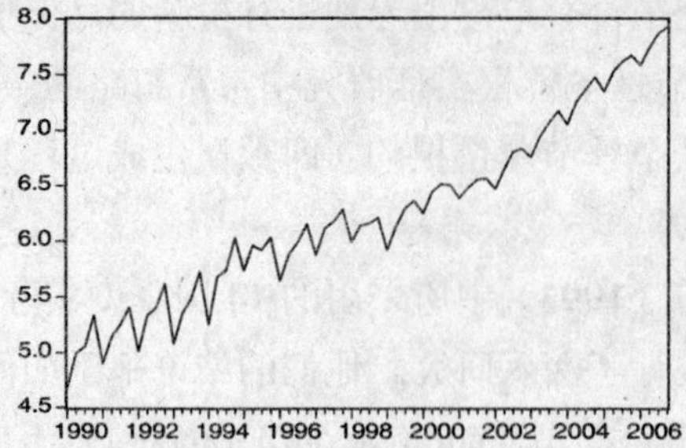

（a）$\ln E_t$

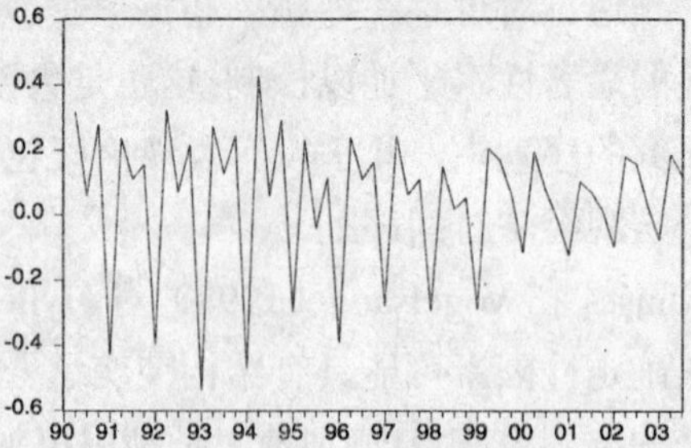

（b）$\Delta_1 \ln E_t$

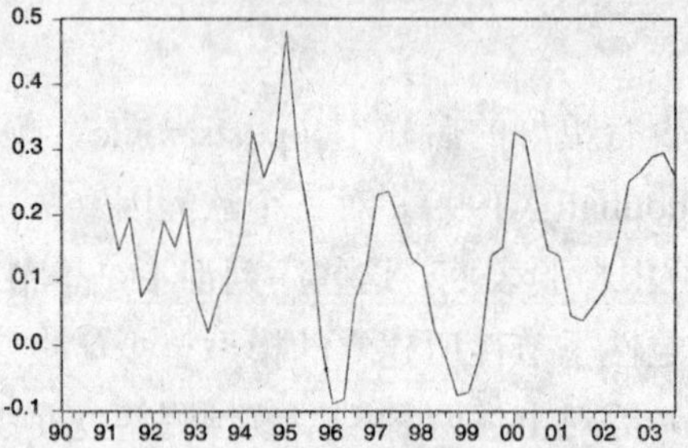

（c）$\Delta_4 \ln E_t$

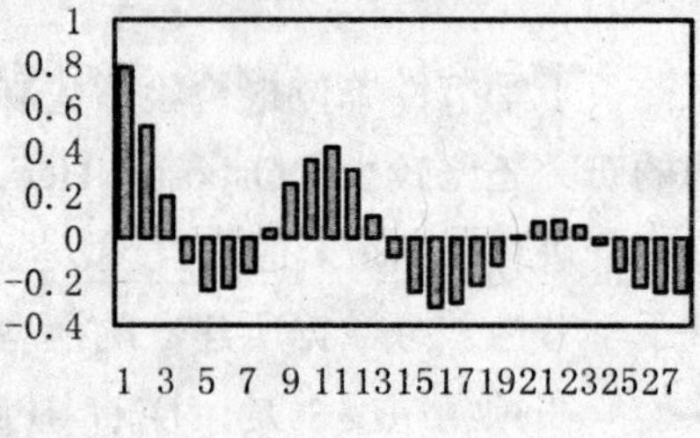

（d）$\Delta_4 \ln E_t$ 的自相关函数

图 3.1　出口总额 $\ln E_t$

（一）CH 检验

我们首先建立回归模型

$$\ln E_t = 0.04t + 4.72\delta_{1t} + 4.90\delta_{2t} + 4.95\delta_{3t} + 5.03\delta_{4t} + z_t,$$

其中：δ_{1t}、δ_{2t}、δ_{3t} 和 δ_{4t} 为季节虚拟变量。利用残差构造 CH 检验统计量 L (取核函数的窗宽 m=8)，用附表 4 检验统计量 L 的显著性，检验结果见表 3.1。

表 3.1　出口总额 $\ln E_t$ 的 CH 检验

Dependent Variable: LNE
Method: Least Squares
Date: 01/23/08 Time: 14:24
Sample: 1990Q1 2006Q4
Included observations: 68

Variable	Coefficient	Std. Error	t-Statistic	Prob.
@TREND	0.039965	0.000963	41.51823	0.0000
@SEAS(1)	4.718450	0.048703	96.88174	0.0000
@SEAS(2)	4.904609	0.049318	99.44941	0.0000
@SEAS(3)	4.952240	0.049943	99.15775	0.0000
@SEAS(4)	5.032440	0.050579	99.49652	0.0000

R-squared	0.966085	Mean dependent var	6.240752
Adjusted R-squared	0.963931	S.D. dependent var	0.819017
S.E. of regression	0.155546	Akaike info criterion	-0.813071
Sum squared resid	1.524248	Schwarz criterion	-0.649871
Log likelihood	32.64440	Durbin-Watson stat	0.412417

CH Season Unit Root Test

	statistics
all	1.0840*
quarter1	0.2577
quarter2	0.1971
quarter3	0.2248
quarter4	0.3798*
0	0.2295
1/4	0.4649
1/2	0.7259**

* mean 10% ,level significant
** mean 5% level significant
*** mean 1% level significant

CH 方法认为，在显著性水平 0.1 下拒绝原假设（出口额序列在所有频率上都是平稳的确定性季节性模式）。从单个季节或频率上看，在第四季度和季节频率 1/2 上拒绝原假设。但是，从图 3.1 可见，出口额在 2001 年后表现出趋势上的结构突变，随后的 chow 检验也表明 2001 年和 1999 年确实是两个结构突变点。因此，CH 检验结果可能是结构突变引起的误判断。

Chow Breakpoint Test: 1999Q1 2001Q1

F-statistic	18.58358	Probability	0.000000
Log likelihood ratio	102.3729	Probability	0.000000

于是，我们进一步在回归模型中考虑结构突变点。通过本案例可以看出，结构突变对季节非平稳检验的影响是相当大的，但是目前这方面的研究还不是很完善，相关的检验用表不全。我们这里以未考虑结构突变的临界值表作为粗略的近似。令虚拟变量 break1 和 break2 分别表示 2001 年第一季度和 1999 年第一季度的结构突变，检验结果见表 3.2。

表 3.2　出口总额 $\ln E_t$ 带结构突变的 CH 检验

Dependent Variable: LNE
Method: Least Squares
Date: 01/23/08 Time: 14:29
Sample: 1990Q1 2006Q4
Included observations: 68

Variable	Coefficient	Std. Error	t-Statistic	Prob.
@TREND	0.036894	0.001032	35.73943	0.0000
@SEAS(1)	4.732014	0.033534	141.1127	0.0000
@SEAS(2)	5.004574	0.031290	159.9401	0.0000
@SEAS(3)	5.037011	0.031814	158.3278	0.0000
@SEAS(4)	5.195755	0.032362	160.5522	0.0000
(@TREND-44)*BREAK1	0.023999	0.002263	10.60262	0.0000
@SEAS(2)*BREAK2	-0.173403	0.045480	-3.812775	0.0003
@SEAS(3)*BREAK2	-0.154901	0.045220	-3.425532	0.0011
@SEAS(4)*BREAK2	-0.313460	0.045009	-6.964444	0.0000

R-squared	0.992236	Mean dependent var	6.240752
Adjusted R-squared	0.991183	S.D. dependent var	0.819017
S.E. of regression	0.076906	Akaike info criterion	-2.169736
Sum squared resid	0.348955	Schwarz criterion	-1.875978
Log likelihood	82.77102	Durbin-Watson stat	0.694153

CH Season Unit Root Test

	statistics
all	0.4102
quarter1	0.1119
quarter2	0.0867
quarter3	0.1039
quarter4	0.0647
0	0.0887
1/4	0.2841
1/2	0.0834

' mean 10% level significant
* mean 5% level significant
** mean 1% level significant

CH 方法认为，在显著性水平 0.1 下都不能拒绝原假设（出口额序列在所有频率上都是平稳的确定性季节性模式）。检验表明，出口额季度序列是具有结构突变的平稳季节模式。

（二）Caner 检验

首先对季度差分后序列建立 ARMA 模型

$(1-0.349L-0.406L^3+0.595L^4)\Delta_4 \ln E_t=0.173+(1+0.758L+0.716L^2+0.388L^4)u_t$,

再利用上式中的自回归多项式参数对原始数据进行滤波，令

$LNECANERFIT=(1-0.349L-0.406L^3+0.595L^4)\ln E_t$,

而后对其建立回归模型

$LNECANERFIT=0.034t+3.749\delta_{1t}+4.129\delta_{2t}+4.108\delta_{3t}+4.332\delta_{4t}+u_t$

表 3.3 出口总额 $\ln E_t$ 的 Caner 检验回归式

Dependent Variable: D4LNE
Method: Least Squares
Date: 10/19/07 Time: 09:06
Sample (adjusted): 1992Q1 2006Q4
Included observations: 60 after adjustments
Convergence achieved after 23 iterations
Backcast: 1991Q1 1991Q4

Variable	Coefficient	Std. Error	t-Statistic	Prob.
C	0.173032	0.026340	6.569152	0.0000
AR(1)	0.349243	0.117467	2.973109	0.0044
AR(3)	0.405834	0.086911	4.669513	0.0000
AR(4)	-0.595425	0.102609	-5.802823	0.0000
MA(1)	0.758333	0.136079	5.572725	0.0000
MA(2)	0.716419	0.074950	9.558602	0.0000
MA(4)	0.388351	0.105406	3.684342	0.0005

R-squared	0.791034	Mean dependent var	0.173836
Adjusted R-squared	0.767377	S.D. dependent var	0.124566
S.E. of regression	0.060079	Akaike info criterion	-2.677016
Sum squared resid	0.191306	Schwarz criterion	-2.432676
Log likelihood	87.31048	F-statistic	33.43820
Durbin-Watson stat	1.969690	Prob(F-statistic)	0.000000

Dependent Variable: LNECANERFIT
Method: Least Squares
Date: 10/22/07 Time: 08:19
Sample (adjusted): 1991Q1 2006Q4
Included observations: 64 after adjustments

Variable	Coefficient	Std. Error	t-Statistic	Prob.
@TREND	0.033527	0.001024	32.73827	0.0000
@SEAS(1)	3.749052	0.051368	72.98483	0.0000
@SEAS(2)	4.128586	0.052067	79.29347	0.0000
@SEAS(3)	4.107725	0.052777	77.83119	0.0000
@SEAS(4)	4.331971	0.053498	80.97485	0.0000

R-squared	0.954575	Mean dependent var	5.269527
Adjusted R-squared	0.951496	S.D. dependent var	0.685918
S.E. of regression	0.151065	Akaike info criterion	-0.867312
Sum squared resid	1.346412	Schwarz criterion	-0.698650
Log likelihood	32.75400	Durbin-Watson stat	1.584699

利用残差构造 Caner 检验统计量 L。用附表 4 检验统计量 L 的显著性，检验结果见表 3.4。

表 3.4 出口总额 $\ln E_t$ 的 Caner 检验

Caner Season	Unit Root Test
	statistics
all	2.7292***
quarter1	0.7620***
quarter2	0.2506
quarter3	0.1925
quarter4	1.5240***
0	0.5318**
1/4	0.5195
1/2	1.6777***

* mean 10% level significant
** mean 5% level significant
*** mean 1% level significant

（a）不考虑结构突变

Caner Season	Unit Root Test
	statistics
all	0.5110
quarter1	0.1679
quarter2	0.1161
quarter3	0.0291
quarter4	0.1977
0	0.2068
1/4	0.1503
1/2	0.1538

* mean 10% level significant
** mean 5% level significant
*** mean 1% level significant

（b）考虑结构突变

Caner 方法认为，在显著性水平 0.01 下拒绝原假设（出口额序列在所有频率上都是平稳的确定性季节性模式）。从单个季节上看，在第一季度和第四季度拒绝原假设；从频率上看在 0 频率和季节频率 1/2 上。但是，从图 3.1 可见，出口额在 2001 年后表现出趋势上的结构突变，随后的 chow 检验也表明 2001 年确实是一个结构突变点。因此，Caner 检验结果可能是结构突变引起的误判断。于是，我们进一步在回归模型中考虑结构突变点。Caner 方法认为，当考虑结构突变时，在显著性水平 0.01 下都不能拒绝原假设（出口额序列在所有频率上都是平稳的确定性季节性模式）。从单个季节和频率上看，在显著性水平 0.1 下，在第四季度和季节频率 1/2 上拒绝原假设。

表 3.5　出口总额 $\ln E_t$ 带结构突变的 Caner 检验回归式

Dependent Variable: D4LNE
Method: Least Squares
Date: 01/23/08 Time: 15:08
Sample (adjusted): 1992Q1 2006Q4
Included observations: 60 after adjustments
Convergence achieved after 15 iterations
Backcast: 1991Q1 1991Q4

Variable	Coefficient	Std. Error	t-Statistic	Prob.
BREAK1	0.112601	0.035018	3.215555	0.0022
C	0.128994	0.026547	4.859105	0.0000
AR(1)	0.361797	0.106264	3.404704	0.0013
AR(3)	0.355013	0.084833	4.184847	0.0001
AR(4)	-0.646144	0.092813	-6.961764	0.0000
MA(1)	0.755802	0.130193	5.805252	0.0000
MA(2)	0.702435	0.075999	9.242635	0.0000
MA(4)	0.414748	0.100495	4.127051	0.0001

R-squared	0.822140	Mean dependent var	0.173836
Adjusted R-squared	0.798198	S.D. dependent var	0.124566
S.E. of regression	0.055958	Akaike info criterion	-2.804862
Sum squared resid	0.162828	Schwarz criterion	-2.525616
Log likelihood	92.14585	F-statistic	34.33791
Durbin-Watson stat	2.137457	Prob(F-statistic)	0.000000

Inverted AR Roots	.73+.49i	.73-.49i	-.55-.73i	-.55+.73i
Inverted MA Roots	.27-.59i	.27+.59i	-.65-.76i	-.65+.76i

Dependent Variable: LNECANERBREAKFIT
Method: Least Squares
Date: 01/23/08 Time: 14:40
Sample (adjusted): 1991Q1 2006Q4
Included observations: 64 after adjustments

Variable	Coefficient	Std. Error	t-Statistic	Prob.
@TREND	0.035046	0.001560	22.45805	0.0000
(@TREND-44)*BREAK1	0.019289	0.002504	7.704474	0.0000
@SEAS(1)	4.119785	0.036843	111.8195	0.0000
@SEAS(2)	4.673155	0.037918	123.2435	0.0000
@SEAS(3)	4.579080	0.039026	117.3348	0.0000
@SEAS(4)	4.978592	0.040164	123.9580	0.0000
@SEAS(1)*BREAK2	0.066668	0.052525	1.269250	0.2098
@SEAS(2)*BREAK2	-0.223465	0.051822	-4.312133	0.0001
@SEAS(3)*BREAK2	-0.094918	0.051165	-1.855153	0.0690
@SEAS(4)*BREAK2	-0.436233	0.050553	-8.629152	0.0000

R-squared	0.992136	Mean dependent var	5.818219
Adjusted R-squared	0.990825	S.D. dependent var	0.748356
S.E. of regression	0.071681	Akaike info criterion	-2.290587
Sum squared resid	0.277459	Schwarz criterion	-1.953262
Log likelihood	83.29880	Durbin-Watson stat	1.552445

（三）TR 方法

TR 方法的检验步骤和 Caner 方法类似，首先对序列 $\Delta_4 \ln E_t$ 建立 ARMA 模型

$$(1-0.987L+0.220L^3)\Delta_4 \ln E_t=0.173+(1-0.325L^4)u_t,$$

与 Caner 方法不同的是，此处移动平均部分仅有 MA（4）项。再利用上式中的自回归多项式参数对原始数据进行滤波，

$$LNETRFIT=(1-0.987L+0.220L^3)\ln E_t,$$

表 3.6　出口总额 $\ln E_t$ 的 TR 检验回归式

Dependent Variable: D4LNE
Method: Least Squares
Date: 10/19/07 Time: 09:09
Sample (adjusted): 1991Q4 2006Q4
Included observations: 61 after adjustments
Convergence achieved after 8 iterations
Backcast: 1990Q4 1991Q3

Variable	Coefficient	Std. Error	t-Statistic	Prob.
C	0.172824	0.026264	6.580279	0.0000
AR(1)	0.987141	0.093345	10.57520	0.0000
AR(3)	-0.220217	0.097827	-2.251095	0.0283
MA(4)	-0.325248	0.142297	-2.285701	0.0260

R-squared	0.714041	Mean dependent var	0.172207
Adjusted R-squared	0.698991	S.D. dependent var	0.124177
S.E. of regression	0.068129	Akaike info criterion	-2.471502
Sum squared resid	0.264569	Schwarz criterion	-2.333084
Log likelihood	79.38080	F-statistic	47.44317
Durbin-Watson stat	2.111006	Prob(F-statistic)	0.000000

Inverted AR Roots	.69-.27i	.69+.27i	-.40	
Inverted MA Roots	.76	-.00+.76i	-.00-.76i	-.76

Dependent Variable: LNETRFILTER
Method: Least Squares
Date: 10/22/07 Time: 09:04
Sample (adjusted): 1990Q4 2006Q4
Included observations: 65 after adjustments

Variable	Coefficient	Std. Error	t-Statistic	Prob.
@TREND	0.009427	0.000653	14.44377	0.0000
@SEAS(1)	0.852142	0.033177	25.68490	0.0000
@SEAS(2)	1.336575	0.033617	39.75911	0.0000
@SEAS(3)	1.226165	0.034064	35.99625	0.0000
@SEAS(4)	1.191677	0.033080	36.02370	0.0000

R-squared	0.879062	Mean dependent var	1.482197
Adjusted R-squared	0.871000	S.D. dependent var	0.274674
S.E. of regression	0.098653	Akaike info criterion	-1.720604
Sum squared resid	0.583950	Schwarz criterion	-1.553343
Log likelihood	60.91963	Durbin-Watson stat	2.690385

而后对其建立回归模型

$$LNETRFIT = 0.009t + 0.852\delta_{1t} + 1.337\delta_{2t} + 1.226\delta_{3t} + 1.192\delta_{4t} + u_t。$$

利用残差构造 TR 检验统计量，用附表 4 检验统计量 L_{MA} 的显著性，检验结果见表 3.1。TR 方法认为，在显著性水平 0.01 下拒绝原假设（出口额序列在所有频率上都是平稳的确定性季节性模式）。但是，从图 3.1 可见，出口额在 2001 年后表现出趋势上的结构突变，随后的 chow 检验也表明 2001 年确实是一个结构突变点。因此，TR 检验结果可能是结构突变引起的误判断。

表 3.7　出口总额 lnE_t 的 TR 检验

TR Season Unit Root Test

	statistics
all	3.6145***

* mean 10% level significant
** mean 5% level significant
*** mean 1% level significant

(a) 不考虑结构突变

TR Season Unit Root Test

	statistics
all	0.5227

* mean 10% level significant
** mean 5% level significant
*** mean 1% level significant

(b) 考虑结构突变

于是，我们进一步在回归模型中考虑结构突变点。

表 3.8　出口总额 lnE_t 带结构突变的 TR 检验回归式

Dependent Variable: D4LNE
Method: Least Squares
Date: 01/23/08 Time: 14:47
Sample (adjusted): 1991Q4 2006Q4
Included observations: 61 after adjustments
Convergence achieved after 7 iterations
Backcast: 1990Q4 1991Q3

Variable	Coefficient	Std. Error	t-Statistic	Prob.
C	0.125993	0.017842	7.061466	0.0000
BREAK1	0.114421	0.028588	4.002472	0.0002
AR(1)	0.936410	0.091127	10.27588	0.0000
AR(3)	-0.301351	0.094933	-3.174351	0.0024
MA(4)	-0.405827	0.129701	-3.128942	0.0028
R-squared	0.758465	Mean dependent var		0.172207
Adjusted R-squared	0.741212	S.D. dependent var		0.124177
S.E. of regression	0.063171	Akaike info criterion		-2.607546
Sum squared resid	0.223469	Schwarz criterion		-2.434523
Log likelihood	84.53015	F-statistic		43.96251
Durbin-Watson stat	2.213712	Prob(F-statistic)		0.000000
Inverted AR Roots	.70-.40i	.70+.40i	-.46	
Inverted MA Roots	.80	.00-.80i	-.00+.80i	-.80

Dependent Variable: LNETRBREAKFIT
Method: Least Squares
Date: 01/23/08 Time: 14:50
Sample (adjusted): 1990Q4 2006Q4
Included observations: 65 after adjustments

Variable	Coefficient	Std. Error	t-Statistic	Prob.
@TREND	0.013661	0.001128	12.11178	0.0000
(@TREND-44)*BREAK1	0.008815	0.001845	4.777058	0.0000
@SEAS(1)	1.398857	0.027384	51.08332	0.0000
@SEAS(2)	2.061240	0.028140	73.24960	0.0000
@SEAS(3)	1.918087	0.028920	66.32318	0.0000
@SEAS(4)	1.910080	0.027181	70.27134	0.0000
@SEAS(1)*BREAK2	0.169385	0.038981	4.345341	0.0001
@SEAS(2)*BREAK2	-0.171228	0.038502	-4.447242	0.0000
@SEAS(3)*BREAK2	-0.088656	0.038057	-2.329553	0.0235
@SEAS(4)*BREAK2	-0.188948	0.038422	-4.917668	0.0000
R-squared	0.978771	Mean dependent var		2.300297
Adjusted R-squared	0.975297	S.D. dependent var		0.346702
S.E. of regression	0.054491	Akaike info criterion		-2.840908
Sum squared resid	0.163312	Schwarz criterion		-2.506387
Log likelihood	102.3295	Durbin-Watson stat		2.379748

TR 方法认为，在显著性水平 0.01 下都不能拒绝原假设（出口额序列在所有频率上都是平稳的确定性季节性模式）。检验表明，出口额季度序列是具有结构突变的平稳季节模式。

二、季节单位根检验

（一）DHF 方法

下面，我们首先通过 DHF 方法对序列进行季节单位根检验。

表 3.9　出口总额 $\ln E_t$ 回归式含时间趋势项的 DHF 检验

Dependent Variable: D4LNE
Method: Least Squares
Date: 01/24/08 Time: 11:22
Sample (adjusted): 1992Q2 2006Q4
Included observations: 59 after adjustments

Variable	Coefficient	Std. Error	t-Statistic	Prob.
@SEAS(1)	0.352748	0.367377	0.960179	0.3416
@SEAS(2)	0.330383	0.381579	0.865833	0.3907
@SEAS(3)	0.342133	0.385874	0.886646	0.3795
@SEAS(4)	0.330710	0.392455	0.842669	0.4034
@TREND	0.003275	0.003037	1.078494	0.2860
LNE(-4)	-0.065008	0.080925	-0.803313	0.4256
D4LNE(-1)	0.898189	0.085062	10.55918	0.0000
D4LNE(-4)	-0.503316	0.132592	-3.795985	0.0004
D4LNE(-5)	0.279588	0.136760	2.044372	0.0462

R-squared	0.761053	Mean dependent var	0.174996
Adjusted R-squared	0.722822	S.D. dependent var	0.125308
S.E. of regression	0.065972	Akaike info criterion	-2.459613
Sum squared resid	0.217613	Schwarz criterion	-2.142701
Log likelihood	81.55859	Durbin-Watson stat	2.015129

（a）带季节虚拟变量

Dependent Variable: D4LNE
Method: Least Squares
Date: 01/24/08 Time: 10:41
Sample (adjusted): 1992Q2 2006Q4
Included observations: 59 after adjustments

Variable	Coefficient	Std. Error	t-Statistic	Prob.
C	0.494208	0.258806	1.909570	0.0616
@TREND	0.004511	0.002091	2.156706	0.0356
LNE(-4)	-0.097839	0.054961	-1.780156	0.0808
D4LNE(-1)	0.888956	0.082505	10.77460	0.0000
D4LNE(-4)	-0.475031	0.124290	-3.821946	0.0003
D4LNE(-5)	0.275821	0.132613	2.079892	0.0424

R-squared	0.757538	Mean dependent var	0.174996
Adjusted R-squared	0.734664	S.D. dependent var	0.125308
S.E. of regression	0.064547	Akaike info criterion	-2.546701
Sum squared resid	0.220815	Schwarz criterion	-2.335426
Log likelihood	81.12769	F-statistic	33.11810
Durbin-Watson stat	2.002142	Prob(F-statistic)	0.000000

（b）不带季节虚拟变量

DHF_4=−1.78>−4.14（附表 5）①，不能拒绝原假设，说明存在季节单位根，过程非平稳。但是，回归检验式中是否应该含有时间趋势项，对检验的势影响很大，于是进一步对系数做 Wald 检验 H_0: C_2=C_3=0，结果如下。

Wald Test:
Equation: EQLNEDHF05

Test Statistic	Value	df	Probability
F-statistic	2.978124	(2, 53)	0.0595
Chi-square	5.956248	2	0.0509

在 0.05 的显著性水平下，不能拒绝原假设，这说明时间趋势项是多余的，应该从回归检验式中去掉。

表 3.10　出口总额 $\ln E_t$ 回归式仅含常数项的 DHF 检验

Dependent Variable: D4LNE
Method: Least Squares
Date: 10/26/07 Time: 11:57
Sample (adjusted): 1992Q1 2006Q4
Included observations: 60 after adjustments

Variable	Coefficient	Std. Error	t-Statistic	Prob.
C	-0.039054	0.080771	-0.483515	0.6306
LNE(-4)	0.020124	0.013872	1.450680	0.1524
D4LNE(-1)	0.821397	0.074199	11.07021	0.0000
D4LNE(-4)	-0.312100	0.075978	-4.107797	0.0001

R-squared	0.722564	Mean dependent var	0.173836
Adjusted R-squared	0.707701	S.D. dependent var	0.124566
S.E. of regression	0.067346	Akaike info criterion	-2.493600
Sum squared resid	0.253989	Schwarz criterion	-2.353977
Log likelihood	78.80799	F-statistic	48.61613
Durbin-Watson stat	1.819666	Prob(F-statistic)	0.000000

① DHF（1984）未给出回归式中含趋势项的临界值表，从理论上讲添加趋势项会使得临界值左移，因此此处我们保守地认为临界值至少比附表 2a、附表 2b、附表 2c 中的临界值要小。

DHF_4=1.45>−4.14（附表 5），不能拒绝原假设，说明存在季节单位根，过程非平稳。但是，回归检验式中是否应该含有常数项，对检验的势影响很大，于是进一步对系数做 Wald 检验 H_0: $C_1=C_2=0$，结果如下。

Wald Test:
Equation: EQLNEDHF02

Test Statistic	Value	df	Probability
F-statistic	10.00810	(2, 56)	0.0002
Chi-square	20.01621	2	0.0000

拒绝原假设，回归检验式中应该含有常数项。这时 DHF 检验应该查标准正态分布表，DHF_4=1.45>−1.96，不能拒绝原假设，说明存在季节单位根，过程非平稳。

从图 3.1 可见，出口额在 2001 年后表现出趋势上的结构突变，随后的 chow 检验也表明 2001 年确实是一个结构突变点。因此，DHF 检验结果可能是结构突变引起的误判断。

表 3.11　出口总额 lnE_t回归式含时间趋势项和结构突变的 DHF 检验

Dependent Variable: D4LNE
Method: Least Squares
Date: 01/24/08 Time: 11:04
Sample (adjusted): 1992Q1 2006Q4
Included observations: 60 after adjustments

Variable	Coefficient	Std. Error	t-Statistic	Prob.
C	0.853088	0.269419	3.166394	0.0026
BREAK1	-0.383249	0.125900	-3.044067	0.0036
@TREND	0.003325	0.002248	1.478802	0.1451
@TREND*BREAK1	0.009269	0.002499	3.709128	0.0005
LNE(-4)	-0.147717	0.055670	-2.653426	0.0105
D4LNE(-1)	0.704450	0.069119	10.19188	0.0000
D4LNE(-4)	-0.344326	0.075895	-4.536885	0.0000

R-squared	0.804862	Mean dependent var	0.173836
Adjusted R-squared	0.782771	S.D. dependent var	0.124566
S.E. of regression	0.058058	Akaike info criterion	-2.745483
Sum squared resid	0.178646	Schwarz criterion	-2.501143
Log likelihood	89.36448	F-statistic	36.43378
Durbin-Watson stat	1.962043	Prob(F-statistic)	0.000000

DHF_4=−2.65>−4.14（附表 5），不能拒绝原假设，说明存在季节单位根，过程非平稳。但是，回归检验式中是否应该含有时间趋势项，对检验的势影响很大，于是进一步对系数做 Wald 检验 H_0: $C_3=C_5=0$ 和 H_0: $C_4=C_5=0$，结果如下。

Wald Test:
Equation: EQLNEDHF06

Test Statistic	Value	df	Probability
F-statistic	5.764577	(2, 53)	0.0054
Chi-square	11.52915	2	0.0031

Wald Test:
Equation: EQLNEDHF06

Test Statistic	Value	df	Probability
F-statistic	7.247002	(2, 53)	0.0017
Chi-square	14.49400	2	0.0007

拒绝原假设，回归检验式中应该含有时间趋势项和带结构突变的时间趋势项。这时 DHF 检验应该查标准正态分布表，DHF_4=−2.65<−1.96，拒绝原假设，说明不存在季节单位根，过程是带结构突变的趋势平稳过程。

（二）HEGY 方法

我们通过 HEGY 方法对它们在 0，$\pi/2$ 和π频率处是否有季节单位根进行检验。D4LNE 是 LNE 的四阶差分，Y1LNE、Y2LNE、Y3LNE 是对原始数据做 HEGY 变换后所得变量。用季节单位根检验临界值表（附表 6）分别检验回归系数的显著性。

由于趋势项和季节虚拟变量都不显著，因此我们选用仅带有常数项的回归检验式。$t(\pi_1)=1.78>-2.96$，$t(\pi_2)=-1.19>-1.95$。$F(\pi_3，\pi_4)=2.05<2.35$。$\ln E_t$ 是季节单位根过程。从图 3.2 可见，出口额在 2001 年后表现出趋势上的结构突变，因此可能是结构突变引起的误判断。进一步，在检验回归式中考虑结构突变项，季节频率的临界值参见 Smith 和 Otero（1997）表 2。$t(\pi_1)=-6.11<-4.52$，$t(\pi_2)=-1.91<-1.68$，$F(\pi_3，\pi_4)=2.01<2.45$。因此，HEGY 方法认为，在 0 频率 $\ln E_t$ 是带结构突变的趋势平稳过程，在季节频率 1/2 上是平稳的，在季节频率 1/4 上有单位根。

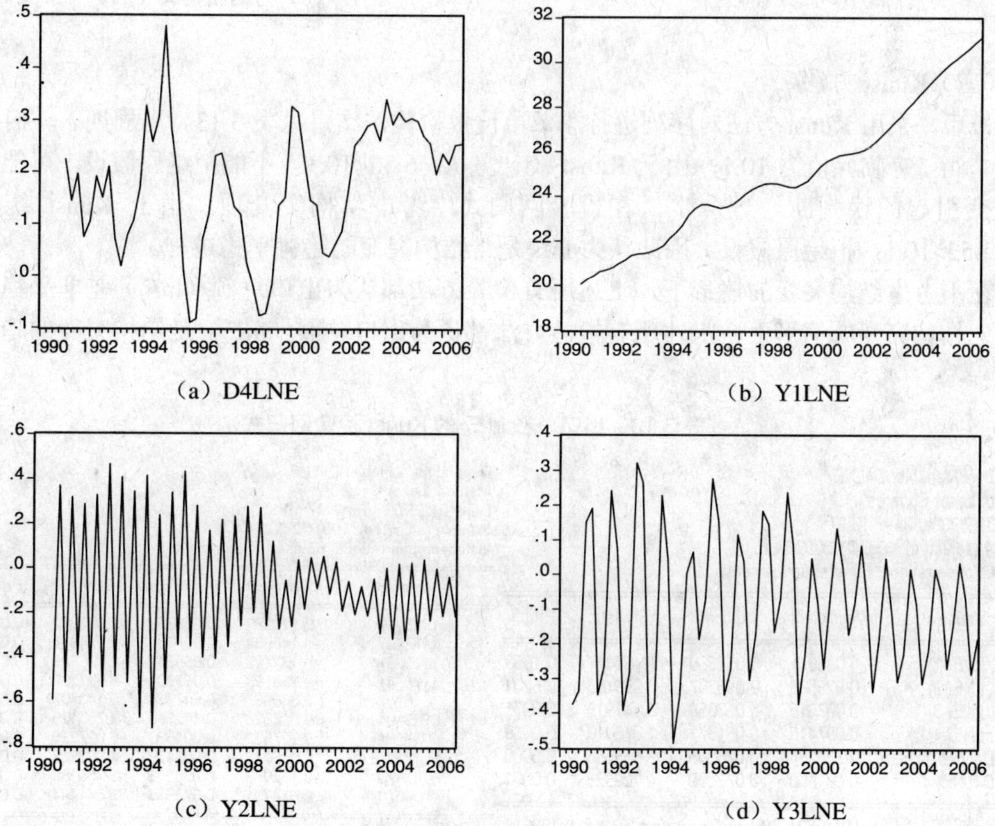

图 3.2　出口总额 $\ln E_t$ 变换后所得变量

表 3.12　出口总额 $\ln E_t$ 的 HEGY 检验回归式

Dependent Variable: D4LNE
Method: Least Squares
Date: 01/25/08 Time: 15:28
Sample (adjusted): 1991Q4 2006Q4
Included observations: 61 after adjustments

Variable	Coefficient	Std. Error	t-Statistic	Prob.
Y1LNE(-1)	0.005997	0.003375	1.777011	0.0812
Y2LNE(-1)	-0.035043	0.029551	-1.185864	0.2409
Y3LNE(-2)	-0.083897	0.044121	-1.901517	0.0626
Y3LNE(-1)	-0.030989	0.044573	-0.695240	0.4899
D4LNE(-1)	0.851157	0.090043	9.452774	0.0000
D4LNE(-3)	-0.331317	0.085390	-3.880046	0.0003
C	-0.080400	0.079892	-1.006366	0.3187

R-squared	0.736255	Mean dependent var	0.172207
Adjusted R-squared	0.706950	S.D. dependent var	0.124177
S.E. of regression	0.067222	Akaike info criterion	-2.454006
Sum squared resid	0.244017	Schwarz criterion	-2.211775
Log likelihood	81.84719	F-statistic	25.12389
Durbin-Watson stat	2.115086	Prob(F-statistic)	0.000000

（a）不考虑结构突变

Dependent Variable: D4LNE
Method: Least Squares
Date: 01/25/08 Time: 15:06
Sample (adjusted): 1991Q2 2006Q4
Included observations: 63 after adjustments

Variable	Coefficient	Std. Error	t-Statistic	Prob.
Y1LNE(-1)	-0.171531	0.028064	-6.112146	0.0000
Y2LNE(-1)	-0.047032	0.024606	-1.911413	0.0614
Y3LNE(-2)	-0.074630	0.037494	-1.990413	0.0517
Y3LNE(-1)	-0.008227	0.037994	-0.216523	0.8294
D4LNE(-1)	0.674121	0.072945	9.241444	0.0000
C	3.366667	0.547986	6.143707	0.0000
@TREND	0.027622	0.004583	6.027225	0.0000
@TREND*BREAK1	0.016543	0.003429	4.823935	0.0000
BREAK1	-0.826326	0.172759	-4.783125	0.0000
BREAK2	-0.132953	0.038203	-3.480186	0.0010

R-squared	0.805192	Mean dependent var	0.172144
Adjusted R-squared	0.772112	S.D. dependent var	0.122246
S.E. of regression	0.058358	Akaike info criterion	-2.699838
Sum squared resid	0.180497	Schwarz criterion	-2.359658
Log likelihood	95.04491	F-statistic	24.34032
Durbin-Watson stat	2.184385	Prob(F-statistic)	0.000000

（b）考虑结构突变

（三）Kunst 方法

最后，采用 Kunst 方法对序列进行季节单位根检验，结果见表 3.13。当周期 c=4 时，查附表 7 得 5% 临界值为 10.1。由于 Kunst 统计量 K_4=6.56<10.1，不能拒绝原假设。可能是结构突变引起的误判断。进一步，在检验回归式中考虑结构突变项。由于 Kunst 统计量 K_4=11.52>10.1，拒绝原假设。因此认为 $\ln E_t$ 是带结构突变的趋势平稳过程。

在不考虑结构突变的情形下，上述所有检验方法都认为出口总额（$\ln E_t$）是非平稳的。在考虑结构突变的情形下，上述所有检验方法都认为出口总额（$\ln E_t$）是结构突变的趋势平稳过程。

表 3.13　出口总额 $\ln E_t$ 的 Kunst 检验回归式

Dependent Variable: D4LNE
Method: Least Squares
Date: 01/25/08 Time: 16:27
Sample (adjusted): 1992Q1 2006Q4
Included observations: 60 after adjustments

Variable	Coefficient	Std. Error	t-Statistic	Prob.
LNE(-1)	0.073641	0.052360	1.406447	0.1653
LNE(-2)	0.029593	0.053207	0.556183	0.5804
LNE(-3)	0.007615	0.053659	0.141919	0.8877
LNE(-4)	-0.097415	0.051871	-1.878010	0.0658
D4LNE(-1)	0.757284	0.078365	9.663586	0.0000
D4LNE(-4)	-0.301608	0.073200	-4.120325	0.0001

R-squared	0.746504	Mean dependent var	0.173836
Adjusted R-squared	0.723032	S.D. dependent var	0.124566
S.E. of regression	0.065556	Akaike info criterion	-2.517175
Sum squared resid	0.232072	Schwarz criterion	-2.307741
Log likelihood	81.51526	Durbin-Watson stat	1.741045

（a）不考虑结构突变

Dependent Variable: D4LNE
Method: Least Squares
Date: 01/25/08 Time: 17:10
Sample (adjusted): 1991Q2 2006Q4
Included observations: 63 after adjustments

Variable	Coefficient	Std. Error	t-Statistic	Prob.
LNE(-1)	-0.116272	0.056660	-2.052092	0.0451
LNE(-2)	-0.143934	0.051880	-2.774364	0.0076
LNE(-3)	-0.132725	0.050347	-2.636185	0.0110
LNE(-4)	-0.293193	0.053237	-5.507290	0.0000
C	3.366667	0.547986	6.143707	0.0000
BREAK1	-0.826326	0.172759	-4.783125	0.0000
@TREND	0.027622	0.004583	6.027225	0.0000
@TREND*BREAK1	0.016543	0.003429	4.823935	0.0000
BREAK2	-0.132953	0.038203	-3.480186	0.0010
D4LNE(-1)	0.674121	0.072945	9.241444	0.0000

R-squared	0.805192	Mean dependent var	0.172144
Adjusted R-squared	0.772112	S.D. dependent var	0.122246
S.E. of regression	0.058358	Akaike info criterion	-2.699838
Sum squared resid	0.180497	Schwarz criterion	-2.359658
Log likelihood	95.04491	F-statistic	24.34032
Durbin-Watson stat	2.184385	Prob(F-statistic)	0.000000

（b）考虑结构突变

第四章　季节调整技术原理

季节调整是基于构成因素分解剔除原始数据中季节性因素。虽然它的原理和实际方法都非常简单，但是要设计和开发一种季节调整程序仍需要投入大量的人力和资源。目前已经形成了几个公认的标准程序。其中美国的 X-11 程序以及它的升级版本 X-12-ARIMA 程序使用最为广泛。另外一个被广泛使用的季节调整程序是由西班牙银行开发的 TRAMO/SEATS 程序。除此之外，常用的季节调整程序还有 STAMP 程序等。本章分为以下几部分。第一节主要讨论分解因素模型。第二节和第三节分别对 X-12-ARIMA 程序和 TRAMO/SEATS 程序进行介绍。在第四节和第五节中，讨论季节调整对的影单位根检验的影响以及与数据变换有关的相关规则。

第一节　构成因素的分解

经济时间序列常常被分解为几个相互正交的构成因素。这种分解因素模型可以追溯到 19 世纪。季节调整程序通常把原始时间序列 y_t 分解为趋势 - 循环因素 y_t^{tc} 、季节因素 y_t^s 和不规则因素 y_t^i 。常用的是下面四类模型：（1）乘法模型；（2）加法模型；（3）对数加法模型；（4）拟加法模型。

乘法模型的定义如下：

$$y_t \equiv y_t^{tc} \times y_t^s \times y_t^i 。\tag{4.1}$$

与此模型对应的季节调整方法就是用原始数据 y_t 除以 y_t^s 的估计值。其中， y_t^s 的估计值通常被称为季节因子。这种乘法分解通常适用于保持正值（如销售额、运输量、出口额等）的序列，随着序列水平的增长，其季节性波动的幅度也增长，这也是大多数宏观季节时间序列的特征。因此在实际应用中乘法模型得到了广泛的应用。在许多情况下，季节因素又被分成随机季节因素和诸如月度、交易天数以及假日等确定性季节因素。令 y_t^{td} 表示月度、交易天数等确定性季节因素， y_t^h 表示假日等确定性季节因素，从而可得到一个更一般的乘法模型

$$y_t = y_t^{tc} \times y_t^s \times y_t^{td} \times y_t^h \times y_t^i 。\tag{4.2}$$

为了方便叙述，我们假定数据中不存在因素 y_t^{td} 和 y_t^h 或者在季节调整前已消除掉数据中的 y_t^{td} 和 y_t^h 成分。

加法模型与对数加法模型的分解是一样的，只不过加法模型是对原始数据 y_t 进行分解而对数加法模型是对 y_t 取对数后产生的序列进行分解。加法模型的定义如下

$$y_t = y_t^{tc} + y_t^s + y_t^i 。\tag{4.3}$$

与此模型对应的季节调整方法就是用原始数据 y_t 减去 y_t^s 的估计值。对原始数据直接采用 X-11 季节调整程序中乘法模型，或者做对数变换后先采用 X-11 加法模型再做指数幂变换，

所得到的季节调整结果并不相同。由于几何均值总是小于等于算术平均值及两种模型下对异常值的识别标准不同，对数加法模型要求对趋势的估计进行偏倚修正（Thomson 和 Ozaki，1992）。

拟加法模型的定义如下

$$y_t = y_t^{tc}(y_t^s + y_t^i - 1) = y_t^{tc} \times (y_t^s - 1) + y_t^{tc} \times y_t^i \text{。} \tag{4.4}$$

当对某些季节上数值很小（可能为零）的时间序列进行季节调整时，比如某些农产品的产量，由于季节因素 y_t^s 太小使得 y_t / y_t^s 很大并且不稳定，因此不能采用乘法模型。对这种时间序列，英国国家统计局推荐采用上述拟加法模型。

第二节　X-12-ARIMA

X-12-ARIMA 程序是用 FORTRAN 程序语言编写的，可以在 DOS、WINDOWS、UNIX 和 VAX/VMS 等操作系统下运行。为了便于对调整结果进行图形分析，官方提供了用于 SAS 软件的接口程序，可以在 SAS 界面下利用 X12 的输出数据进行作图。EViews 软件（4.0 及更新版本）外挂了 X-11、X-12-ARIMA 和 TRAMO/SEATS 三种标准的季节调整程序，可以通过视窗操作实现它们的基本功能，进行命令行操作可以进一步扩展其应用范围，大大方便了数据的输入输出和图形分析。X-12-ARIMA 程序的开发经历了一个逐渐演变的过程（图 4.1）。

美国商务部统计局模型 I（1954 年）：Shiskin

↓

X-0、X-1、X-2、X-3、X-10 等美国商务部统计局模型 II

↓

X-11（1965 年）——美国商务部统计局：Shiskin，Young 和 Musgrave

↓

X-11-ARIMA（1975，1988）——加拿大统计局：Dagum

↓

X-12-ARIMA（1998~ ）——美国商务部统计局：Findley，Monsell，Bell，Otto 和 Chen

图 4.1　X-12-ARIMA 的演变过程

1954 年美国商务部统计局（Bureau of Census，Department of Commerce）在美国全国经济研究局（NBER）战前研究的移动平均法（The Ratio-Moving Average Method）的基础上，开发了关于季节调整的最初的电子计算机程序，开始大规模地对经济时间序列进行季节调整。到 20 世纪 60 年代中期，经过美国商务部统计局 Julius Shiskin 和他的同事的努力，使得其成为一个具有可操作性的程序。此后，季节调整方法不断改进，每次改进都以 X 再加上序号表示。1960 年发表了 X-3 法，和以前的程序相比，X-3 在对异常值的代替方法和季节要素的计算方法上略有不同。1961 年，美国商务部统计局发表了 X-10 方法。X-10 方法考虑到了根据不规则变动和季节变动的相对大小来选择计算季节要素的移动平均项数。1965 年 10 月发表了 X-11 方法，这一方法历经几次演变，已成为一种相当成熟、精细、典型的季节调整方法，为西方各国的官方、民间企业及国际机构（IMF）等所采用。

X-11 方法是基于移动平均的季节调整方法，用户可以根据各种季节调整的目的、选择计算公式，从而适应各种经济指标的性质。在用户不作选择的情况下，程序也能根据数据中的随机因素大小，自动采用不同长度的移动平均。随机因素越大，移动平均长度越大。尽管这种方法在实践中还在使用，但是它有明显的缺陷——序列两端的数据丢失，移动的项数越多，丢失的数据越多。虽然采取了非对称加权平均等近似估计来处理这一问题，但调整的效果还是会受到影响。

X-11-ARIMA 的季节调整程序是由加拿大统计学会于 1975 年设计推出的，它在 X-11 的基础上引进随机建模的思想，将 X-11 方法和时间序列模型组合而成的一种季节调整方法（Dagum，1980）。它在季节调整之前利用 ARIMA 模型（预测和倒推）延长原时间序列，这不仅弥补了移动平均法末端项数据丢失的问题，而且使得季节调整后的结果更加稳定（当获得新的观测数据时，只需对季节调整后数据做较小修正）[参见 Bobbitt Otto（1990）]。此外，X-11-ARIMA 季节调整程序还改进了对季节调整后数据的统计诊断功能，用于判断是否有被忽略了的季节模式以及季节模式是否是时变的。

1998 年，美国人口调查局对 X-11-ARIMA 季节调整程序作出了重大改进，设计推出了 X-12-ARIMA 季节调整程序[参见 Findley 等（1998）]。X-12-ARIMA 方法，基本上与 X-11-ARIMA 是一致的，主要的变化是可以在预调整模块 regARIMA 中，对数据做更加丰富的预处理，检测和修正不同类型的离群值和估计日历的影响；对季节调整的效果进行更严格的诊断检验。

程序的处理过程大体可以分为建模、季节调整和诊断三个阶段（图 4.2）。

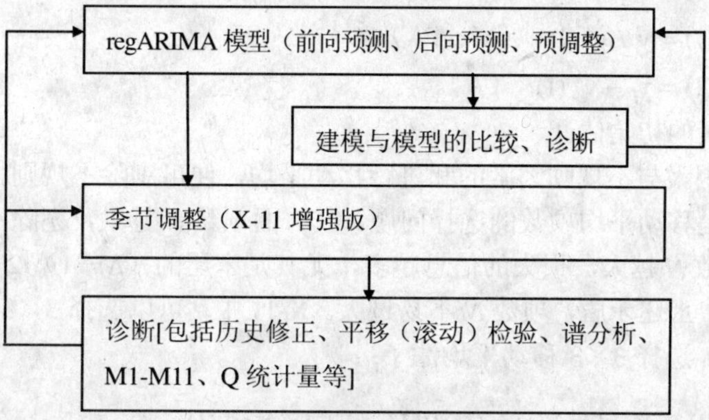

图 4.2　程序的处理过程

regARIMA 是误差项具有 ARIMA 结构的线性回归模型，可以在执行中心框图的季节调整子程序之前对序列提供前向预测、后向预测和各种效应的先验调整。中心框图的季节调整方法——增强版的 X-11 方法是整个程序的核心，继承了传统 X-11 程序的所有功能，并吸收了各国专家们的意见加以改进。图 4.2 中最后一个框图，代表调整后的综合诊断，用于检验所选择的建模和季节调整选项的有效性。下面我们对 X-11 和 regARIMA 这两个模块分别加以介绍。

一、X-11 程序

（一）X-11 季节调整步骤

X-11 方法是基于移动平均法的季节调整方法。它能适应各种经济指标的性质，根据各种季节调整的目的，选择计算方式。在计算过程中可根据数据中的随机因素大小采用不同长度的移动平均。随机因素越大，移动平均长度越大。在不作选择的情况下，也能根据事先编入的统计基准，按数据的特征自动选择默认的计算方式。X-11 方法是通过几次迭代来进行分解的，每一次对组成因子的估算都进一步精化。由于月度滤子比季度滤子更为常用，下面以月度滤子为例对 X-11 季节调整程序进行介绍。

对应于不同的分解模型，X-11 季节调整程序有不同的步骤。令 M 表示乘法模型式（4.1），A 表示加法模型式（4.3）以及 PA 表示拟加法模型式（4.4）。当选择缺省项时，X-11 季节调整程序步骤如下：

第一步 初始估计

（a）初始趋势项估计

常用的方法是中心移动平均法，即新生成的平滑序列的值对应于被平均的各个数值的中心点。因为在偶数项移动平均情形下，移动平均值在两次观察时间中间，所以通常在偶数项移动平均的基础上再进行一次二项移动平均，这便是被称为 12×2 移动平均或 13 项中心移动平均滤子 $SM(L)$：

$$y_t^{tc}(1) = SM(L)y_t = (1/24)(1+L)(1+L+L^2+\cdots+L^{11})L^{-6}y_t \text{。} \tag{4.5}$$

（b）初始季节因素与不规则因素

从原序列分离出长期趋势之后，就只剩下了季节因素与不规则因素。对于不同的分解模型有：

$$y_t^{si}(1) = y_t / y_t^{tc}(1) \quad \text{（M、PA），}$$

$$y_t^{si}(1) = y_t - y_t^{tc}(1) \quad \text{（A）。}$$

（c）季节因素的初始估计

对初始季节因素与不规则因素的和进行移动平均，便可剔除不规则因素而分离出季节因素。这里的关键是移动平均项数的选择问题。一方面项数 N 越大，剔除不规则因素的效果越好；另一方面项数 N 越大，损失的信息越多，尤其是末尾的（$N-1$）/2 项数据（最新数据）的损失。为了解决上述矛盾，项数 N 不易过大。X-11 中，可以选择 3×3，3×5 和 3×9 项移动平均。在这里，选择 3×3 移动平均滤子：

$$\tilde{y}_t^{s}(1) = M_1(L)y_t^{si}(1) = (1/9)(L^S+1+L^{-S})^2 y_t^{si}(1)\text{，} \tag{4.6}$$

其中，$S=12$。

（d）初始季节因素估计

为了使季节因素在一年内的和一致（在乘法模型中和为 S，在加法模型中和为 0），对原始季节因素再次使用 $SM(L)$滤子。对于不同的分解模型，有不同的初始季节因素估计：

$$y_t^{s}(1) = \tilde{y}_t^{s}(1) / SM(L)\tilde{y}_t^{s}(1) \quad \text{（M、PA），}$$

$$y_t^{s}(1) = \tilde{y}_t^{s}(1) - SM(L)\tilde{y}_t^{s}(1) \quad \text{（A）。}$$

（e）初始季节调整[①]

$$y_t^{sa}(1) = y_t / y_t^{s}(1) \quad \text{（M），}$$

$$y_t^{sa}(1) = y_t - y_t^{s}(1) \quad \text{（A），}$$

---

① y_t^{sa} 表示季节调整后的数据。

$$y_t^{sa}(1) = y_t - y_t^{tc}(1)(y_t^s(1) - 1) \qquad \text{(PA)。}$$

在进入下一步之前，要先对初始季节因素与不规则因素的和 $y_t^{si}(1)$ 进行异常值修正。

第二步 季节因素和季节调整

在第二步中，首先通过（2H+1）项的 Henderson 移动平均滤子消除初始季节调整后序列中的趋势。关于 H 的选择是一个精巧的过程（Findley 等，1998）。在缺省项下默认 H=6，此时可得一个 13 项的 Henderson 移动平均滤子。

（a）中间趋势项估计

对初始季节调整后的数据做 Henderson 移动平均，得中间趋势项估计：

$$y_t^{tc}(2) = HM(L)y_t^{sa}(1) = (1/24)(1+L)(1+L+L^2\cdots+L^{11})L^{-6}y_t \text{。} \tag{4.7}$$

（b）中间季节因素与不规则因素

$$y_t^{si}(2) = y_t / y_t^{tc}(2) \qquad \text{(M、PA)，}$$

$$y_t^{si}(2) = y_t - y_t^{tc}(2) \qquad \text{(A)。}$$

（c）选择 3×5 移动平均滤子来估计中间季节因素

$$\tilde{y}_t^s(1) = M_1(L)y_t^{si}(1) = (1/9)(L^S + 1 + L^{-S})y_t^{si}(1) \text{，} \tag{4.8}$$

其中，$S=12$。

（d）为了使季节因素在一年内的和一致，对季节因素再次使用 $SM(L)$ 滤子。

$$y_t^s(2) = \tilde{y}_t^s(2) / SM(L)\tilde{y}_t^s(2) \qquad \text{(M、PA)，}$$

$$y_t^s(2) = \tilde{y}_t^s(2) - SM(L)\tilde{y}_t^s(2) \qquad \text{(A)。}$$

（e）第二次季节调整

$$y_t^{sa}(2) = y_t / y_t^s(2) \qquad \text{(M)，}$$

$$y_t^{sa}(2) = y_t - y_t^s(2) \qquad \text{(A)，}$$

$$y_t^{sa}(2) = y_t - y_t^{tc}(2)(y_t^s(2) - 1) \qquad \text{(PA)。}$$

第三步 最终趋势和最终噪声估计

（a）最终趋势项估计

通过做 Henderson 移动平均（可以重新选择参数 H，不必与前面选择的值一致，这里仍然假定 H=6）得最终趋势项估计

$$y_t^{tc}(3) = HM(L)y_t^{sa}(2) \text{。}$$

（b）最终噪声估计

$$y_t^i(3) = y_t^{sa}(2) / y_t^{tc}(3) \qquad \text{(M、PA)，}$$

$$y_t^i(3) = y_t^{sa}(2) - y_t^{tc}(3) \qquad \text{(A)。}$$

（c）可得最终的分解估计

$$y_t = y_t^{tc}(3)y_t^s(2)y_t^i(3) \qquad \text{(M)，}$$

$$y_t = y_t^{tc}(3) + y_t^s(2) + y_t^i(3) \qquad \text{(A)，}$$

$$y_t = y_t^{tc}(2)(y_t^s(2) - 1) + y_t^{tc}(3)y_t^i(3) \qquad \text{(PA)。}$$

EViews 软件（6.0 及更新版本）外挂了 X-11 和 X-12-ARIMA 标准的季节调整程序，可

以通过视窗操作实现它们的基本功能。

（二）X-11 滤子

关于季节调整程序是不是（或者是否近似）线性变换是一个很重要的问题。已有的季节调整程序和回归模型的估计大部分是基于通过线性（两边对称的）滤子即可完全剔除原始数据中的季节性的假定。同时，关于季节调整的理论研究又常常是围绕着季节调整滤子为线性滤子的情形来进行的。Young（1968）讨论了这个问题，他认为把季节调整过程看作线性变换是一个合理的假设。这在一定程度上使得季节调整过程的线性表达式被广泛使用。Ghysels，Granger 和 Siklos（1996）重新讨论了这个问题，他们得到相反的结论，即季节调整过程与线性数据过滤程序有很大的差别。这是因为他们采用了自 Young（1968）以后飞速发展的时间序列分析理论以及计算机模拟技术。

在默认选项下，X-11 季节调整程序近似等价于一个线性滤子。Wallis（1974）、Laroque（1977）、Dagum（1983）、Burridge 和 Wallis（1984）、Ghysels（1984）、Bell（1992）都对月度和季度情形下的 X-11 滤子的线性近似进行了研究。Laroque（1977）给出了季度 X-11 滤子结构的线性近似表达式，Ghysels 和 Perron（1993）给出了月度 X-11 滤子结构的线性近似表达式。

加法模型将三个步骤合并可得月度数据 X-11 调整滤子的线性近似 $v_{X-11}^{M}(L)$：

$$\begin{aligned} v_{X-11}^{M}(L) &= 1 - SM_C(L)M_2(L)\{1 - HM(L)\times[1 - SM_C(L)M_1(L)SM_C(L)]\} \\ &= 1 - SM_C(L)M_2(L) + SM_C(L)M_2(L)HM(L) \\ &\quad - SM_C^3(L)M_1(L)M_2(L)HM_C(L) + SM_C^3(L)M_1(L)M_2(L) \end{aligned} \tag{4.9}$$

其中，$SM_C(L) = 1 - SM(L)$。

表 4.1 列出了月度数据 X-11 调整滤子的滞后（提前）项的系数。式（4.9）中月度数据 X-11 调整滤子是一个对称滤子，即同一项数的滞后项和提前项的系数相同。在第五章中，还将讨论 X-11 调整滤子对单位根检验的影响。Henderson 移动平均滤子在程序中用来估计趋势项，虽然它只是一个子滤子，但是却非常重要。图 4.3 是月度数据 X-11 调整滤子和 Henderson 移动平均滤子（H=6）的转移函数。月度数据 X-11 调整滤子的变换函数在季节频率上迅速降为 0，在其他频率时围绕 1 摆动。Henderson MA 滤子是一个平滑滤子，它的变换函数在低频率处等于 1，在高频率处趋近 0。

表 4.1　月度数据 X-11 调整滤子的滞后（提前）项的系数

滞后（提前）项数	系数	滞后（提前）项数	系数	滞后（提前）项数	系数
0	0.819	23	0.011	46	−0.003
1	0.019	24	-0.121	47	−0.005
2	0.018	25	0.013	48	−0.005
3	0.017	26	0.013	49	−0.003
4	0.016	27	0.013	50	−0.001
5	0.015	28	0.013	51	0.002

续表

滞后（提前）项数	系数	滞后（提前）项数	系数	滞后（提前）项数	系数
6	0.014	29	0.012	52	0.003
7	0.013	30	0.008	53	0.003
8	0.014	31	0.005	54	0.002
9	0.015	32	0.004	55	0.001
10	0.018	33	0.003	56	0.000
11	0.020	34	0.003	57	−0.001
12	-0.179	35	0.004	58	−0.001
13	0.021	36	-0.063	59	−0.001
14	0.020	37	0.005	60	−0.001
15	0.018	38	0.007	61	−0.001
16	0.016	39	0.008	62	−0.001
17	0.015	40	0.008	63	0.001
18	0.012	41	0.008	64	0.001
19	0.009	42	0.005	65	0.001
20	0.009	43	0.002	66	0.000
21	0.009	44	0.001	67	0.000
22	0.010	45	-0.001	68	0.000

来源：Ghysels（1984，Table A.3.3）。

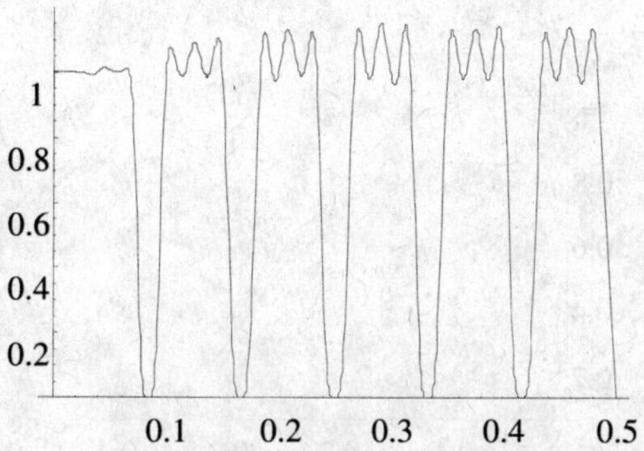

（a）月度数据 X-11 调整滤子

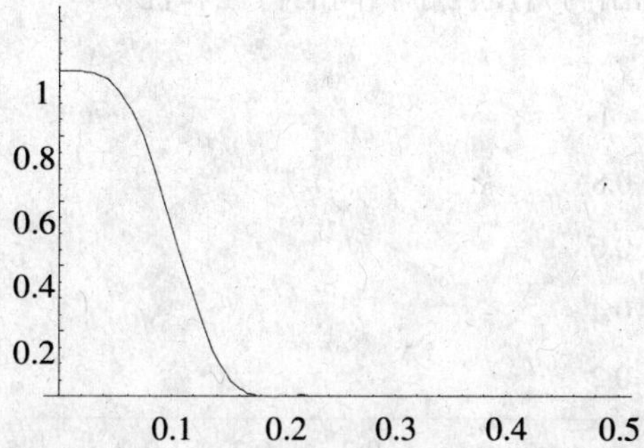

（b）Henderson 移动平均滤子（H=6）

图 4.3　滤子的转移函数

对于季度（S=4）X-11 调整滤子，有

$$SQ(L)=(1/8)(1+L)(1+L+L^2+L^3)L^{-2}\text{，}$$

$$HQ(L)=-0.073L^2+0.294L+0.558+0.294L^{-1}-0.073L^{-2}\text{。}\tag{4.10}$$

显然，它与月度 X-11 调整滤子有同样的程序和结构；其线性近似 $v_{X-11}^{Q}(L)$ 也有同样的形式。

表 4.2　季度数据 X-11 调整滤子的系数

滞后（提前）项数	系数	滞后（提前）项数	系数
0	0.856	14	0.016
1	0.051	15	-0.005
2	0.041	16	-0.010
3	0.050	17	0.000
4	-0.140	18	0.008
5	0.055	19	-0.002
6	0.034	20	-0.003
7	0.029	21	0.000
8	-0.097	22	0.002
9	0.038	23	0.000
10	0.025	24	0.000
11	0.012	25	0.000
12	-0.053	26	0.000
13	0.021	27	0.000

来源：Laroque（1977，Table 1）。

利用式（4.9），同样可以求出季度 X-11 调整滤子的滞后（提前）项的系数（见表 4.2）。相应地，图 4.4 分别是季度 X-11 调整滤子和季度 Henderson 移动平均滤子的变换函数，它们展现出与月度滤子相同的特征和性质。

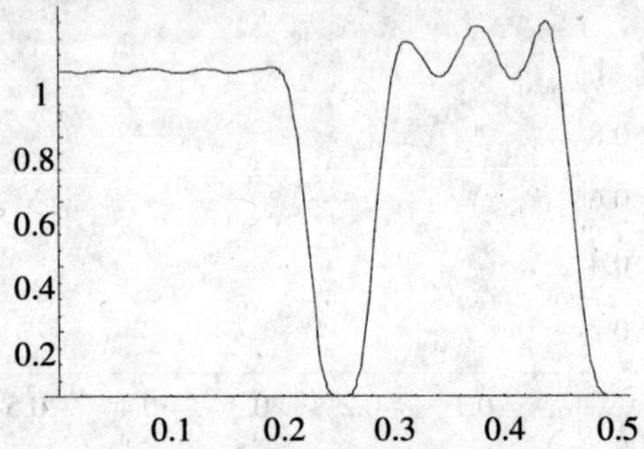

（a）月度数据 X-11 调整滤子

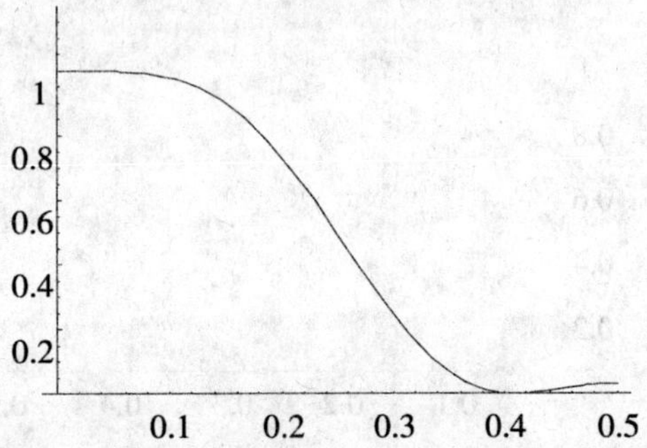

（b）Henderson 移动平均滤子（H=2）

图 4.4　滤子的转移函数

Bell（1992）对线性 X-11 多项式滤子进行了全面分析。他特别指出线性 X-11 滤子包含多项式 $(1+L+L^2+\cdots+L^{S-1})$ 但不包含多项式 $(1+L^{-1}+L^{-2}+\cdots+L^{-S+1})$。他同时指出 H=6 的 Henderson 移动平均滤子包含多项式 $(1-L)^3(1-L^{-1})^3$，这意味着滤子消除了多项式 5 阶以内的趋势。

X-11 季节调整程序中非线性成分主要来源于以下四个方面。下面以月度数据为例进行讨论。

1．因素分解模型的选择

因素分解模型分为加法模型、乘法模型、对数加法模型以及拟加法模型。当选择缺省项时，理论上只有在加法模型和对数加法模型下滤子可以被看作是线性的。乘法模型以及Pseudo-加法模型下的滤子都不可能看作线性滤子，尤其在乘法模型下滤子具有很强的非线性。这主要是由于 X-11 程序忽视了乘法模型分解式（4.1）中的乘法结构；另外，乘法模型中所采用的是算术平均而不是几何平均。

美国人口统计局和劳动统计局在对经济时间序列进行季节调整时，大部分序列都采用的是 X-11 程序中的乘法模型，只有少部分采用了加法模型。在这两个机构所处理的大约 3,000 个时间序列中，只有 1%采用的是加法模型。但在联邦储备局则主要采用的是加法模型，这与他们所处理的数据的特征有关。

2．异常值的识别与修正

异常值又称离群值，是指由于诸如罢工、气候恶劣的影响，数据的观测误差等原因所引起的严重偏离既定模型的数据。为了准确地分解经济时间序列中的各因素，首先必须修正原序列，使其不受异常值的影响。极值和异常点的处理是 X-11 季节调整程序和 X-12-ARIMA 季节调整程序的关键。它对于乘法模型和加法模型从原理上讲是一样的，下面将以加法模型为例进行介绍。

在 X-11 季节调整程序的第一阶段，得到了季节和不规则因素的初始估计 $y_t^{si}(1)$ 以及季节因素的初始估计 $y_t^{s}(1)$。进而，可得到不规则因素的初始估计，在加法模型中为 $y_t^{i}(1)=y_t^{si}(1)-y_t^{s}(1)$。接下来，基于 $y_t^{i}(1)$ 进行异常值的识别。

为了排除不规则因素的初始估计 $y_t^{i}(1)$ 中的异常值，需要计算 $y_t^{i}(1)$ 的 5 年移动平均标准差。首先计算初始的 5 年移动平均标准差 $\sigma_t^{(1)}$，其中上标表示这是第一次估计，它是一个年度序列。序列 $\sigma_t^{(1)}$ 两端各缺少 2 项，分别采用距离始端和终端第 3 年的数据来代替。在加法模型中，若 $|y_t^{i}(1)|>2.5\sigma_t^{(1)}$，则认为 $y_t^{i}(1)$ 是异常值，将其剔除。

同理，在乘法模型中，若 $|y_t^{i}(1)-1|>2.5\sigma_t^{(1)}$，则认为 $y_t^{i}(1)$ 是异常值，将其剔除。对余下的数据再次计算 5 年移动平均标准差，记为 $\sigma_t^{(2)}$。此时，5 年移动平均标准差计算中所涉及的数据不再是 60 个，而是一个无法事先确定的数（由于剔除了异常值）。

接下来，用 $\sigma_t^{(2)}$ 序列对 $y_t^{si}(1)$ 中的异常值进行修正。

首先，根据 $\sigma_t^{(2)}$ 来设定异常值修正的权数

$$\omega_t=\begin{cases}1, & 0\leqslant\left|y_t^{i}(1)\right|\leqslant 1.5\sigma_t^{(2)}\text{，}\\ 2.5-\left|y_t^{i}(1)\right|/\sigma_t^{(2)}\text{，} & 1.5\sigma_t^{(2)}<\left|y_t^{i}(1)\right|\leqslant 2.5\sigma_t^{(2)}\text{，}\\ 0, & \left|y_t^{i}(1)\right|>2.5\sigma_t^{(2)}\text{。}\end{cases} \tag{4.11}$$

对于乘法模型，只需将式（4.11）中的 $y_t^{i}(1)$ 换成 $y_t^{i}(1)-1$ 即可。然后，利用式（4.11）所给出的权数对序列 $y_t^{si}(1)$ 中的异常值进行修正。当

$$\omega_t<1 \tag{4.12}$$

时，将 $y_t^{si}(1)$ 以 ω_t 为权与邻近（对应不规则项 $y_t^{i}(1)$ 权数必须在式（4.11）中为 1）的前后各 2

项做加权平均得到相应的修正值。若异常值 $y_t^i(1)$ 位于序列的两端，则 $y_t^{si}(1)$ 以 ω_t 为权与其相邻（对应不规则项 $y_t^i(1)$ 权数在式（4.11）中为 1）的 4 项做加权平均得到相应的修正值。对修正异常值后的 $y_t^{si}(1)$ 序列再次重复 X-11 季节调整程序第一步中的（c）、（d）和（e），得到初步的季节调整。

3．移动平均滤子的选择

由于不同的经济指标所含的随机因素的干扰程度不同，这样有的经济时间序列具有较剧烈的随机变动，而有的经济时间序列的随机变动则较平缓。通常移动平均的项数越多，排除随机因素的概率越大。然而，移动平均的项数越多，在移动平均中损失的信息也越多。m 项移动平均在数据序列的始端和终端各损失（m-1）/2 个数据。数据序列的始端损失的信息对分解的精度影响不大，而终端损失的信息对分解的精度影响很大。为了解决这一问题，可以用较短长度的移动平均。然而对某些指标，较短长度的移动平均又不能完全消除随机因素，所以用固定项数的移动平均方法去排除随机因素，显然是不合适的。

在 X-11 程序的第二步中，首先通过 Henderson 移动平均滤子消除过程的趋势与循环成分。在前面的讨论中，假定它的缺省项 H=6。事实上，H 可以取其他值，甚至可以在不同的子时间段中选取不同的值。令 μ_{1t} 和 μ_{2t} 分别表示 $y_t^{sa}(1)-y_t^{tc}(1)$ 和 $y_t^{tc}(1)$ 与前月比的绝对平均值，即

$$\mu_{1t}=\frac{1}{t-1}\sum_{i=2}^{t}\left|\frac{y_i^{sa}(1)-y_i^{tc}(1)}{y_{i-1}^{sa}(1)-y_{i-1}^{tc}(1)}\right|,\quad \mu_{2t}=\frac{1}{t-1}\sum_{i=2}^{t}\left|\frac{y_i^{tc}(1)}{y_{i-1}^{tc}(1)}\right|, \tag{4.13}$$

然后根据 μ_{1t}/μ_{2t} 的值来确定 Henderson 移动平均滤子的项数（见表 4.3）。

表 4.3　X-11 程序中 Henderson 移动平均滤子的项数选择

μ_{1t}/μ_{2t}	Henderson 移动平均滤子的项数长度
<0.99	9 阶（H=4）的 Henderson 移动平均滤子
1.0~3.49	13 阶（H=6）的 Henderson 移动平均滤子
>3.5	23 阶（H=11）的 Henderson 移动平均滤子

在 X-11 程序的第三步中，重复相同的步骤对 Henderson 移动平均滤子项数进行选择。在 X-12-ARIMA 程序，对 Henderson 移动平均滤子项数的选择有更多的选项。

在 X-11 程序的第一步和第二步的（c）中，当进行季节因素的估计时，滤子 $M_1(L)$和 $M_2(L)$中项数的选择标准如下：令 ν_{1s} 和 ν_{2s} 分别表示 $y_t^{si}(1)-y_t^{s}(1)$ 和 $y_t^{s}(1)$ 与上年同一月份增长率的绝对平均值，即

$$\nu_{1s}=\frac{1}{T_\tau-1}\sum_{\tau=1}^{T_\tau-1}\left|\frac{y_{12\tau+s}^{si}(1)-y_{12\tau+s}^{s}(1)}{y_{12(\tau-1)+s}^{si}(1)-y_{12(\tau-1)+s}^{s}(1)}-1\right|,\quad \nu_{2s}=\frac{1}{T_\tau-1}\sum_{\tau=1}^{T_\tau-1}\left|\frac{y_{12\tau+s}^{s}(1)}{y_{12(\tau-1)+s}^{s}(1)}-1\right|。 \tag{4.14}$$

其中，s=1, 2, …, 12。根据 ν_{1s}/ν_{2s} 的值来确定滤子 $M_1(L)$和 $M_2(L)$中的项数（见表 4.4）。

表 4.4　X-11 程序中滤子 $M_1(L)$和 $M_2(L)$中的项数选择

v_{1s}/v_{2s}	滤子 $M_1(L)$和 $M_2(L)$的项数长度
0 ~ 1.49	3 项
1.5 ~ 2.49	3×3 项
2.5 ~ 4.49	3×5 项
4.5 ~ 6.49	3×9 项
>6.5	3×15 项

4．加总

前面所提到的几个 X-11 季节调整程序中非线性成分的来源，都是由于 X-11 季节调整程序的内在操作规则所引起的。另外，对多个序列的不同操作（加总和季节调整）顺序也可能导致滤子是非线性的，这是不容忽视的。

季节调整程序通常用于未加总的序列，如某个工业产品的产值或者产量，对调整后的序列进行加总得到一个（季节调整后的）总量。显然，在乘法模型下两个序列 x_t 和 y_t 各自进行季节调整后再加总并不等于 x_t 与 y_t 加总后再进行季节调整，即此时季节调整算子与加法算子不具有可交换性。究竟是先进行季节调整再加总还是先加总后再进行季节调整，Geweke（1978）和 Ghysels（1997a）分别对这一问题进行了探讨。仅当季节调整程序的滤子是线性的，并且对各个序列采用同一滤子时，季节调整算子与加法算子具有可交换性。当季节调整算子与加法算子不具有可交换性时，便可能导致季节调整程序具有非线性性。实际上，国际上官方所公布的各种季节调整数据，如季节调整后的工业生产总值、总消费及总货运量等都是采取这种先调整后加总的方式得到的，我国官方目前尚未公布季节调整后的宏观经济数据。

二、RegARIMA 建模与诊断

下面我们讨论 X-12-ARIMA 季节调整程序中的 regARIMA 部分，然后介绍调整后的诊断程序。

在 regARIMA 程序中，采用如下类型的模型

$$\Phi_p(L)\Phi_P(L^S)(1-L)^d(1-L^S)^D(y_t-\sum_{i=1}^{r}\beta_i x_{it})=\Theta_q(L)\Theta_Q(L^S)\varepsilon_t, \tag{4.15}$$

其中，$\Phi_p(z)$、$\Phi_P(z)$、$\Theta_q(z)$ 和 $\Theta_Q(z)$ 分别是 p 阶、P 阶、q 阶和 Q 阶多项式。式（4.15）可等价表示为

$$(1-L)^d(1-L^S)^D y_t=\sum_{i=1}^{r}\beta_i[(1-L)^d(1-L^S)^D x_{it}]+\omega_t \tag{4.16}$$

其中，$\omega_t=(1-L)^d(1-L^S)^D(y_t-\sum_{i=1}^{r}\beta_i x_{it})$ 是一个协方差平稳过程。在进入 regARIMA 程序之前，一般先对原始数据 Y_t 做某些非线性变换，$y_t=f_t(Y_t)$，以得到一个能够用 regARIMA 模型充分拟合的序列。例如，Y_t 是一个季节性运动与序列的水平成比例的正值序列，通常要取对数，或者更一般地，有

$$y_t=\ln(\frac{Y_t}{d_t})=\ln Y_t-\ln d_t,$$

其中，d_t是某一合适的除数序列。程序内建的变换包括一族单一参数幂变换

$$y_t^{(\lambda)}=\begin{cases} Y_t/d_t, & \lambda=1 \\ \lambda^2+[(Y_t/d_t)^{\lambda}-1]/\lambda, & \lambda\neq 0,\ 1 \\ \ln(Y_t/d_t), & \lambda=0 \end{cases}$$

随λ的变化发生平滑的变动，如果 $Y_t/d_t>1.0$，则保持正值。尽管在用于前向和后向预测扩展的目的时，程序允许任意的λ值，但如果是为了在季节调整分解之前得到回归预调整，则λ必须取 0 或 1。除数 d_t 包括：去季节化和退势的月份长度因子；有 Y_t（初步运行所得到）的不规则成分；回归模型得到的、组合的交易日和复活节假日效应因子；用于估计不寻常经济事件影响的用户自定义调整因子等[参见 Findley 等（1998）]。

用户可以设定加入到模型的回归变量，使用内建的准则来决定交易日、可加异常点（AO）和水平平移（LS）回归量是否应当包括在所设定的回归变量集合中。在月度情形下，regARIMA 程序设定了一些内置的回归变量，如：常数趋势项、确定性季节因素、交易日因素、月度长度因素、闰年、各种节日哑变量以及可加异常点、水平平移。许多 regARIMA 程序中的预调整操作与随后的 X-11 季节调整部分是相同的。因此，对于可加异常点、水平平移，可以通过 regARIMA 程序进行处理；也可以在 regARIMA 程序中忽略它们而在随后的 X-11 季节调整部分对它们进行处理。对于月度长度因素、闰年、各种节日因素，同样可以通过 regARIMA 程序进行处理；也可以在 regARIMA 程序中忽略它们而在随后的 X-11 季节调整部分采用 Young（1965）的方法对它们进行处理。Findley 等（1998）指出，通过 regARIMA 程序对日历因素和异常点因素进行处理效果通常可能更好，这是因为 regARIMA 模型在考虑了观测数据所具有的自相关结构的基础上直接对日历因素和异常点因素进行处理，而在 X-11 季节调整部分是对通过不规则因素的估计值来间接发现并对日历因素和异常点因素进行处理。但是，这不是绝对的，在某些情形下不用 regARIMA 程序而用 X-11 季节调整中的方法对上述因素进行处理效果可能更好。究竟采用哪一种方式，可以借助于对调整后数据的诊断来进行取舍。

式（4.16）是一个对 y_t 适当差分后、带有平稳 ARMA 误差 ω_t 的回归模型。它的回归量来自于经过相同的差分运算后的 x_{it}。继承了 X-11-ARIMA/88 的传统，X-12-ARIMA 具有自动 ARIMA 建模选项。在 X-12-ARIMA 中，用户也可以自己设定 ARIMA 的阶数（p,d,q）和（P, D, Q）$_S$。默认的设定有 5 个，其中非季节阶数分别是（0, 1, 1）、（0, 1, 2）、（2, 1, 0）、（0, 2, 2）和（2, 1, 2），季节阶数都是一样的(0, 1, 1)$_S$。对于模型识别，程序提供生成拟合的 regARIMA 模型的残差的样本自相关和偏相关图、相应的混合（portmanteau）统计量以及残差的直方图[见 Box 和 Jenkins（1976），Abraham 和 Ledolter（1983），Vandaele（1983），Bell（1996）]。

假设模型中的 ω_t 服从独立同分布 $N(0,\sigma^2)$，采用极大似然估计方法就可求得回归系数β_I、σ^2 和$\Phi_p(z)$、$\Phi_P(z)$、$\Theta_q(z)$、$\Theta_Q(z)$的系数。X-12-ARIMA 默认的似然函数是完全精确高斯似然函数（fully exact Gaussian likelihood）。为了克服数值最大化中（极少发生）的收敛问题，可以选用在 Box 和 Jenkins（1976）文章中所定义的近似条件高斯似然函数（approximating conditional Gaussian likelihood）代替精确似然函数。如果一个拟合模型，估计的平均绝对预测误差（mean absolute forecast error）统计量和 Box-Ljung 混合（portmanteau）统计量低于特定的门限值，就被认为是一个可接受的模型。如果自动检验模型都不能充分符合条件，或者

用户想要识别或者检查一个模型，X-12-ARIMA 还具有生成标准建模诊断的选项。

X-12-ARIMA 季节调整程序输出结果的诊断部分，除了给出 X-11-ARIMA 和 X-11 诊断结果之外，还增加了一些新的诊断内容。包括检验季节和交易日效应存在性的谱估计；检验季节调整稳定性的平移区间（sliding spans）和修正历史（revisions histories）诊断等。

季节和日历效应近似具有周期性，我们自然地想到用谱估计来探测它们的存在。X-12 季节调整诊断部分给出了两个序列的估计谱，其中一个是季节调整后数据对前月（季）差分（在乘法模型下为对数差分）后所得序列，另一个是通过 X-11 异常点分辨程序调整后的最终不规则因素 $y_t^i(3)$。在诊断过程中，关键是凭借目测来发现谱峰。程序把前面提到的季节和交易日频率上的谱的幅度与相邻频率上的幅度做比较，如果相邻频率的幅度小于上一个边际值（该边际值取决于所有的谱的幅度范围），则自动输出估计的谱线图，同时给出一个警告信息，告知在季节或交易日频率上“视觉显著的”（visually significant）尖峰数。Cleveland 和 Devlin（1982）表明，对于流量序列，最敏感的频率通常是 0.348 循环/月（cycles/month）和 0.432 循环/月。Cleveland 的实证经验显示，0.304 循环/月（0.304=1－2×0.348）也能够用来指示交易日效应。在纯粹的诊断模式下，X-12-ARIMA 可以计算输入序列（或它的对数）的一次差分的谱估计，并将谱线图输出而不作进一步的处理。

下面是对季节模式的稳定性进行检验。众所周知，季节模式随着时间的推移也在不断发生变化[参见 Canova 和 Ghysels（1994）]。在 X-12-ARIMA 季节调整程序中，包含平移区间和修正历史这样两类稳定性诊断。

平移区间采用 Findley 等（1990）推荐的数据平滑跨度技术，检验季节模式是否具有不变性。在最多 4 个相互交叠的子区间上运行程序，显示和提供所得到的不同结果的概要统计量。对于至少为两个子区间所共有的每一个月，分析使用不同的区间进行调整所得到的对该月份数据的最大调整和最小调整之间的差值。同时也分析月度变动（month-to-month changes）的最大和最小估计值和其他感兴趣的统计量。这些诊断在以下一些重要方面对早期的诊断作出了改进或补充，（1）判断一个序列是否已经被调整充分，（2）对加总序列在直接调整和间接调整之间进行取舍，（3）对已选择的选项做出肯定，比如所选定的季节滤子的长度；或者昭示必须尝试其他的选项。参见 Findley 等（1990）的具体说明。

此外，还可以采用所谓的历史修正法来调查季节模式的稳定性，即在任意时刻 t，当得到新的观察数据时对季节调整因子进行更新。它是与为期 1 年的连续的季节调整相联系的修正历史。程序所计算的基本修正，是某个月的数据在这样两次调整之间的差值：前一次调整是把该月当作序列已有的最后一个月，后一次调整是基于诊断分析时可得的所有未来数据。对于月度变动、趋势估计和趋势变动可以得到类似的修正。对序列中连续的时间点计算上述修正，就称为修正历史。

第三节　TRAMO/SEATS 程序

Hannan（1963），Granger 和 Hatanaka（1964），Nerlove（1964）及 Godfrey 和 Karreman（1967）等从频域的角度对季节调整方法进行了深入的研究。他们认为季节调整程序可以被看作是一个信号榨取过程。在线性结构因素模型（以下记作 UCARIMA）中，频域表示法下的季节调整过程等价于一个最优最小均方误差滤子是线性滤子的信号榨取问题。近年来，关于非平稳过程的信号榨取理论取得了重大的进展[参见 Hannan（1967），Sobel（1967），Cleveland 和 Tiao（1976），Pierce（1979），Bell（1984），Burridge 和 Wallis（1988），Maravall（1988）等]。但是长期以来，信号榨取理论的实际应用仍然是一个具有挑战性的问题。Gomez 和 Maravall（1996）成功地利用信号榨取理论设计了季节调整程序 TRAMO/SEATS。这个程序由两个子程序组成，其中一个叫 TRAMO（Time Series Regression with ARIMA Noise，Missing Observations and Outlier）程序，主要通过一个包括 ARIMA 扰动过程、遗失观察值以及异常点的自回归时间序列模型对数据进行初步调整；另一个是 SEATS（Signal Extraction in ARIMA Time Series）程序，它主要通过 ARIMA 时间序列模型对数据进行信号榨取。TRAMO 程序与 X-12-ARIMA 程序中的 regARIMA 程序一样都是预调整程序。它完成了对异常点、交易日因素以及其他此类干扰因素的调整。由于 TRAMO 程序与 X-12-ARIMA 中的 regARIMA 程序相似，所以在此不再详细介绍。

一、SEATS 方法的基本原理

在使用信号榨取原理时，首先需要对噪声和信号因素分别设定出直接的时间序列模型，因此这种方法通常被称作以模型为基础的季节调整方法。通常，采用 ARIMA 模型来描述每个因素的时间序列特征，即所谓的 UCARIMA 模型。SEATS 方法正是通过 UCARIMA 结构从时间序列的观察值中榨取季节因素的。

以加法模型为例，

$$y_t = y_t^{tc} + y_t^s + y_t^i,$$

其中，y_t^{tc}、y_t^s 和 y_t^i 分别表示趋势项 - 循环、季节因素以及不规则因素。为了便于表达，令 $y_t^{ns} = y_t^{tc} + y_t^i$ 表示非季节因素，从而有 $y_t = y_t^{ns} + y_t^s$。与线性 X-11 程序不同，TRAMO/SEATS 程序首先对每个因素的 ARIMA 模型设定参数。显然，由于这些因素过程是不可观测的，所以需要对它们进行一系列的假定，以便进行进一步的分析。下面将 Bell（1984）以及 Gomez 和 Maravall（1996）中对 UCARIMA 模型的假设概括如下：

A.1　$\{y_t^{ns}\}$与$\{y_t^s\}$相互独立；

A.2　$\{y_t^{ns}\}$服从 ARIMA 模型 $\Phi_{ns}(L)\Delta_{ns}(L)y_t^{ns} = \Theta_{ns}(L)u_t^{ns}$；其中，$u_t^{ns} \sim i.i.d.\ N(0,\ \sigma_{ns}^2)$。

A.3　$\{y_t^s\}$服从 ARIMA 模型 $\Phi_s(L)\Delta_{(s)}(L)y_t^s = \Theta_s(L)u_t^s$；其中，$u_t^s \sim i.i.d.\ N(0,\ \sigma_s^2)$。

A.4　多项式 $\Phi_{ns}(L)$ 和 $\Phi_s(L)$ 没有相同的零点。

A.5　多项式 $\Delta_{ns}(L)$ 和 $\Delta_{(s)}(L)$ 没有相同的单位根，其中 $\Delta_{(S)}(L) = (1 + L + L^2 + \cdots + L^{S-1})$。

A.6　多项式$\Phi_s(L)$的阶数小于（等于）$S-1$。

A.7　在满足假设 A.1~ A.6 的所有分解中，u_t^s的方差最小。

显然，这些识别假设并非无害的，例如 TRAMO/SEATS 季节调整程序非常依赖于正交假设 A.1，而事实上却很少有经济理论和实际经济序列能满足假设 A.1 的要求。关于这一点，在 Ghysels（1988，1994a）中进行了深入的探讨。假设 A.2~A.6 反映了季节因素在季节频率附近有谱峰的特征。对于假设 A.5 中的年度求和算子，当所有季节频率处有单位根时使用了该算子并对其进行广泛的讨论。假设 A.7 主要用于解决过程分解（分解为季节因素和非季节因素）不唯一的问题，但是这个假设并不常用。

由于假设 A.5 在实际应用中通常认为$\Delta_{ns}(L)=(1-L)$或者$\Delta_{ns}(L)=(1-L)^2$。此时，时间序列$y_t=y_t^{ns}+y_t^s$具有如下结构

$$\Phi(L)\Delta_y(L)y_t=\Theta(L)u_t, \tag{4.17}$$

其中：　$\Delta_y(L)\equiv\Delta_{ns}(L)\Delta_{(s)}(L)$；$u_t$是一个方差为$\sigma^2$的白噪声过程；多项式$\Phi(L)$和$\Theta(L)$由如下协方差生成过程决定

$$\sigma^2\frac{\Theta(L^{-1})\Theta(L)}{\Phi(L^{-1})\Phi(L)}=\sigma_s^2\Delta_{ns}(L^{-1})\Delta_{ns}(L)\frac{\Theta_s(L)\Theta_s(L^{-1})}{\Phi_s(L^{-1})\Phi_s(L)}$$

$$+\sigma_{ns}^2\Delta_{(s)}(L^{-1})\Delta_{(s)}(L)\frac{\Theta_{ns}(L)\Theta_{ns}(L^{-1})}{\Phi_{ns}(L^{-1})\Phi_{ns}(L)}。$$

可以将式（4.17）与 X-12-ARIMA 程序中的 regARIMA 模型式（4.16）进行比较。显然，这两种方法下模型的设定是不同的，式（4.16）是一个含有单位根（$1-L$）（$1-L^S$）的乘法模型，而式（4.17）是一个含有单位根（$1-L$）（$1+L+L^2+\cdots+L^{S-1}$）的加法模型。并且，式（4.17）中的多项式$\Phi(L)$和$\Theta(L)$是有限制的，它与因素模型的设定有关。因此，在模型设定方面存在两个问题。一个问题是，需要对未调整序列y_t进行季节单位根检验来确定单整阶数；另一个问题是，需要确定因素模型中多项式$\Phi_{ns}(L)$、$\Phi_s(L)$、$\Theta_{ns}(L)$和$\Theta_s(L)$的滞后阶数。

线性时间序列过程的最优信号榨取理论有几种不同的表达形式，其中比较常见的有利用状态空间模型和卡尔曼滤波的表达形式[参见 Harvey（1989）和 Gomez 和 Maravall（1994）等在季节过程方面的应用]；另一种是基于频域分析的表示方法。下面首先介绍状态空间表示方法。

假设多项式$\Phi_{ns}(L)$的阶数为p_{ns}，$\Theta_{ns}(L)$的阶数为q_{ns}；$\Phi_s(L)$的阶数为p_s，$\Theta_s(L)$的阶数为q_s。定义$r_j=\max(p_j,q_j)$，$j=ns,s$。对于y_t^{ns}与y_t^s，可以建立如下线性系统

$$X_t^j=F_jX_{t-1}^j+G_ju_t^j,\qquad j=ns,s,$$

$$y_t^j=H_j'X_t^j,\qquad j=ns,s。$$

其中，X_t^j是一个$r_j\times1$维状态向量，它的第一个元素$X_t^j(1)$等于y_t^j，其他元素有

$$X_t^j(k)=\sum_{i=k}^{r_j}\phi_{ji}y_{t-1+k-i}^j-\sum_{i=k-1}^{q_j}\theta_{ji}u_{t-1+k-i}^j,\ k=2,\ 3,\ \cdots,r_j。$$

向量 $H_j=(1,0,\cdots,0)'$ 是一个 $r_j\times1$ 维向量；$G_j=(1,\theta_{j1},\theta_{j2},\cdots,\theta_{jr_j})'$ 也是一个 $r_j\times1$ 维向量。当 $i>q_j$ 时，$\theta_{ji}=0$。最后，F_j 是一个具有如下结构的 $r_j\times r_j$ 矩阵

$$F_j=\begin{pmatrix}\phi_{j1} & 1 & 0 & \cdots & 0\\ & & 1 & & \\ \vdots & \vdots & & \ddots & \\ & 0 & & & 1\\ \phi_{jr_j} & 0 & & & 0\end{pmatrix}。$$

当 $i>p_j$ 时，$\phi_{ji}=0$。则这个因素模型的状态空间是 $r=r_{ns}+r_s$ 维的且

$$y_t=H'X_t+y_t^i,$$

$$X_t=FX_{t-1}+GV_t。$$

其中，$X_t'=[(X_t^{ns})'(X_t^s)']$ 是一个 $r\times1$ 维向量，$H'=(H_{ns}'H_s')$，F=diag (F_{ns},F_s)，G=diag (G_{ns},G_s)，$V_t=(u_t^{ns},u_t^s)$。扰动项 $u_t^{ns}\sim N$（0, $c_j\sigma_i^2$），并且 $y_t^i\sim i.i.d.N$（0, σ_i^2）。此时，c_{ns} 为新息过程的趋势—噪声比，c_s 为新息过程的季节—噪声比。为了解决“非唯一”问题，令 σ_i^2=1。

在初始条件 $X_{1|0}$ 和 $P_{0|0}$ 下，卡尔曼滤波的迭代公式为

$$X_{t\mid t-1}=FX_{t-1\mid t-1},$$

$$P_{t\mid t-1}=FP_{t-1\mid t-1}F'+GG',$$

$$X_{t\mid t}=X_{t\mid t-1}+K_t(y_t-H'X_{t\mid t-1}),$$

$$P_{t\mid t}=P_{t\mid t-1}+K_tH'P_{t\mid t-1}。$$

其中，$K_t=P_{t\mid t-1}H(H'P_{t\mid t-1}H+1)^{-1}$，$X_{t\mid t-1}=E[X_t\mid y_{t-1}\cdots]$ 和 $P_{t\mid t-1}$=Var$[X_t\mid y_{t-1}\cdots]$。

同理，对于给定的数据{y_t，y_{t-1}，…}，向量 $X_{t|t}$ 可能包含了当期不可测因素 y_t^{ns} 和 y_t^s 的信息。$P_{t|t}$ 是因素的条件方差。卡尔曼滤波给出了现成的极大似然程序来估计模型中的参数。当 $v_t=y_t-H'X_{t\mid t-1}$ 和 $\sum_t=H'P_{t\mid t-1}H+1$ 时，则似然函数可写作

$$l=-\frac{1}{2}[\ln\left(\prod_{t=1}^{T}\sum_t\right)+T\ln(e'e)],$$

其中，T 是样本容量，$e=(e_1,\cdots,e_T)'$，$e_t=v_t/\Sigma_t$。由于 σ_i^2=1，似然函数中不再包括该参数。通常，季节调整方法总是用于非平稳时间序列，由于此时边际分布不存在，所以卡尔曼滤波中初始值的选择至关重要。有多种初始值的选择方法[详见 Bell（1984），Harvey 和 Pierse（1989），Kohn 和 Ansley（1986），de Jong（1991），de Jong 和 Lin（1994）或 Gomez 和 Maravall（1994）]。Gomez（1999）发现这些选择方法中有三种之间实际上是等价的。

从关于（4.16）式和（4.17）式的简短讨论可以发现，TRAMO/SEATS 程序与 X-12-ARIMA 程序之间存在着根本的差异。TRAMO/SEATS 程序是以模型为基础的季节调整方法，它为每个序列设定一个滤子，而 X-12-ARIMA 程序不论时间序列的季节与非季节因素结构如何，对

所有的序列都采用同一滤子（至少在理想条件下如此）。这一差别具有深远的影响，详细讨论参见第五节对估计与滤波问题的专门研究。

二、与 X-11 的比较

由于在某些条件下 X-11 滤子是线性的，而最优信号榨取滤子也是线性的，因此我们猜想在某种特定的结构下，最优信号榨取滤子是否恰好是线性 X-11 滤子？在月度数据情形下，Cleveland（1972）研究讨论了下面这个 UCARIMA 模型：

$$(1-L)^2 y_t^{ns} = (1+0.26L+0.30L^2-0.32L^3)\varepsilon_t^{ns},$$

$$(1+L+\cdots+L^{11})y_t^s = (1+0.26L^{12})\varepsilon_t^s,$$

它等价于如下时间序列模型

$$(1-L)(1-L^{12})y_t = \Theta(L)\varepsilon_t。$$

其中，$\Theta(L)$ 是一个具有特定系数的滞后阶数为 14 的多项式[详见 Cleveland（1972）]。他发现在线性最优均方误差信号榨取意义下，对于某些特定的时间序列，线性 X-11 滤子是最优的；而对于另外一些的时间序列，线性 X-11 滤子是次优的。他还发现，与 UCARIMA 模型不同，X-11 季节调整程序不需要进行参数估计。实际上，可以限定模型的类型以减少计算信号榨取滤子时由于参数的不确定性导致的影响，这是最初的宽泛的模型设定式（4.17）与 X-11 季节调整程序中不允许滤子权数具有任何弹性的一种折中的方法。

Hillmer 和 Tiao（1982）提出如下模型：

$$(1-L)^2 y_t^{ns} = (1+\theta_{ns1}L)(1+L)\varepsilon_t^{ns},$$

$$(1+L+\cdots+L^{11})y_t^s = \Theta_S(L)\varepsilon_t^s,$$

此时关于观测序列的时间序列模型为

$$(1-L)(1-L^{12})y_t = (1+\theta_1 L)(1+\theta_{12}L^{12})\varepsilon_t, \tag{4.18}$$

这个模型只涉及两个参数，显然远远少于宽泛的模型设定的要求。

STAMP 程序采用了此模型 Harvey 和 Todd（1983）选择的模型[详见 Koopman 等（1996）]：

$$(1-L)^2 y_t^{ns} = (1+\theta_1 L)\varepsilon_t^{ns},$$

$$(1+L+\cdots+L^{11})y_t^s = \varepsilon_t^s,$$

此时关于观测序列的时间序列模型为

$$(1-L)(1-L^{12})y_t = \Theta(L)\varepsilon_t, \tag{4.19}$$

其中，$\Theta(L)$ 是一个只涉及到参数 θ_1 的滞后阶数为 13 的多项式。

UCARIMA 模型的设定有两个方向：（1）设定模型中不可观测过程的结构，即设定多项式 $\phi_j(L)$ 和 $\theta_j(L)$，$j=ns$ 或 s；（2）设定可观测序列 y_t 服从的 ARIMA 模型的特征，从而推导出因素过程的结构。后面这种方法需要从未调整数据出发来拟合形如式（4.18）或式（4.19）的参数模型，然后推导出因素过程的结构。这与 STAMP 季节调整程序所采用的模型设定途径是一致的。在 TRAMO/SEATS 季节调整程序中，允许数据驱动根据式（4.17）来设定因素模型的结构。在 TRAMO/SEATS 季节调整程序的模型自动识别部分，采用 Hannan 和 Rissanen（1982）的方法来确定多项式 $\Phi_j(L)$ 和 $\Theta_j(L)$（$j=ns$ 或 s）的阶数，进而确定式（4.17）中的 $\Theta(L)$ 与 $\Phi(L)$。

基于模型的季节调整方法要求从序列出发估计 UCARIMA 模型中的参数。因而，从原理上讲，当利用季节调整后的数据来估计模型时，应该充分考虑到自由度损失问题。显然，这将对推断中的自由度产生不可忽视的影响。而在诸如 X-12 这样的季节调整程序中，是采用普通的滤子，不需要根据序列进行估计。是否可以因此而忽视其自由度的损失仍是一个争论中的问题。

第四节　季节调整对单位根检验的影响

在这一节，我们重点讨论季节调整对单位根检验的影响——滤波是否会对过程的极限分布（期望值）产生影响。因为处理的时间序列中可能包括非平稳的过程，所以采用如下模型

$$y_t=\mu+\gamma t+z_t \tag{4.20}$$

其中，$\Phi(L)z_t=\Theta(L)\varepsilon_t$，$\varepsilon_t \sim i.i.d.\ N(0,\sigma^2)$，$\Theta(L)$是关于 L 的 q 阶多项式，没有根在单位圆上，$\Phi(L)$ 为关于 L 的 p 阶多项式，最多有一根在单位圆上，其余均在圆外。因此，我们令 y_t 代表差分后的平稳过程，这时，有

$$y_t=\gamma+y_{t-1}+z_t, \tag{4.21}$$

其中 $z_t=\Phi^*(L)^{-1}\Theta(L)\varepsilon_t$，$(1-L)\ \Phi^*(L)=\Phi(L)$。

假定用一个已知线性滤子对数据进行滤波，令向量（$v_{-l},\cdots,v_k$）表达这个双边滤子的滤波权数。基于这个向量，定义如下（T+1）×（T+k+l+1）滤子矩阵 F，则有

$$F=\begin{pmatrix} v_{-l} & \cdots & v_k & 0 & \cdots & 0 \\ 0 & \ddots & & \ddots & \ddots & \vdots \\ \vdots & \ddots & \ddots & & \ddots & 0 \\ 0 & \cdots & 0 & v_{-l} & & v_k \end{pmatrix}。\tag{4.22}$$

通过这个矩阵可以将一个样本容量为 $T+k+l+1$ 的数据集滤为一个只有 $T+1$ 个观测值的数据集，样本两端的数据将丢失。

假设 4.1　这个滤子的权数（$v_{-l},\cdots,v_k$）满足：（1）关于常数和时间趋势具有不变性；（2）当其滤子矩阵 F 作用于季节哑变量后，将得到一个以季节均值之和为元素的常数矩阵。

假若滤子是一个对称的双边滤子，$v_{-i}=v_i$ 并且 $\sum_{i=-m}^{m}v_i=1$，$m=l=k$；则它满足假设 4.1。当将滤子表示为滞后算子的多项式时，即 $v(L)=\sum_{i=-l}^{k}v_iL^i$，那么具有 $v(L)=v(L^{-1})$ 和 v（1）=1 特性的滤子满足假设 4.1。对于数据 $y'=(y_{-l},\cdots,y_{T+k})$，（$T$+$k$+$l$+1）×1，可以分别定义一个滤波后的数据集 $y_F=Fy$，（T+1）×1 和一个滤波前的数据集 $y_U=Uy$，（T+1）×1，其中 $U=(O_{(T+1)\times l})I_{T+1}O_{(T+1)\times k}$。它截去了样本双端的数据，从而使得 y_F 与 y_U 有相同的样本容量 T+1 并且随机扰动项同为ε_t。分别将 y_F 和 y_U 中的元素记作 y_t^F 和 y_t^U，其中 $t=1,2,\cdots,T$。最后，记$\varepsilon_F=F\varepsilon$，$\varepsilon_U=U\varepsilon$，$X_U=UX$ 和 $X_F=FX$，其中 $X'=(x'_{-l},\cdots,x'_{T+k})$。

令 $v(L)$为一个普通的线性双边滤子，并且假定滤子对常数项、趋势和季节虚拟变量具有不变性。仅考虑多项式 $v(L)$对称并且其系数和为 1 的情形，即 $v(L)=v(L^{-1})$，并且 $v(1)=1$。一个 $v(1)=1$ 的对称滤子可以消除序列中非季节确定性部分的影响。从而，不失一般性地，我们

设定式（4.20）和式（4.21）中 $\mu=\gamma=y_0=0$。在这些条件下，将 y_t 的滤波部分记作 $y_t^F=\nu(L)\,y_t$，即有

$$y_t=z_t,\qquad y_0=0;$$

$$y_t^F=\nu(L)\,z_t\,,\qquad y_0^F=0。\tag{4.23}$$

我们首先考虑不带常数项和趋势项的回归估计式，然后再考虑包括趋势项和（或）常数项这种更一般的情形。

$$y_t=\alpha y_{t-1}+\varepsilon_t\,,\tag{4.24}$$

$$y_t=\alpha y_{t-1}+\sum_{j=1}^{k}c_j\Delta y_{t-j}+\varepsilon_t,\tag{4.25}$$

关于式（4.24）中的未过滤数据的自回归参数估计量，定义如下

$$\hat{\alpha}=\sum_{t=1}^{T}y_t\,y_{t-1}\Bigg/\sum_{t=1}^{T}y_{t-1}^2\,,\tag{4.26}$$

相对应地，过滤后数据的自回归参数估计量定义如下

$$\hat{\alpha}_F=\sum_{t=1}^{T}y_t^F y_{t-1}^F\Bigg/\sum_{t=1}^{T}\left(y_{t-1}^F\right)^2。\tag{4.27}$$

下面我们先研究当 $\Phi\,(L)$有一个单位根时，$\hat{\alpha}$ 和 $\hat{\alpha}_F$ 的极限分布，然后再研究 $\Phi\,(L)$为平稳过程的情形。

一、数据生成过程为单位根过程

当回归式（4.21）中 $\gamma=0$ 时，有

$$y_t^F=\nu(L)\,y_t=\nu(L)\,y_{t-1}+\nu(L)z_t=y_{t-1}^F+\omega_t\,,\tag{4.28}$$

其中，$\omega_t=\nu(L)z_t=\nu(L)\Phi^*(L)^{-1}\Theta(L)\varepsilon_t$。由于$\Phi^*(L)$、$\Theta\,(L)$的根均在单位圆外，是一个平稳可逆的 ARMA 过程。则当 $T\to\infty$时，有 $\frac{1}{T}\sum_{y_{t-1}}^{F}\omega_t\to 0$（依概率收敛）。由式（4.27）有，

$\hat{\alpha}_F-1=\Sigma\sum_{y_{t-1}}^{F}(y_t^F-y_{t-1}^F)/\sum(y_{t-1}^F)^2=\sum_{y_{t-1}}^{F}\omega_t/\sum(y_{t-1}^F)^2\to 0$，从而 $\hat{\alpha}_F\to 1$。同样，有 $\hat{\alpha}\to 1$ [参见 Phillips（1986）]。可见，当 $\Phi\,(L)$ 有一个根在单位圆上时，随着样本容量增加，这两个估计量 $\hat{\alpha}_F$ 与 $\hat{\alpha}$ 均收敛于 1。所以，采用过滤后的数据进行估计不会产生渐近偏差。

应当注意到，$T(\hat{\alpha}_F-1)$与 $T(\hat{\alpha}-1)$的渐近分布是不同的，这是因为变换后的误差项相关结构与变换前是不同的，并且扰动过程 z_t 与 ω_t 的方差也是不同的。注意 $S_\omega^2\equiv\mathrm{Var}(\omega_t)=\mathrm{Var}[\nu(L)\,z_t]=\sum_{j=-m}^{m}\sum_{l=-m}^{m}\nu_j\nu_l\,\mathrm{Cov}_z(j-1)$[见式（4.29）]，其中 $\mathrm{Cov}_z(k)$为扰动过程 z_t 的滞后 k 期的

自协方差。$T(\hat{\alpha}-1)$的极限分布为$\frac{1}{2}[W^2(1)-S_z/\sigma_z{}^2]/\int_0^1 W^2(r)\mathrm{d}r$，以及$T(\hat{\alpha}_F-1)$的极限分布为$\frac{1}{2}[W^2(1)-S_\omega^2/\Sigma_\omega^2]/\int_0^1 W^2(r)\mathrm{d}r$。当包括常数项和（或）趋势项时，它们的极限分布表达式有相对应的变化。

虽然统计量$T(\hat{\alpha}_F-1)$与$T(\hat{\alpha}-1)$的极限分布不同，但是采用过滤前和过滤后数据所得的 Dickey-Fuller 和 Phillips-Perron 统计量的渐近分布是相同的[见 Fuller（1996）]。这是因为，在这两个统计量计算过程中均对误差的结构进行了修正从而有效地消除了渐近分布对误差的相关性的依赖。扰动过程z_t与ω_t均满足（对其部分和）应用泛函中心极限定理的各种条件[参见 Phillips（1986），Phillips 和 Perron（1988）等]。令$\sigma_z^2=\lim\limits_{T\to\infty}T^{-1}E(S_{T,z}{}^2)$，其中$S_{T,z}=\sum\limits_{t=1}^{T}z_t$；类似地，$\sigma_\omega^2=\lim\limits_{T\to\infty}T^{-1}E(S_{T,\omega}{}^2)$，其中$S_{T,\omega}=\sum\limits_{t=1}^{T}\omega_t$ $S_{T,\omega}=\sum\limits_{t=1}^{T}\omega_t$。我们知道$\sigma_z^2=2\pi\, h_z(0)$和$\sigma_\omega^2=2\pi\, h_\omega(0)$，其中$h_x(0)$表示过程$x_t$的拟谱密度函数在 0 频率处的估计值。利用假设$v(1)=1$，有$\sigma_\omega^2=\sigma_\varepsilon^2[v(1)^2\Theta(1)^2/\Phi^*(1)^2]=\sigma_\varepsilon^2\cdot\Theta(1)^2/\Phi^*(1)^2\equiv\sigma_z^2$。所以，关于$v(1)=1$的假设条件是很必要的。

这一基本结果（单位根检验统计量的渐近分布不受数据是否被过滤的影响）并非意味着单位根检验统计量的有限样本分布也不受影响。Ghysels 和 Perron（1993）的拟合结果表明，在某些条件下，采用过滤前和过滤后数据所得的单位根检验统计量的有限样本分布可能完全不同。

二、数据生成过程为平稳 ARMA 过程

当多项式$\Phi(L)$没有单位根时，与上面的结论完全不同，滤子使得检验统计量发生渐近偏倚，并且更为重要的是 Ghysels 和 Perron（1993）证明在线性 X-11 滤子情形下这种偏倚是正的。因此，式（4.26）中$\hat{\alpha}_F$的极限大于式（4.27）中$\hat{\alpha}$的极限。由于这种向上的偏移，在对立假设为过程具有平稳性时，采用滤波后数据进行单位根检验功效将更低。

为此，考虑式（4.26）中$\hat{\alpha}$的极限

$$p\lim_{T\to\infty}\hat{\alpha}=p\lim_{T\to\infty}T^{-1}\sum_{t=1}^{T}y_t\,y_{t-1}\Big/p\lim_{T\to\infty}T^{-1}\sum_{t=1}^{T}y_{t-1}^2=\gamma_y(1)/\gamma_y(0),$$

其中$\gamma_y(j)$为过程y_t的滞后j期的自协方差。对于过滤后的数据，同样我们有

$$p\lim_{T\to\infty}\hat{\alpha}_F=p\lim_{T\to\infty}T^{-1}\sum_{t=1}^{T}y_t^F\,y_{t-1}^F\Big/p\lim_{T\to\infty}T^{-1}\sum_{t=1}^{T}\left(y_{t-1}^F\right)^2。$$

下面，我们讨论更为一般的$T^{-1}\sum\limits_{t=1}^{T}y_t^F\,y_{t-s}^F$的极限。令$m$表示对称多项式$v(L)$的阶数，则有

$$\underset{T\to\infty}{p\lim}T^{-1}\sum_{t=1}^{T}y_t^F y_{t-s}^F=\underset{T\to\infty}{p\lim}T^{-1}\sum_{t=1}^{T}[v(L)y_t][v(L)y_{t-s}]$$

$$=\underset{T\to\infty}{p\lim}T^{-1}\sum_{t=1}^{T}\sum_{i=-m}^{m}v_i y_{t+i}\sum_{j=-m}^{m}v_j y_{t+j-s}$$

$$=\sum_{i=-m}^{m}\sum_{j=-m}^{m}v_i v_j\left[\underset{T\to\infty}{p\lim}T^{-1}\sum_{t=1}^{T}y_{t+i}y_{t+j-s}\right]$$

$$=\sum_{i=-m}^{m}\sum_{j=-m}^{m}v_i v_j\gamma_y(i-j+s)\equiv\gamma_y^F(s) \tag{4.29}$$

将 $\hat{\alpha}_F$ 的渐近偏倚记作 $b(\hat{\alpha}_F,0)$，利用式（4.27）~ 式（4.29）可得

$$b(\hat{\alpha}_F,0)=[\gamma_y^F(1)/\gamma_y^F(0)]-[\gamma_y(1)/\gamma_y(0)]\text{。} \tag{4.30}$$

当给定原始序列 y_t（即滤前序列）的协方差结构时，我们可以通过式（4.30）计算 $\hat{\alpha}_F$ 的渐近偏倚。下面假定数据生成过程为形如式（4.25）的 $p=k+1$ 的 AR(p)过程，其中 α 为所有自回归系数的和。将式（4.25）表达为如下另外一种形式

$$y_t=\phi_1 y_{t-1}+\phi_2 y_{t-2}+\cdots+\phi_p y_{t-p}+\varepsilon_t\text{，} \tag{4.31}$$

其中，$\alpha=\sum_{j=1}^{p}\phi_j$，$c_i=-\sum_{j=1}^{p-1}\phi_j$。令 $\phi'=$（ϕ_1, ϕ_2, …, ϕ_p），关于参数向量 ϕ 的最小二乘估计有 $\hat{\phi}=A_n^{-1}V_n$，其中 $A_n=T^{-1}\sum_{t=p+1}^{T}X_t'X_t$，$V_n=T^{-1}\sum_{t=p+1}^{T}X_t'y_t$，这里 $X_t=(y_{t-1}, y_{t-2},\cdots, y_{t-p})$是一个由数据滞后值组成的 p 维向量。对于过滤后的数据，$\hat{\phi}_F$ 有类似的定义，只需将 $\{y_{t-s}\}_{s=0}^{p}$ 换为 $(y_{t-s}^F)_{s=0}^{p}$ 即可。令 $e'=$（1, 1, …, 1）为一个元素全为 1 的单位向量，那么有 $\hat{\alpha}_F=e'\hat{\phi}_F$，$\hat{\alpha}=e'\hat{\phi}$。当回归向量中包括有数据一阶差分的 k 阶滞后项时，我们将式（4.30）中 $\hat{\alpha}_F$ 的渐近偏倚记作 $b(\hat{\alpha}_F,k)$。

于是，注意 $p=k+1$，对于数据生成过程为式（4.31）的情形有

$$b(\hat{\alpha}_F,k)=\underset{T\to\infty}{p\lim}\hat{\alpha}_F-\underset{T\to\infty}{p\lim}\hat{\alpha}=e'A^{-1}V-e'A_F^{-1}V_F\text{。} \tag{4.32}$$

其中，$\boldsymbol{A}$ 为 $p\times p$ 矩阵，元素 $a_{ij}=r_y(i-j)$，$i,j=1, 2, \cdots, p$；V 为 $p\times 1$ 阶向量，元素 $v_i=r_y(i)$，$i=1, 2, \cdots, p$；类似地定义 A_F 和 V_F，其元素分别为 $a_{ij}^F=r_y^F(i-j)$ 和 $v_i^F=r_y^F(i)$，其中，$r_y^F(s)$ 由式（4.29）定义。

当回归变量中包括有数据一阶差分的 k 阶滞后项（自回归阶数 $p=k+1$）时，表达式（4.32）给出了式（4.25）中 $\hat{\alpha}_F$ 的 OLS 估计偏倚的极限分布。由式（4.29），计算这一渐近偏倚仅需原始数据的协方差函数 $r_y(s)$ 以及滤子多项式 v（L）的权数。当 $k=0$ 并且 $p=1$ 时，式（4.32）退化为式（4.30）。虽然式（4.32）所述的渐近偏倚是回归中不包括常数项和趋势时 $\hat{\alpha}_F$ 估计量的偏倚，对回归中有常数或有常项和趋势项的情况仍有同样的结果成立[见 Ghysels 和 Perron

（1993）]。

Ghysel 和 Perron 对不同参数设定情形下采用过滤后的数据时产生的这种不会消失的渐近偏倚进行了度量。他们对于这种偏倚的计算在单位根检验中具有实际意义，他们证明当原始数据的季节滞后项之间具有相关性时采用 X-11 滤子，此时回归系数和的偏移是固有的，除非自回归模型的阶数大（等）于季节周期。对于 Dickey-Fuller 类单位根检验，其实践意义在于，为了避免统计量的偏移，自回归式的阶数至少与季节周期一样长。因此，数据的季节调整并不能容许自回归阶数的降低。当滞后阶数小于季节周期时，尽管季节调整排除了数据在季节频率上的自相关(可能不完全)，但是它在自相关函数中产生了一个(不会渐近消失的)偏倚。

实际上，在绝大多数基于季节调整数据所做的 Dickey 和 Fuller（1979，1981）检验中，并未遵循这一规则。他们认为季节调整剔除了季节性相关性并且不会产生任何副作用，而采用了较短的滞后阶数。我们还应注意到，即使自回归阶数大于季节周期，仍保留这种向上的偏倚。由于使用季节调整后数据进行单位根检验时需要自回归阶数至少与季节周期一样长，因此有理由预期根据原始数据进行单位根检验的功效要大于使用季节调整后数据时单位根检验的功效。的确，采用过滤后数据不仅不允许减少自回归式的长度（这有助于提高功效），而且它还将导致统计量具有一个向上偏倚。

第五节　与其他数据变换的关系

数据变换的种类是很多的，季节调整只是其中的一种。在实际应用研究中，我们可能对序列依次采用几种不同的数据变换。比如，经济学家在研究中通常采用实际变量，这就需要对名义变量（原始数据）利用价格指数进行平减。再如，通常将不变价格下的数据与人口序列相除从而得到一个人均水平序列。人们常常先收集一些季节调整后的数据，然后再将这些序列合并成所需要的序列，即总是在其他数据变换之前进行季节调整。大量季节调整方面的文献都集中研究季节调整程序的设计，而忽视了使用季节调整后数据对分析结果（诸如对数据进行回归估计和同期或者部门加总等等）的影响。Geweke（1978）在已知各个部门的未调整数据的情形下，研究了对原始数据先加总再进行季节调整时所出现的各种问题。他想知道，统计部门究竟应该先对所有的部门数据季节调整后再加总求和呢，还是应该先对所有的部门的数据加总求和后再进行季节调整。本节的分析是对 Geweke（1978）研究的扩展，主要介绍 Ghysels（1997a）中关于季节调整与其他各种数据变换的关系。

Ghysels（1997a）发现，统一的季节调整程序（比如 X-11）受季节调整与其他数据变换先后次序的影响不明显，而在最优信号榨取原理基础上设计的季节调整程序则对季节调整与数据变换的次序非常敏感，当所设定的季节调整与其他数据变换的次序不正确时，将对季节调整后的结果产生不容忽视的影响。事实上，从均方误差 MSE 的角度来说，在其他数据变换之前采用最优信号榨取进行季节调整是一种最不好的方式。所以，当意识到随后可能要对数据进行其他变换时，通常不采用最优信号榨取滤子。也就是说，当意识到季节调整不是唯一的数据变换时，从一般意义上说 X-11 季节调整程序做为统一的季节调整滤子功效可能更好。

下面将在更一般的内容上研究季节调整程序和其他数据变换的问题。首先，讨论在其他数据变换之前进行季节调整程序的充分必要条件。然后讨论各种不同的特殊情形，诸如统一的滤子、最优信号榨取滤子等等。

假定感兴趣的序列为 y_t，其中非季节因素记为 y_t^{ns}。y_t 是序列 x_t 与 z_t 的组合①，它们之间具有如下关系

$$x_t = y_t + z_t$$

以前面的名义变量和实际变量为例，y_t 和 z_t 是所感兴趣的基本行为变量（比如价格和数量序列），x_t 与它们有确定的关系（比如名义序列、价值），$y_t = x_t - z_t$。假定 $x_t^{ns} \equiv v_1(L)\ x_t$，$z_t^{ns} \equiv v_2(L)\ z_t$，用滤子 $v_3(L)$ 对 $x_t - z_t$ 进行滤波等价于 $v_3(L)\ (x_t - z_t)$；其中 $v_i(L)$，$i=1$，2，3 是线性滤子②。实际应用中，通常令 $y_t^{ns} = x_t^{ns} - z_t^{ns}$，即在其他数据变换之前进行季节调整。

当采用统一滤子（比如 X-11）时，$v_1(L) \equiv v_2(L) \equiv v_3(L)$；而当采用基于最优信号榨取原理基础从数据出发设计季节调整线性滤子时，$v_i(L)$（$i=1$，2，3）是不等的。这使得两种方法之间具有明显的不同。当统一滤子是线性的时候，受季节调整与其他数据变换先后次序的影响不明显，而当滤子不统一时，次序变得至关重要。当将季节调整看作是一个信号榨取问题时，由于所感兴趣的信号不是 x_t 或 z_t 中的非季节因素而是 y_t 中的非季节因素，从而当季节调整与其他数据变换所采用的次序是正确的时候，最优信号榨取滤子优于统一滤子。

为了更好地研究季节调整问题，必须为过程施加一些限制。不失一般性，假定过程具有以下移动平均表示式。这些限制与 TRAMO/SEATS 程序中的假设 A1～A7 的限制非常类似，只不过在这里是用于两个序列的组合。

假设 4.2 假定 y_t^{ns}，z_t^{ns}，y_t^{s} 和 z_t^{s} 分别满足

$$\Delta^k y_t^{ns} \equiv (1-L)^k y_t^{ns} = \Theta_{yns}(L) u_t^{yns},\quad k=1,2 \tag{4.33}$$

$$\Delta^{\tilde{k}} z_t^{ns} \equiv (1-L)^{\tilde{k}} z_t^{ns} = \Theta_{zns1}(L) u_t^{zns},\quad \tilde{k}=1,2 \tag{4.34}$$

$$S(L) y_t^{s} \equiv (1+L+\cdots+L^{11}) y_t^{s} = \Theta_{ys}(L) u_t^{ys} \tag{4.35}$$

$$S(L) z_t^{s} \equiv (1+L+\cdots+L^{11}) z_t^{s} = \Theta_{zs}(L) u_t^{zs} \tag{4.36}$$

其中，新息过程 u_t^{yns}，u_t^{zns}，u_t^{ys} 和 u_t^{zs} 的方差有限，分别为 σ_{yns}^2，σ_{zns}^2，σ_{ys}^2 和 σ_{zs}^2。

序列 x_t、z_t 和 y_t 在零频率的非平稳性可以不同，差分次数 k 和 $\tilde{k}$ 不一定相等。例如，一般名义序列 x_t 和价格 z_t 都是 $I(2)$ 过程，而实际序列 y_t 一般是 $I(1)$ 过程。从而，允许名义序列 x_t 和价格 z_t 之间具有协整关系，这使得序列 y_t 在零频率只有一个单位根。当 $\tilde{k}=2$ 和 $k=1$ 时，即意味着 x_t 和 z_t 之间具有协整关系；否则，$k=\tilde{k}=1$ 或 2。假设 4.2 中关于不可测因素序列不具有相同的单位根，这是一个相当苛刻的假设。它得以保证信号榨取滤子及其均方误差 MSE 是完全确定的。通常，y_t 和 z_t 非季节增长率不必是不相关的。同理，y_t 和 z_t 中季节因素的变动之间也可以是相关的。并且，它们之间的关系满足以下假设条件

① 假定所有过程都是以自然对数形式表示的。

② 虽然限定滤子是线性的，但是下面的讨论中并没有对滤子形式给出明确限定。

假设 4.3 假定过程$\Delta^{\tilde{k}}\ x_t^{ns}$，$S(L)\,x_t^s$，$\Delta^{\tilde{k}}\ z_t^{ns}$，$S(L)\,z_t^s$，$\Delta^k\ y_t^{ns}$和$S(L)\,y_t^s$满足

$$f_x^j(\mathrm{e}^{-\mathrm{i}\omega})=f_y^j(\mathrm{e}^{-\mathrm{i}\omega})+f_z^j(\mathrm{e}^{-\mathrm{i}\omega})$$

$$+2\,\mathrm{Re}[f_{yz}^j(\mathrm{e}^{-\mathrm{i}\omega})],\quad -\pi\leqslant\omega\leqslant\pi,\qquad j=ns,\ s,\tag{4.37}$$

其中，$f_v^j(\mathrm{e}^{-\mathrm{i}\omega})=\sigma_{vj}^2\,|\,\theta_{vj}(\mathrm{e}^{-\mathrm{i}\omega})|^2$，$j=ns,\ s$；$v=z,\ y$；$f_{yz}^{ns}(\mathrm{e}^{-\mathrm{i}\omega})$表示$\{\Delta^{\tilde{k}}\ z_t^{ns}\}$和$\{\Delta^k\ y_t^{ns}\}$的交叉谱；$f_{yz}^s(\mathrm{e}^{-\mathrm{i}\omega})$表示$\{S(L)\ z_t^s\}$和$\{S(L)\ y_t^s\}$的交叉谱。

由假设 4.2 和假设 4.3 以及式（4.17），有

$$(1-L^{12})\Delta^{k-1}y_t=\Theta_y(L)u_t^y,\qquad u_t^y\sim i.i.d.N(0,\sigma_y^2)\tag{4.38}$$

当 k=1 时，$\Delta^{k-1}=1$；当$k=2$时，$\Delta^{k-1}=\Delta=(1-L)$。同理，过程$x_t$具有类似的结构，它含有一个单边多项式$\Theta_x(L)$，扰动$u_t^x\sim i.i.d.N(0,\sigma_x^2)$；过程 z_t 含有一个单边多项式$\Theta_z(L)$，扰动$u_t^z\sim i.i.d.N(0,\sigma_z^2)$。

现在，考虑 A 和 B 两种信号榨取方法，A 表示在其他数据变换之后进行季节调整；B 表示在其他数据变换之前进行季节调整。定义信号榨取方法 B 如下

$$\hat{y}_{\mathrm{B}t}^{ns}=E[x_t^{ns}\,|\,\{x_t\}_{t=-\infty}^{+\infty}]-E[z_t^{ns}\,|\,\{z_t\}_{t=-\infty}^{+\infty}]$$

$$=E[y_t^{ns}+z_t^{ns}\,|\,\{y_t^{ns}+y_t^s+z_t^{ns}+z_t^s\}_{t=-\infty}^{+\infty}]$$

$$-E[z_t^{ns}\,|\,\{z_t^{ns}+z_t^s\}_{t=-\infty}^{+\infty}],\tag{4.39}$$

其相应的 MSE 为

$$\delta_{\mathrm{B}}=E(\hat{y}_{\mathrm{B}t}^{ns}-y_t^{ns})^2。\tag{4.40}$$

同理，信号榨取方法 A 定义如下

$$\hat{y}_{\mathrm{A}t}^{ns}=E[y_t^{ns}\,|\,\{y_t\}_{t=-\infty}^{+\infty}]=E[y_t^{ns}\,|\,\{y_t^{ns}+y_t^s\}_{t=-\infty}^{+\infty}],\tag{4.41}$$

其相应的 MSE 为

$$\delta_{\mathrm{A}}=E(\hat{y}_{\mathrm{A}t}^{ns}-y_t^{ns})^2。\tag{4.42}$$

如果用前面的名义变量和实际变量来解释，那么信号榨取方法“B”对应于通常的作法，即对数据进行季节调整后再利用价格指数进行平减；相反，信号榨取方法“A”对应于对名义变量（原始数据）利用价格指数进行平减后再对数据进行季节调整。

假设 4.4 假定上面设定 A 和 B 的两种信号榨取方法是通过如下线性滤子得到的，

$$\hat{y}_{\mathrm{B}t}^{ns}\equiv v_1(L)x_t-v_2(L)z_t,\tag{4.43}$$

$$\hat{y}_{\mathrm{A}t}^{ns}\equiv v_3(L)y_t,\tag{4.44}$$

其中，$v_j(L)\equiv\sum\limits_{i=-\infty}^{\infty}v_{ji}L^i$，$\sum\limits_{i=-\infty}^{\infty}v_{ji}^2<\infty$，$j$=1，2 或 3。从而，两种信号榨取方法下的 MSE 分别是相对应线性滤子的函数，即

$$\delta_A \equiv \delta_A(v_3), \tag{4.45}$$

$$\delta_B \equiv \delta_B(v_1, v_2)。 \tag{4.46}$$

对于给定的 $v_j(L)$，$j=1$，2 或 3，定理 4.1 给出了区分 δ_A 和 δ_B 哪一个更小的充分必要条件，从而解决了究竟应该选择哪种信号榨取方法的问题。

定理 4.1 过程 x_t, y_t 与 z_t 满足假设 4.2 和假设 4.3 中的正则条件，并且 $x_t=y_t+z_t$。令 $v_j(L)$，$j=1$，2 或 3 是满足假设 4.4（分别与信号榨取方法“A”和“B”相对应）的线性滤子。则 $\delta_A(v_3) \leqslant \delta_B(v_1, v_2)$的充分必要条件是[参见 Ghysels（1997a）]

$$\begin{aligned}
\int_{-\pi}^{\pi}\Bigg\{&\left|\frac{1-v_1(\mathrm{e}^{-\mathrm{i}\omega})}{1-\mathrm{e}^{-\mathrm{i}\omega}}\right|^2 f_y^{ns}(\mathrm{e}^{-\mathrm{i}\omega})+\left|\frac{v_1(\mathrm{e}^{-\mathrm{i}\omega})}{1+\mathrm{e}^{-\mathrm{i}\omega}+\cdots+\mathrm{e}^{-11\mathrm{i}\omega}}\right|^2 f_y^{s}(\mathrm{e}^{-\mathrm{i}\omega})\\
&+\left|\frac{v_2(\mathrm{e}^{-\mathrm{i}\omega})-v_1(\mathrm{e}^{-\mathrm{i}\omega})}{(1-\mathrm{e}^{-\mathrm{i}\omega})^{\tilde{k}}}\right|^2 f_z^{ns}(\mathrm{e}^{-\mathrm{i}\omega})+\left|\frac{v_2(\mathrm{e}^{-\mathrm{i}\omega})+v_1(\mathrm{e}^{-\mathrm{i}\omega})}{1+\mathrm{e}^{-\mathrm{i}\omega}+\cdots+\mathrm{e}^{-11\mathrm{i}\omega}}\right|^2 f_z^{s}(\mathrm{e}^{-\mathrm{i}\omega})\\
&+2\,\mathrm{Re}\left[\left(\frac{1-v_1(\mathrm{e}^{-\mathrm{i}\omega})}{(1-\mathrm{e}^{-\mathrm{i}\omega})^{k}}\right)\left(\frac{v_2(\mathrm{e}^{-\mathrm{i}\omega})-v_1(\mathrm{e}^{-\mathrm{i}\omega})}{(1-\mathrm{e}^{+\mathrm{i}\omega})^{\tilde{k}}}\right)\right] f_{yz}^{ns}(\mathrm{e}^{-\mathrm{i}\omega})\\
&-2\,\mathrm{Re}\left(\frac{v_1(\mathrm{e}^{-\mathrm{i}\omega})}{1+\mathrm{e}^{-\mathrm{i}\omega}+\cdots+\mathrm{e}^{-11\mathrm{i}\omega}}\right)\left(\frac{v_2(\mathrm{e}^{+\mathrm{i}\omega})-v_1(\mathrm{e}^{+\mathrm{i}\omega})}{1+\mathrm{e}^{+\mathrm{i}\omega}+\cdots+\mathrm{e}^{+11\mathrm{i}\omega}}\right) f_{yz}^{s}(\mathrm{e}^{-\mathrm{i}\omega})\\
&-\left[\left|\frac{1-v_3(\mathrm{e}^{-\mathrm{i}\omega})}{1-\mathrm{e}^{-\mathrm{i}\omega}}\right|^2 f_y^{ns}(\mathrm{e}^{-\mathrm{i}\omega})+\left|\frac{v_3(\mathrm{e}^{-\mathrm{i}\omega})}{1+\mathrm{e}^{-\mathrm{i}\omega}+\cdots+\mathrm{e}^{-11\mathrm{i}\omega}}\right|^2 f_y^{s}(\mathrm{e}^{-\mathrm{i}\omega})\right]\Bigg\}\mathrm{d}\omega \geqslant 0
\end{aligned} \tag{4.47}$$

显然，在对单变量进行季节调整时，从均方误差的角度来看，最优信号榨取滤子是优于特定滤子（比如 X-11）的。如果除了季节调整之外还对数据作了其他的线性变换，以上结果是否依然成立呢？只有季节调整与其他数据变换所采用的次序是正确的时候，最优信号榨取滤子仍然是最优的。因此，在某些情形下 $\delta_A(v_3) \leqslant \delta_B(v_1, v_2)$，在另一些情形则 $\delta_A(v_3) \geqslant \delta_B(v_1, v_2)$。特别地，若将方法 B 中滤子统一（$v_1=v_2$）时的均方误差记作 δ_C，则 δ_C 与 δ_A、δ_B 之间的关系又是怎样的呢？当季节调整在其他数据变换之后进行时，可以肯定最优信号榨取滤子优于统一滤子，即 $\delta_A(v_3) \leqslant \delta_C$。因此，在季节调整 A 机制下官方统计部门必须在使用最优信号榨取滤子 $\delta_A(v_3)$进行季节调整之前确定应该对数据采取哪些其他的数据变换。由于 $\delta_A(v_3) \leqslant \delta_C$，当将最优信号榨取滤子和统一滤子进行比较时，可能有如下三种不同的结果：

$$\delta_A(v_3) \leqslant \delta_C \leqslant \delta_B(v_1, v_2); \tag{4.48}$$

$$\delta_A(v_3) \leqslant \delta_B(v_1, v_2) \leqslant \delta_C; \tag{4.49}$$

$$\delta_B(v_1, v_2) \leqslant \delta_A(v_3) \leqslant \delta_C。 \tag{4.50}$$

当定理 4.1 所给出的充分必要条件不成立时，由式（4.50）可知 δ_B 最小。一般地，尤其是当 $z_t^s \equiv 0$ 时，这种情况很少出现。式（4.48）和式（4.49）是所感兴趣的两种情形，此时 $\delta_A(v_3)$都是最小的，但是需要确定当在其他数据变换之前进行季节调整时，δ_C 与 δ_B 相比哪一个更小，即何时统一季节调整滤子次优。在目前的实际应用中，都是在其他数据变换之前进行季节调整的，因此如果不是采用诸如 X-11 这样的统一滤子季节调整程序而是采用最优信号榨取滤子程序的话，则这种季节调整的结果是最不具有效率的。推论 4.1 在定理 4.1 的基础上进一步探究了式（4.48）和式（4.49）成立的充分必要条件。

推论 4.1 统一滤子的均方误差 δ_C 小于等于 $\delta_B(v_1, v_2)$，当且仅当定理 4.1 的假设条件成立并且 v_1、v_2 和 v_C 使得式（4.47）成立时。

当 $z_t^s \equiv 0$ 时，推论 4.1 仍然成立并且有 $v_1(L)\equiv 1$。一个实际的问题是，需要调查 δ_C 小于等于 $\delta_B(v_1, v_2)$的可能性有多大。Ghysels（1997a）通过大量的数值计算证明，在绝大多数情况下 $\delta_A \geqslant \delta_B$， $\delta_C \geqslant \delta_B$。

第六节 案例

案例 1：中美进出口总额的季节调整

采用 X-12-ARIMA 和 TRAMO/ SEATS 对中美进出口总额的季度数据进行季节调整研究，分析进出口总额季节变动的特征，正确估计和反映季度进出口总额的基本发展趋势。

1990 第 1 季度至 2005 年第 4 季度的中美进出口总额季度数据（共 16 年，原始数据来自 http://www.economagic.com/），它们都表现出很明显的季节性（见图 4.5）。由图 4.5 我们可以粗略地观察到: 中美进出口总额存在有规律的季节波动，第 1 季度至第 3 季度中美进出口总额都是上升的，但其中第 2 季度上升幅度较缓，第 4 季度至下一年的第 1 季度是下降的。2003 年季节模式发生变化，2003 年之前，第 4 季度比第 3 季度有所下降；2003 年后第 4 季度比第 3 季度有所增加，但增幅较小。中美进出口总额整个序列是稳定向上的，按美元为计价单位，增幅从 1990 年第 1 季度的不到 50 亿美元增加到 2005 年第 4 季度的近 800 亿美元，增加了近 16 倍。季节性的波幅显示出与趋势成比例的特征。序列似乎难以观察到任何异常值。此外，计算序列的一阶差分自相关函数也显示，该时间序列存在着滞后期为 4 的季节性变化，所以我们可以采用 X-12-ARIMA 对该序列进行季节调整。

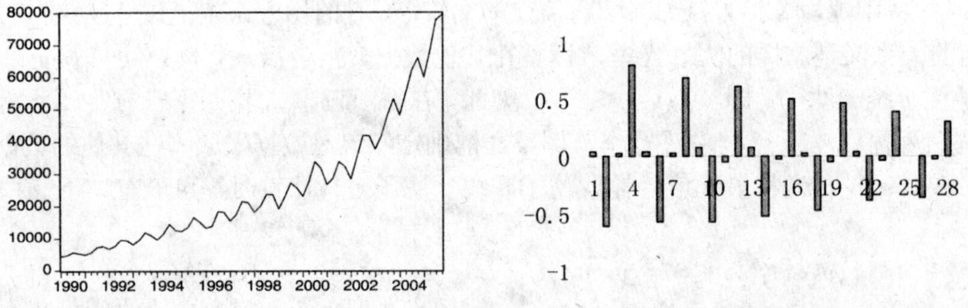

（a）序列（1990.1～2005.4）　　（b） 序列一阶差分后的自相关函数

图 4.5 中美进出口总额序列

对中美进出口总额序列及其季节模式作初步的图形分析后，使用 Eviews5.0 软件 X-12-ARIMA 和 TRAMO/ SEATS 程序进行季节调整。采用的选项为：

（1）预检验对数变换。

（2）日历相关系统影响检测。使用季度数据，一般认为不存在交易日影响，但存在工作日影响。

（3）假日的检测。移动假日影响：因复活节在 3 月份或 4 月份，也就是 1 季度或 2 季度，因此，若复活节落入不同的季度，会对序列产生影响;中国的春节对经济活动影响较大，特别是中国春节有时在 1 月份，有时在 2 月份，属于移动假日影响，在月度序列中要考虑进行调整，但在季度序列中，因春节都发生在 1 季度，季度间不存在移动假日的影响，即不需要进行移动假日调整。固定假日的影响：在我国，固定日期的假日，比较重要的有 5 月 1 日的劳动节和 10 月 1 日的国庆节，这两个国定假日都是 3 天，它们可能对经济活动有影响，在 TRAMO/ SEATS 程序中可进行国定假日影响的具体日期设置和调整。

（4）移动平均过滤器由程序自动选择产生。

（5）自动进行所有异常值检验。

运行文档结果显示：

（1）TRAMO/ SEATS 和 X-12-ARIMA 默认选择都选择中美进出口总额的变动适合一个乘法模型，即认为时间序列波动的幅度与时间序列的水平相关，具体计算时通过对数变换，转化成可行的加法关系。

（2）X-12-regARIMA 模块可以由用户自己指定拟剔除的异常值，也可选择由程序自动剔除。我们在操作时直接采用该程序自动剔除异常值的功能，根据时间序列的长度来确定判断异常值的临界值 t，程序默认的临界值处于 2.8～4.1 之间。X-12-ARIMA 检测出一个异常值为 1994 年第 4 季度（见表 4.5）。

（3）X12 检测工作日和假日效应。

在 5 %（$t=2.009$）的显著性水平下，中美进出口总额中假日（复活节）有一定影响；工作日的影响显著，检测的结果见表 4.5。

表 4.5　中美进出口总额 X-12-ARIMA 的工作日和假日调整

变量	参数估计值	标准误差	t 值
复活节	-0.9210	0.44412	-2.07*
星期一	-0.5830	0.37844	-1.54
星期二	-0.2310	0.37070	-0.62
星期三	0.1799	0.42784	0.42
星期四	1.3506	0.37057	3.64*
星期五	0.0388	0.37551	0.10
星期六	-0.5622	0.46666	-1.20
星期日	-0.1931	0.39973	-0.48
异常值	-5.4703	1.14439	-4.78*

*表明检验显著

（4）T/ S 和 XO12 都选择 ARIMA (0 1 1) (0 1 1)模型，ARIMA (0 1 1) (0 1 1)模型也称之为航空公司（Airline）模型，是季节调整中最简便、最稳健的模型之一。

（5）X12 自动选择 3 × 3 的季节移动平均过滤器和 5 期 Hendson 趋势移动平均滤子。

（6）季节性检验：X-12-ARIMA 默认选择的结果显示，在假设稳定的前提下，Kruskal-Wallis 统计量=56.66，在 1 %水平下证明可检测季节性的存在；中美进出口总额存在稳定的季节性，但在 5 %水平下不存在年度间变动的季节性。程序结果见表 4.6。

表 4.6　季节性的 *F* 检验

		平方和	自由度	均方	*F* 值
假设稳定的前提下季节性检验	季度间	5 019.580 3	3	1 673.193 43	286.167*
	残差	350.814 3	60	5.846 90	
变动季节性检验	年度间	94.311 7	15	6.287 443	1.464
	残差	193.209 6	45	4.293 547	

*表明在 1%水平检验显著

（7）X-12-ARIMA 对残差的稳定性检验证实，季节调整已分离出所有类型的季节性。在 1%水平下证明整个序列的残差季节性不存在，*F* =0.26；在 1%水平和 5%水平下证明最后 3 年序列的残差季节性不存在，*F* =3.71。

（8）季节调整模型都通过诊断检验。TRAMO/ SEATS 和 X-12-ARIMA 两种方法得出的最终季节调整序列与序列各组成成分(趋势、季节因素、不规则影响)见图 4.6，从这些图粗略可见，TRAMO/ SEATS 和 X-12-ARIMA 两种方法得出的结果极其相似，所以在图 4.6(a)、(b)、(c)中几乎重合，无法区分。

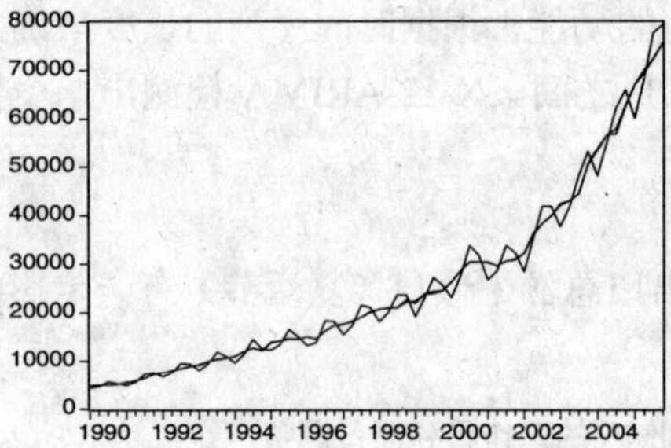

（a）原始序列与最终季节调整序列

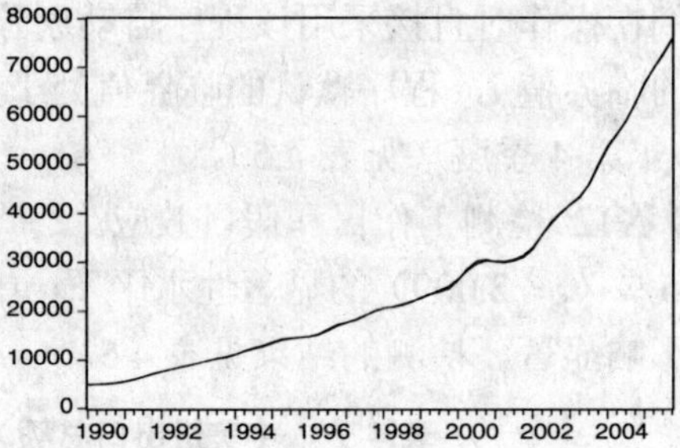

（b）最终趋势成分序列

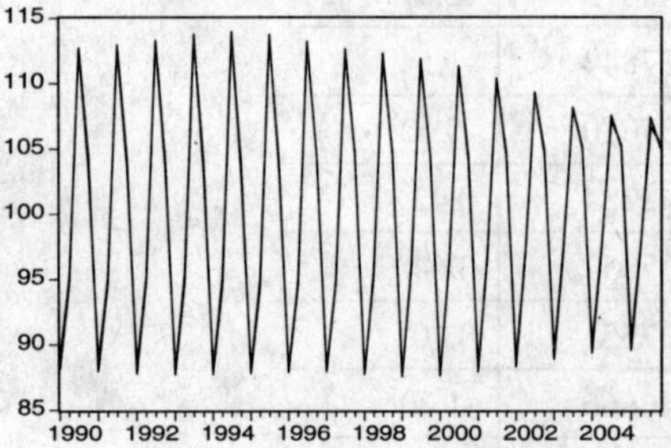

（c）最终季节成分序列

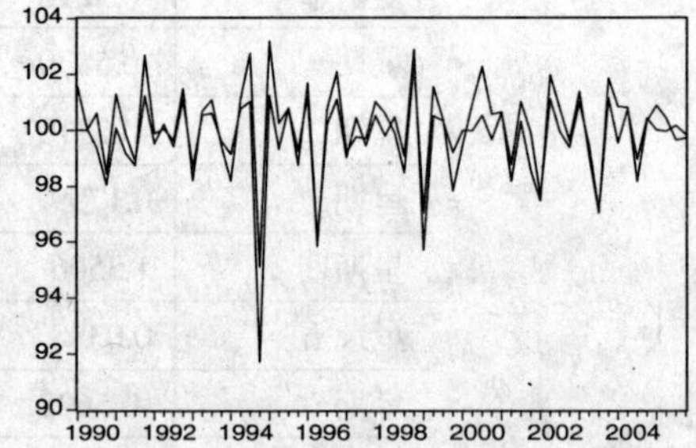

（d）不规则影响（残差）序列

图 4.6　中美进出口总额分解后的各组成成分

（9）最终测定的季节因子计算每季度季节指数见图 4.7。中美进出口总额的季度发展规律为：第 1 季度季节指数最低，略超过 0.85；第 2 季度发展较快，指数接近 1；第 3 季度变动最大，略高于 1.1；第 4 季度发展速度下降，季节指数近 1.05。其季度发展特征是“第 1 季度慢、第 2 季度赶、第 3 季度最快、第 4 季度回调”。

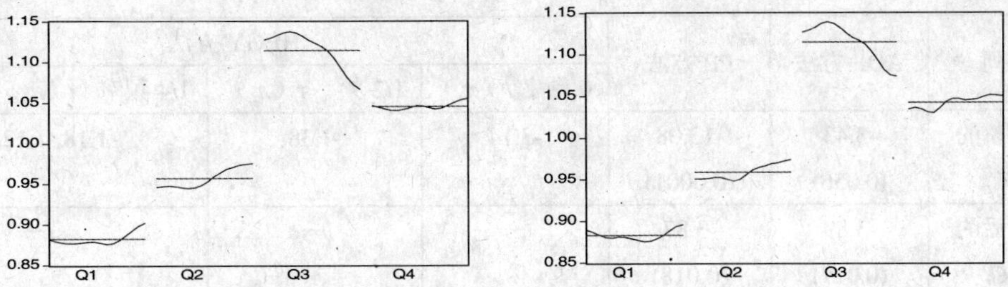

（a）X-12-ARIMA 方法　　　（b）TRAMO/ SEATS 方法

图 4.7　模型生成的每季度最终季节成分指数

通过消除季节变动和不规则因素的影响可见，进入 20 世纪 90 年代以来，中美进出口总额的总体发展趋势一直保持持续、稳定高速增长态势。1990 年至 2005 年期间，未出现任何异常时期，从其发展趋势预测，中美进出口总额仍将呈现出持续、稳定高速的发展趋势。中美进出口总额有显著的季度间季节性变动特征，但不存在年度间的变动季节性特征。无论是使用 X-12-ARIMA 还是 TRAMO/ SEATS 方法进行季节调整，都可测定出其存在显著的季节性变动。并且两种方法的模型选择、异常值检测和各成分因子的结果绝大多数都非常接近，因此，可以使用这两种方法的任何一个对中美进出口总额进行有效的季节调整。

案例 2：基于调整和未调整序列的单位根检验

考虑日本 1975 年第 1 季度至 1993 年第 4 季度取对数后的消费支出（$\ln C_t$）和收入（$\ln I_t$）序列，它们都表现出很明显的季节性（见图 4.8）。

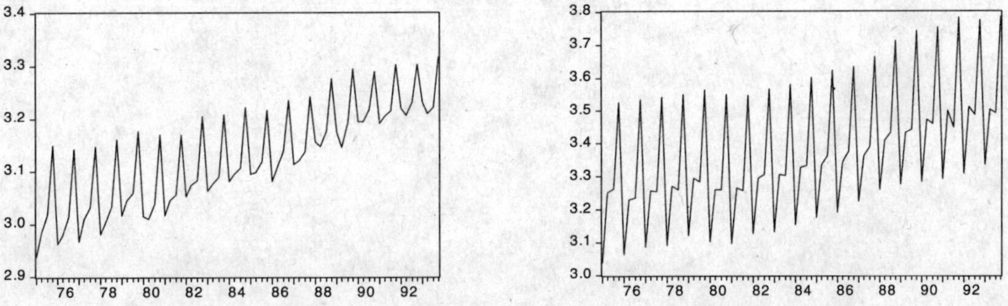

（a）消费支出 $\ln C_t$　　　（b）收入 $\ln I_t$

图 4.8　日本消费支出（$\ln C_t$）和收入（$\ln I_t$）序列

对调整和未调整数据分别进行季节单位根检验（HEGY 方法）和一般的单位根检验（ADF 方法和 PP 方法），检验结果见表 4.7。从表中可以看到，HEGY 检验认为消费和收入序列在所有频率上都存在单位根。对于未调整数据，ADF 和 PP 检验结论相反。ADF 检验认为消费和收入序列有单位根和 PP 检验认为消费和收入序列没有单位根。对于调整后的数据，ADF 和 PP 检验一致认为消费序列没有单位根和收入序列有单位根。由此可见，采用调整数据还是未调整数据对单位根检验的结果是可能产生严重影响的。

表 4.7 （未）调整的序列 $\ln C_t$ 和 $\ln I_t$ 单位根检验结果

序列	ADF 方法	PP 方法	HEGY 方法		
			0 频率 $t(\pi_1)$	1/2 频率 $t(\pi_2)$	1/4 频率（$t(\pi_3)$，$t(\pi_4)$，F）
未调整的 $\ln C_t$	-3.43 (0.056)	-13.08 (0.0001)	-3.14	-1.38	-1.18,-1.12,1.36
调整后的 $\ln C_t$	-3.89 (0.017)	-3.87 (0.018)	—	—	—
未调整的 $\ln I_t$	-1.84 (0.67)	-16.04 (0.0001)	-1.67	0.15	-0.55,-0.43,0.24
调整后的 $\ln I_t$	-2.09 (0.54)	-2.09 (0.54)	—	—	—

注：原始数据摘自日本《家计调查统计年报》，采用 X-12 季节调整默认选项对数据进行季节调整。表中数据为单位根检验的统计量和 p 值。在检验回归式中，从数据的特征出发，我们均选择带有常数项和趋势项。

第五章　多变量季节模型

在本章中，我们详细地讨论与多变量季节模型相关的一些问题。在第一节中，首先在假定变量具有平稳性的条件下研究季节调整对经典回归模型的影响，然后将变量具有平稳性的假定条件放开，研究非平稳条件下的季节虚假回归问题。在第二节中，讨论季节向量ARIMA模型。第三节介绍季节协整的概念，了解怎样估计季节协整关系以及季节误差修正机制的原理。第四节的案例中，演示如何发现虚假的季节关系，如何估计季节协整关系并建立季节误差修正模型。

第一节　单方程季节模型

假定被解释变量和解释变量的观测值中含有季节因素，不妨考虑最为简单的加法模型，即

$$\begin{aligned} y_t &= y_t^{ns} + y_t^s \\ x_t &= x_t^{ns} + x_t^s \end{aligned} \tag{5.1}$$

其中，y 是被解释变量的观测值组成的 T 维向量，x 是 K 个解释变量的观测值组成的 $T\times K$ 阶矩阵。y^{ns} 是 T 维向量，x^{ns} 是 $T\times K$ 阶矩阵，它们分别为观测变量中的非季节因素。并且有

$$y_t^{ns} = \beta x_t^{ns} + \varepsilon_t^{ns} \tag{5.2}$$

其中，β 是回归系数组成的 K 维向量，ε_t^{ns} 是服从正态分布 $N(0,\ \sigma_{ns}^2 U)$ 的扰动向量，U 是一个正定矩阵。回归变量 x^{ns} 与随机项 ε_t^{ns} 是相互独立的。x^s 是 $T\times K$ 阶矩阵，y^s 是 T 维向量，它们分别为观测变量中的季节因素。并且有

$$y_t^s = \alpha x_t^s + \varepsilon_t^s \tag{5.3}$$

其中，α 是 K 维系数向量，ε_t^s 是服从正态分布 $N(0,\sigma_s^2\Omega)$的扰动向量，Ω 是一个正定矩阵。可得

$$y= x\beta+(\varepsilon_t^{ns} + y^s - x^s\beta)= x\beta+[x^s(\alpha-\beta)+ \ \varepsilon_t^{ns} + \varepsilon_t^s] \tag{5.4}$$

有 OLS 估计量

$$\hat{\beta} = (x^{\mathrm{T}}x)^{-1}x^{\mathrm{T}} y=\beta+(x^{\mathrm{T}}x)^{-1}x^{\mathrm{T}}[x^s(\alpha-\beta)+ \ \varepsilon_t^{ns} + \varepsilon_t^s] \tag{5.5}$$

由于

$$\begin{aligned} \lim\hat{\beta} - \beta = &\lim(T^{-1}x^{\mathrm{T}}x)\ \{[\lim(T^{-1}(x^{ns})^{\mathrm{T}}x^s)+\lim(T^{-1}(x^s)^{\mathrm{T}}(x^s))](\alpha-\beta) \\ &+\lim(T^{-1}(x^{ns})^{\mathrm{T}}\varepsilon_t^{ns})+\lim(T^{-1}(x^s)^{\mathrm{T}}\ \varepsilon_t^{ns})+\lim(T^{-1}(x^{ns})^{\mathrm{T}}\varepsilon_t^s)+\lim(T^{-1}(x^s)^{\mathrm{T}}\varepsilon_t^s)\} \end{aligned}$$

其中，$\lim(T^{-1}x^{\mathrm{T}}x)=\sum_x^{-1}$ ①，这意味着变量是平稳的。可见，仅当 $\alpha=\beta$，$\lim(T^{-1}(x^s)^{\mathrm{T}}\varepsilon_t^s)=0$ 时

① 这里的收敛均指依概率收敛。

OLS 估计量才是一致估计量；仅当 $\alpha=\beta$, x^s、ε_t^{ns} 和 ε_t^s 相互独立并且 U 和 Ω 是单位阵时，OLS 估计量才是无偏和有效的。

但是，在实际应用中上述条件常常是很难满足的。因此，对数据中含有的季节因素信息不能熟视无睹，必须采取相应的措施。在应用建模中，对时间序列中季节特征的常用处理方法包括：通过季节差分消除数据中的季节性，用季节差分后数据建立回归模型；在建立模型之前对各个变量的原始数据预先做季节调整，然后用季节调整后的数据进行模型估计；直接在模型中引入季节虚拟变量的方法；对变量间是否存在协整关系进行检验，建立季节误差修正模型。

一、季节调整对回归效果的影响

对采用季节调整后的数据进行回归分析，是应用建模中对时间序列中季节特征常用的一种处理方法。但是，由于实际应用中的数据所表现出的季节模式的多样性，常常会使得 OLS 估计量有偏和非一致。

以线性滤子为例，此时 OLS 估计量

$$\hat{\beta}=[\Phi(x)^{\mathrm{T}}\Phi(x)]^{-1}\Phi(x)^{\mathrm{T}}\ \Phi_0 y$$

$$=\beta+[\Phi(x)^{\mathrm{T}}\Phi(x)]^{-1}\Phi(x)^{\mathrm{T}}\{\Phi_0 x^s\alpha-\Phi(x^s)\beta+[\ \Phi_0 x-\Phi(x)]\ \beta+\Phi_0(\varepsilon_t^{ns}+\varepsilon_t^s)\}$$

其中 $\Phi(x)=(\Phi_1 x_1，\Phi_2 x_2，\cdots，\Phi_K x_K)$ 是 $T\times K$ 阶矩阵，Φ_k（$k=0,1,\cdots,K$）是形如式(4.22)的 $T\times T$ 阶滤子矩阵。假定滤子 Φ_k（$k=0,1,\cdots,K$）能够完全剔除数据 y 和 x 中的季节因素，即 $\Phi(x^s)=0$，$\Phi_0 y^s=0$。但是，只有当 $\Phi_0=\Phi_1=\Phi_2=\cdots=\Phi_K$ 时，$\Phi_0 x-\Phi(x)$ 才能等于 0。则有

$$\hat{\beta}=[(\Phi_0 x)^{\mathrm{T}}\Phi_0 x]^{-1}(\Phi_0 x)^{\mathrm{T}}\ \Phi_0 y$$

$$=\beta+[(\Phi_0 x)^{\mathrm{T}}\Phi_0 x]^{-1}(\Phi_0 x)^{\mathrm{T}}\Phi_0\{\ x^s(\alpha-\beta)+\varepsilon_t^{ns}+\varepsilon_t^s\ \} \tag{5.6}$$

从而，仅当 $\alpha=\beta$，$\lim(T^{-1}(x^s)^{\mathrm{T}}\varepsilon_t^s)=0$ 时 OLS 估计量才是一致估计量；仅当 $\alpha=\beta$ 或者 $\Phi_0 x^s=0$ 时，OLS 估计量是无偏的；x^s、ε_t^{ns} 和 ε_t^s 相互独立并且 $\Phi_0 U\Phi_0'$ 和 $\Phi_0\Omega\Phi_0'$ 是单位阵时，OLS 估计量才是有效的。而在季节调整的实际应用过程中，是从数据特征出发来选择滤子，这使得 $\Phi_0, \Phi_1, \Phi_2, \cdots, \Phi_K$ 并不完全相同。从而 $\Phi_0 x-\Phi(x)$ 不等于 0，这意味着 OLS 估计量总是有偏和非一致的。

上述结果可以推广到更一般的线性回归模型

$$y_t=\sum\alpha_j y_{t-j}+x_t'\beta+\varepsilon_t， \tag{5.7}$$

其中，回归向量 x_t 可以包括常数项、趋势以及其他回归变量（Hylleberg，1986）。Ghysels 和 Perron（1993）采用 Monte Carlo 模拟研究了小样本情形下滤波对自回归模型的影响。以动态回归模型为例

$$y_t=\alpha y_{t-1}+x_t'\beta+\varepsilon_t，\qquad t=-l,\cdots 0,1,\cdots,T+k。 \tag{5.8}$$

令

$$R_\alpha=\begin{pmatrix} b & 0 & 0 & \cdots & 0 & 0 \\ b\alpha & 1 & 0 & \cdots & 0 & 0 \\ b\alpha^2 & \alpha & 1 & \cdots & 0 & 0 \\ \vdots & \vdots & \vdots & & \vdots & \vdots \\ b\alpha^{T+k+l} & \alpha^{T+k+l-1} & \alpha^{T+k+l-2} & \cdots & \alpha & 1 \end{pmatrix},$$

$$b=\begin{cases}\left(1-\alpha^2\right)^{-1/2}, & \alpha\in(-1,1) \\ 0, & \alpha\notin(-1,1)\end{cases} \tag{5.9}$$

利用滤子矩阵 F 和 U (见第四章第四节)以及误差协方差矩阵 $\varOmega$，有

$$\mathrm{Var}\left(y\right)\equiv\varOmega^y=R_\alpha\varOmega R_\alpha'\text{，} \tag{5.10}$$

$$\mathrm{Var}\left(y_F\right)\equiv\varOmega_F^y=FR_\alpha\varOmega R_\alpha'F'\text{，}\qquad (T+1)\times(T+1) \tag{5.11}$$

$$\mathrm{Var}\left(y_U\right)\equiv\varOmega_U^y=UR_\alpha\varOmega R_\alpha'U'\text{。}\qquad (T+1)\times(T+1) \tag{5.12}$$

令 $\hat{\alpha}_U$ 表示采用未经过滤的原始数据所得参数 α 的估计值，$\hat{\alpha}_F$ 表示采用过滤后数据所得参数 α 的估计值。记 $D_1\equiv[I_T O_{T\times1}]$，$D_2\equiv[O_{T\times1} I_T]$ 以及 $M_j\equiv D_2X_j$，$j=U$ 或 F。则 α 和 β 的 OLS 估计为

$$\hat{\alpha}_j\equiv y_j'S_jy_j\,/\,y_j'B_jy_j\text{，} \tag{5.13}$$

$$\hat{\beta}_j\equiv\left(M_j'M_j\right)^{-1}M_j'\left(D_2y_j-\hat{\alpha}_jD_1y_j\right)\text{，}\qquad j=U\text{ 或 }F\text{，} \tag{5.14}$$

其中，

$$S_j\equiv\frac{1}{2}(D_1'A_jD_2+D_2'A_jD_1)\text{，}$$
$$B_j\equiv D_1'A_jD_1\text{，}$$
$$A_j\equiv I-X_j(X_j'X_j)^{-1}X_j'\text{。}$$

采用过滤后数据所得普通最小二乘（OLS）估计量 $\hat{\alpha}_F$ 不仅在小样本下具有偏移，而且在大样本下是非一致的，即使原始数据生成过程 DGP 为白噪声新息结构时也不例外。换句话说，即便原始数据的误差协方差矩阵 $\varOmega$ 是对角的，过滤后数据的误差协方差矩阵 $\varOmega_F$ 仍然可能是非对角的。结果，当比较 $\hat{\alpha}_U$ 与 $\hat{\alpha}_F$ 时，不能区别二者的差异究竟是源于滤波的影响还是由于回归式中包含滞后因变量使得残差具有自相关性而造成的。当 $\varOmega$、U、F 已知时，可以直接将以上这些结果推广到广义最小二乘估计量的情形。

OLS 估计量 $\hat{\alpha}_j$（j=U 或 F）是两个二次型之比。Ghysels 和 Lieberman（1996）建议采用拉普拉斯（Laplace）方法进行近似估计。Laplace 方法提供了一个仅包括矩阵算子的相对简单的解析表达式。采用 Laplace 近似相对更容易将滤子对估计量 $\hat{\alpha}_j$ 的影响分离出来。对式（4.30）中的 $b(\hat{\alpha}_F,0)$ 进行 Laplace 近似，令

$$b_L(\hat{\alpha}_F,0)\equiv\mathrm{bias}_\mathrm{L}(\hat{\alpha}_F)-\mathrm{bias}_\mathrm{L}(\hat{a}_U)$$

其中，下标 L 表明是 Laplace 近似表达式。Ghysel 和 Lieberman（1996）证明

$$\text{bias}_{\text{L}}\left(\hat{\alpha}_j\right)=\frac{\mu_j'\left(S_j-\alpha B_j\right)\mu_j+\text{tr}\left[\Omega_j^y\left(S_j-\alpha B_j\right)\right]}{\mu_j' B_j\mu_j+\text{tr}\left(\Omega_j^y B_j\right)}。\tag{5.15}$$

其中，$\mu_j = jR_\alpha^* X'\beta$，矩阵 R_α^* 与矩阵 R_α 除第一列不同外其余列都相同，将 R_α 第一列中的 b 用 $\frac{1}{1-\alpha}$ 代替后即为 R_α^* 的第一列。$\hat{\alpha}_j$ 均方误差的 Laplace 近似表达式为

$$MSE_{\text{L}}\left(\hat{\alpha}_j\right)=\frac{\left[\mu_j' S_j\mu_j+\text{tr}\left(\Omega_j^y S_j\right)\right]^2+2\left[\text{tr}\left(\Omega_j^y S_j\right)^2+2\mu_j S_j\mu_j\right]}{\left[\mu_j' B_j\mu_j+\text{tr}\left(\Omega_j^y B_j\right)\right]^2}$$

$$+\alpha\left[\alpha-2\frac{\mu_j' S_j\mu_j+\text{tr}\left(\Omega_j^y S_j\right)}{\mu_j' B_j\mu_j+\text{tr}\left(\Omega_j^y B_j\right)}\right]，j=U \text{ 或 } F。\tag{5.16}$$

Ghysels 和 Lieberman（1996）认为，在模型设定中应该直接对季节性予以考虑并且采用未经滤波的原始数据进行模型估计。但是，Sims（1974，1993）指出，采用季节调整后的数据进行经济计量推断仍然时可行的。考虑回归模型

$$y_t^{ns}=x_t^{ns}\times b^{ns}+\varepsilon_t^{ns}，\tag{5.17}$$

$$y_t^{s}=x_t^{s}\times b^{s}+\varepsilon_t^{s}，\tag{5.18}$$

其中

$$x_t^i\times b^i\equiv\sum_{k=-\infty}^{+\infty}b^i(k)x^i(t-k)，\ i=ns,s。\tag{5.19}$$

假定 ε_t^i 与 x_t^i 正交（$i=s,ns$）并且所有的随机过程（$y_t^i,x_t^i,\varepsilon_t^i,i=ns,s$）都是协方差平稳的。所观测到的原始数据 x_t 和 y_t 为

$$y_t=y_t^{ns}+y_t^{s}，$$

$$x_t=x_t^{ns}+x_t^{s}，$$

它们具有如下线性回归关系

$$y_t=x_t\times b+\varepsilon_t。\tag{5.20}$$

Sims（1974）发现，采用未调整数据使得标准推断程序通常在季节频率处拟合得不错，但这却降低了在其他频率处的拟合效果。这是由于功率谱高度集中在很窄的频谱内，从而使得损失函数对在季节频率的拟合不当予以过分的严厉惩罚。为了阐明此观点，考虑式（5.18）中多项式 b 的 OLS 估计。该估计量使得 $\hat{b}$、b（$\hat{b}$ 为 b 的 OLS 估计量）的傅里叶变换 $\tilde{\hat{b}}$、$\tilde{b}$ 之差的加权平方和达到最小，其中权数由 x_t 的谱密度 S_x 给出。换句话说，OLS 估计量使下式

$$\int_{-\pi}^{\pi}S_x(\omega)\left|\tilde{\hat{b}}(\omega)-\tilde{b}(\omega)\right|^2\text{d}\omega\tag{5.21}$$

最小。由于在 OLS 准则函数中 $\left|\tilde{\hat{b}}(\omega)-\tilde{b}(\omega)\right|^2$ 被赋予了特别高的权数，从而损失函数对季节频率处的拟合不当予以了过度严厉的惩罚。

Sims（1993）认为在一些情形下采用季节调整后数据可能对某些参数得到更好的估计。该论点基于这样的事实：即损失函数式（5.19）过分强调了季节频率处的拟合，通过季节调整可以使得其他频率在损失函数中得到更好的表现。这一论点实质上是近似误差的论点，即

季节频率和其他频率处的误差都是由经济模型的误设定导致。由于原始数据在季节频率处存在较大的谱峰，这过分强调了在这些频率处的近似误差，所以，当估计那些与季节波动没有直接相关或不相关的结构参数时，若采用未调整数据则可能使估计结果欠佳。

二、季节虚假回归

当采用回归模型时，通常在模型中添加各种季节虚拟变量以描述这些季节因素之间的关系，建立线性回归模型（DVM）

$$y_t = x_t\beta + d_1 D_1 + d_2 D_2 + \cdots + d_S D_S + u_t, \tag{5.22}$$

其中 D_1，D_2，…，D_S 为季节虚拟变量。假定被解释变量和解释变量的观测值满足式（5.1）~式（5.3）。式（5.22）有向量表达形式

$$Y = [X : D]\begin{bmatrix}\beta \\ d\end{bmatrix} + u,$$

其中，$D=(D_1, D_2, \cdots, D_S)$。此时有 OLS 估计量

$$\begin{bmatrix}\hat\beta \\ \hat d\end{bmatrix} = \begin{bmatrix}X'X & X'D \\ D'X & D'D\end{bmatrix}^{-1}\begin{bmatrix}X'Y \\ D'Y\end{bmatrix},$$

即有

$$\hat\beta = [X'(I - D(D'D)^{-1}D')X]^{-1} X'(I - D(D'D)^{-1}D')Y,$$

$$\hat d = (D'D)^{-1}D'(Y - X\hat\beta)。$$

由于 $I - D(D'D)^{-1}D$ 是一个 $T\times T$ 的幂等矩阵，记作 Φ_D。则有

$$\hat\beta = [X'\Phi_D X]^{-1} X'\Phi_D Y = [(\Phi_D X)'\Phi_D X]^{-1}(\Phi_D X)'\Phi_D Y。$$

从而 Φ_D 可以看作一个季节调整滤子，DVM 模型等价于先用滤子 Φ_D 对变量 y 和 x 进行季节调整再用调整后数据建立一般的线性回归模型。与式（5.6）类似，仅当 $\alpha=\beta$ 或者 $\Phi_D x^s=0$ 时，OLS 估计量是无偏的；仅当 $\alpha=\beta$，$\lim(T^{-1}(x^s)^{\mathrm{T}}\varepsilon_t^s)=0$ 时，OLS 估计量才是一致估计量；x^s、ε_t^{ns} 和 ε_t^s 相互独立并且 $\Phi_D U\Phi'_D$ 和 $\Phi_D\Omega\Phi'_D$ 是单位阵时，OLS 估计量才是有效的。

$\Phi_D x^s=0$ 意味着 x^s 具有完全确定性的季节模式，即

$$x^s = \alpha\sum_{s=1}^{S}\delta_{st} M_s, \tag{5.23}$$

此时仍假定变量 y 和 x 之间具有式（5.1）~式（5.3）的线性关系，可得

$$y_t = x_t\beta + (\varepsilon_t^{ns} + y^s - \beta\sum_{s=1}^{S}\delta_{st} M_s) = x_t\beta + (\alpha-\beta)\sum_{s=1}^{S}\delta_{st} M_s + \varepsilon_t^{ns} + \varepsilon_t^s,$$

此时式（5.22）有 OLS 估计量

$$(\hat\beta, \hat d_1, \hat d_2, \cdots \hat d_S)^{\mathrm{T}} = (Z^{\mathrm{T}}Z)^{-1}Z^{\mathrm{T}}Y = (Z^{\mathrm{T}}Z)^{-1}Z^{\mathrm{T}}[x_t\beta + (\alpha-\beta)\sum_{s=1}^{S}\delta_{st} M_s + \varepsilon_t^{ns} + \varepsilon_t^s]$$

$$= (\beta, (\alpha-\beta)M_1, (\alpha-\beta)M_2, \cdots, (\alpha-\beta)M_S)^{\mathrm{T}} + (Z^{\mathrm{T}}Z)^{-1}Z^{\mathrm{T}}(\varepsilon_t^{ns} + \varepsilon_t^s) \tag{5.24}$$

其中，$Z=(X, D)$。当随机项 $\varepsilon_t^{ns} + \varepsilon_t^s$ 服从正态分布 $N(0, \sigma^2 I_T)$时，OLS 估计量是无偏和有效的一致估计量。

当变量这种平稳性假定条件不成立时，OLS 估计量失去有效性，即产生所谓“虚假回归”

问题。虚假回归最初由 Granger 等（1974）提出，是指当用两个独立的单位根序列建立回归模型时，也可能得到一个具有统计显著性的回归关系。Philips（1986）对其给出了严格的理论解释。Engle 和 Granger（1987），Engle 和 Yoo（1987）及 Sargan 和 Bhargava（1983）发现，虚假回归的常规表现是较高的 R^2 值与较低的 DW 值以及回归残差是非平稳的。对于季节单位根过程， Abeysinghe（1994）及 Franses, Hylleberg 和 Lee（1995）在研究单个变量季节模式的误设定时，提及了解释变量为平稳过程情形下非平衡回归中 R^2 统计量的极限分布，发现 R^2 统计量的分布是非标准的。在此基础之上，下面研究双变量情形下 DVM 模型中所遇到"季节性虚假回归"问题，并与非季节性情形进行比较。

给定数据生成系统如下

$$y_{s\tau}=y_{s,\tau-1}+u_{s\tau},\quad y_{s0}=0,$$
$$x_{s\tau}=x_{s,\tau-1}+v_{s\tau},\quad x_{s0}=0;\qquad s=1,2,\cdots,S,\qquad \tau=1,2,\cdots,T。\tag{5.25}$$

其中，$u_{s\tau}$和 $v_{s\tau}$是相互独立的平稳过程[①]，$E(u_{s\tau})=E(v_{s\tau})=0$，$D(u_{s\tau})=\sigma_u^2$，$D(v_{s\tau})=\sigma_v^2$。从而，$y_t$ 和 x_t 是两个独立的季节单位根过程。对式（5.22）进行最小二乘回归时，有

$$(\hat{d}_1,\ \hat{d}_2,\ \cdots,\hat{d}_S,\hat{\beta})'=(Z'Z)^{-1}Z'Y$$

$$=\begin{pmatrix} \frac{1}{T}+\frac{\bar{X}_1^2}{A} & \frac{\bar{X}_1\bar{X}_2}{A} & \cdots & \frac{\bar{X}_1\bar{X}_S}{A} & -\frac{\bar{X}_1}{A} \\ \frac{\bar{X}_2\bar{X}_1}{A} & \frac{1}{T}+\frac{\bar{X}_2^2}{A} & \cdots & \frac{\bar{X}_2\bar{X}_S}{A} & -\frac{\bar{X}_2}{A} \\ \vdots & \vdots & & \vdots & \vdots \\ \frac{\bar{X}_S\bar{X}_1}{A} & \frac{\bar{X}_S\bar{X}_2}{A} & \cdots & \frac{1}{T}+\frac{\bar{X}_S^2}{A} & -\frac{\bar{X}_S}{A} \\ -\frac{\bar{X}_1}{A} & -\frac{\bar{X}_2}{A} & \cdots & -\frac{\bar{X}_S}{A} & \frac{1}{A} \end{pmatrix}\begin{pmatrix} T\bar{Y}_1 \\ T\bar{Y}_2 \\ \vdots \\ T\bar{Y}_S \\ ST\overline{XY} \end{pmatrix}。\tag{5.26}$$

其中，$Z=(X, D)$，$\bar{X}_s=\sum_{\tau=1}^{T}x_{s\tau}/T$，$\bar{Y}_s=\sum_{\tau=1}^{T}y_{s\tau}/T$，$\overline{XY}=\sum_{s=1}^{S}\sum_{\tau=1}^{T}x_{s\tau}y_{s\tau}/ST$，$s=1, 2, \cdots, S$ 以及 $A=\sum_{s=1}^{S}\sum_{\tau=1}^{T}\left(x_{s\tau}-\bar{X}_s\right)^2=\sum_{s=1}^{S}\left[\sum_{\tau=1}^{T}x_{s\tau}^2-T\left(\bar{X}_s\right)^2\right]$。下面我们推导回归系数 $\hat{\beta}$ 和 $\hat{d}_s$ $(s=1, 2, \cdots, S)$、t 统计量、R^2 及 DW 统计量的极限分布。

（一）$\hat{\beta}$ 的极限分布

$$\hat{\beta}=-T\frac{\bar{X}_1\bar{Y}_1}{A}-T\frac{\bar{X}_2\bar{Y}_2}{A}-\cdots-T\frac{\bar{X}_S\bar{Y}_S}{A}+ST\frac{\overline{XY}}{A},$$

当 $T\to\infty$ 时，有

① 为叙述方便，文中假定各个季节是同方差的。

$$\hat{\beta} \Rightarrow \frac{\sigma_u \sum_{s=1}^{S}\left[\int_0^1 W_s^u(r)W_s^v(r)\mathrm{d}r - \int_0^1 W_s^u(r)dr \cdot \int_0^1 W_s^v(r)\mathrm{d}r\right]}{\sigma_v \sum_{s=1}^{S}\left[\int_0^1 \left(W_s^v(r)\right)^2 \mathrm{d}r - \left(\int_0^1 W_s^v(r)\mathrm{d}r\right)^2\right]}, \tag{5.27}$$

特别，当 $\sigma_u^2 = \sigma_v^2 = \sigma^2$ 时

$$\hat{\beta} \Rightarrow \frac{\sum_{s=1}^{S}\left[\int_0^1 W_s^u(r)W_s^v(r)\mathrm{d}r - \int_0^1 W_s^u(r)dr \cdot \int_0^1 W_s^v(r)\mathrm{d}r\right]}{\sum_{s=1}^{S}\left[\int_0^1 \left(W_s^v(r)\right)^2 \mathrm{d}r - \left(\int_0^1 W_s^v(r)\mathrm{d}r\right)^2\right]} = \xi_\beta。$$

（二）$\hat{d}_s$ 的极限分布

$$\hat{d}_s = \bar{Y}_s - \hat{\beta}\bar{X}_s,\ \ s=1, 2, \cdots, S,$$

当 $T \to \infty$ 时，

$$\begin{aligned} T^{-\frac{1}{2}}\hat{d}_s &= T^{-\frac{1}{2}}\bar{Y}_s - T^{-\frac{1}{2}}\bar{X}_s\hat{\beta} \\ &\Rightarrow \sigma_u\left[\int_0^1 W_s^u(r)\mathrm{d}r - \xi_\beta \int_0^1 W_s^v(r)\mathrm{d}r\right], \qquad s=1, 2, \cdots, S, \end{aligned} \tag{5.28}$$

所以，$\hat{d}_s$ 是发散的。

（三）$t(\hat{\beta})$ 的极限分布

$$S_w^2 = \sum_{\tau=1}^{T}\sum_{s=1}^{S} w_{s\tau}^2 / ST = \frac{1}{S}\left[\frac{1}{T}\sum_{\tau=1}^{T} w_{1\tau}^2 + \frac{1}{T}\sum_{\tau=1}^{T} w_{2\tau}^2 + \cdots + \frac{1}{T}\sum_{\tau=1}^{T} w_{S\tau}^2\right],$$

其中

$$\begin{aligned} \frac{1}{T}\sum_{\tau=1}^{T} w_{1\tau}^2 &= \frac{1}{T}\sum_{\tau=1}^{T}\left(y_{1\tau} - \hat{d}_1 - \hat{\beta}x_{1\tau}\right)^2 = \frac{1}{T}\sum_{\tau=1}^{T}\left(y_{1\tau} - \bar{Y}_1 + \hat{\beta}(\bar{X}_1 - x_{1\tau})\right)^2 \\ &= \frac{1}{T}\sum_{\tau=1}^{T}\left(y_{1\tau} - \bar{Y}_1\right)^2 + \frac{1}{T}\sum_{\tau=1}^{T}\hat{\beta}^2\left(\bar{X}_1 - x_{1\tau}\right)^2 - 2\hat{\beta}\sum_{\tau=1}^{T}\left(y_{1\tau} - \bar{Y}_1\right)\left(x_{1\tau} - \bar{X}_1\right)。 \end{aligned}$$

由于，当 $T \to \infty$ 时，

$$\frac{1}{T^2}\sum_{\tau=1}^{T}\left(y_{1\tau} - \bar{Y}_1\right)^2 \Rightarrow \sigma_u^2\left[\int_0^1 W_1^u(r)^2\mathrm{d}r - \left(\int_0^1 W_1^u(r)\mathrm{d}r\right)^2\right],$$

$$\frac{1}{T^2}\hat{\beta}^2\sum_{\tau=1}^{T}\left(\bar{X}_1 - x_{1\tau}\right)^2 \Rightarrow \xi_\beta^2\sigma_u^2\left[\int_0^1 W_1^v(r)^2\mathrm{d}r - \left(\int_0^1 W_1^v(r)\mathrm{d}r\right)^2\right],$$

$$T^{-2}\hat{\beta}\sum_{\tau=1}^{T}\left(x_{1\tau} - \bar{X}_1\right)\left(y_{1\tau} - \bar{Y}_1\right) = T^{-2}\hat{\beta}\left[\sum_{\tau=1}^{T} x_{1\tau}y_{1\tau} - T\bar{X}_1\bar{Y}_1\right]$$

$$\Rightarrow \xi_\beta [\int_0^1 W_1^u(r)W_1^v(r)\mathrm{d}r - \int_0^1 W_1^u(r)\mathrm{d}r \int_0^1 W_1^r(r)\mathrm{d}r]\ \sigma_u^2,$$

从而可得，当 $T\to\infty$ 时，

$$\frac{1}{T}S_w^2 \Rightarrow \frac{1}{S}\sum_{s=1}^{S} a_s = \xi_e \text{。}$$

其中

$$a_s = \sigma_u^2 \left\{ \left[\int_0^1 W_s^u(r)dr - \left(\int_0^1 W_s^u(r)dr \right)^2 \right] + \xi_\beta^2 \left[\int_0^1 W_s^v(r)^2 \mathrm{d}r - \left(\int_0^1 W_s^v(r)\mathrm{d}r \right)^2 \right] \right.$$

$$\left. -2\xi_\beta \left[\int_0^1 W_s^u(r)W_s^v(r)\mathrm{d}r - \int_0^1 W_s^u(r)\mathrm{d}r \int_0^1 W_s^v(r)\mathrm{d}r \right] \right\},\ s=1, 2, \cdots, S,$$

由于

$$T^{-1/2}t(\hat\beta) = \frac{\hat\beta}{T^{1/2}s(\hat\beta)} = \frac{\hat\beta(T^{-2}\sum_{s=1}^{S}\ \sum_{\tau=1}^{T}(x_{s\tau} - \bar X_s)^2)^{1/2}}{T^{-1/2}s_w},$$

以及当 $T\to\infty$ 时

$$T^{-2}\sum_{s=1}^{S}\ \sum_{\tau=1}^{T}(x_{s\tau} - \bar X_s)^2 \Rightarrow \sigma_v^2 \left[\sum_{s=1}^{S} \int_0^1 W_s^v(r)^2 \mathrm{d}r - \sum_{s=1}^{S} \left(\int_0^1 W_s^v(r)\mathrm{d}r \right)^2 \right]$$

因此，当 $T\to\infty$ 时

$$T^{-1/2}t(\hat\beta) \Rightarrow \frac{\xi_\beta [\sum_{s=1}^{S} \int_0^1 W_s^v(r)^2 \mathrm{d}r - \sum_{s=1}^{S} \left(\int_0^1 W_s^v(r)\mathrm{d}r \right)^2]^{1/2} \sigma_u}{[\sum_{s=1}^{S} a_s / S]^{1/2}} \text{。} \tag{5.29}$$

（四）R^2 的极限分布

$$R^2 = \frac{\sum_{t=1}^{N}\left(\hat y_t - \bar Y\right)^2}{\sum_{t=1}^{N}\left(y_t - \bar Y\right)^2} = \frac{\sum_{s=1}^{S}\sum_{\tau=1}^{T}\left(\hat y_{s\tau} - \bar Y\right)^2}{\sum_{s=1}^{S}\sum_{\tau=1}^{T}\left(y_{s\tau} - \bar Y\right)^2},$$

其中 $\bar Y = \sum_{s=1}^{S}\sum_{\tau=1}^{T} y_{s\tau} / ST$ 。由于

$$\left(\hat y_{s\tau} - \bar Y\right)^2 = \left(\hat d_s + \hat\beta x_{s\tau} - \bar Y\right)^2 = \left(\bar Y_s - \bar X_s\hat\beta + \hat\beta x_{s\tau} - \bar Y\right)^2 = \left[\left(\bar Y_s - \bar Y\right) + \hat\beta\left(x_{s\tau} - \bar X_s\right)\right]^2,$$

于是

$$\begin{aligned}\sum_{s=1}^{S}\sum_{\tau=1}^{T}\left(\hat y_{s\tau} - \bar Y\right)^2 &= \sum_{s=1}^{S}\sum_{\tau=1}^{T}\left[\left(\bar Y_s - \bar Y\right)^2 + \hat\beta^2\left(x_{s\tau} - \bar X_s\right)^2 + 2\hat\beta\left(\bar Y_s - \bar Y\right)\left(x_{s\tau} - \bar X_s\right)\right] \\ &= \sum_{s=1}^{S} T\left(\bar Y_s - \bar Y\right)^2 + \hat\beta^2 \sum_{s=1}^{S}\sum_{\tau=1}^{T}\left(x_{s\tau} - \bar X_s\right)^2,\end{aligned}$$

当 $T\to\infty$ 时，

$$\frac{1}{T^2}\sum_{s=1}^{S}\sum_{\tau=1}^{T}\left(\hat y_{s\tau} - \bar Y\right)^2 \Rightarrow \sigma_u^2 \left\{ \sum_{s=1}^{S}\left(\int_0^1 W_s^u(r)\mathrm{d}r\right)^2 - \frac{1}{S}\left[\sum_{s=1}^{S}\int_0^1 \sigma_s^u W_s^u(r)\mathrm{d}r\right]^2 \right\}$$

$$+\xi_{\beta}^2 \cdot \sigma_u^2 \sum_{s=1}^{S}\left[\int_0^1 W_s^v(r)^2 \mathrm{d}r - \left(\int_0^1 W_s^v(r)\mathrm{d}r\right)^2\right],$$

再利用

$$\frac{1}{T^2}\sum_{s=1}^{S}\sum_{\tau=1}^{T}\left(y_{s\tau}-\overline{Y}\right)^2 \Rightarrow \sigma_u^2\left\{\sum_{x=1}^{S}\int_0^1\left[W_s^u(r)\right]^2\mathrm{d}r - \frac{1}{S}\left[\sum_{s=1}^{S}\int_0^1 W_s^u(r)\mathrm{d}r\right]^2\right\},$$

即得当 $T\to\infty$ 时，

$$R^2 \Rightarrow \frac{\sum_{s=1}^{S}\left(\int_0^1 W_s^u(r)\mathrm{d}r\right)^2 - \frac{1}{S}\left[\sum_{s=1}^{S}\int_0^1 W_s^u(r)\mathrm{d}r\right]^2 + \xi_{\beta}^2\sum_{s=1}^{S}\left[\int_0^1 W_s^v(r)^2\mathrm{d}r - \left(\int_0^1 W_s^v(r)\mathrm{d}r\right)^2\right]}{\sum_{s=1}^{S}\int_0^1\left[W_s^u(r)\right]^2\mathrm{d}r - \frac{1}{S}\left[\sum_{s=1}^{S}\int_0^1 W_s^u(r)\mathrm{d}r\right]^2}。\tag{5.30}$$

（五）DW 的极限分布

$$DW=\frac{\sum_{t=2}^{N}(\hat{w}_t-\hat{w}_{t-1})^2}{\sum_{t=1}^{N}(\hat{w}_t)^2}=\frac{\sum_{s=2}^{S}\sum_{\tau=1}^{T}(\hat{w}_{s\tau}-\hat{w}_{s-1,\tau})^2}{\sum_{s=1}^{S}\sum_{\tau=1}^{T}(\hat{w}_{s,\tau})^2}\approx 2\left(1-\frac{\sum_{s=1}^{S}\sum_{\tau=1}^{T}\hat{w}_{s\tau}\hat{w}_{s-1,\tau}}{\sum_{s=1}^{S}\sum_{\tau=1}^{T}(\hat{w}_{s,\tau})^2}\right),$$

由残差的定义可知

$$\sum_{s=1}^{S}\sum_{\tau=1}^{T}\hat{w}_{s\tau}\hat{w}_{s-1,\tau}=\sum_{s=1}^{S}\sum_{\tau=1}^{T}(y_{s\tau}-\hat{\beta}x_{s\tau}-\hat{d}_s)(y_{s-1,\tau}-\hat{\beta}x_{s-1,\tau}-\hat{d}_{s-1}),$$

将 $\hat{d}_s=\overline{Y}_s-\hat{\beta}\overline{X}_s$ 代入上式，有

$$\begin{aligned}
\sum_{s=1}^{S}\sum_{\tau=1}^{T}\hat{w}_{s\tau}\hat{w}_{s-1,\tau} &= \sum_{s=1}^{S}\sum_{\tau=1}^{T}[(y_{s\tau}-\overline{Y}_s)-\hat{\beta}(x_{s\tau}-\overline{X}_s)]\cdot[(y_{s-1,\tau}-\overline{Y}_{s-1})-\hat{\beta}(x_{s-1,\tau}-\overline{X}_{s-1})]\\
&= \sum_{s=1}^{S}\sum_{\tau=1}^{T}(y_{s\tau}-\overline{Y}_s)(y_{s-1,\tau}-\overline{Y}_{s-1})-\hat{\beta}\sum_{s=1}^{S}\sum_{\tau=1}^{T}(y_{s\tau}-\overline{Y}_s)(x_{s-1,\tau}-\overline{X}_{s-1})\\
&\quad -\hat{\beta}\sum_{s=1}^{S}\sum_{\tau=1}^{T}(x_{s\tau}-\overline{X}_s)(y_{s-1,\tau}-\overline{Y}_{s-1})+\hat{\beta}^2\sum_{s=1}^{S}\sum_{\tau=1}^{T}(x_{s\tau}-\overline{X}_s)(x_{s-1,\tau}-\overline{X}_{s-1}),
\end{aligned}$$

当 $T\to\infty$ 时，

$$\begin{aligned}
T^{-2}\sum_{s=1}^{S}\sum_{\tau=1}^{T}(y_{s\tau}-\overline{Y}_s)(y_{s-1,\tau}-\overline{Y}_{s-1}) &= T^{-2}\sum_{s=1}^{S}\sum_{\tau=1}^{T}y_{s\tau}y_{s-1,\tau}-T^{-1}\sum_{s=1}^{S}\overline{Y}_s\overline{Y}_{s-1}\\
&\Rightarrow \sigma_u^2\left\{\sum_{s=1}^{S}\int_0^1 W_s^u(r)W_{s-1}^u(r)\mathrm{d}r-\sum_{s=1}^{S}\int_0^1 W_s^u(r)\mathrm{d}r\int_0^1 W_{s-1}^u(r)\mathrm{d}r\right\}=A_1,
\end{aligned}$$

$$\begin{aligned}
T^{-2}\hat{\beta}\sum_{s=1}^{S}\sum_{\tau=1}^{T}(y_{s\tau}-\overline{Y}_s)(x_{s-1,\tau}-\overline{X}_{s-1}) &= T^{-2}\hat{\beta}\sum_{s=1}^{S}\sum_{\tau=1}^{T}y_{s\tau}x_{s-1,\tau}-T^{-1}\hat{\beta}\sum_{s=1}^{S}\overline{Y}_s\overline{X}_{s-1}\\
&\Rightarrow \xi_{\beta}\cdot\sigma_u^2\left\{\sum_{s=1}^{S}\int_0^1 W_s^u(r)W_{s-1}^v(r)\mathrm{d}r-\sum_{s=1}^{S}\int_0^1 W_s^u(r)\mathrm{d}r\int_0^1 W_{s-1}^v(r)\mathrm{d}r\right\}=B_1,
\end{aligned}$$

同理，

$$\begin{aligned}
&T^{-2}\hat{\beta}\sum_{s=1}^{S}\sum_{\tau=1}^{T}(x_{s\tau}-\overline{X}_s)(y_{s-1,\tau}-\overline{Y}_{s-1})\\
&\qquad\Rightarrow \xi_{\beta}\cdot\sigma_u^2\left[\sum_{s=1}^{S}\int_0^1 W_s^v(r)W_{s-1}^u(r)\mathrm{d}r-\sum_{i=1}^{S}\int_0^1 W_s^v(r)\mathrm{d}r\int_0^1 W_{s-1}^u(r)\mathrm{d}r\right]=C_1,
\end{aligned}$$

$$T^{-2}\ \hat{\beta}^2 \sum_{s=1}^{S}\sum_{\tau=1}^{T}(x_{s\tau}-\bar{X}_s)(x_{s-1,\tau}-\bar{X}_{s-1})$$

$$\Rightarrow \xi_\beta^2 \cdot \sigma_u^2\ [\sum_{s=1}^{S}\int_0^1 W_s^\nu(r)W_{s-1}^\nu(r)\mathrm{d}r-\sum_{i=1}^{S}\int_0^1 W_s^\nu(r)\mathrm{d}r\int_0^1 W_{s-1}^\nu(r)\mathrm{d}r\ ]=D_1,$$

另外，有$T^{-2}\sum_{s=1}^{S}\sum_{\tau=1}^{T}\hat{w}_{s\tau}^2=T^{-1}s_w^2\Rightarrow\xi_e$。从而可得

$$DW\Rightarrow 2(1-\frac{A_1+B_1+C_1+D_1}{\xi_e})\ ,\quad T\to\infty。\tag{5.31}$$

DW统计量是用于检验残差的一阶自相关性的统计量，当S=1时，有$DW\Rightarrow 0$ [参见Engle和Granger(1987)，Engle和Yoo(1987)和Sargan和Bhargava(1983)]。当$S\neq 1$时，$E(DW)\Rightarrow 2$。此时，DW统计量的极限分布是一个均值为2的布朗运动的泛函。

非季节情形（S=1）和季节情形（S=4）下的回归系数$\hat{\beta}$、$\hat{d}_1$和t统计量的分布特征没有明显差别；但是DW统计量及R^2的分布特征发生了本质改变。以季度数据为例，通过蒙特卡罗模拟方法得到模型式（5.12）的R^2及DW统计量的分布特征（见图5.1），其中（a）图为非季节情形（S=1），（b）图为季度数据情形（S=4），图表中样本容量都为100年，均是经过10 000次模拟实验得到的。在非季节虚假回归的情形下，DW统计量及R^2的分布都是右偏的（张晓峒，1999）。在季节虚假回归的情形下，R^2分布是左偏的，DW统计量的平均水平在2附近，并且密度函数是对称的。

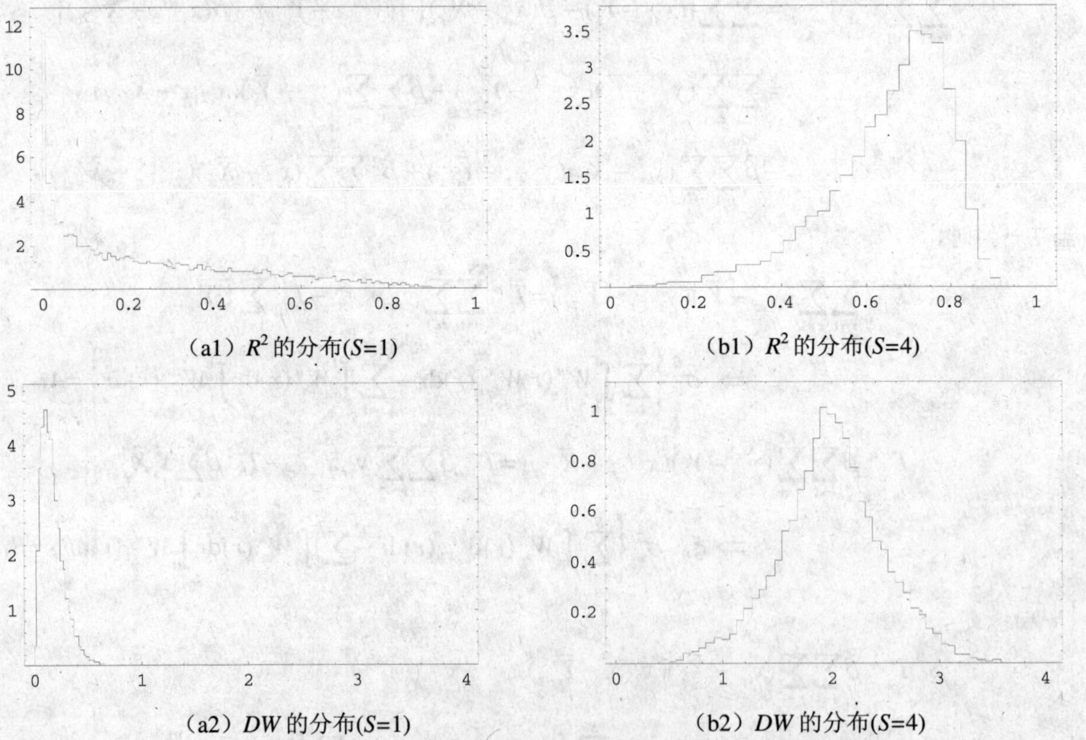

（a1）R^2的分布(S=1)　　（b1）R^2的分布(S=4)

（a2）DW的分布(S=1)　　（b2）DW的分布(S=4)

图5.1　虚假回归时常用统计量分布的模拟结果对比

当回归式中被解释变量 y_t 与解释变量 x_t 的单整阶数不同时，我们称之为非平衡回归。它是虚假回归的一种特殊情况，Banerjee 等（1993）就一般时间序列的仿真实验表明，回归参数不服从 t 分布或正态分布，常规的 t 统计量并不能产生一个有效的推断。Granger 等（2001）发现虚假回归不仅仅在非平稳长记忆过程之间发生。两个独立正自相关过程之间也可能发生虚假回归，Kims 等（2004）发现当过程中的确定性趋势是线性时间趋势时，无论回归式中是否添加时间趋势变量，两个独立的趋势平稳过程之间都可能发生虚假回归。对于季节时间序列，存在同样的问题。

第二节 季节向量 ARIMA 模型

一、季节向量 ARMA 的性质

与单变量自回归移动平均乘积性模型（ARMA）类似，在多变量回归分析中有如下季节向量 ARMA $(p,q)\times(P,Q)$模型。

$$\Phi_S(L^S)\Phi(L)Z_t=\Theta_S(L^S)\Theta(L)\varepsilon_t, \tag{5.32}$$

其中 $\Phi(L)$、$\Theta(L)$、$\Phi_S(L^S)$和 $\Theta_S(L^S)$分别是 p、q、P 和 Q 阶矩阵多项式，ε_t 是服从 $N(0,\Sigma)$的随机向量。如果$|\Phi(L)\ \Phi_S(L^S)|=0$ 的根都在单位圆外，则向量过程 Z_t 是平稳的；如果$|\Theta_S(L^S)\Theta(L)|=0$ 的根都在单位圆外，则向量过程 Z_t 是可逆的。

一般的 VARMA(p,q)模型

$$\Phi(L)Z_t=\Theta(L)\varepsilon_t, \tag{5.33}$$

也可记作 $Z_t=\sum_{j=1}^{p}\phi_j Z_{t-j}+\varepsilon_t-\sum_{i=1}^{q}\theta_i\varepsilon_{t-i}$，其自协方差矩阵 $\Gamma(k)=E[(Z_t-\mu)(Z_{t+k}-\mu)']$满足

$$\Gamma(k)=\sum_{j=1}^{p}\Gamma(k-j)\phi_j' -\sum_{i=1}^{q}\psi_{i-k}\Sigma\theta_i' \ ,\quad k=1,2,\cdots,q$$

$$\Gamma(k)=\sum_{j=1}^{p}\Gamma(k-j)\phi_j' \ ,\qquad k>q \tag{5.34}$$

其中 $\Psi(L)=\Phi(L)^{-1}\ \Theta(L)=\sum_{j=0}^{\infty}\psi_j L^j$。自相关系数矩阵 $\rho(k)$也具有类似的性质。偏自相关系数矩阵 ϕ_{kk} 是在给定了（Z_{t-1}，Z_{t-2}，…，Z_{t-k+1}）的条件下，Z_t 与 Z_{t-k} 之间的条件相关程度，直接计算比较复杂（Reinsel，1997）。需要注意的是，偏自相关矩阵中的元素并不等于 Z_t 中单个变量的偏自相关系数。

从而，对于 SVAR (1)模型

$$(I-\phi_S L^S)Z_t=\varepsilon_t, \tag{5.35}$$

其自协方差矩阵满足尤尔—沃克方程为

$$\Gamma(lS)=\Gamma(0)\ (\phi_S')^l \ ,\qquad l=1,2,\cdots$$

$$\Gamma(0)=\Gamma(-S)\ \phi_S'+\Sigma=\phi_S\ \Gamma(0)\ \phi_S'+\Sigma, \tag{5.36}$$

自协方差矩阵具有周期性的衰减，偏自相关矩阵在滞后期 S 以后具有截尾特征。

对于 SVMA(1)模型

$$Z_t=\varepsilon_t-\theta_S\varepsilon_{t-S}, \tag{5.37}$$

令 $\mu=E(Z_t)$，则自协方差矩阵为

$$\Gamma(0)=\Sigma+\theta_S\Sigma\theta'_S,$$

$$\Gamma(S)=-\Sigma\theta'_S=\Gamma(-S)',\tag{5.38}$$

$$\Gamma(k)=0,\ k\neq 0, S,$$

自协方差矩阵在滞后期 S 以后具有截尾特征。图 5.2 给出了取自 SVMA(1)序列的样本自相关矩阵图，其中 S=4，$\Theta_4=\begin{pmatrix}0.8 & 0.7\\ -0.4 & 0.6\end{pmatrix}$，$\Sigma=\begin{pmatrix}4 & 1\\ 1 & 2\end{pmatrix}$。

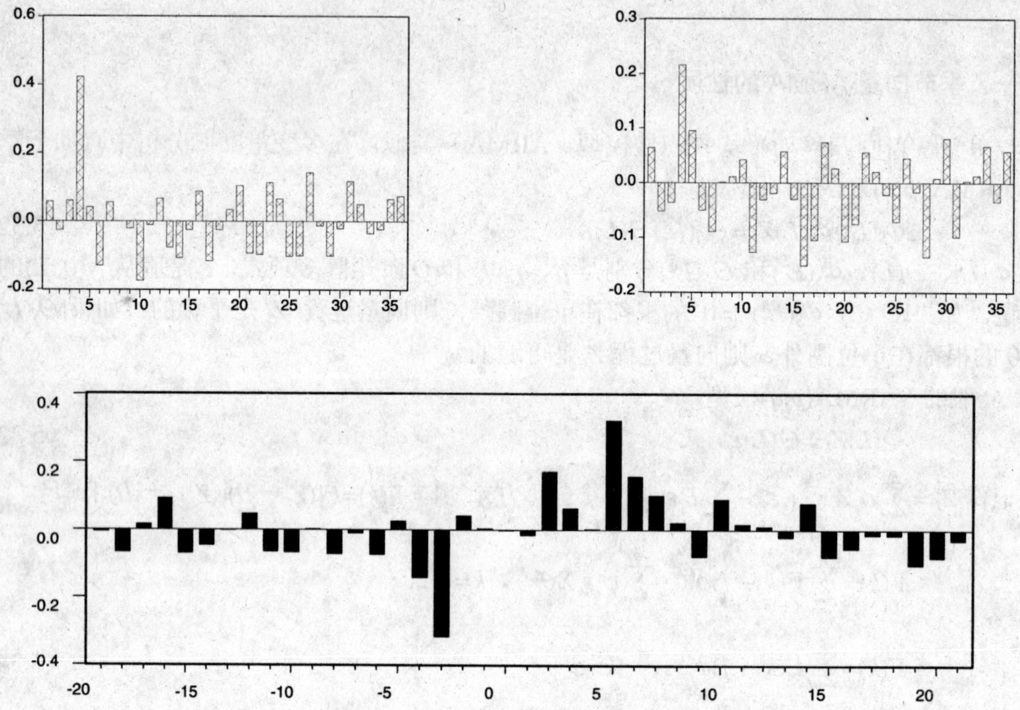

图 5.2　SVMA (1)序列的自相关矩阵图

下面考虑稍微复杂一些的 SVMA 模型

$$Z_t=(I-\theta_1 L)(I-\theta_S L^S)\varepsilon_t=(I-\theta_1 L-\theta_S L^S-\theta_1\theta_S L^{S+1})\varepsilon_t,\tag{5.39}$$

自协方差矩阵为

$$\Gamma(0)=(\Sigma+\theta_S\Sigma\theta'_S)+\theta_1(\Sigma+\theta_S\Sigma\theta'_S)\theta'_1,$$

$$\Gamma(1)=-(\Sigma+\theta_S\Sigma\theta'_S)\theta'_1,$$

$$\Gamma(S)=-\Sigma\theta'_S-\theta_1\Sigma\theta'_S\theta'_1=\Gamma(-S)',$$

$$\Gamma(S-1)=\theta_1\Sigma\theta'_S,$$

$$\Gamma(S+1)=\Sigma\theta'_S\theta'_1,\tag{5.40}$$

$$\Gamma(k)=0,\ k\neq 0。$$

需要注意的是，与单变量 ARMA 模型不同，过程 $Z_t=(I-\theta_S L^S)(I-\theta_1 L)\varepsilon_t$ 的自协方差矩阵虽然也只在 k=0, 1, $S-1$, S, $S+1$ 处非 0，但并不等于过程式（5.39）的自协方差矩阵。

二、季节向量 ARIMA 模型的建立

季节向量 ARIMA 模型的建模过程与单变量模型相比并没有过多的特殊之处[①]。主要包括三个步骤：第一，检验时间序列的平稳性。相关的检验方法参见第三章。如果序列是非平稳的，则需要对序列经过适当的差分变换使其平稳后再建立向量 ARMA 模型。第二，模型的识别、估计和诊断。在建模过程中，模型的估计方法与一般向量 ARIMA 模型相同，仍然采用极大似然估计。在 AR 模型下，极大似然估计与最小二乘估计一致，可以采用最小二乘估计。季节性的影响主要集中在模型的识别，它使得 AIC 准则的功效变得非常差，从而需要对 AIC 准则进行修正。（下面将主要对这个问题进行详细讨论。）第三，模型的预测。此步骤也与一般向量 ARIMA 模型相同，在此就不再展开说明。

与单变量模型相似，我们根据自相关和偏自相关图可以为识别模型自回归的阶数和移动平均的阶数提供初步的信息。比如，如果自相关图表现为拖尾衰减特征，而偏自相关图在 p 期后出现截尾特征，则序列是一个 p 阶自回归过程 AR；如果自相关图表现为在 q 期后出现截尾而偏相关图是拖尾衰减特征，则这过程是一个 q 阶移动平均过程 MA；如果自相关图和偏自相关图都表现出拖尾的衰减特征，说明这是一个混合形式的 ARMA 过程。不妨认为过程是由 AR 和 MA 两部分叠加而成，利用自相关图和偏自相关图的峰值特征分别识别自回归部分和移动平均部分的阶数。然而，从应用的角度来看，这种方法并不实用，通常只是给出了关于滞后阶数一个初步的设定。

由于任何一个平稳的向量 ARMA 过程总可以等价表示为一个无限阶平稳的向量 AR 过程，因此，实际应用中的常见做法是：首先利用自相关图和偏自相关图的峰值特征对滞后阶数确定一个初始值 p，拟合一组 VAR 模型，模型阶数依次为 $1,2,\cdots,p$，随后对这些模型进行估计参数并考察分析残差的属性，利用 LR 统计量、AIC 和 SIC 准则找出某种意义上的最优模型 VAR(k)。在一般的 VAR 模型下，对模型滞后阶数的选择准则为

$$C_p=\ln\left|\hat{\Sigma}_p\right|+\frac{d^2p}{T}\lambda(T),\qquad(5.41)$$

其中，d 为向量的维数。当 $\lambda(T)=2$ 时，即为 AIC 准则；当 $\lambda(T)=\ln(T)$ 时，即为 SIC 准则；当 $\lambda(T)=2\ln\ln(T)$ 时，即为 Hannan-Quinn 准则。

在季节 VAR 模型下，变量的季节行为使得 AIC 准则的功效变得非常差，通过蒙特卡罗试验得到修正后的季节向量 AIC 准则

$$SMAIC_p=\ln\left|\hat{\Sigma}_p\right|+\frac{2d^2p}{T}+\frac{(p+1-S)pd^2S^2}{T^2},\quad p=S,S+1,\cdots\qquad(5.42)$$

这样得到的滞后阶数 $k=\min_p\left(SMAIC_p\right)$ 并非 SARMA 模型的最终自回归阶数，只是作为随后确定 SARMA 模型滞后阶数的一个参考。关于其他类似准则在季节情形下的修正还有待进一步研究。

如果 p 值比较大，则应该进一步考虑建立节俭的向量 ARMA 模型。向量 ARMA 模型的 AIC 准则为

$$AIC(p,q)=\ln\left|\hat{\Sigma}_{p,q}\right|+\frac{2d^2}{T}(p+q),\qquad(5.43)$$

---

① 允许模型中含有季节虚拟变量作为外生变量，有关外生变量的讨论参见 Engel(1983)。

小样本情况下修正的 AIC 准则为

$$AIC_C(p,q)=\ln\left|\hat{\Sigma}_{p,q}\right|+\frac{2d^2}{T-d(p+q)}(p+q), \tag{5.44}$$

其中，$\hat{\Sigma}_{p,q}$ 是利用向量 ARMA 模型的 OLS 估计残差得到。模型滞后阶数的设定对随后模型参数的估计影响很大，因此，在模型识别阶段应结合向量的自相关图和偏自相关图的特征多选择几种模式以供进一步筛选。

例 5.1 图 5.3（a）给出了美国 1965~1974 年期间的每月的新房动工（STARTS）和销售数量（SOLD）的数据（千户计，未经季节调整）。首先，从图 5.3（a）中发现这两个序列都表现出明显的季节行为。对数据做季节差分 $W_1=STARTS-STARTS(-12)$，$W_2=SOLD-SOLD(-12)$，见图 5.3（b）。它们的自相关系数矩阵见表 5.1。可见，自相关系数矩阵在低阶滞后处高度相关。序列可能满足一个季节向量 ARMA 模型。

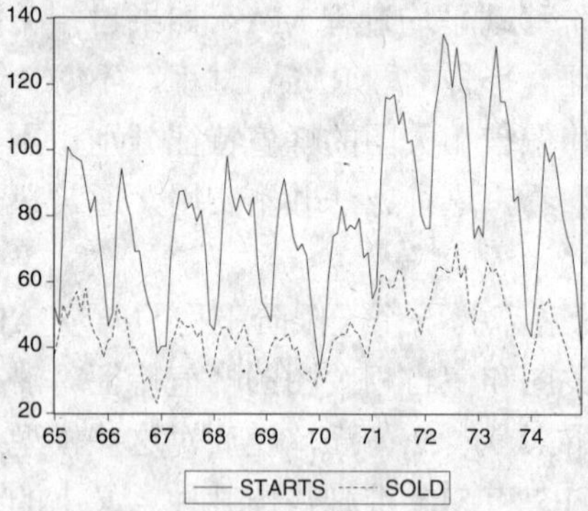

（a）原始数据

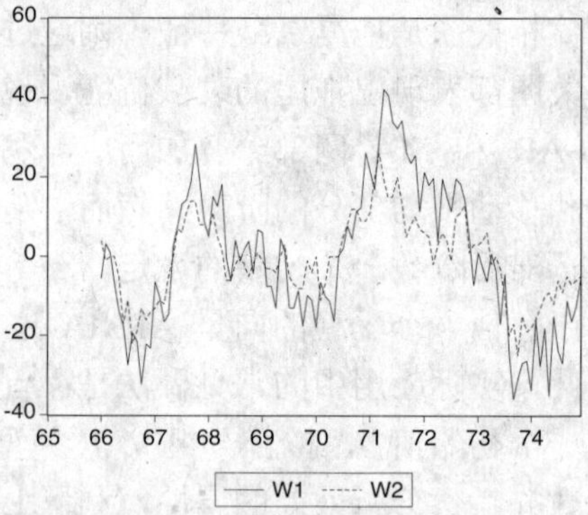

（b）季节差分后数据

图 5.3 美国新房动工和销售数量的月度数据（千户计，1965~1974 年）

遵循建模程序首先对二元序列 $W=(W_1, W_2)^{\mathrm{T}}$ 模拟多个 VAR(p)模型，根据 AIC 准则 $AIC_1=12.66< AIC_2=12.71< AIC_3=12.77$，初步选择 VAR(1)模型。由于 SARMA(1,0)×(0,1)模型

$$(I-\phi_1 L)Z_t=(I-\theta_S L^S)\varepsilon_t \tag{5.45}$$

表 5.1 序列 W_1 和 W_2 的自相关系数矩阵

l	1		2		3		4		5	
$\hat{\rho}(l)$	0.88	0.83	0.82	0.76	0.78	0.69	0.72	0.62	0.65	0.53
	0.89	0.89	0.83	0.80	0.77	0.71	0.69	0.65	0.63	0.55
l	6		7		8		9		10	
$\hat{\rho}(l)$	0.56	0.42	0.46	0.35	0.39	0.25	0.33	0.15	0.23	0.06
	0.54	0.44	0.48	0.31	0.39	0.22	0.32	0.15	0.24	0.07

自协方差矩阵满足

$$\Gamma(k)=\Gamma(k-1)\,\phi_1'-\phi_1^{S-k}\Sigma\theta_S', \quad k=1,2,\cdots,S,$$

$$\Gamma(k)=\Gamma(k-1)\,\phi_1', \quad k>S。$$

当矩阵 ϕ_1 的特征值的模小于 1 时，ϕ_1^{S-k} 和一个零矩阵很接近。从而，与一个 VAR (1)的

表现类似。对 VAR(1)模型的残差向量的分析表明，残差中存在明显的季节性行为。残差向量的 12 阶自相关系数矩阵为

$$\begin{pmatrix} -0.328 & -0.176 \\ -0.078 & -0.402 \end{pmatrix},$$

这意味着模型中应该含有 SMA(1)项，模型

$$(I-\Phi L)W_t=(I-\Theta_{12}L^{12})\varepsilon_t,$$

可能更为适合。对该模型的 ML 估计为

$$\hat{\Phi}=\begin{pmatrix} 0.417 & 0.979 \\ 0.144 & 0.701 \end{pmatrix},\quad \hat{\Theta}_{12}=\begin{pmatrix} 1.002 & -0.05 \\ -0.051 & 0.993 \end{pmatrix},\quad \hat{\Sigma}=\begin{pmatrix} 28.735 & 6.049 \\ 6.049 & 10.314 \end{pmatrix},$$

$\hat{\Theta}_{12}$ 的非对角元素不具有统计显著性，对残差向量的诊断表明模型是合适的。由于 $\hat{\Theta}_{12}$ 与单位阵接近，这意味着序列 *STARTS* 和 *SOLD* 中可能具有确定性的季节行为。进一步，$Y=(STARTS, SOLD)^{\mathrm{T}}$ 模拟带有季节虚拟变量 $D=(d_1, d_2,\cdots, d_{12})^{\mathrm{T}}$ 的 AR(1)模型

$$(I-\Phi L)Y_t=AD+\varepsilon_t。$$

$$STARTS=0.471STARTS(-1)+0.972SOLD(-1)-7.963d_1-8.373d_2+15.013d_3 \\ +10.025d_4-8.891d_9-10.737d_{11}-13.729d_{12},$$

$$SOLD=0.127STARTS(-1)+0.748SOLD(-1)+7.261d_1+7.022d_2+11.871d_3 \\ +2.585d_4-5.907d_9-5.190d_{11}-3.680d_{12}。$$

三、扩展

如果我们只对模型中 $Z_t'=(Y_t', X_t')$ 的内生变量 Y_t 的参数感兴趣，而 X_t 是强外生变量（Engel，1983）。此时，过程

$$\Phi(L)Z_t=\Theta(L)\varepsilon_t \tag{5.46}$$

可以表示为

$$\begin{pmatrix} A(L) & C(L) \\ 0 & F(L) \end{pmatrix}\begin{pmatrix} Y_t \\ X_t \end{pmatrix}=\begin{pmatrix} B(L) & 0 \\ 0 & H(L) \end{pmatrix}\begin{pmatrix} u_t \\ v_t \end{pmatrix}, \tag{5.47}$$

其中，$\varepsilon_t'=(u_t', v_t')$服从 $N(0, \Sigma)$，u_t 和 v_t 的协方差矩阵是块对角矩阵。展开式（5.47）的上面部分是具有滞后内生变量的联立方程模型

$$A(L)Y_t+C(L)X_t=B(L)u_t, \tag{5.48}$$

同样，一个联立方程模型也可等价表示为一个 VAR 模型。

式(5.46)又可写作

$$Z_t=\Phi^{-1}(L)\Theta(L)\varepsilon_t, \tag{5.49}$$

此时，Z_t 被表示成一个无限阶向量 MA 过程。由于 $\Phi^{-1}(L)=\Phi^*(L)/|\Phi(L)|$，则（5.49）式等价于如下有限阶向量 ARMA 过程

$$|\Phi(L)|Z_t=\Phi^*(L)\Theta(L)\varepsilon_t, \tag{5.50}$$

其中 $\Phi^*(L)$是 $\Phi(L)$的伴随矩阵，$|\Phi(L)|$是 $\Phi(L)$的行列式。称式（5.50）为向量 Z_t 的最终方程（Final Equations）。由于$|\Phi(L)|=|A(L)||F(L)|$，

$$\Phi^*(L)=\begin{pmatrix} |F(L)|A^*(L) & -A^*(L)C(L)F^*(L) \\ 0 & |A(L)|F^*(L) \end{pmatrix},$$

则最终方程式(5.50)为

$$|A(L)||F(L)|Y_t=|F(L)|A^*(L)B(L)u_t-A^*(L)C(L)F^*(L)H(L)v_t \tag{5.51}$$

和

$$|F(L)|X_t=F^*(L)H(L)v_t。 \tag{5.52}$$

由于 $\Phi(L)$是一个分块的上三角矩阵，所以在强外生变量的最终方程中没有$|A(L)|$项，内生变量和外生变量的自回归部分是不同的。（除非发生消去）最终方程外生变量的自回归阶数不高于内生变量的自回归阶数。式（5.37）右侧是一个移动平均过程，是由新息过程 u_t 和 v_t 同时驱动的。在最终方程中（除非发生消去）所有变量的自回归部分是相同的。式（5.34）表明，向量 ARIMA 模型中的每一个变量都能够由单变量 ARIMA 模型来描述。单变量时间序列模型所涉及的自回归部分的阶数往往很大，未知参数的个数相当多（Tiao 和 Box，1981）。

式（5.48）又可写作

$$|A(L)|Y_t=-A^*(L)C(L)X_t+A^*(L)B(L)u_t, \tag{5.53}$$

即

$$Y_t=-A^{-1}(L)C(L)X_t+A^{-1}(L)B(L)u_t,$$

称式（5.53）为自回归最终表达式（Autoregressive Final Form）。在自回归最终表达式中，每个内生变量是其滞后变量、外生变量及其滞后变量和移动平均扰动项的函数；并且（除非发生消去）自回归部分阶数是完全相同的。

由此可见，在向量 ARIMA 模型和具有滞后变量的联立方程模型、单变量时间序列模型之间存在着密切的联系。具有滞后变量的联立方程模型常常被认为是基于经济理论，而向量 ARIMA 模型和单变量时间序列模型是为了找到一种描述性模型以预测经济数据。联立方程模型对变量是内生变量还是外生变量是先验确定的，具有一定的主观性；并且经济理论通常对模型的动态结构不能给出明确的形式。向量 ARIMA 模型不必区分变量究竟是内生的还是外生的，因此非常实用的，特别是对于分析随机趋势。但是，作为一个经济系统分析的工具，向量 ARIMA 又有严重的局限性。向量 ARIMA 中每个方程所需要估计的参数的数目非常大，随着变量个数和滞后期的增加未知系数的个数迅速增长，甚至可能超过样本容量导致自由度消失。如果我们不能确定哪个变量是外生的，哪个变量是内生的，以及模型的动态结构形式，最有用的方法是从构建一个一般的 VAR 模型开始。

对于季节时间序列，首先对每一个序列的原始数据选择适当的差分或季节差分使得差分后数据满足平稳的条件，然后根据这些差分后的数据，建立形如式（5.47）的结构模型[①]。其中

$$\begin{aligned} A(L)&=a(L)\,\alpha(L^S)\\ B(L)&=b(L)\,\beta(L^S)\\ C(L)&=c(L)\,\mu(L^S)\\ F(L)&=f(L)\,\lambda(L^S)\\ H(L)&=h(L)\,\theta(L^S)\end{aligned} \tag{5.54}$$

① 根据数据特征，可以在结构方程中添加季节虚拟变量。

从而有最终方程

$$|a(L)||\alpha(L^S)||f(L)||\lambda(L^S)|\Delta_y Y_t = |f(L)||\lambda(L^S)|a^*(L)\,\alpha^*(L^S)\,b(L)\,\beta(L^S)\,u_t$$
$$-a^*(L)\,\alpha^*(L^S)\,c(L)\,\mu(L^S)\,f^*(L)\,\lambda^*(L^S)\,h(L)\,\theta(L^S)\,v_t \tag{5.55}$$

和

$$|f(L)||\lambda(L^S)|\Delta_x X_t = f^*(L)\,\lambda^*(L^S)\,h(L)\,\theta(L^S)\,v_t, \tag{5.56}$$

以及自回归最终表达式

$$|a(L)||\alpha(L^S)|\Delta_y Y_t = -a^*(L)\,\alpha^*(L^S)\,c(L)\,\mu(L^S)\,\Delta_x X_t$$
$$+a^*(L)\,\alpha^*(L^S)\,b(L)\,\beta(L^S)\,u_t。 \tag{5.57}$$

特别地，当内生变量中的季节性完全是由外生变量中的季节性引起的，那么 $\alpha(L^S)$、$\beta(L^S)$和 $\mu(L^S)$ 不存在，则式（5.57）中不含有 L^S 项，而式(5.55)中仍含有 L^S 项。在这种情形下，通过估计最终方程来设定结构模型的动态性非常容易导致模型的误设定。

如果 X_t 是弱外生变量（Engel，1983），此时，式(5.46)为

$$\begin{pmatrix} A(L) & C(L) \\ D(L) & F(L) \end{pmatrix}\begin{pmatrix} Y_t \\ X_t \end{pmatrix} = \begin{pmatrix} B(L) & 0 \\ 0 & H(L) \end{pmatrix}\begin{pmatrix} u_t \\ v_t \end{pmatrix} \tag{5.58}$$

其中 $D(0)=0$，并且 $\mathrm{Cov}(u_t, v_t)=0$。最终方程中所有变量的自回归部分相同，为$|A(L)||F(L)-D(L)A^{-1}(L)C(L)|$。在季节情形下，有 $D(L)=d(L)\,\delta(L^S)$。最终方程中所有变量的自回归部分相同，为$|a(L)||\alpha(L^S)||f(L)\lambda(L^S)-d(L)\,\delta(L^S)\,a^{-1}(L)\,\alpha^{-1}(L^S)\,c(L)\,\mu(L^S)|$。

第三节　季节协整与误差修正模型

在实际中，不同的经济时间序列在季节频率上的平稳性不尽相同。如果直接建立回归模型，可能会产生季节虚假回归问题。如果当两个或更多个季节时间序列在同一季节频率都有单位根，并且这些变量的某些线性组合在季节频率处可能是平稳的，此时称变量之间在该季节频率处存在季节协整。此时，对于具有协整关系的非平稳变量通常建立误差修正模型。误差修正模型克服了季节虚假回归问题，并且将变量之间的长期关系和短期动态特征结合在一个模型中予以表达。模型的建模过程由三部分组成：

（1）确定协整关系的个数；

（2）估计协整向量；

（3）利用上一步所得到的协整关系，建立误差修正模型。

季节协整向量的估计方法主要包括单一方程方法（EG 两步法）和向量方法 [Lee（1992），Johansen 和 Schaumburg（1999）]。

一、单一方程季节协整方法

协整检验与单位根检验有着密切的关系。若 N 个时间序列存在协整关系，则非均衡误差项应该是平稳的。由于序列在不同季节频率上的平稳性不尽相同，所以在季节协整检验里不能对所有的频率上是否有协整关系同时进行检验，而是分频率进行检验。其中 HEGY 方法最为广泛，理论上这种分析方法适用于任何观测频率的数据，但是目前还主要用于检验季度数据的变量之间是否存在季节协整关系。

Hylleberge 等（1990）（通常简称为 HEGY）和 Engel 等（1993）（通常简称为 EGHL）最

先对季节协整进行了研究。假定时间序列 c_t 是因变量并且 y_t 关于模型中的参数具有弱外生性。季节单位根检验显示，时间序列 c_t，y_t ~SI(1)。令 $c_t^{(1)}$ 和 $y_t^{(1)}$ 表示经过 HEGY 变换（即对相邻的 S 个数据进行求和）后所得的与零频率（传统）单位根相对应的变量，从而去除季节频率上的单位根。因此，这两个变量在零频率上协整意味着存在唯一线性关系，使得

$$\omega_t^{(1)} = c_t^{(1)} - k_1 y_t^{(1)}, \tag{5.59}$$

其中，$\omega_t^{(1)} \sim I(0)$。在这里，设定因变量系数为 1 以便得到标准化的协整向量。

类似地，与季节性频率 1/2 相对应的变量为 $y_t^{(2)}$ 和 $c_t^{(2)}$，这两个变量在季节性频率 1/2 上协整意味着存在唯一线性关系使得

$$\omega_t^{(2)} = c_t^{(2)} - k_2 y_t^{(2)}, \tag{5.60}$$

其中，$\omega_t^{(2)} \sim I(0)$。

对于变量 $c_t^{(3)}$ 和 $y_t^{(3)}$，通过 HEGY 变换去除了实根±1，从而使得变量 $c_t^{(3)}$ 和 $y_t^{(3)}$ 中只在单位根±i 上具有动态性。将 $1+L^2=(1+\mathrm{i}L)(1-\mathrm{i}L)$中的第一个因子作用于 $c_t^{(3)}$ 和 $y_t^{(3)}$ 后，通过考虑复变量 $c_t^{(3)} + \mathrm{i}c_{t-1}^{(3)}$ 与 $y_t^{(3)} + \mathrm{i}y_{t-1}^{(3)}$ 之间的协整关系来研究 $c_t^{(3)}$ 和 $y_t^{(3)}$ 在复单位根±i 的协整。复变量 $c_t^{(3)} + \mathrm{i}c_{t-1}^{(3)}$ 与 $y_t^{(3)} + \mathrm{i}y_{t-1}^{(3)}$ 在季节单位根±i 处协整意味着存在唯一的复系数 $k_R - \mathrm{i}k_I$ 使得

$$c_t^{(3)} + \mathrm{i}c_{t-1}^{(3)} - (k_R - \mathrm{i}k_I)[y_t^{(3)} + \mathrm{i}y_{t-1}^{(3)}] \tag{5.61}$$

平稳。显然，式（5.61）的共轭复数

$$c_3^{(3)} - \mathrm{i}c_{t-1}^{(3)} - (k_R + \mathrm{i}k_I)[y_t^{(3)} - \mathrm{i}y_{t-1}^{(3)}] \tag{5.62}$$

也是平稳的。将式（5.61）和式（5.62）相加可以消除上面两式中的复数部分，从而得到一个平稳的实变量 $2c_t^{(3)} - 2k_R y_t^{(3)} - 2k_I y_{t-1}^{(3)}$。令

$$\omega_t^{(3)} = c_t^{(3)} - k_R y_t^{(3)} - k_I y_{t-1}^{(3)} \tag{5.63}$$

当式（5.61）和式（5.62）中的复数变量平稳时，变量 $\omega_t^{(3)}$ 一定是平稳的实值变量，从而变量 $c_t^{(3)}$ 和 $y_t^{(3)}$ 在复单位根±i 处具有协整关系。因此，可以通过研究复变量 $c_t^{(3)} + \mathrm{i}c_{t-1}^{(3)}$ 与 $y_t^{(3)} + \mathrm{i}y_{t-1}^{(3)}$ 之间是否具有的协整关系来研究 $c_t^{(3)}$ 和 $y_t^{(3)}$ 在复单位根±i 处是否协整。由于变量 $c_t^{(3)}$ 和 $y_t^{(3)}$ 可看作是 S=2 的非平稳季节性单整过程。于是，由式（5.63）可知，$c_t^{(3)}$ 和 $y_t^{(3)}$ 可以在不同季节之间存在协整关系。当 $k_R \neq 0$, $k_I = 0$ 时意味着 $c_t^{(3)}$ 和 $y_t^{(3)}$ 在同一季节存在协整关系；当 $k_R=0$, $k_I \neq 0$ 时意味着 $c_t^{(3)}$ 和 $y_t^{(3)}$ 在不同季节存在协整关系；当 $k_R \neq 0$, $k_I \neq 0$ 时意味着 $c_t^{(3)}$ 和 $y_t^{(3)}$ 在两季的线性组合上存在协整关系。

由于 HEGY 方法中的回归变量渐近正交，从而对上述不同频率上协整关系的检验可以分别进行。利用 Dickey-Fuller 方法检验式（5.59）的回归残差 $\hat{\omega}_t^{(1)}$ 是否平稳

$$\Delta_1 \hat{\omega}_t^{(1)} = \pi_1 \hat{\omega}_{t-1}^{(1)} + \varepsilon_t \tag{5.64}$$

这时应根据协整检验的临界值表（如 MacKinnon，1991）判断变量之间是否有协整关系。

检验变量 c_t 和 y_t 在半年频率处是否协整等价于检验 $\omega_t^{(2)}$ 中是否有单位根-1。利用式(5.60)

的回归残差 $\omega_t^{(2)}$，在如下回归检验式

$$\hat{\omega}_t^{(2)} + \hat{\omega}_{t-1}^{(2)} = -\pi_2 \hat{\omega}_{t-1}^{(2)} + \varepsilon_t \tag{5.65}$$

中对原假设 $\pi_2 = 0$ 和备择假设 $\pi_2 < 0$ 进行检验。$t(\hat{\pi}_2)$ 服从一个 Dickey-Fuller 类分布，这时应根据协整检验的临界值表来判断变量之间是否具有协整关系。

同理，检验变量 c_t 和 y_t 在年频率处是否协整等价于检验 $\omega_t^{(3)}$ 中是否有复单位根对±i。利用（5.63）式的回归残差 $\omega_t^{(3)}$，在如下回归检验式

$$\hat{\omega}_t^{(3)} + \omega_{t-2}^{(3)} = -\pi_3 \hat{\omega}_{t-2}^{(3)} - \hat{\pi}_4 \omega_{t-1}^{(3)} + \varepsilon_t \tag{5.66}$$

中对原假设 $\pi_3 = \pi_4 = 0$ 进行检验。由于回归检验式（5.66）中的变量是式（5.63）的残差，因此检验统计量的分布发生了改变。Engel 等（1993）通过 Monte Carlo 模拟给出了适当的临界值。但是，Burridge 和 Taylor（2000）指出应对式（5.66）中的系数进行联合检验。

当变量 y_t 和 c_t 在零频率和季节频率上都存在协整关系时，可以建立误差修正模型 ECM

$$\Delta_4 c_t = \lambda_1 \omega_{t-1}^{(1)} + \lambda_2 \omega_{t-1}^{(2)} + \lambda_3 \omega_{t-2}^{(3)} + \lambda_4 \omega_{t-1}^{(3)} + z_t, \tag{5.67}$$

其中扰动 z_t 为平稳过程。在方程式（5.67）中同时包括有 $\omega_{t-2}^{(3)}$ 和 $\omega_{t-1}^{(3)}$，协整关系式（5.63）对短期行为的调整可以是发生在一期或二期滞后（在这里实际上二者均有）。这是由于变量 $c_t^{(3)}$ 和 $y_t^{(3)}$ 是 S=2 的非平稳季节性单整过程，这样可以把两个季节对短期行为的调整作用都体现出来。

将式（5.59）、式（5.60）、式（5.63）代入式（5.67），即可得

$$\begin{aligned}\Delta_4 c_t = {} & \lambda_1[c_{t-1}{}^{(1)} - k_1 y_{t-1}{}^{(1)}] + \lambda_2[c_{t-1}{}^{(2)} - k_2 y_{t-1}{}^{(2)}] \\ & + \lambda_3[c_{t-2}{}^{(3)} - k_R y_{t-2}{}^{(3)} - k_I y_{t-3}{}^{(3)}] + \lambda_4[c_{t-1}{}^{(3)} - k_R y_{t-1}{}^{(3)} - k_I y_{t-2}{}^{(3)}] + z_t \text{。}\end{aligned}$$

利用 $y_{t-3}^{(3)} = (1+L^2) y_{t-1}^{(3)} - y_{t-1}^{(3)}$ 和 $(1+L^2) y_{t-1}^{(3)} = \Delta_4 y_{t-1}$ 是平稳的，可得

$$\begin{aligned}\Delta_4 c_t = {} & \lambda_1[c_{t-1}{}^{(1)} - k_1 y_{t-1}{}^{(1)}] + \lambda_2[c_{t-1}{}^{(2)} - k_2 y_{t-1}{}^{(2)}] \\ & + [\lambda_3 c_{t-2}{}^{(3)} - (\lambda_3 k_R + \lambda_4 k_I) y_{t-2}{}^{(3)}] + [\lambda_4 c_{t-1}{}^{(3)} - (\lambda_4 k_R - \lambda_3 k_I) y_{t-1}{}^{(3)}] + z_t^* \text{。}\end{aligned} \tag{5.68}$$

其中，$z_t^* = z_t - \lambda_3 k_I (1+L^2) y_{t-1}^{(3)}$ 是平稳过程。式（5.68）这种 ECM 表达方式更为简便，它将变量 $c^{(3)}$ 和 $y^{(3)}$ 的二阶滞后与一阶滞后分开表示，但是它关于短期行为修正的解释不如式（5.67）直观。正如 Osborn（1993）所指出的，用 $c_{t-1}, c_{t-2}, \cdots, c_{t-4}, y_{t-1}, y_{t-2}, \cdots, y_{t-4}$ 替代式（5.68）中的变量，得到不同滞后期（1, 2, 3, 4）观察值对短期行为的修正。这意味着不同滞后期观察值对短期行为的修正程度是不同的，显然这种关于短期行为修正的解释也不尽人意。

利用 EG 二步法[参见 Engle 和 Granger（1987）]可以建立上述消费函数的误差修正模型。首先，采用 HEGY 方法对 c_t 和 y_t 进行季节单位根检验，然后利用 OLS 回归估计式（5.59）、式（5.60）、式（5.63）中的系数，通过检验回归残差是否平稳来判断变量在零频率和季节频率上是否有协整关系。由于 HEGY 方法中的回归变量渐近正交，从而对上述不同频率上协整关系的检验可以分别进行。假定变量 c_t 和 y_t 在每一频率处均具有协整关系，那么接下来用滞后残差代替 $\omega_{t-1}^{(1)}$、$\omega_{t-1}^{(2)}$、$\omega_{t-2}^{(3)}$和$\omega_{t-1}^{(3)}$ 对形如式（5.67）的误差修正模型进行估计。如果变量 c_t 和

y_t在某一频率处不具有协整关系，则应在误差修正模型中略去相对应的滞后残差项。

计量经济学家对季节协整问题进行了大量的实证研究。Engel 等（1993）基于两步法发现，没有论据表明日本的消费与收入之间存在协整。Kunst（1993）对一些欧洲国家主要宏观经济变量进行了季节协整检验，他发现某些变量在季节频率处具有协整关系。Hylleberg 等（1990）通过研究英国消费和收入的线性组合 $c_t - y_t$是否为季节平稳过程，发现英国消费和收入在季节频率处具有协整关系。Franses 和 McAleer（1998）对以上研究作了总结。目前，还没有足够的"典型化事实"来表明季节协整存在的普遍性。

二、向量季节协整方法

协整关系实际上是一个多变量的概念，单一方程方法只能检验两个变量之间是否具有协整关系。在一个复杂的经济系统中，许多相关的变量交织在一起，它们之间可能具有多个协整关系，从而应在多元框架下对协整关系进行研究。Lee（1992）将 Johansen（1988,1991）关于非季节协整的 VAR 方法扩展到季节性情形。这一分析进一步由 Johansen 和 Schaumburg（1999）加以扩展和修正。至今，此文仍被认为是计量学中关于季节性协整方面的主要文献。

为了便于表述，仍假定季节时间序列Y_t（每年有 S 个观测值）是一个 $N\times1$ 的 S 阶 VAR 过程，即

$$Y_t = \Phi_1 Y_{t-1} + \Phi_2 Y_{t-2} + \cdots + \Phi_S Y_{t-S} + U_t\,, \tag{5.69}$$

其中，U_t为独立同分布的向量过程，$E(U_t U_t') = \Sigma$。这里应注意，Y_t是 N 个变量在时刻 t 的观测值所组成的 N 维向量，元素 y_{it} 是指第 i 个变量在时刻 t 的观测值，U_t为对应的 N 维扰动向量。与前面所定义的 S 维向量Y_τ和U_τ意义不同，Y_τ，U_τ是同一个变量在第τ年 S 个季节的观测值组成。假定向量 Y_t 的每个变量都是季节性单整的，并且初始值$Y_{-S+1} = \cdots = Y_0 = 0$，过程式（5.69）中不包含确定性因素。这时，对所有 t，有 $E(Y_t) = 0$。

如果向量 Y_t中的变量之间存在季节协整关系，则由式（5.69）得到如下误差修正模型

$$\Delta_S Y_t = \Phi_1 Y_{t-1} + \Phi_2 Y_{t-2} + \cdots + \Phi_{S-1} Y_{S-1} + (\Phi_S - I_S) Y_{t-S} + U_t\,, \tag{5.70}$$

实际上，通常并不是直接对变量$Y_{t-1}, Y_{t-2}, \cdots, Y_{t-S}$建立误差修正模型，Johanson 和 Schaumberg 考虑对这些变量的线性组合

$$Y_t^{(1)} = Y_t + Y_{t-1} + Y_{t-2} + Y_{t-3}\,, \tag{5.71}$$

$$Y_t^{(2)} = Y_t - Y_{t-1} + Y_{t-2} - Y_{t-3}\,, \tag{5.72}$$

$$Y_t^{(3)} = Y_t - Y_{t-2}\,, \tag{5.73}$$

建立如下误差修正模型（ECM）

$$\Delta_4 Y_t = \Pi_1 Y_{t-1}^{(1)} + \Pi_2 Y_{t-1}^{(2)} + \Pi_3 Y_{t-2}^{(3)} + \Pi_4 Y_{t-1}^{(3)} + U_t\,, \tag{5.74}$$

这一表示与 HEGY 方法中的回归检验式从形式上完全相同。

在这种方法里，由于误差修正模型中回归变量之间具有渐近正交性，这使得可以对在零频率和季节频率处协整关系的检验可以分别进行。由以上讨论可知，式（5.74）中的前两个误差修正项有相当直观的解释。向量$Y_t^{(1)}$中的每个变量都是一个一般的 I（1）变量，这是由于通过变换$Y_t^{(1)} = (1 + L + L^2 + L^3) Y_t$使得$Y_t^{(1)}$中的变量都不再含有季节单位根。对$Y_t^{(1)}$进行一般的向量协整分析，得到系数矩阵$\Pi_1 = \Lambda_1 K_1'$。若$\Pi_1$矩阵的秩为$r_1$，其中，$0 < r_1 < N$，那

么 $Y_t^{(1)}$ 中的变量在零频率处有 r_1 个协整关系，并且这些协整关系由 $N\times r_1$ 阶矩阵 K_1 的列给出，$N\times r_1$ 阶矩阵 Λ_1 的元素为相应的调整系数。同理，若矩阵 $\Pi_2=\Lambda_2 K_2'$ 的秩为 r_2，其中，$0<\gamma_2<N$，那么 $Y_t^{(2)}$ 中的变量在半年频率处有 r_2 个协整关系（变换后的向量 $Y_t^{(2)}$ 中的变量在零频率及年频率处没有单位根）。这 r_2 个协整关系由 $N\times r_2$ 阶矩阵 K_2 的列给出，$N\times r_2$ 阶矩阵 Λ_2 的元素为相应的调整系数。

在研究复单位根处的协整关系时，为便于表述，不妨假定式（5.74）中 $\Pi_1=\Pi_2=0$。此时，误差修正模型（ECM）为

$$(1+L^2)Y_t^{(3)}=\Pi_3 Y_{t-2}^{(3)}+\Pi_4 Y_{t-1}^{(1)}+U_t$$

从形式上看，它与 HEGY 方法下复单位根对回归检验式完全相同。令 $X_t^{(1)}=Y_t^{(3)}+\mathrm{i}Y_{t-1}^{(3)}$ 和 $X_t^{(2)}=Y_t^{(3)}-\mathrm{i}Y_{t-1}^{(3)}$，有

$$(1+L^2)Y_t^{(3)}=(\Pi_R+\mathrm{i}\Pi_I)X_{t-1}^{(1)}+(\Pi_R-\mathrm{i}\Pi_I)X_{t-1}^{(2)}+U_t$$

若复数矩阵 $\Pi_R+i\Pi_I$ 的秩为 r_c，其中 $0<r_c<N$。于是误差修正模型变为

$$\begin{aligned}(1+L^2)Y_t^{(3)}&=(\Lambda_R+\mathrm{i}\Lambda_I)(K_R-\mathrm{i}K_I)'X_{t-1}^{(1)}\\&\quad+(\Lambda_R-\mathrm{i}\Lambda_I)(K_R+\mathrm{i}K_I)'X_{t-1}^{(2)}+U_t\end{aligned}\tag{5.75}$$

其中，$N\times r_c$ 阶复数矩阵 $\Lambda_R+\mathrm{i}\Lambda_I$ 和 $K_R+\mathrm{i}K_I$ 的秩都为 r_c。$K_R+\mathrm{i}K_I$ 的列给出协整关系，$\Lambda_R\pm\mathrm{i}\Lambda_I$ 中元素为对应的调整系数。将 $X_t^{(1)}=Y_t^{(3)}+\mathrm{i}Y_{t-1}^{(3)}$ 和 $X_t^{(2)}=Y_t^{(3)}-\mathrm{i}Y_{t-1}^{(3)}$ 代入式（5.75），有

$$(1+L^2)Y_t^{(3)}=2(\Lambda_R K_R'+\Lambda_I K_I')Y_{t-1}^{(3)}+2(\Lambda_R K_I'-\Lambda_I K_R')Y_{t-2}^{(2)}+U_t\tag{5.76}$$

（5.76）式是一个实数域上的模型，这一表达形式与 HEGY 方法中的回归检验式完全相同。

当（5.74）式的所有系数都非零时，将协整关系代入有

$$\begin{aligned}\Delta_4 y_t&=\Lambda_1 K_1' Y_{t-1}^{(1)}+\Lambda_2 K_2' Y_{t-1}^{(2)}+(\Lambda_R+\mathrm{i}\Lambda_I)(K_R-\mathrm{i}K_I)'X_{t-1}^{(1)}\\&\quad+(\Lambda_R-\mathrm{i}\Lambda_I)(K_R+\mathrm{i}K_I)'X_{t-1}^{(2)}+U_t\\&=\Lambda_1 K_1' Y_{t-1}^{(1)}+\Lambda_2 K_2' Y_{t-1}^{(2)}+2(\Lambda_R K_I'-\Lambda_I K_R')Y_{t-2}^{(3)}\\&\quad+2(\Lambda_R K_R'+\Lambda_I K_I')Y_{t-1}^{(3)}+U_t\end{aligned}\tag{5.77}$$

在 Johanson 和 Schaumburg 的文章中，他们对（5.77）式做了一些简化，以便其具有可检验性。从行为方程的角度来看，由于每个系数矩阵 $2(\Lambda_R K_I'-\Lambda_I K_R')$ 和 $2(\Lambda_R K_R'+\Lambda_I K_I')$ 都与协整系数矩阵 (K_R,K_I) 及调整矩阵 (Λ_R,Λ_I) 有关，因而（5.77）式似乎缺乏直观的解释。由于（5.77）式与单方程误差修正模型中的（5.68）式非常类似，从而单方程情形下关于误差修正模型的讨论对分析向量情形将有所启发。当时为便于解释，构造了仅涉及实值的平稳变量的单方程误差修正模型（5.67）式。

同样为了有助于分析，需要构造仅涉及实值的平稳变量的向量误差修正模型。

将平稳（向量）过程 $(K_R - \mathrm{i}K_I)'X_t^{(1)} = (K_R - \mathrm{i}K_I)'(Y_t^{(3)} + \mathrm{i}Y_{t-1}^{(3)})$ 和 $(K_R + \mathrm{i}K_I)'X_t^{(2)} = (K_R + \mathrm{i}K_I)'(Y_t^{(3)} - \mathrm{i}Y_{t-1}^{(3)})$ 组合，可得仅涉及实值的平稳的 $K_R'Y_t^{(3)} + K_I'Y_{t-1}^{(3)}$。这意味着含有复单位根的过程 $Y_t^{(3)}$ 是由与 t 和 t-1 有关的两个独自（向量）过程组成的并且这两个（向量）过程之间存在着协整关系。于是，可以将 ECM（5.77）表示为

$$
\begin{aligned}
\Delta_4 y_t &= \Lambda_1 K_1' Y_{t-1}^{(1)} + \Lambda_2 K_2' Y_{t-1}^{(2)} + \Lambda_3 (K_R' Y_{t-2}^{(3)} + K_I' Y_{t-3}^{(3)}) + \Lambda_4 (K_R' Y_{t-1}^{(3)} + K_I' Y_{t-2}^{(3)}) + U_t \\
&= \Lambda_1 K_1' Y_{t-1}^{(1)} + \Lambda_2 K_2' Y_{t-1}^{(2)} + \Lambda_3 (K_R' Y_{t-2}^{(3)} - K_I' Y_{t-1}^{(3)}) \\
&\quad + \Lambda_4 (K_R' Y_{t-1}^{(3)} + K_I' Y_{t-2}^{(3)}) + U_t^*,
\end{aligned} \tag{5.78}
$$

其中 $U_t^* = U_t + \Lambda_3 k_I' (Y_{t-1}^{(3)} + Y_{t-3}^{(3)})$ 是平稳的。在（5.78）式中，第一种形式表明，一期或二期滞后的协整关系都会对短期行为进行调整，其中调整系数矩阵分别为 Λ_4 和 Λ_3。在第二种形式里，用 $Y_{t-1}^{(3)}$ 代替 $Y_{t-3}^{(3)}$，与（5.77）相比有 $\Lambda_3 = -2\Lambda_I$ 及 $\Lambda_4 = 2\Lambda_R$，同样 Λ_3 和 Λ_4 分别表示二期或一期滞后的协整关系对短期行为的调整。虽然如此，但是仍然很难从行为观点出发对季节协整关系对短期行为的调整进行解释。

在这里，不再专门讨论误差修正模型的估计方法及估计量的渐近性质，感兴趣的读者可参阅 Johansen 和 Schaumburg（1999）的原文。当采用 HEGY 方法研究季节协整关系时，可以对零频率和季节频率处的协整关系分别进行讨论。对于实单位根±1，直接采用非季节协整下的降秩回归方法即可 [见 Johansen 和 Schaumburg（1999）及 Lee（1992）]。对于复数单位根情形，Johanse 和 Schaumburg 定义了一个由系数矩阵的实部和虚部构成的扩展矩阵以及由复向量过程的实部和虚部构成的扩展过程，从而，可以在复单位根处对变量间的协整关系进行分析。

三、扩展

当季节性单整过程中包含有常数项时，意味着过程每一季节的均值都具有线性趋势。进一步，如果这些常数项在 S 个季节各不相同（即具有季节性），那么序列 y_{st} 的趋势也将具有季节性。Franses 和 Kunst（1999）把 Johansen（1994）关于非季节协整的分析方法扩展到季节情形，研究了在季节协整中季节性常数项的作用。他们在（5.74）式中添加季节性常数项，基于季度数据建立误差修正模型

$$
\Delta_4 Y_t = \sum_{s=1}^{S} \Gamma_s \delta_{st} + \Pi_1 Y_{t-1}^{(1)} + \Pi_2 Y_{t-1}^{(2)} + \Pi_3 Y_{t-2}^{(3)} + \Pi_4 Y_{t-1}^{(3)} + U_t \tag{5.79}
$$

其中 Γ_S 为关于季节 s 的 $N\times1$ 常数向量，δ_{st} 为季节哑变量。在 Johanse 和 Schaumburg（1999）中也采用了上述形式的模型。

当（5.79）式中 $\Pi_1 = \Pi_2 = \Pi_3 = \Pi_4 = 0$ 时，显然有 $E(Y_t) = E(Y_{s\tau})$。当 Γ_S 具有季节性变化时，有 $E(Y_t) = E(Y_{s\tau}) = E(T_{so}) + \Gamma_s \tau$（$s = 1,\cdots,S$），即过程每一季节的均值都具有不同的线性趋势。Franses 和 Kunst 中指出，除非将具有季节性变动的常数项限制为协整关系的一部分，否则在变量具有季节协整关系的情形下，变量仍将具有季节性线性趋势。从而，他们建议对季节协整下的误差修正模型（ECM）进行简单修正以使得模型满足上述限制。

首先考虑零频率处的协整。如果 $Y_t^{(1)}$ 的变量之间有 r_1 个协整关系并且每个协整关系中都包括有常数项，则存在一个 $r_1 \times 1$ 常向量 G_1 使得 $k_1^{'}Y_t^{(1)} + G_1\delta^{(1)}$ 为零均值平稳过程。类似地，如果 $Y_t^{(2)}$ 变量之间有 r_2 个协整关系并且每个协整关系中都包括有常数项，则存在一个 $r_2 \times 1$ 常向量 G_2 使得 $k_2^{'}Y_t^{(2)} + G_2\delta_t^{(2)}$ 为零均值平稳过程。正如 § 3.6.2 所讨论的，与复数单位根相对应的协整关系为 $k_R^{'}Y_t^{(3)} + k_I^{'}Y_{t-1}^{(3)}$。如果 $Y_t^{(3)}$ 的变量之间有 r_c 个协整关系并且每个协整关系中都包括有常数项，则存在 $r_c \times 1$ 常向量 G_3, G_4 使得 $k_R^{'}Y_t^{(3)} + k_I^{'}Y_{t-1}^{(3)} + G_3\delta_t^{(3)} + G_4\delta_{t-1}^{(3)}$ 为零均值平稳过程。从而，若通过上述协整关系对（5.79）中的季节协整与季节哑变量作出限制，则误差修正模型 ECM 变为

$$
\begin{aligned}
\Delta_4 y_t &= \Lambda_1(K_1^{'}Y_{t-1}^{(1)} + G_1) + \Lambda_2(K_2^{'}Y_{t-1}^{(2)} + G_2\delta_{t-1}^{(2)}) \\
&\quad + \Lambda_3(K_R^{'}Y_{t-2}^{(3)} + K_I^{'}Y_{t-3}^{(3)} + G_3\delta_{t-2}^{(3)} + G_4\delta_{t-3}^{(3)}) \\
&\quad + \Lambda_4(K_R^{'}Y_{t-1}^{(3)} + K_I^{'}Y_{t-2}^{(3)} + G_3\delta_{t-1}^{(3)} + G_4\delta_{t-2}^{(3)}) + U_t\,。 \qquad (5.80)
\end{aligned}
$$

另一方面，为了更贴近现实，通常允许向量自回归模型 VAR 包括有一个（不随季节变化并且不受限制的）全局常向量Γ。Γ是一个非限定的 $N \times 1$ 维向量，它使得过程 Y_t 具有一般的（不随季节变动而发散的）漂移项[参见 Franses 和 Kunsl（1999）或 Johansen 和 Schaumburg（1999）]。此时，仅需在（5.80）式中用Γ代替 $\Lambda_1 G_1$ 即可，误差修正模型 ECM 中的其余部分保持不变。

与一般的协整秩检验一样，若回归检验式中包括确定性因素以及对这些确定性因素施加约束，都会影响到检验统计量的临界值。Johanson 和 Schaumburg（1999）提供了与复单位根相对应的临界值表。Franses 和 Kunst（1999）中也给出了相应的临界值表，并且他们还研究了在实际应用中所经常碰到的一些其他问题，比如，回归检验式中包含 $\Delta_4 y_t$ 的动态滞后项对检验的影响。应该注意到，在这些文章中，它们都假定（5.79）式中的 $\Pi_4 = 0$，这意味着在（5.80）式中限定 $K_I = \Lambda_4 = 0$ 或 $K_R = \Lambda_3 = 0$。

关于确定项对预测精度的影响在文献中却很少提及。Kunst 和 Franses（1998）研究常数项及季节哑元对误差修正模型的影响。他们发现，像（5.80）式中那样将季节哑元限制在协整关系内要比在回归检验式中对季节哑元不做限制，将使误差修正模型的预测精度更高。

许多实际应用者仍然使用季节调整后的数据进行建模。下面，以（单方程方法下）收入 y_t 和总消费 c_t 的协整关系为例，我们简单讨论滤波对协整检验的影响。因为 y_t^F 和 c_t^F 对于 X-11 这类线性近似滤子不再含有季节频率单位根，所以仅考虑零频率上的协整关系

$$\omega_t^{(1)} = c_t^{(1)} - k_1 y_t^{(1)},$$

和过滤后数据之间的协整关系

$$\omega_t^F = c_t^F - k_F y_t^F,$$

其中，$c_t^F = v(L)c_t$，$y_t^F = v(L)y_t$。

我们感兴趣的问题是：滤子如何影响协整关系？另一方面，滤子如何改变协整参数，即 k_1 与 k_F 的差异有多大？Ericsson, Hendry 和 Tran（1994）对这些问题进行了研究。他们证明当

对称双边滤子的权和为 1 时，滤波对协整关系没有影响①。他们还发现不仅滤波不会对协整检验产生影响，而且检验统计量的渐近分布也不发生改变。他们还证明，上述结果不仅适用于单方程协整方法而且可以推广至向量协整方法。值得注意的是，$y_t^{(1)}$ 和 y_t^F 之间可能还具有协整向量为（1，-1）的协整关系。Ghysels，Granger 和 Siklos (1996)对此特征进行了研究，这实质上是对 X-11 季节调整程序的非线性予以了评估。显然，上述结论是渐近成立的。实际应用中，在小样本下滤波可能对协整检验产生严重影响。Ericsson 等（1994）在对英国货币需求方程的实证研究中，证实了这种现象的确存在。

第四节　案例：中国进出口贸易的误差修正模型

中国出口（E_t）与进口（I_t）额季度时间序列数据（1990.1～2006.4）。分别取自然对数后，$\ln E_t$ 和 $\ln I_t$ 的变化曲线见图 5.4。$\ln E_t$ 和 $\ln I_t$ 序列的变化都表现出明显的季节特征，第四季度的值都远远高于其余三个季度的值。在第三章的案例中，通过检验发现我国出口（E_t）与进口（I_t）额季度时间序列的季节模式具有显著的时间变异性，在不考虑结构突变的情况下,它们是季节单位根过程。

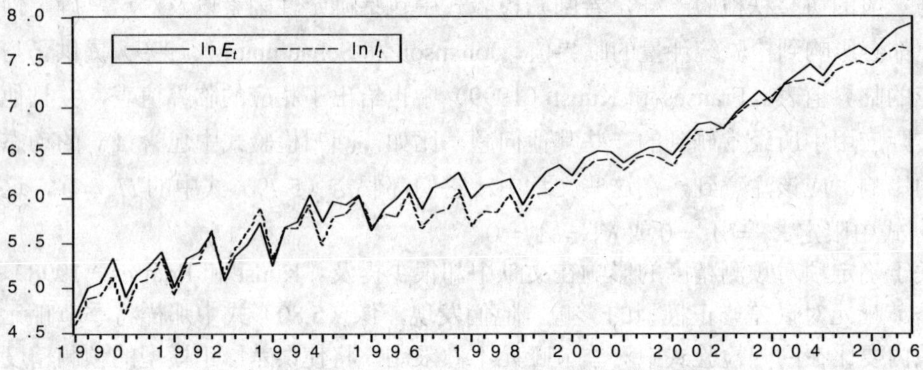

图 5.4　我国出口总额（$\ln E_t$）和进口总额（$\ln I_t$）的变化曲线

（一）季节协整检验

令 $\ln E_t^{(1)}$ 和 $\ln I_t^{(1)}$ 表示经过 HEGY 变换（即对相邻的 S 个数据进行求和）后所得的与零频率（传统）单位根相对应的变量，通过图 5.5 可以看出 $\ln E_t$ 和 $\ln I_t$ 在 0 频率上的变化曲线表现出很强的相似性，所以这两个序列之间可能在 0 频率上存在季节协整关系。

① 他们对滤子的权数施加与假设 5.1 相同的限制。

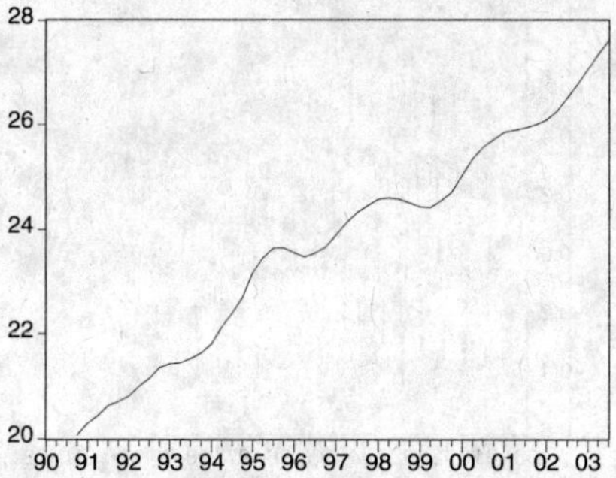

（a）$\ln E_t^{(1)}$

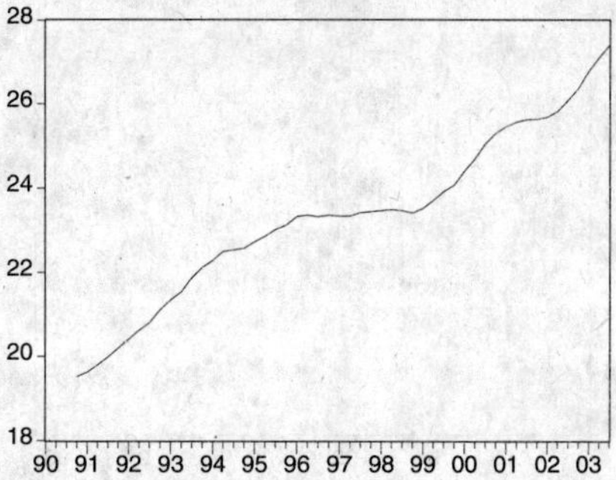

（b）$\ln I_t^{(1)}$

图 5.5　$\ln E_t$和 $\ln I_t$在零频率处的变化曲线

下面采用 EG 两步法对它们进行季节协整检验。根据附表 8（一）检验结果表明，这两个序列之间在 0 频率上确实存在季节协整关系。

表 5.2　0 频率上的协整性检验

序号	协整回归				协整检验回归式			
	$\ln I_t^{(1)}$				$\hat{\omega}_t^{(1)}$			
	因变量	回归系数	确定项	R^2	确定项	滞后项	DW	$t(\hat{\pi}_1)$
1	$\ln E_t^{(1)}$	1.017 (572.55)	无	0.986	无	1	1.724	-3.836*
2	$\ln E_t^{(1)}$	1.006 (67.84)	I	0.986	无	1	1.708	-3.738*
3	$\ln E_t^{(1)}$	0.717 (11.77)	I,t	0.990	无	1	1.633	-4.082*
4	$\ln E_t^{(1)}$	1.006 (66.16)	I,D_1 D_2,D_3	0.986	无	1	1.732	-3.712*
5	$\ln E_t^{(1)}$	1	无	无	I,t	1	1.733	-3.833*
6	$\ln E_t^{(1)}$	1	无	无	I,t,D_1 D_2,D_3	1	1.731	-3.739*

注：*表示是在 5%的检验水平下具有协整关系

令 $\ln E_t^{(2)}$和 $\ln I_t^{(2)}$表示经过 HEGY 变换去除了实根－1 后所得的与π频率相对应的变量，通过图 5.6 可以看出 $\ln E_t$ 和 $\ln I_t$ 在π频率上的变化曲线表现出很强的相似性，所以这两个序列之间可能在π频率上存在季节协整关系。

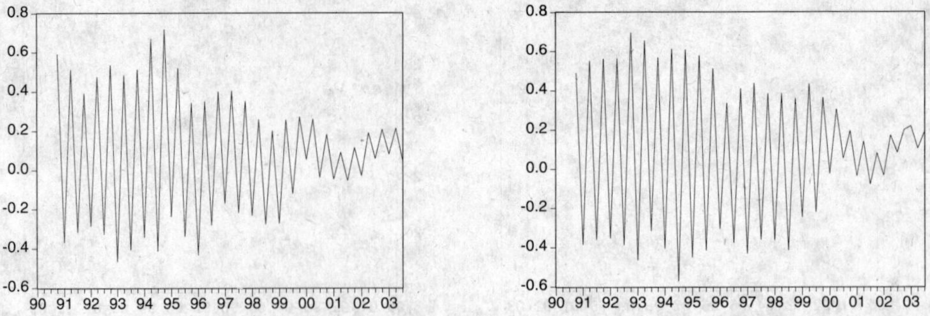

（a）$\ln E_t^{(2)}$　　　　（b）$\ln I_t^{(2)}$

图 5.6　$\ln E_t$ 和 $\ln I_t$在π频率上的变化曲线

下面，采用 EG 两步法对它们进行季节协整检验。根据附表 8（二）检验结果表明，这两个序列之间可能在π频率上不存在季节协整关系。

表 5.3　π频率上的协整性检验

序号	协整回归				协整检验回归式			
	$\ln I_t^{(2)}$				$\hat{\omega}_t^{(2)}+\hat{\omega}_{t-1}^{(2)}$			
	因变量	回归系数	确定项	R^2	确定项	滞后项	DW	$t(\hat{\pi}_2)$
1	$\ln E_t^{(2)}$	0.853 (25.67)	无	0.904	无	1,3	2.040	-2.354*
2	$\ln E_t^{(2)}$	0.841 (24.74)	I	0.907	无	1,3	2.078	-2.371*
3	$\ln E_t^{(2)}$	0.840 (24,61)	I,t	0.907	无	1,3	2.097	-2.383*
4	$\ln E_t^{(2)}$	0.664 (13.60)	I,D_1 D_2,D_3	0.931	无	1,3	2.117	-2.971*

注：*表示是在 10%的检验水平下具有协整关系

令 $\ln E_t^{(3)}$和 $\ln I_t^{(3)}$表示经过 HEGY 变换去除实根±1 后所得的与π频率相对应的变量。通过图 5.7 可以看出 $\ln E_t$ 和 $\ln I_t$在π/2 频率上的变化曲线表现出很强的相似性，所以这两个序列之间可能在π/2 频率上存在季节协整关系。

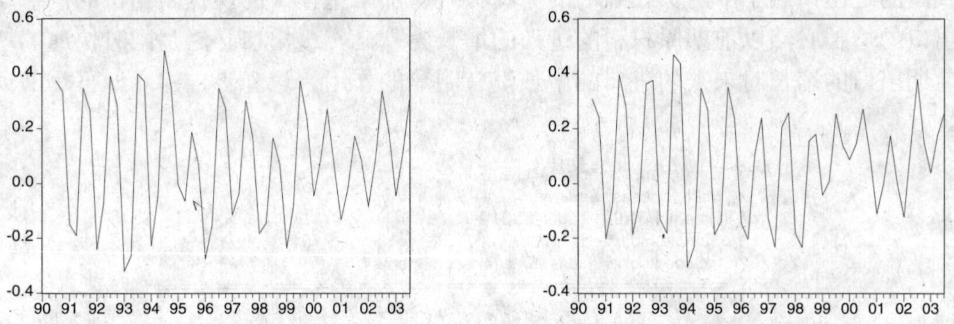

（a）$\ln E_t^{(3)}$　　　　（b）$\ln I_t^{(3)}$

图 5.7　$\ln E_t$ 和 $\ln I_t$在π/2 频率上的变化曲线

下面，采用 EG 两步法对它们进行季节协整检验。根据附表 8（三）检验结果表明，这两个序列之间可能在π/2 频率上存在季节协整关系。

表 5.4　π/2 频率上的协整性检验

序号	协整回归					协整检验回归式			
		$\ln I_t^{(3)}$	$\ln I_{t-1}^{(3)}$			$\hat{\omega}_t^{(3)}+\hat{\omega}_{t-2}^{(3)}$			
	因变量	回归系数	回归系数	确定项	R^2	滞后项	$t(\hat{\pi}_3)$	$t(\hat{\pi}_4)$	F
1	$\ln E_t^{(3)}$	0.952 (15.98)	-0.057 (-0.968)	无	0.770	2	-3.368 *	-2.301*	10.29*
2	$\ln E_t^{(3))}$	0.926 (14.64)	-0.084 (-1.337)	I	0.775	2	-3.714*	-2.085*	10.15*
3	$\ln E_t^{(3)}$	0.922 (14.50)	-0.086 (-1.361)	I,t	0.778	2	-3.748	-2.081	10.27*
4	$\ln E_t^{(3)}$	0.527 (6.257)	-0.054 (-0.635)	I,D_1 D_2,D_3	0.862	2	-5.027	-2.878	20.89**

注：*和**分别表示是在 5%和 1%的检验水平下具有协整关系。

（二）建立季节误差修正模型

上述检验结果表明，$\ln E_t$ 和 $\ln I_t$ 在 0 和π频率处都具有协整关系，进一步，对 $\ln E_t$ 和 $\ln I_t$ 的四阶差分后序列做格兰杰因果关系检验，有

Pairwise Granger Causality Tests
Date: 01/31/08　Time: 17:59
Sample: 1990Q1 2006Q4
Lags: 4

Null Hypothesis:	Obs	F-Statistic	Probability
D4LNI does not Granger Cause D4LNE	60	2.58837	0.04761
D4LNE does not Granger Cause D4LNI		1.20885	0.31851

这与我国的进出口属于“两头在外”的原材料进口加工型模式的现状是相符的。在这种情况下，出口的增长必然以前期原材料的进口的增长为基础，进出口必然是同时快速的增长。但是，前期出口的增长对未来的进口的增长没有明显的作用。进一步，建立如下季节误差修正模型。

Dependent Variable: D4LNE
Method: Least Squares
Date: 01/31/08 Time: 12:21
Sample (adjusted): 1991Q2 2006Q4
Included observations: 63 after adjustments

Variable	Coefficient	Std. Error	t-Statistic	Prob.
C	0.053302	0.017557	3.035926	0.0036
ECM1(-1)	-0.054799	0.023927	-2.290211	0.0257
ECM2(-1)	-0.563280	0.146773	-3.837762	0.0003
D4LNE(-1)	0.441721	0.096918	4.557682	0.0000
D4LNI	0.257577	0.082648	3.116550	0.0028

R-squared	0.754610	Mean dependent var	0.172144
Adjusted R-squared	0.737687	S.D. dependent var	0.122246
S.E. of regression	0.062610	Akaike info criterion	-2.627734
Sum squared resid	0.227363	Schwarz criterion	-2.457644
Log likelihood	87.77362	F-statistic	44.58963
Durbin-Watson stat	2.178549	Prob(F-statistic)	0.000000

其中，

$$\text{ECM1}=\ln E_{t-1}^{(1)}-0.275-1.006\ln I_{t-1}^{(1)}$$

(67.84)

$R^2=0.986$ $DW=0.122$

$$\text{ECM2}=\ln E_{t-1}^{(3)}+0.12-0.195D_1-0.145D_2+0.045D_3-0.528\ln I_{t-1}^{(3)}+0.054\ln I_{t-2}^{(3)}$$

(−3.76) (5.195) (3.349) (−1.145) (6.256) (−0.635)

$R^2=0.862$ $DW=0.92$

（三）建立 SVAR 模型

首先对 $\ln E_t$ 和 $\ln I_t$ 的四阶差分后序列 $\Delta_4\ln E_t$ 和 $\Delta_4\ln I_t$ 按照“一般到特殊的原则”建立无限制 VAR 模型

$$\begin{pmatrix}\Delta_4\ln E_t\\ \Delta_4\ln I_t\end{pmatrix}=\begin{pmatrix}0.059\\0.049\end{pmatrix}+\begin{pmatrix}0.846&-0.150\\-0.047&0.701\end{pmatrix}\begin{pmatrix}\Delta_4\ln E_{t-1}\\ \Delta_4\ln I_{t-1}\end{pmatrix}+\begin{pmatrix}-0.012&0.163\\0.349&0.059\end{pmatrix}\begin{pmatrix}\Delta_4\ln E_{t-2}\\ \Delta_4\ln I_{t-2}\end{pmatrix}$$
$$+\begin{pmatrix}-0.088&0.179\\-0.313&0.191\end{pmatrix}\begin{pmatrix}\Delta_4\ln E_{t-3}\\ \Delta_4\ln I_{t-3}\end{pmatrix}+\begin{pmatrix}-0.307&0.037\\0.020&-0.258\end{pmatrix}\begin{pmatrix}\Delta_4\ln E_{t-4}\\ \Delta_4\ln I_{t-4}\end{pmatrix}+\begin{pmatrix}\varepsilon_1\\ \varepsilon_2\end{pmatrix},$$

两个方程调整后的可决系数分别为 $R^2=0.725$ 和 $R^2=0.576$。残差的同期相关系数矩阵为

$$\begin{pmatrix}1&0.367\\0.367&1\end{pmatrix},$$

由此可见，残差之间存在的同期相关系数比较高，这表明 $\Delta_4\ln E_t$ 和 $\Delta_4\ln I_t$ 按之间存在着同期的影响关系。因此，建立 SVAR 模型：

$$B_0Y_t=\Gamma_0+\Gamma_1Y_{t-1}+\Gamma_2Y_{t-2}+\Gamma_3Y_{t-3}+\Gamma_4Y_{t-4}+U_t\text{。}$$

其中，$Y_T=(\Delta_4\ln E_t,\Delta_4\ln I_t)^{\mathrm{T}}$，$B_0$、$\Gamma_i\,(i=1,2.3,4)$为 2 阶方阵，$\Gamma_0$ 为 2 维向量，$U_t\sim\text{VWN}(0,I_2)$。

如果 B_0 是可逆的，则 SVAR 模型可转化为前面的 VAR 模型。由格兰杰因果关系检验结果，可以施加 B_0 为上三角的短期约束，此时 SVAR 模型是恰好识别的，有

$$B_0=\begin{pmatrix}1 & -0.316\\ 0 & 1\end{pmatrix}。$$

（四）季节调整后数据的误差修正模型

首先对 $\ln E_t$ 和 $\ln I_t$ 的季节调整后序列 $\ln E\_SA$ 和 $\ln I\_SA$ 进行单位根检验（见表 5.5），有

表 5.5　季节调整后序列的单位根检验

序列	检验回归式中无确定项的 ADF 检验值	检验回归式中仅含常数项的 ADF 检验值	检验回归式中含常数项、趋势项的 ADF 检验值
$\ln E\_SA$	7.737	1.346	-0.516
$\ln I\_SA$	6.887	0.782	-0.945
$\Delta\ln E\_SA$	-2.421^{**}	-6.545^{***}	-6.725^{***}
$\Delta\ln I\_SA$	-1.808^{*}	-7.759^{***}	-7.782^{***}

注：*、**和***分别表示是在 1%、5%和 10%的检验水平下拒绝原假设。

上述检验结果表明，$\ln E\_SA$ 和 $\ln I\_SA$ 都是一阶单位根过程。协整检验结果为

表 5.6　季节调整后序列的协整检验

特征值	似然比	5%临界值
0.2330	17.018*	15.495
0.0007	0.042	3.841

注：*表明在 5%水平下拒绝原假设。

上述检验结果表明，$\ln E\_SA$ 和 $\ln I\_SA$ 之间有一个协整关系。

$$\ln E\_SA=0.049+1.01\ln I\_SA$$
$$(65.81)$$
$$R^2=0.985 \qquad DW=0.314$$

由此可以看出，季节调整对协整关系的影响不大。进一步，对 $\ln E\_SA$ 和 $\ln I\_SA\ln E_t$ 做格兰杰因果关系检验，有

Pairwise Granger Causality Tests
Date: 01/31/08 Time: 19:53
Sample: 1990Q1 2006Q4
Lags: 4

Null Hypothesis:	Obs	F-Statistic	Probability
LNI_SA does not Granger Cause LNE_SA	64	3.28312	0.01746
LNE_SA does not Granger Cause LNI_SA		1.28231	0.28815

进一步，建立如下误差修正模型

Dependent Variable: D(LNE_SA)
Method: Least Squares
Date: 02/01/08 Time: 10:39
Sample (adjusted): 1990Q3 2006Q4
Included observations: 66 after adjustments

Variable	Coefficient	Std. Error	t-Statistic	Prob.
C	0.026588	0.008490	3.131755	0.0027
ECM_SA(-1)	-0.180139	0.055046	-3.272494	0.0018
D(LNI_SA)	0.348127	0.102752	3.388046	0.0012
D(LNE_SA(-1))	0.268164	0.115905	2.313648	0.0241
D(LNI_SA(-1))	-0.232578	0.116593	-1.994790	0.0505

R-squared	0.299577	Mean dependent var	0.043424
Adjusted R-squared	0.253647	S.D. dependent var	0.047878
S.E. of regression	0.041362	Akaike info criterion	-3.460160
Sum squared resid	0.104361	Schwarz criterion	-3.294277
Log likelihood	119.1853	F-statistic	6.522550
Durbin-Watson stat	2.088461	Prob(F-statistic)	0.000195

第六章　周期性 ARIMA 过程

在第一章中，曾经对周期性过程进行过简单介绍。周期性过程是系数随季节变动而发生周期性变化的过程。允许参数随季节变化不仅大大丰富了用于描述经济变量的模型的种类，而且更符合实际经济运行规律。在第二章中所讨论的确定性季节性过程，是周期性过程的一个特例，它只有常数项是随季节变动的。研究表明，在将经济理论应用于决策模拟时，人们自然而然地发现了周期性的过程，并且它的作用不容忽视。Gersovitz 和 MacKinnon（1978）、Osborn（1988）发现，当模拟消费者的季节决策时，就会产生这类周期性过程。Hansen 和 Sargent（1993）发现，由于技术同样具有季节性，也会产生周期性过程。由于偏好和技术这些经济驱动力都可能随季节发生变动，所以在一些普遍认为是非季节性的过程中这种微妙的周期性季节效果可能存在甚至发挥重要作用。关于周期性过程的应用，主要有 Birchenhall 等（1989）、Flores 和 Novales（1997）、Franses 和 Romijn（1993）、Herwartz（1997）、Osborn 和 Smith（1989）、Ghysels（1991，1994b）等。

本章将线性时间序列模型中的观点扩展到周期性过程。首先在第一节中给出周期性过程的定义与分类，并介绍周期性过程的性质。在第二节中，介绍非平稳周期自回归过程 PAR 的单整类型以及各种关于周期性过程的检验方法。第三节研究周期性过程的协整及误差修正模型，介绍常用的检验周期性协整的方法。最后，在第四节中介绍目前实证研究的一些结果，并给出一个案例。

第一节　周期性过程的类别和性质

一、周期性过程的定义与分类

周期性过程是系数随季节变动而发生周期变化的过程，仍采用双下标表示方式。对于一个一般的周期过程 PARMA(p,q)过程，有

$$\Phi_s(L)y_{s\tau}=c_s+\Theta_s(L)\varepsilon_{s\tau}, \qquad s=1,2,\cdots,S, \qquad \tau=1,2,\cdots,T_\tau, \tag{6.1}$$

其中，$\varepsilon_{s\tau}\sim N(0,\sigma_s^2)$ 并且关于年份 τ 和季节 s 相互独立。$\Phi_s(L)=1-\phi_{s1}L-\phi_{s2}L^2-\cdots-\phi_{sp}L^p$ 和 $\Theta_s(L)=1-\theta_{s1}L-\theta_{s2}L^2-\cdots-\theta_{sq}L^q$ 是关于滞后算子 L 的多项式，其中多项式的阶数 p 和 q 分别为非零系数的最大阶数。假定多项式 $\Phi_s(L)$和 $\Theta_s(L)$没有相同的根，以保证过程的参数恰好识别（Box 和 Jenkins，1976）。特别地，当 $\Phi_s(L)$、$\Theta_s(L)$、σ_s^2 不随季节变动，只有常数项 c_s 随季节变动时，即为我们第二章中介绍过的确定性季节性过程；当只有 $\Phi_s(L)$随季节变动时，称之为周期 AR 过程，记作 PAR(p)；当只有 $\Theta_s(L)$随季节变动时，称之为周期 MA 过程，记作 PMA(q)。

下面我们介绍三类特殊的周期性过程。

（一）具有周期性异方差的 SARMA 过程

对于季节 ARMA 过程

$$\Phi(L)y_{s\tau}=c+\Theta(L)\varepsilon_{s\tau}\,,\qquad s=1,2,\cdots,S,\qquad \tau=1,2,\cdots,T_\tau,\tag{6.2}$$

其中，多项式 $\Phi(L)=0$，$\Theta(L)=0$ 的根都在单位圆外，$\varepsilon_{s\tau}\sim N(0,\sigma_s^2)$ 并且关于年份 τ 和季节 s 相互独立。过程除了具有异方差之外，与一般的 SARMA 过程具有相同的性质。

令 $y_{s\tau}$ 的初始值的均值 $E(y_{s\tau}^{(0)})=\mu$，则有 $E(y_{s\tau})=\mu=c/\Phi(1)$，这与一般（同方差）的 ARMA 过程是相同的。但是，由于扰动具有季节性异方差，过程 $y_{s\tau}$ 的二阶矩是非平稳的。下面我们以简单的零均值季节性异方差 AR（1）过程

$$y_t=\phi y_{t-1}+\varepsilon_t\,,\quad |\phi|<1$$

为例，说明过程的异方差特点。上式采用双下标表示有

$$y_{s\tau}=\phi y_{s-1,\tau}+\varepsilon_{s\tau}\,。\tag{6.3}$$

为便于表述，考虑当 $s=S$ 时的情形。经过反复替代，有

$$\begin{aligned}y_{S\tau}&=\phi y_{S-1,\tau}+\varepsilon_{S\tau}\\&=\phi[\phi y_{S-2,\tau}+\varepsilon_{S-1,\tau}]+\varepsilon_{S\tau}\\&=\varepsilon_{S\tau}+\phi\varepsilon_{S-1,\,\tau}+\phi^2\varepsilon_{S-2,\,\tau}+\cdots+\phi^{S-1}\varepsilon_{1,\,\tau}+\phi^S y_{S,\tau-1}\\&=\phi^{\tau S}y_{S0}+\sum_{j=0}^{\tau-1}\phi^{S-j}(\varepsilon_{S,\tau-j}+\phi\varepsilon_{S-1,\tau-j}+\cdots+\phi^{S-1}\varepsilon_{1,\tau-j})\\&=\phi^{\tau S}y_{S0}+\sum_{j=0}^{\tau-1}\sum_{k=0}^{S-1}\phi^{S-j}\phi^k\varepsilon_{S-k,\tau-j}\,。\end{aligned}\tag{6.4}$$

若 $\mathrm{Var}(y_{S0})=\mathrm{Var}(y_{S\tau})$，则

$$\begin{aligned}\mathrm{Var}(y_{S\tau})&=\phi^{2S\tau}\mathrm{Var}(y_{S0})+\sum_{j=0}^{\tau-1}\sum_{k=0}^{S-1}\phi^{2Sj+2k}\sigma_{S-k}^2\\&=\frac{1}{1-\phi^{2S\tau}}\sum_{k=0}^{S-1}\phi^{2k}\sigma_{S-k}^2\sum_{j=0}^{\tau-1}\phi^{2Sj}\\&=\sum_{k=0}^{S-1}\phi^{2k}\sigma_{S-k}^2\frac{1}{1-\phi^{2S}}\\&=\frac{1}{1-\phi^{2S}}\sum_{k=0}^{S-1}\phi^{2k}\sigma_{S-k}^2\,。\end{aligned}\tag{6.5}$$

当 $s\neq S$ 时，式（6.5）依然成立。由于 σ_s^2 的权数与 $y_{s\tau}$ 所对应的季节 s 有关，与年份 τ 无关，因此过程 $y_{s\tau}$ 具有季节性异方差。例如，当 $S=2$ 且 $\sigma_1^2=1$，$\sigma_2^2=10$，$\phi=0.8$ 时，由式（6.5）有 $\mathrm{Var}(y_{1\tau})=(1+0.8^2\times10)/(1-0.8^4)=12.5$ 和 $\mathrm{Var}(y_{2\tau})=(10+0.8^2\times1)/(1-0.8^4)=18.0$。

过程 $y_{s\tau}$ 的自协方差 $\gamma_s(k)=E(y_{s\tau}-\mu)(y_{s-k,\tau}-\mu)$ 也具有季节性(我们用下标以示区别)，与年份 τ 无关。例如，当 $\mu=0$ 时，有

$$\gamma_s(1)=E(y_{s\tau}y_{s-1,\tau})=\phi\gamma_{s-1}(0)\,,$$

可见，$\gamma_s(1)$ 随着方差 $\gamma_{s-1}(0)$ 的变化而具有季节性协方差，并且 $\gamma_S=\gamma_0$。从而，过程的二阶矩具有季节周期性。从原理上讲，这种季节性异方差可以通过规范化 $x_{s\tau}=\dfrac{y_{s\tau}-\mu}{\sqrt{\mathrm{Var}(y_{s\tau})}}$ 来得以消

除，此时过程 $x_{s\tau}$ 有

$$E(x_{s\tau})=0\ ,\ \ \gamma_s(0)=1,\ \ \gamma_s(1)=\phi\gamma_{s-1}(0)\ ,\ \ s=1,2,\cdots,S。$$

图 6.1 给出了取自季节 AR(1)序列的一个样本轨迹（ϕ=0.8,, S=4，T=200，σ_1^2=1，σ_2^2=4，σ_3^2=9，σ_4^2=25），由式(6.5)有 Var($y_{1\tau}$)=26.12，Var($y_{2\tau}$)=20.71，Var($y_{3\tau}$)=22.26，Var($y_{4\tau}$)=39.24。

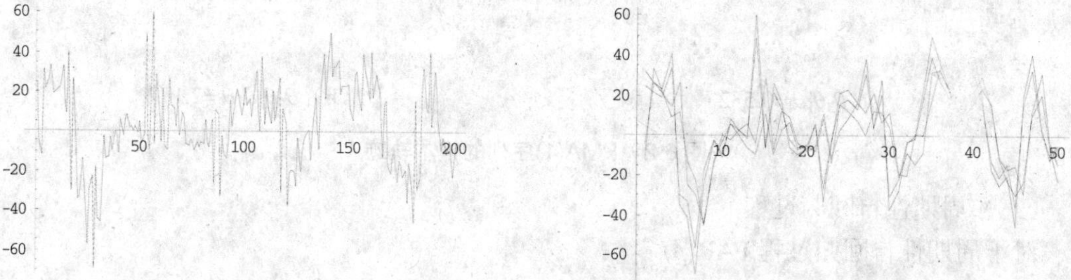

（a）原序列　　　　（b）分季节

图 6.1　季节 AR(1)序列的样本轨迹示例

（二）周期移动平均过程

下面我们研究一种特殊的 ARMA 周期过程，也就是所谓的周期性移动平均过程

$$y_{s\tau}=c+\Theta(L)\varepsilon_{s\tau}\ \ ,\ \ s=1,2,\cdots,S,\qquad \tau=1,2,\cdots,T_\tau,$$

其中，$\varepsilon_{st}\sim i.i.d.(0,\sigma^2)$，扰动过程是同方差的，以下简记为 PMA($q$)。

我们以一阶周期性移动平均过程 PMA(1)

$$y_{s\tau}=\varepsilon_{s\tau}-\theta_s\varepsilon_{s-1,\tau}\ ,\ \ s=1,2,\cdots,S \tag{6.6}$$

为例，说明 PMA 过程的特点。为了便于表述，假定式（6.6）中不含确定性因素。从而，过程 $y_{s\tau}$ 的均值为零。由于

$$\mathrm{Var}(y_{s\tau})=\gamma_s(0)=(1+\theta_s^2)\sigma^2\ ,$$

可见，虽然扰动过程 $\varepsilon_{s\tau}$ 是同方差的，但是过程 $y_{s\tau}$ 仍然具有季节性异方差。并且，过程 $y_{s\tau}$ 的一阶自协方差为

$$\begin{aligned}\gamma_s(1)&=E(y_{s\tau}y_{s-1,\tau})\\&=E(\varepsilon_{s\tau}-\theta_s\varepsilon_{s-1,\tau})(\varepsilon_{s-1,\tau}-\theta_{s-2,\tau})\\&=-\theta_s\sigma^2\ ,\ \ s=1,2,\cdots,S。\end{aligned}$$

当 $k>1$ 时，过程的 k 阶自协方差 $\gamma_s(k)=0$；过程的 S 阶自协方差 $\gamma_s(S)=0$。因此，虽然 PMA(1) 过程的方差和协方差具有季节性周期变化，但是 $y_{s\tau}$ 与 $y_{s,\tau-1}$ 却是不相关的。对大多数具有季节性特征的经济变量而言，它们的观测值具有每年重复一次的季节性模式，这意味着 $y_{s,\tau-1}$ 能为 $y_{s\tau}$ 提供有用的信息。而阶数小于 S 的周期性移动平均过程不具有这种功能，因此在实际应用中对低阶 PMA 过程不感兴趣。图 6.2 给出了取自 PMA(1)序列的一个样本轨迹（ϕ=0.8，S=4，T=200，σ^2=1；$\theta_1\theta_2\theta_3\theta_4$=0.532；$\theta_1\theta_2\theta_3\theta_4$=2.172）。

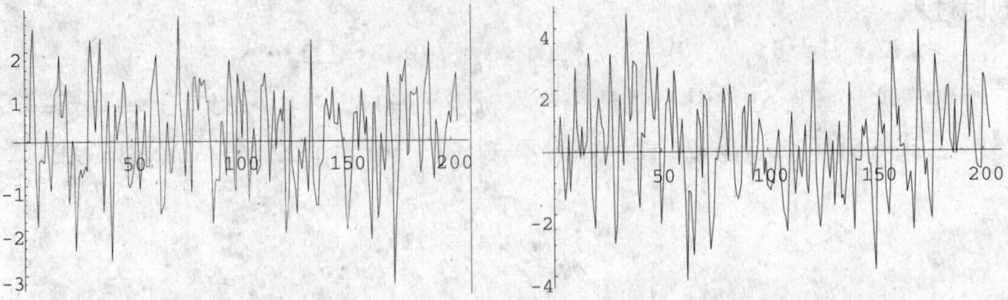

（a）$\theta_1\theta_2\theta_3\theta_4$=0.532　　　　（b）$\theta_1\theta_2\theta_3\theta_4$=2.172

图 6.2　PMA(1)序列的样本轨迹

（三）周期性自回归过程

对于周期性自回归过程 PAR(p)

$$\Phi_s(L)y_{s\tau}=c_s+\varepsilon_{s\tau}, \qquad s=1,2,\cdots,S, \qquad \tau=1,2,\cdots,T_\tau,$$

其中 $\varepsilon_{s\tau}\sim i.i.d.(0,\sigma^2)$，以下简记为 PAR($p$)。以一阶周期性自回归过程 PAR(1)

$$y_{s\tau}=\phi_s y_{s-1,\tau}+\varepsilon_{s\tau}, \quad s=1,2,\cdots,S, \quad \tau=1,2,\cdots,T_\tau \tag{6.7}$$

为例，说明 PAR 过程的特点。为了便于表述，假定式（6.7）中不含确定性因素。从而，过程 $y_{s\tau}$的均值为零。经过反复替换，有

$$\begin{aligned} y_{s\tau} &= \phi_s y_{s-1,\tau}+\varepsilon_{s\tau} \\ &= \phi_s[\phi_{s-1}y_{s-2,\tau}+\varepsilon_{s-1,\tau}]+\varepsilon_{s\tau} \\ &= \phi_s\phi_{s-1}y_{s-2,\tau}+\phi_s\varepsilon_{s-1,\tau}+\varepsilon_{s\tau} \quad \text{（递推第 } \tau \text{ 年）} \\ &= \varepsilon_{s\tau}+\phi_s\varepsilon_{s-1,\tau}+\phi_s\phi_{s-1}\varepsilon_{s-2,\tau}+\cdots+\phi_s\phi_{s-1}\cdots\phi_{s-(S-1)}\varepsilon_{s-(S-1),\tau} \\ &\qquad +\phi_s\phi_{s-1}\cdots\phi_{s-(S-1)}y_{s,\tau-1}, \end{aligned} \tag{6.8}$$

经过 S 次替代后，式（6.8）右端为 $\phi_1\phi_2\cdots\phi_S y_{s,\tau-1}$ 及一个 PMA($S-1$)过程之和。无论 S 为何值，$y_{s,\tau-1}$的系数为 PAR（1）系数之积，记为 $\psi=\phi_1\phi_2\cdots\phi_S$。而 PMA($S-1$)过程的出现表明过程的方差 $\mathrm{Var}(y_{s\tau})$ 及自协方差具有季节性变动。令初始值 $E(y_{S0})=0$，则过程的均值 $E(y_{s\tau})=\mu$ =0。具体地，以 S=4 时为例，对 $y_{4\tau}$有

$$\begin{aligned} y_{4\tau} &= \phi_4 y_{3\tau}+\varepsilon_{4\tau} \\ &= \phi_4\phi_3 y_{2\tau}+\phi_4\varepsilon_{3\tau}+\varepsilon_{4\tau} \\ &= \phi_4\phi_3\phi_2\phi_1 y_{4\tau-1}+\varepsilon_{4\tau}+\phi_4\varepsilon_{3\tau}+\phi_4\phi_3\varepsilon_{2\tau}+\phi_4\phi_3\phi_2\phi_1\varepsilon_{1\tau} \\ &= \psi y_{4\tau-1}+\left(\varepsilon_{4\tau}+\phi_4\varepsilon_{3\tau}+\phi_4\phi_3\varepsilon_{2\tau}+\phi_4\phi_3\phi_2\varepsilon_{1\tau}\right) \\ &= \psi^\tau y_{40}+\sum_{j=0}^{\tau-1}\Psi^j\left(\varepsilon_{4\tau-j}+\phi_4\varepsilon_{3\tau-j}+\phi_4\phi_3\varepsilon_{2\tau-j}+\phi_4\phi_3\phi_2\varepsilon_{1\tau-j}\right)。 \end{aligned}$$

由于扰动过程是不相关的，因此当$|\psi|=|\phi_1\phi_2\cdots\phi_S|<1$，并且 $\tau\to\infty$ 时

$$\lim_{\tau\to\infty}\mathrm{Var}(y_{4\tau})=\gamma_4(0)=\frac{1}{1-\psi^2}(\sigma_4^2+\phi_4\sigma_3^2+\phi_4^2\phi_3^2\sigma_2^2+\phi_2^2\phi_3^2\phi_4^2\sigma_1^2)。$$

同理

$$\mathrm{Var}(y_{1\tau}) = \gamma_1(0) = \frac{1}{1-\psi^2}[\sigma_1^2 + \phi_1^2\sigma_4^2 + \phi_1^2\phi_4^2\sigma_3^2 + \phi_1^2\phi_4^2\phi_3^2\sigma_2^2]。$$

由此可见，即便扰动过程是同方差的（$\sigma_1^2 = \sigma_2^2 = \sigma_3^2 = \sigma_4^2 = \sigma^2$），PAR(1)过程 $y_{s\tau}$ 仍然具有周期性异方差。并且，过程的一阶自协方差

$$\gamma_s(1) = E(y_{s\tau}y_{S-1\tau}) = \phi_s\gamma_{s-1}(0)。\tag{6.9}$$

例如，当 s=4 和 s=1 时，分别有

$$\gamma_4(1) = \phi_4\gamma_3(0)，$$

$$\gamma_1(1) = \phi_1\gamma_4(0)。$$

对于年度滞后，即 k=S 时，有

$$\gamma_s(S) = E(y_{s\tau}y_{s\tau-1}) = \psi\gamma_s(0)。\tag{6.10}$$

与式（6.9）不同（与 $\phi_s, \gamma_{s-1}(0)$ 有关），它仅与 $\gamma_s(0)$ 有关。从而，过程的 S 阶自相关系数

$$\rho_s(S) = \gamma_s(S)/\gamma_s(0) = \psi$$

不具有季节性。

此外，式（6.8）意味着 PAR（1）过程的条件期望为

$$E(y_{s\tau} \mid y_{s\tau-1}) = \psi y_{s\tau-1}，$$

它具有年度模型特征。也就是说，PAR（1）过程与 PMA（1）过程不同的是，它的季节性具有习惯持久力，当 $\psi > 0$ 时，这种（一年内）的季节模式会在观测中重复出现。图 6.3 给出了取自 PAR(1)序列的样本轨迹 （S=4，T=400，σ^2=1）。

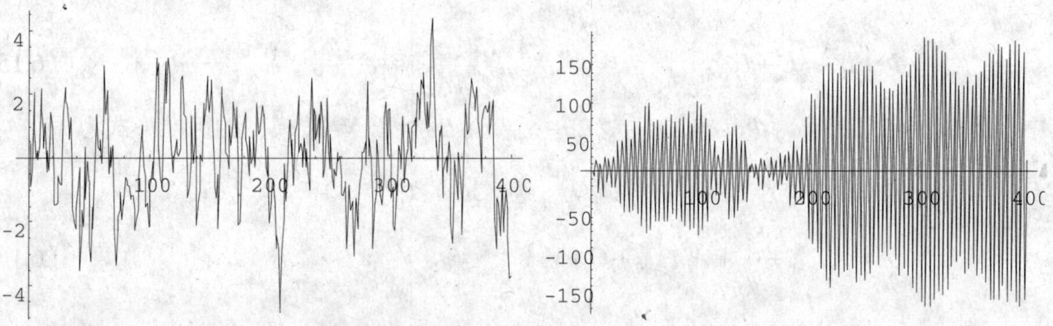

（a）$\phi_1\phi_2\phi_3\phi_4$< 1　　　　（b）$\phi_1\phi_2\phi_3\phi_4$= 1

图 6.3　PAR(1)序列的样本轨迹

二、PAR 过程的性质

由于 PMA 过程不能恰当地反映经济变量的周期性特征，故而应用中对 PMA 过程不感兴趣，下面我们主要致力于介绍 PAR 过程。首先，我们介绍 PAR 过程的 VAR 表示方法，然后再利用 VAR 表示法来推导平稳 PAR 过程的性质，最后研究将周期性过程看作常系数 ARMA 过程的理论意义。在分析中，还对季节性常数项及季节性异方差进行了考虑。

采用向量表达形式是我们进一步深入分析周期性过程的关键。我们在第一章和第二章中已利用向量表示方法，将 τ 年各个季度的观测值写作堆积向量 Y_τ，对应的扰动向量为 U_τ。在

周期性过程情形下，以季度数据为例，与 PAR(1)过程式（6.7）相对应的向量表达方式[①]

$$\begin{pmatrix} 1 & 0 & 0 & 0 \\ -\phi_2 & 1 & 0 & 0 \\ 0 & -\phi_3 & 1 & 0 \\ 0 & 0 & -\phi_4 & 1 \end{pmatrix}\begin{pmatrix} y_{1\tau} \\ y_{2\tau} \\ y_{3\tau} \\ y_{4\tau} \end{pmatrix}=\begin{pmatrix} 0 & 0 & 0 & \phi_1 \\ 0 & 0 & 0 & 0 \\ 0 & 0 & 0 & 0 \\ 0 & 0 & 0 & 0 \end{pmatrix}\begin{pmatrix} y_{1\tau-1} \\ y_{2\tau-1} \\ y_{3\tau-1} \\ y_{4\tau-1} \end{pmatrix}+\begin{pmatrix} c_1 \\ c_2 \\ c_3 \\ c_4 \end{pmatrix}+\begin{pmatrix} \varepsilon_{1\tau} \\ \varepsilon_{2\tau} \\ \varepsilon_{3\tau} \\ \varepsilon_{4\tau} \end{pmatrix} \tag{6.11}$$

是一个 VAR（1）模型。更紧凑地，有

$$\Phi_0 Y_\tau = \Phi_1 Y_{\tau-1} + C + U_\tau, \tag{6.12}$$

其中，$E(U_\tau U_\tau') = \sum = \mathrm{diag}(\sigma_1^2, \sigma_2^2, \sigma_3^2, \sigma_4^2)$。

将周期性过程表达成 VAR 过程就是将观测值 $y_{s\tau}$ 按季节 $s=1,2,\cdots,S$ 当作单独的序列。表达式（6.11）也可用于表达非周期性过程 AR（1）情形，只是这时增加了方程间的限制 $\phi_1=\phi_2=\phi_3=\phi_4=\phi$，并且要求 $\sigma_1^2=\sigma_2^2=\sigma_3^2=\sigma_4^2=\sigma^2$，而在 PAR（1）情况下则没有这些方程间的限制。的确，在 PAR 过程中为每个季节指定了各自的参数，自然而然得到相应的向量表达方式。

对于一个 PAR（p）过程

$$\Phi_s(L) y_{s\tau} = c_s + \varepsilon_{s\tau}, \quad s=1,2,\cdots,S, \qquad \tau=1,2,\cdots,T_\tau, \tag{6.13}$$

其中，$\Theta_s(L) = 1-\phi_{s1}L-\phi_{s2}L^2-\cdots-\phi_{sp}L^p$，相应的向量表达方式是一个 VAR($p$)模型

$$\Phi_0 Y_\tau = \Phi_1 Y_{\tau-1} + \cdots + \Phi_P Y_{\tau-P} + C + U_\tau \tag{6.14}$$

或

$$\Phi(L) Y_\tau = C + U_\tau, \tag{6.15}$$

其中，$P=[(p+S-1)/S]$，$\Phi(L)=\Phi_0-\Phi_1 L^S-\cdots-\Phi_P L^{PS}$[②]。VAR 模型的标准形式为

$$\begin{aligned} Y_\tau &= \Phi_0^{-1}\Phi_1 Y_{\tau-1} + \cdots + \Phi_0^{-1}\Phi_P y_{\tau-P} + \Phi_0^{-1}C + \Phi_0^{-1}U_t \\ &= A_1 Y_{\tau-1} + \cdots + A_P Y_{\tau-P} + \tilde{C} + V_\tau, \end{aligned} \tag{6.16}$$

其中，$A_i=\Phi_0^{-1}\Phi_i$，$i=1,2,\cdots,P$，$\tilde{C}=\Phi_0^{-1}C$，$V_\tau=\Phi_0^{-1}U_\tau$。因为 Φ_0 为下三角形矩阵，并且主对角元素为 1，因而 Φ_0^{-1} 存在。

（一）PAR 过程的平稳性

VAR 模型的平稳性可通过最终方程（Final Equation）表达式

$$|\Phi(L)| Y_\tau = \Phi^*(1)C + \Phi^*(L)U_\tau \tag{6.17}$$

来进行研究，其中 $\Phi^*(L)$ 为 $\Phi(L)$ 的伴随矩阵。若 VAR 模型式（6.14）是平稳过程，则要求 $|\Phi(L)|=0$ 的根均在单位圆外（Hamilton，1994a）。由于式（6.13）中 PAR 模型的系数与式（6.14）

① PAR 过程的向量表达方式最早是由 Gladyshev（1961）引入并自此为许多人普遍采用。

② 若 $\Phi s(L)$有公因子，则将导致 $\Phi(L)$中有非季节性因子，因此这里我们没有采用 $\Phi(L)S$ 这种记号。

中 VAR 模型的系数有一一映射关系，因此 VAR 模型的平稳性条件也是 PAR(P)过程的平稳性条件。

以式（6.11）中季度 PAR（1）过程为例，有

$$|\boldsymbol{\Phi}(L)|=\begin{vmatrix}1 & 0 & 0 & -\phi_1 \\ -\phi_2 L & 1 & 0 & 0 \\ 0 & -\phi_3 L & 1 & 0 \\ 0 & 0 & -\phi_4 L & 1\end{vmatrix}=1-\phi_1\phi_2\phi_3\phi_4 L^4 \tag{6.18}$$

和

$$\boldsymbol{\Phi}^*(L)=\begin{pmatrix}1 & \phi_1\phi_3\phi_4 L^4 & \phi_1\phi_4 L^4 & \phi_1 L^4 \\ \phi_2 & 1 & \phi_1\phi_2\phi_4 L^4 & \phi_1\phi_2 L^4 \\ \phi_2\phi_3 & \phi_3 & 1 & \phi_1\phi_2\phi_3 L^4 \\ \phi_2\phi_3\phi_4 & \phi_3\phi_4 & \phi_4 & 1\end{pmatrix}, \tag{6.19}$$

可见，式（6.8）恰好为 PAR(1)过程当 C=0 时的最终方程表达式。

由式（6.18）可知，当且仅当 $|\phi_1\phi_2\phi_3\phi_4|<1$ 时，$|\boldsymbol{\Phi}(L)|=0$ 根在单位圆外。因此，PAR(1)过程平稳的条件是 $|\phi_1\phi_2\phi_3\phi_4|<1$。从而，$|\phi_s|<1$（$s$=1, 2,⋯, S）是过程平稳的充分而非必要条件；在平稳 PAR 过程中的允许某些 $|\phi_s|\geqslant 1$。

式（6.14）、式（6.16）或式（6.17）取数学期望，得平稳向量 Y_τ 的均值

$$M=E(Y_\tau)=\boldsymbol{\Phi}(1)^{-1}C=\frac{\boldsymbol{\Phi}^*(1)}{|\boldsymbol{\Phi}(1)|}C\text{。} \tag{6.20}$$

可见，即便 VAR 模型各方程的常数项相同，但过程的均值仍通过 $\boldsymbol{\Phi}(1)^{-1}$ 而具有了季节变易性，$\boldsymbol{\Phi}(1)^{-1}$ 中的元素是周期性变动自回归系数的函数。从而，根据式（6.18）和式（6.19），季度 PAR(1)过程的均值向量为

$$M=\begin{pmatrix}\mu_1 \\ \mu_2 \\ \mu_3 \\ \mu_4\end{pmatrix}=\frac{1}{1-\phi_1\phi_2\phi_3\phi_4}\begin{pmatrix}c_1+\phi_1\phi_4\phi_3c_2+\phi_1\phi_4c_3+\phi_1c_4 \\ c_2+\phi_2\phi_1\phi_4c_3+\phi_2\phi_1c_4+\phi_2c_1 \\ c_3+\phi_3\phi_2\phi_1c_4+\phi_3\phi_2c_1+\phi_3c_2 \\ c_4+\phi_4\phi_3\phi_2c_1+\phi_4\phi_3c_2+\phi_4c_3\end{pmatrix}\text{。} \tag{6.21}$$

显然，均值向量是周期性变动的。若对式（6.21）中常数项 c_{s} 及周期性自回归系数 ϕ_{s}，s=1,2,3,4 施加某些高阶非线性限制，则可能得到非周期性的均值。

滞后 K 阶的自协方差矩阵 $\Gamma(K)=E(Y_\tau-M)(Y_{\tau-K}-M)'$ 满足尤尔—沃克方程（Hamilton, 1994a）

$$\Gamma(K)=A_1\Gamma(K-1)+A_2\Gamma(K-2)+\cdots+A_p\Gamma(K-P),\ K\geqslant P, \tag{6.22}$$

其中，矩阵 $\Gamma(K-P)$ 由 VAR 中参数 $A_i, i=1,p$ 和 $\Omega=E(V_\tau V_\tau')$ 唯一确定。必须强调的是，在式（6.9）和式（6.10）中的 k 阶滞后与式（6.22）中的 K 阶滞后是不同的，前者是指 $y_{s\tau}$ 的单期滞后，而后者则指的是向量 Y_τ 的年度滞后。因而，对季度 PAR(1)过程，当 s=2,3,4 时一阶自协方差 $\gamma_s(1)$ 是 $\Gamma(0)$ 方差协方差矩阵中的元素，$\gamma_1(1)$ 是 $\Gamma(1)$ 中第（1，4）元素。按照式（6.9），可证明 PAR（1）中 $\Gamma(1)=A\Gamma(0)$ 等价于 $\gamma_1(1)=\phi_1\gamma_4(0)$。

因此，从平稳 VAR 过程的角度来说，一个 PAR(p)过程的估计和推断问题是非常直截了

当的。的确，由于 PAR 过程中的扰动不相关，所以当过程的初始值已知时，模型的极大似然估计 MLE 与单方程的普通最小二乘 OLS 估计等价。类似地，标准的 t 分布和 F 分布的检验统计量都是渐近有效的。然而，跨季节（$s=1,2,\cdots,S$）的限制暗含着 VAR（P）方程中跨方程的限制，这种限制要求同时估计 PAR 中的 S 个方程。

Lütkepohl（1991）讨论了应用不同检验来调查平稳周期性模型中时间序列中观测值的季节性变异问题。特别地，一般的 PAR（P）模型可以通过限制性检验来研究是否所有的参数都是季节性变动的，是否存在周期性异方差，是否仅有常数项是季节性变动而其他参数为常数等等。LR（Likelihood Ratio）检验是一种方便的方法，在适当的零假设下，所有 LR 检验都渐近服从 χ^2 分布，自由度为所施加限制的个数。

（二）PAR 过程的 ARMA 表示

在经济学中强调在实际中采用自回归模型，这暗示了根据传统的准则选择自回归模型作为单变量表示的近似。根据最终方程表示的季节自回归因素和由对 MA 的自回归近似所得到的非季节性因素，共同得到一个要求模拟的高阶 AR 模型。下面我们就研究当一个周期性过程被错误地当作常参数单变量过程进行分析时，随之所产生的理论问题［参见 Tiao 和 Grupe（1980），Osborn（1991）］。为了集中研究周期性过程的随机部分，我们不妨假定过程为零均值的，即 $C=0$。

PAR 过程的自协方差是季节性变动的。对于一个平稳的周期性过程，定义理论的 k 阶滞后自协方差为

$$\gamma(k)=\lim_{T\to\infty}\frac{1}{T}\sum_{t=1}^{T}y_t y_{t-k}=\frac{1}{S}\sum_{s=1}^{S}\lim_{T\to\infty}(\frac{1}{T_\tau}\sum_{\tau=1}^{T_\tau}y_{s\tau}y_{s-k,\tau})$$
$$=\frac{1}{ST_\tau}\sum_{s=1}^{S}\sum_{\tau=1}^{T_\tau}y_{s\tau}y_{s-k\tau}=\frac{1}{S}\sum_{s=1}^{S}\gamma_s(k)$$
$$k=0,1,\cdots \tag{6.23}$$

因此，如果忽略周期性变易，那么由各季节观测值所计算的样本自协方差渐近趋向于 $\gamma(k)$，其中 $\gamma(k)$ 是 S 个周期性自协方差的算术平均。

自协方差 $\gamma(k)$（$k=0,1,\cdots$）存在唯一的单元素表示方法，这说明一个标准的单变量分析不能用于揭示一个周期性数据生成过程。从这个意义上讲，Tiao 和 Grupe（1980）文章中认为周期性过程被屏蔽了。从理论上讲，认识数据生成过程的周期性属性有助于我们理解时间序列关系的真正特点，而且可以提高预测的精度[Tiao 和 Grupe（1980），Osborn（1991）]。

为了探究将一个周期性过程错误地设定为单变量表达时可能产生的后果，我们回想结构 ARMA 过程加总所产生的 ARMA 过程[参见 Lütkepohl（1984），Rose（1977），Wei（1978）]。这类过程的加总实际上等同于按照一般的自回归多项式表示各因素过程。这些自回归多项式通常成为加总后新 ARMA 过程的自回归因素。Osborn（1991）证明，最终方程组式（6.17）的自回归部分 $|\boldsymbol{\Phi}(L)|$ 即为单元 ARMA 表示中的自回归部分，最终方程的移动平均阶数由年内滞后 $\boldsymbol{\Phi}^*(L)U_\tau$ 确定。

下面仍以简单的 PAR(1)过程为例进行说明。零均值季度 VAR（1）过程式（6.11)的最终方程为

$$\left(1-\phi_1\phi_2\phi_3\phi_4L^4\right)\begin{pmatrix} y_{1\tau} \\ y_{2\tau} \\ y_{3\tau} \\ y_{4\tau} \end{pmatrix}=\begin{pmatrix} \varepsilon_{1\tau}+\phi_1\varepsilon_{4\tau-1}+\phi_1\phi_4\varepsilon_{3\tau-1}+\phi_1\phi_3\phi_4\varepsilon_{2,\tau-1} \\ \varepsilon_{2\tau}+\phi_2\varepsilon_{1\tau}+\phi_1\phi_2\varepsilon_{4\tau-1}+\phi_1\phi_2\phi_4\varepsilon_{3,\tau-1} \\ \varepsilon_{3\tau}+\phi_3\varepsilon_{2\tau}+\phi_2\phi_3\varepsilon_{1\tau}+\phi_1\phi_2\phi_3\varepsilon_{4,\tau-1} \\ \varepsilon_{4\tau}+\phi_4\varepsilon_{3\tau}+\phi_3\phi_4\varepsilon_{2\tau}+\phi_2\phi_3\phi_4\varepsilon_{1\tau} \end{pmatrix}, \tag{6.24}$$

其中，自回归多项式$1-\phi_1\phi_2\phi_3\phi_4L^4=1-\psi L^4$为常参数表示下模型的自回归部分。由于在每个$y_{s\tau}$的最终方程中扰动的最大滞后阶数为三阶，因此最终方程的移动平均部分是三阶的，从而误设的常参数模型为 SARMA(0,3)×(1,0)过程。

进一步分析移动平均部分的特征。对于季度 PAR(1)过程，MA 部分等价于由以下四个假设的 MA（3）过程

$$(1+\phi_2L+\phi_2\phi_3L^2+\phi_2\phi_3\phi_4L^3)V_{1\tau},$$
$$(1+\phi_3L+\phi_3\phi_4L^2+\phi_3\phi_4\phi_1L^3)V_{2\tau},$$
$$(1+\phi_4L+\phi_4\phi_1L^2+\phi_4\phi_1\phi_2L^3)V_{3\tau},$$
$$(1+\phi_1L+\phi_1\phi_2L^2+\phi_1\phi_2\phi_3L^3)V_{4\tau},$$

加总得到。其中，扰动$V_{s\tau}$关于 s,τ 独立，$E(V_{s\tau}{}^2)=\sigma_s^2/4$，$s$=1,2,3,4。注意，第 s 个方程中的 MA 项收集了式（6.24）中各个方程中扰动$\varepsilon_{s\tau}$的移动平均系数。根据 MA 过程的加总标准结果，可分析推导出误设定模型中单变量表示下的参数（Osborn，1991）。

将季度情形下对 PAR(1)的讨论推广至按照其他频率观测的数据。例如，在月度数据情形下，PAR(1)过程有一个常参数 SARMA(0,11)×(1,0)表示。显然，这种单变量表示是相当复杂的，其中最为简单而现实的模型是季度 PAR(1)过程的单变量 SARMA(0,3)×(1,0)表示。对更高阶过程有更为复杂的单变量表示，对非平稳 PAR 过程也适用。

对于一般的 PAR 过程，若将 PAR（p）看作 p 个 PAR（1）过程之积的话（Franses，1996b），则可利用 PAR(1)情形下的结论进行分析。譬如，对 PAR(2)过程而言，

$$y_{s\tau}-\alpha_s y_{s-1,\tau}=\beta_s(y_{s-1,\tau}-\alpha_{s-1}y_{s-2,\tau})+\varepsilon_{s\tau},\quad s=1,2,\cdots,S, \tag{6.25}$$

它是变量 $y_{s\tau}-\alpha_s y_{s-1,\tau}$ 的 PAR(1)过程，并且

$$\begin{aligned}\Phi_s(L)&=1-\phi_{s1}L-\phi_{s2}L^2\\&=1-(\beta_s+\alpha_s)L+\alpha_{s-1}\beta_s yL^2\\&=(1-\alpha_sL)(1-\beta_sL),\end{aligned} \tag{6.26}$$

系数α_s、β_s用于定义矩阵$\beta_1(L),\beta_0(L)$。从而，具有式（6.25）形式的 PAR（2）过程采用向量表示形式为

$$B_1(L)B_0(L)Y_\tau\equiv U_\tau, \tag{6.27}$$

其最终方程为

$$|B_1(L)||B_0(L)|Y_\tau=B_0^*(L)B_1^*(L)U_\tau, \tag{6.28}$$

其中，$B_0^*(L),B_1^*(L)$为$B_0(L)$和$B_1(L)$的伴随矩阵。由式（6.28），可以根据一阶 PAR 情形下的结果导出误设的常参数 ARMA 过程的属性。例如，对季度数据 PAR(1)过程的一般回归多项式为$\left(1-\alpha_1\alpha_2\alpha_3\alpha_4L^4\right)\left(1-\beta_1\beta_2\beta_3\beta_4L^4\right)$，并且每个 $y_{s\tau}$ 的 MA 阶数为 6，因此季度 PAR(2)过程的常参数表示通常是一个 SARMA(0,16)×$(2,0)_4$模型。

式（6.27）的方法可扩展到更高阶 PAR 过程，一个 PAR(p)过程的向量表示形如

$$B_{p-1}(L)\cdots B_1(L)B_o(L)Y_\tau = U_\tau。\tag{6.29}$$

从而，一个常参数 PAR(p)过程，如果它的系数 $\phi_{si}(s=1,\ 2,\ \cdots,S,i=1,\ 2,\cdots,p)$ 非零，一般可以表示为一个 p 阶 AR 部分和一个相当高阶的 MA 部分。

对 PAR(p)过程，当阶数 p 大于 1 的时，可能出现一些特殊的情形。比如，一个 PAR（p）过程要求系数多项式 $\Phi_s(L)$ 关于不同的 s 不尽相同，但这并不排除多项式可以有一个或多个公因式，以 PAR(2)为例，若有公因式 $1-\alpha L$

$$1-\phi_{s1}L-\phi_{s2}L^2=(1-\beta_s L)(1-\alpha L)\quad,\ s=1,2,\cdots,S,\tag{6.30}$$

那么应该首先将其排除，对 $(1-\alpha L)y_{s\tau}$ 采用一阶 PAR 情形下的分析。这意味着在季度数据情形下，有公因式 $1-\alpha L$ 的 PAR (2)过程有常参数 SARMA(0,3)×$(1,0)_4$ 表示。公因子意味着在 $B_0(L)$ 中各个 $\alpha_s=\alpha$，结果，式（6.28）的各个方程中消去 $1-\alpha L$，最终方程为

$$(1-\alpha L)\left|B_1(L)\right|Y_\tau = B_1^*(L)V_\tau,$$

这等价于对 $(1-\alpha L)Y_\tau$ 进行 PAR（1）分析。一般应用中，通常限制这种公共因子以及由此引起的式（6.28）中的消去是不存在的。

另一种特定情形是，多项式 $\Phi_s(L)$ 的阶数不全相同。以 PAR（2）过程为例，有一个或多个多项式 $\Phi_s(L)$ 是一阶的。这意味着常参数表示为 SAR(1)而不是 SAR(2)，MA 阶数也受到影响。

第二节　非平稳的 PAR 过程

PAR 过程为平稳过程的充分必要条件要求多项式 $\left|\Phi(L)\right|$ 的根都落在单位圆之外。如果该多项式有根落在单位圆内或者单位圆上，则该过程是非平稳的。特别地，如果多项式中仅有一阶单位根（包含季节因子 $1-L^S$ 或非季节因子 $1-L$），其余根的模在单位圆外时，则这个 PAR 过程具有一阶（单位根）非平稳性。

下面首先给出周期性单整的定义，讨论一个非平稳 PAR 过程可能具有的各种单整形式。随后，介绍各种检验周期性过程的单整检验方法。包括利用协整检验方法的 Franse 检验、GHL 检验和 Boswjk-Franses 检验。讨论中为便于阐述，先假定模型中不包含确定性因素以及扩展项。最后，专门就确定性因素（常数项和趋势项等）以及动态附加项对非平稳周期性单整过程的影响进行了讨论。

一、PAR 过程的单整类型

对于周期性自回归过程[①]PAR(p)

$$\Phi_s(L)y_{s\tau}=\varepsilon_{s\tau},\ s=1,2,\cdots,S\ ,\quad \tau=1,2,\cdots,T_\tau,$$

最终方程为

①为便于阐述，先假定模型中不包含确定性因素以及扩展项。

$$\left|\boldsymbol{\Phi}(L)\right| y_{s\tau}=\boldsymbol{\Phi}(L)\varepsilon_{s\tau},$$

如下非平稳单整过程都具有一阶单位根性：

（1）当每个周期性自回归算子 $\boldsymbol{\Phi}_s(L)$ 都含有公因子 $\Delta_1=1-L$，并且 $\Delta_1 y_{s\tau}$（矩阵表示下）是一个平稳的 VAR 过程时，即为单整过程，记作 $y_t \sim I(1)$。

（2）当每个周期性自回归算子 $\boldsymbol{\Phi}_s(L)$ 都含有公因子 $\Delta_S=1-L^S$，并且 $\Delta_S y_{s\tau}$（矩阵表示下）是一个的平稳 VAR 过程时，即为季节单整过程，记作 $y_t \sim SI(1)$。

（3）多项式 $\left|\boldsymbol{\Phi}(L)\right|$ 含有因子 $(1-L^S)$，并且 $\Delta_S y_{s\tau}$（矩阵表示下）是平稳 VAR 过程；但季节因子 Δ_S 不是各个多项式 $\boldsymbol{\Phi}_s(L)$ 的公因子，称这类过程为周期性单整过程。记作 $y_t \sim PI(1)$。

以季度 PAR（1）过程式（6.11）为例，

$$\begin{pmatrix}1&0&0&0\\-\phi_2&1&0&0\\0&-\phi_3&1&0\\0&0&-\phi_4&1\end{pmatrix}\begin{pmatrix}y_{1\tau}\\y_{2\tau}\\y_{3\tau}\\y_{4\tau}\end{pmatrix}=\begin{pmatrix}0&0&0&\phi_1\\0&0&0&0\\0&0&0&0\\0&0&0&0\end{pmatrix}\begin{pmatrix}y_{1\tau-1}\\y_{2\tau-1}\\y_{3\tau-1}\\y_{4\tau-1}\end{pmatrix}+\begin{pmatrix}\varepsilon_{1\tau}\\\varepsilon_{2\tau}\\\varepsilon_{3\tau}\\\varepsilon_{4\tau}\end{pmatrix}$$

当 $\phi_1\phi_2\phi_3\phi_4=1$ 时，过程是非平稳的。显然，每个 ϕ_s 并不一定都等于 1。$I(1)$过程可以看作 PI（1）过程的特例，此时所有 ϕ_s 都等于 1（s=1, 2,⋯, S）。当 $\phi_1\phi_2\phi_3\phi_4=1$ 时，可得最终方程中的自回归算子为 $\Delta_4=1-L^4$。季节差分为每个 $y_{s\tau}$ 施加了相同的自回归算子 $1-L^4$，从而使得变换后的变量具有 PAR 过程最终方程的表达形式。在最终方程中，向量移动平均部分为 $\boldsymbol{\Phi}^*(L)V_\tau$，其中，$\boldsymbol{\Phi}^*(L)$ 由式（6.19）给出。令矩阵式（6.19）中 $L^4=1$，由过程周期性单整的条件可知 $\phi_4=1/\phi_1\phi_2\phi_3$，从而

$$\boldsymbol{\Phi}^*(1)=\begin{pmatrix}1&1/\phi_2&1/\phi_2\phi_3&\phi_1\\\phi_2&1&1/\phi_3&\phi_1\phi_2\\\phi_2\phi_3&\phi_3&1&\phi_1\phi_2\phi_3\\1/\phi_1&1/\phi_1\phi_2&1/\phi_1\phi_2\phi_3&1\end{pmatrix}, \qquad (6.31)$$

矩阵是一个奇异矩阵，任意两行元素对应成比例，秩为 1。因此，向量移动平均过程 $\Delta_4 Y_\tau=\boldsymbol{\Phi}^*(L)$ 是不可逆的（Lütkepohl1，1991）。由此可知，对过程采用季节差分算子 Δ_4 将导致过度差分，从而过程不是季节单整过程。另一方面，由于 $\left|\boldsymbol{\Phi}(L)\right|$ 含有因子 Δ_4，所以一阶差分不足以消除过程 $y_{s\tau}$ 中所含有的非平稳性，从而过程也不是 I（1）过程。

然而，若采用拟差分 $D_s y_{s\tau}=y_{s\tau}-\phi_s y_{s-1\tau}$，则有 $D_s y_{s\tau}=\varepsilon_{\varepsilon\tau}$，其中 $\varepsilon_{s\tau}$ 不相关。更一般地，当一个 PAR（p）过程 $y_{s\tau}$ 是 PI（1）时，式（6.30）中必然有一个矩阵行列式为 $1-L^4$。不妨假设矩阵 $B_0(L)$ 的行列式为 $1-L^4$，即 $\phi_1\phi_2\phi_3\phi_4$=1，对过程作拟差分变换

$$D_s y_{s\tau}=y_{s\tau}-\phi_s y_{s-T,\tau}, \qquad (6.32)$$

则过程（6.32）是平稳的。例如，对于 PAR（2）过程，式（6.26）给出了相应的拟差分变换，当 $\left|\beta_1\beta_2\beta_3\beta_4\right|<1$ 时，拟差分过程式（6.26）是一个平稳的 PAR（1）过程。

由上述讨论可见，$PI(1)$过程、$I(1)$过程和 $SI(1)$过程是三种不同类型的单整过程。单整过程 $I(1)$和 $SI(1)$经过适当的差分后都可以变成平稳的 PAR 过程，例如 $\Delta_1 y_t$ (或 $\Delta_s y_t$)都是平稳 PAR 过程；而 $PI(1)$过程仅可能在周期性过程范畴中产生。

将季度情形下的讨论可推广到任意周期长度 S 的情形，对于 $PI(1)$过程有如下定义。

定义 6.1 对于一个非平稳周期性过程 $y_{s\tau}$，如果存在拟差分 $D_s y_{s\tau} = y_{s\tau} - \phi_s y_{s-1,\tau}$，其中，$\prod_{s=1}^{S}\phi_s = 1$，并且不是所有的 ϕ_s 都为 1，使得拟差分后过程 $D_s y_{s\tau}$ 的 VAR 表示是平稳可逆的，则称过程 $y_{s\tau}$ 是周期性一阶单整过程。

在非平稳周期性过程中，确定项具有重要的含义。上述讨论中，为便于叙述，均假定模型中不包含确定项。下面我们就专门研究确定项对 $PI(1)$过程的影响。仍以 PAR（1）过程为例，其最终方程为

$$\Delta_s Y_\tau = \phi^*(1)C + \phi^*(L)U_\tau,$$

于是

$$E(\Delta_s Y_\tau) = \Phi^*(1)\,C = \begin{pmatrix} c_1 + c_2/\phi_2 + c_3/\phi_2\phi_3 + c_4\phi_1 \\ c_1\phi_2 + c_2 + c_3/\phi_3 + c_4\phi_1\phi_2 \\ c_1\phi_1\phi_2 + c_2\phi_3 + c_3 + c_4\phi_1\phi_2\phi_3 \\ c_1/\phi_1 + c_2/\phi_1\phi_2 + c_3/\phi_1\phi_2\phi_3 + c_4 \end{pmatrix}。\tag{6.33}$$

这意味着不论各季度方程中的常数项是否相同，自回归系数通过矩阵 $\Phi^*(1)$ 影响各季节年度增长额的均值，从而使各季度年度增长额的均值也具有季节性变动。由于周期性单整性，有 $\phi_4 = 1/\phi_1\phi_2\phi_3$，因此不论常数项 c_1，c_2，…，c_4 如何取值，$\Phi^*(1)\,C$ 中任意两行之间对应成比例。只有如下两种情况下可以使 $\Phi^*(1)\,C$ 中的四个元素相等。一种情况是当方程不含常数项，即 C=0，此时有 $E(\Delta_s Y_\tau)=0$，显然这消除了 $E(y_{s\tau})$ 中的趋势。另一种情况是 $\phi_1=\phi_2=\phi_3=\phi_4$，但过程的周期性属性排除了这种可能性的存在。上述结论可以推广到更高阶具有非零常数项的 PI（1）过程，非零常数项使得过程的平均水平 $E(y_{s\tau})$ 具有季节性变动的趋势，只有当 $E(y_{s\tau})$ 的斜率全为零时，周期性过程才可能具有相同的趋势。

若允许 PI（1）过程 $y_{s\tau}$ 的最终方程中包括有（线性）趋势项。在趋势项不受限制的情况下，$E(\Delta_4 y_{s\tau})$ 通常是年份 τ 的线性函数，从而使得 $E(y_{s\tau})$具有季节性变动的二次趋势。但是如果对 $y_{s\tau}$（s=1, 2,⋯, S）的最终方程的系数进行跨方程的非线性限制，则可以使得 $E(\Delta_4 y_{s\tau})$不再是年份 τ 的函数，从而 $E(y_{s\tau})$中不再含有二次趋势项。允许过程 $y_{s\tau}$ 的最终方程中包括有（线性）趋势项使得 $E(y_{s\tau})$可能含有一个关于季节 s 为常数的非零线性趋势。当然，这种常线性确定性趋势也要求对 $y_{s\tau}$（s=1, 2,⋯, S）的最终方程的系数进行跨方程的非线性限制。

对于一个周期性趋势平稳过程，为了使得过程在各个季节具有相同的趋势，则需要对 $y_{s\tau}$ 四个单方程施加跨方程的非线性限制。这些限制比 PI（1）过程的情形下的限制要少。另一类有趣的情形是 SI（1）过程，此时 $\Delta_4 y_{s\tau}$ 是平稳的。当 $y_{s\tau}$ 是带有非零常数项且不含有趋势项的 SI（1）过程时，通常 $E(y_{s\tau})$具有随季节而变化的趋势（见第三章）。只有 $E(\Delta_4 y_{s\tau})$是关于 s 和 τ 的常数时，$E(y_{s\tau})$才有相同的线性趋势。

最后，考虑周期性过程 $y_{s\tau}$ 是 I（1）过程的情形。当 $\Delta_1 y_{s\tau}$ 的方程中有非零常数项时，$E(y_{s\tau})$中有关于季节不变的趋势。由于在一年中 $\Delta_4 y_{s\tau} = \Delta_1 y_{s\tau} + \cdots + \Delta_1 y_{s+1,\tau-1}$，因此年度变化的期望值总是等于四个季度一期变化期望值的加总，于是 $E(y_{s\tau})$中年度趋势的斜率关于季节不

变。由于 $\Delta_1 y_{s\tau}$ 的方程中有非零趋势项会使得 $E(y_{s\tau})$ 中含有二次趋势，所以通常 $\Delta_1 y_{s\tau}$ 的方程中不包括非零趋势项。如果 $E(y_{s\tau})$ 中含有趋势项并且关于季节不变，则 $E(\Delta_4 y_{s\tau})$ 关于 s 和 τ 常数不变，这相当于对趋势项施加了跨方程的系数限制。

在实际经济应用中，通常认为季节时间序列数据的均值 $E(y_{s\tau})$ 具有关于季节不变的趋势。当我们对过程 $y_{s\tau}$ 施加这种常数趋势项的限制时，需要针对过程所属类型设定不同的确定项。具体地，有：

（1） $y_{s\tau} \sim I(0)$，则 $y_{s\tau}$ 的方程中一定含有趋势项，并且有跨方程的限制。

（2） $y_{s\tau} \sim I(1)$，则 $y_{s\tau}$ 的方程中通常不含有趋势项，并且没有其他限制；若包括趋势项的话，要求有跨方程的限制。

（3） $y_{s\tau} \sim SI(1)$，则 $y_{s\tau}$ 的方程中不包括趋势项，并要求跨方程的限制。

（4） $y_{s\tau} \sim PI(1)$，则 $y_{s\tau}$ 的方程中包括趋势项，并要求跨方程的限制。

二、PAR 过程的单整性检验

在 $PI(1)$ 过程、$I(1)$ 过程和 $SI(1)$ 过程的最终方程中，自回归部分都包含有单位根，但是着三类过程在性质上是有着明显差异的。因此，必须寻找合适的方法对过程的单整性进行检验。目前，常用的方法主要有 GHL 检验、Franse 检验和 Boswjk-Franses 检验。下面我们就分别予以介绍。

（一）GHL 检验

Ghysels，Hall 和 Lee（1996）[简称 GHL（1996）]对 PAR 过程采用 HEGY 的方法和思路，在原假设 $y_t \sim SI(1)$ 下进行季节单整检验。这样，不仅可以对季节算子 Δ_s 中所含有的实单位根±1 和单位根复数对 ±i 进行联合假设检验，而且还能对它们各自分别进行单独的检验。下面首先给出原假设下这些检验统计量的渐近分布。为使问题尽可能简化，我们仍假定数据生成过程（DGP）是一个不带漂移项，初值为零（可能具有季节性）的随机游走过程。同时，我们还假定扰动过程是（关于季节）同方差。

在 GHL 方法中，其检验回归式是 HEGY 方法中的回归检验式的扩展，它允许自回归系数随季节变化而变化。例如，在季度情形下，原假设为 SI（1）的 GHL 检验回归式为

$$\Delta_4 y_t = \sum_{s=1}^{4} \pi_{s1}\delta_{st} y_{t-1}^{(1)} - \sum_{s=1}^{4} \pi_{s2}\delta_{st} y_{t-1}^{(2)} - \sum_{s=1}^{4} \pi_{s3}\delta_{st} y_{t-1}^{(3)} - \sum_{s=1}^{4} \pi_{s4}\delta_{st} y_{t-1}^{(4)} + \varepsilon_t, \tag{6.34}$$

其中，δ_{st} 为季度哑变量，$y_t^{(1)}, y_t^{(2)}, y_t^{(3)}$ 是对原始数据作 HEGY 变换后所得变量。

在原假设下，有 $\pi_{si} = 0$ $(s=1,\ 2,\ \cdots 4 \quad i=1,\ 2, \cdots, 4)$。GHL 方法采取了 Wald 检验统计量：

$$\begin{aligned} W(\hat{\pi}) &= \hat{\pi}'(X'X)\hat{\pi} / \tilde{\sigma}^2 \\ &= U'X(X'X)^{-1}X'U / \tilde{\sigma}^2 \\ &= (1/\tilde{\sigma}^2)(U'X/T_\tau)(X'X/T_\tau^2)^{-1}(X'U/T_\tau), \end{aligned}$$

其中，$\hat{\pi} = (\hat{\pi}_{11}, \hat{\pi}_{21}, \cdots, \hat{\pi}_{41}, \hat{\pi}_{12}, \hat{\pi}_{22}, \cdots \hat{\pi}_{42}, \cdots, \hat{\pi}_{14}, \hat{\pi}_{24}, \cdots, \hat{\pi}_{44})$ 是式（6.34）中系数的 OLS 估计向量，$\boldsymbol{X}$ 为 $T \times 16$ 的回归变量矩阵，$U' = (\varepsilon_1,\ \varepsilon_2, \cdots, \varepsilon_T)$ 是 T 维扰动向量，$\tilde{\sigma}^2$ 为扰动方差的 OLS 估计量。

由季节性哑变量的定义可知，当 $s \neq q$ 时，集合 $(\delta_{st} y_{t-1}^{(1)}, \delta_{st} y_{t-1}^{(2)}, \delta_{st} y_{t-2}^{(3)}, \delta_{st} y_{t-1}^{(3)})$ 与 $(\delta_{qt} y_{t-1}^{(1)}, \delta_{qt} y_{t-1}^{(2)}, \delta_{qt} y_{t-2}^{(3)}, \delta_{qt} y_{t-1}^{(3)}$ ）中的变量之间一定是互相正交的。但是，对于同一季节 s，式（6.34）中的变量 $\delta_{st} y_{t-1}^{(1)}, \delta_{st} y_{t-1}^{(2)}, \delta_{st} y_{t-1}^{(3)}$ 和 $\delta_{st} y_{t-2}^{(3)}$ 并不具有这种渐近正交性。这意味着式（6.34）回归变量矩阵 $T_\tau^{(-2)} X' X$ 是 4×4 的分块矩阵，其中各子矩阵都是 4×4 对角矩阵。但是它本身不是一个对角矩阵，所以 HEGY 检验统计量的渐近分布在此并不适用。GHL 给出了在回归式（6.34）带有和不带有确定项下零假设为 $\pi_{si} = 0\ (s = 1, 2, \cdots, 4, i = 1, 2, \cdots, 4)$ 的 SI（1）检验的临界值表。为了对季节单位根−1 和 ±i 进行联合检验，GHL 还给出了零假设为 $\pi_{si} = 0\ (s = 1, 2, \cdots, 4, i = 2, 3, 4)$ 的检验临界值。对于月度情形时，GHL 也给出了类似的临界值。

在实际应用中 GHL 联合检验的缺点是高度参数化。对于季度数据，GHL 联合检验需要估计 16 个系数；对于月度数据，GHL 联合检验需要估计 $12^2 = 144$ 个系数。

当采用 GHL 方法来检验某一特定频率处的单位根时，由于季节性哑变量的正交性使得 GHL 检验统计量的渐近分布的形式非常简洁。例如，在检验零频率处的单位根时，这相当于对 I（1）过程 $y_t^{(1)} = \sum_{s=1}^{4} y_{t-s+1}$ 进行 GHL 检验，其检验回归式为

$$\Delta y_t^{(1)} = \sum_{s=1}^{4} \pi_{s1} \delta_{st} y_{t-1}^{(1)} + \varepsilon_t\ ,$$

其中原假设为 $\pi_{s1} = 0$（$s = 1,2,3,4$）。此时，纯量矩阵 $T_\tau^{-2} X' X$ 是一个对角矩阵。采用双下标记号，它的四个对角元素分别为 $T_\tau^{-2} \sum_{\tau=1}^{T_\tau} (y_{4\tau-1}^{(1)})^2, T_\tau^{-2} \sum_{\tau=1}^{T_\tau} \left(y_{1\tau}^{(1)}\right)^2, T_\tau^{-2} \sum_{\tau=1}^{T_\tau} \left(y_{2\tau}^{(1)}\right)^2, T_\tau^{-2} \sum_{\tau=1}^{T_\tau} \left(y_{3\tau}^{(1)}\right)^2$。在检验回归式中，每个回归变量一年中只有一个观察值。例如 s=1 时，当且仅当 t 为 τ 年第一季时，$\delta_{1t} y_{t-1}^{(1)}$ 非零。于是

$$\delta_1 y_{t-1}^{(1)} = y_{4,\tau-1}^{(1)} \ = y_{4,\tau-2}^{(1)} + \sum_{\tau=1}^{4} \varepsilon_{s,\tau-1} \ = \sum_{q=1}^{4} \sum_{j=1}^{\tau-1} \varepsilon_{qj} \equiv \sum_{q=1}^{4} y_{q,\tau-1}$$

序列 $\delta_1 y_{t-1}^{(1)}$ 等价于 4 个随机游走过程之和，其中 $y_{q,\tau-1}$ 分别是与每个季节相对应的随机游走过程。当 s 取其他值时，上述结论仍然成立。

根据泛函中心极限定理，在原假设 $\pi_{s1} = 0$ 下，有 t-类检验统计量的渐近分布为

$$t(\hat{\pi}_{s1}) = \frac{T_\tau^{-1} \sum_{\tau=1}^{T_\tau} \varepsilon_{s\tau} y_{s-1,\tau}^{(1)}}{\tilde{\sigma} \left[T_\tau^{-2} \sum_{\tau=1}^{T_\tau} (y_{s-1,\tau}^{(1)})^2 \right]^{1/2}} = \frac{T_\tau^{-1} \sum_{\tau=1}^{T_\tau} \varepsilon_{s\tau} \left(\sum_{q=1}^{4} y_{q,\tau-1}^{(1)} \right)}{\tilde{\sigma} \left[T_\tau^{-2} \sum_{\tau=1}^{T_\tau} (\sum_{q=1}^{4} y_{q,\tau-1}^{(1)})^2 \right]^{1/2}}$$

$$\Rightarrow \frac{\int_0^1 \sum_{i=1}^{4} [W_i(r)]\, \mathrm{d}W_s(r)}{\left\{ \int_0^1 \sum_{i=1}^{4} [W_i(r)]^2 \mathrm{d}r \right\}^{1/2}} \tag{6.35}$$

由于回归变量 $\delta_{st} y_{t-1}^{(1)}$ 是与四个季度相联系的随机游走的和，而式（6.35）中扰动项 $\varepsilon_{s\tau}$ 仅与这些季度中的一个有关。因此，式（6.35）的分布与 HEGY 检验中的统计量 $t(\hat{\pi})$ 的分布是不同

的，它不是 Dickey-Fuller 分布。实际上，HEGY 方法中对这些检验统计量施加了回归系数相同的限制，从而 HEGY 回归式没有对季节加以区分，这使得检验统计量 $t(\hat{\pi}_1)$ 的渐近分布包含所有季度的扰动。

在原假设为 I（1）过程的 GHL 检验中，由于回归变量相互正交，Wald 检验统计量是统计量 $t(\hat{\pi}_{s1})$ （$s=1,2,\cdots,4$）的平方和。GHL 通过 Monte Carlo 模拟给出了这些检验统计量在季度情形与月度情形下的临界值表。

对于 GHL 检验，我们可以从 VAR 模型的角度给出另外一种解释。以季度情形为例，HEGY 变量满足

$$\begin{aligned} y_t^{(1)} &= y_{t-1}^{(1)} + \varDelta_4 y_t\,, \\ y_t^{(2)} &= -y_{t-1}^{(2)} + \varDelta_4 y_t\,, \\ y_t^{(3)} &= -y_{t-2}^{(3)} + \varDelta_4 y_t\,, \end{aligned} \tag{6.36}$$

从而，可以将 GHL 检验回归式（6.34）写成向量形式

$$\begin{bmatrix} \varDelta_4 y_{1\tau} \\ \varDelta_4 y_{2\tau} \\ \varDelta_4 y_{3\tau} \\ \varDelta_4 y_{4\tau} \end{bmatrix} = \begin{bmatrix} \pi_{11} & -\pi_{12} & -\pi_{13} & -\pi_{14} \\ \pi_{21} & \pi_{22} & \pi_{24} & -\pi_{23} \\ \pi_{31} & -\pi_{32} & \pi_{33} & \pi_{34} \\ \pi_{41} & \pi_{42} & -\pi_{44} & \pi_{43} \end{bmatrix} \begin{bmatrix} y_{4,\tau-1}^{(1)} \\ y_{4,\tau-1}^{(2)} \\ y_{3,\tau-1}^{(3)} \\ y_{4,\tau-1}^{(3)} \end{bmatrix}$$

$$+ \begin{bmatrix} 0 & 0 & 0 & 0 \\ \phi_{21} & 0 & 0 & 0 \\ \phi_{31} & \phi_{32} & 0 & 0 \\ \phi_{41} & \phi_{42} & \phi_{43} & 0 \end{bmatrix} \begin{bmatrix} \varDelta_4 y_{1\tau} \\ \varDelta_4 y_{2\tau} \\ \varDelta_4 y_{3\tau} \\ \varDelta_4 y_{4\tau} \end{bmatrix} + \begin{bmatrix} \varepsilon_{1\tau} \\ \varepsilon_{2\tau} \\ \varepsilon_{3\tau} \\ \varepsilon_{4\tau} \end{bmatrix}, \tag{6.37}$$

其中，非零系数 ϕ_{sk} 是元素 $\pi_{sj}\,(j=1,\ 2,\ \cdots,4)$ 的线性函数。将式中的 $\varDelta_4 y_{1\tau}$，$\varDelta_4 y_{2\tau}$，$\varDelta_4 y_{3\tau}$ 和 $\varDelta_4 y_{4\tau}$ 移项至左侧，并定义向量 $Y_{\tau-1}^{(H)} = (y_{4,\tau-1}^{(1)}, y_{4,\tau-1}^{(2)}, y_{3,\tau-1}^{(3)}, y_{4,\tau-1}^{(3)},)$，我们可以将式（6.37）表达为如下矩阵方程形式

$$\varPhi_0 \varDelta_4 Y_\tau = \tilde{\varPi} Y_{\tau-1}^{(H)} + U_\tau\,,$$

允许过程具有周期性异方差，即 $E({\varepsilon_{s\tau}}^2) = \sigma_s^2$。

由 HEGY 变量的定义，可知

$$Y_{\tau-1}^{(H)} = \begin{bmatrix} y_{4,\tau-1}^{(1)} \\ y_{4,\tau-1}^{(2)} \\ y_{3,\tau-1}^{(3)} \\ y_{4,\tau-1}^{(3)} \end{bmatrix} = \begin{pmatrix} 1 & 1 & 1 & 1 \\ -1 & 1 & -1 & 1 \\ -1 & 0 & 1 & 0 \\ 0 & -1 & 0 & 1 \end{pmatrix} \begin{pmatrix} y_{1,\tau-1} \\ y_{2,\tau-1} \\ y_{3,\tau-1} \\ y_{4,\tau-1} \end{pmatrix} = HY_{\tau-1}\,,$$

代入上式，得 GHL 检验的 VAR 表达式

$$\varPhi_0 \varDelta_4 Y_t = \tilde{\varPi} H Y_{\tau-1} + U_\tau\,,$$

上式两边同乘 $\varPhi_0$ 的逆矩阵，可得

$$\Delta_4 Y_t = AY_{\tau-1} + \Phi_0^{-1} U_\tau \tag{6.38}$$

其中，$A=\Phi_0^{-1}\tilde{\Pi}H$。在过程是季节单整的零假设下，所有 $\pi_{sj}=0$（即 $\tilde{\Pi}=0$），$\Phi_0 = I_4$，从而 A=0。

（二）多元 Franses 检验

Dickey（1984）和 Osborn（1993）发现，如果 y_t 是一个季节随机游走过程，则由每个季节的观察数据构成的序列 $y_{s\tau}\,(s=1,2,\cdots,S)$ 是 S 个独立的随机游走过程，从而这些过程之间不可能存在协整关系。Franses（1994）通过检验这 S 个过程之间是否存在协整关系对过程是否具有季节单整性进行检验。

Franses（1994）建议将过程中的 S 个季节分别对待并采用向量表达形式。一个阶数小于 S 的单变量过程有如下 VAR(1)表示形式

$$\Phi_0 Y_t = \Phi_1 Y_{\tau-1} + U_\tau,$$

这里我们假设过程的初值为零且不含漂移项。则过程可等价写作

$$\Delta_S Y_\tau = AY_{\tau-1} + V_\tau, \tag{6.39}$$

其中，$A=-(I_s-\Phi_0^{-1}\Phi_1)$，$V_\tau = \Phi_0^{-1}U_\tau$。实际上，回归检验式（6.39）是 DHF 回归检验式的向量表达形式。

Franses 将 Johansen（1988）文章中关于方程组的协整理论用于过程的季节单整检验。令 r=Rank（A），若过程是季节性随机游走过程，则有 A=0，$r=0$，$V_\tau = U_\tau$。在向量的协整理论中，$r=0$ 意味着过程 $y_{s\tau}$（$s=1,2,\cdots,S$）各自是一阶单整过程，并且这 S 个过程之间不存在协整关系。则对这 S 个过程是否存在协整关系进行检验意味着检验 r=0 是否成立，这等价于对单变量过程 y_t 是否季节性单整进行检验。

Johansen（1988）证明，在原假设 A=0 下，迹统计量

$$LR \Rightarrow \left[\int_0^1 W(r)\mathrm{d}W'(r)\right]'\left[\int_0^1 W(r)W'(r)\mathrm{d}r\right]^{-1}\left[\int_0^1 W(r)\mathrm{d}W'(r)\right] \tag{6.40}$$

其中，$W(r)=[W_1(r),\cdots,W_S(r)]'$ 是一个 S 维向量，其第 s 个元素是与（第 s 个季节）的随机游走过程 $y_{s\tau}$ 相对应的标准布朗运动。式（6.40）与 DHF 分布的平方有关。当 S=1（即为一般的 Dickey-Fuller 检验）时，式（6.40）即为 DHF 分布的平方。

在 VAR 模型下进行协整检验时，通常采用 Johansen 方法[参见 Banerjee, Dolado, Galbraith 和 Hendny（1993）]。Johansen 方法是一个连续检验过程，我们首先从原假设 $r=0$（这意味着过程是季节性单整的）和备择假设 $r>0$ 下出发对过程进行检验。如果拒绝原假设，则再在原假设 $r=1$ 和备择假设 $r>1$ 下对过程进行检验。如此一直往下进行，直至原假设 $r=r^*$ 不能被拒绝为止，此时，r^* 即为 A 的秩。在 Franses 检验中，对应于不同的备择假设应该对矩阵 A 中的元素以及它的秩施加不同限制。以季度情形为例，对于 PAR（1）过程，由式（6.11），我们有

$$A = -(I_4 - \Phi_0^{-1}\Phi_1) = \begin{bmatrix} -1 & 0 & 0 & \phi_1 \\ 0 & -1 & 0 & \phi_1\phi_2 \\ 0 & 0 & -1 & \phi_3\phi_2\phi_1 \\ 0 & 0 & 0 & \phi_1\phi_2\phi_3\phi_4 - 1 \end{bmatrix},$$

当 $y_t \sim PI(1)$时，$\phi_1\phi_2\phi_3\phi_4 = 1$，则 A 的最后一行为 0 行且剩余三行相互独立，从而 A 的秩 r 为 3。此时，拟差分 $y_{1\tau} - \phi_1 y_{4\tau-1}, y_{2\tau} - \phi_2 y_{1\tau}$，$y_{3\tau} - \phi_3 y_{2\tau}$，$y_{4\tau} - \phi_4 y_{3\tau}$ 恰好定义了四个协整关系。其中 $y_{1\tau} - \phi_1 y_{4\tau-1}$ 是其余三个协整关系的线性组合。该结论可扩展到更高阶的季度周期性单整过程。对于一个 $PI(1)$过程，总可以通过拟差分式（6.32）来定义非平稳过程 $y_{s\tau}$ 的平稳线性组合（协整关系）。同样，其中任意三个拟差分都是线性独立的协整关系，第四个协整关系是其余三个协整关系的线性组合。从而，过程是周期性单整过程意味着非平稳季度序列 $y_{s\tau}$ 之间一定存在协整关系（Osborn，1993）。

当过程 $y_t \sim I(1)$且没有季节单位根时，$\phi_1 = \phi_2 = \phi_3 = \phi_4 = 1$，此时矩阵 A 的秩 r 也等于 3。这时，任何两个相邻的变量$(y_{2\tau}, y_{1\tau})$、$(y_{3\tau}, y_{1\tau})$和$(y_{4\tau}, y_{3\tau})$之间都具有协整关系，协整关系分别为 $y_{2\tau} - y_{1\tau}$，$y_{3\tau} - y_{2\tau}$ 和 $y_{4\tau} - y_{3\tau}$。与 $PI(1)$情形类似，协整关系 $y_{1\tau} - y_{4\tau-1}$ 也是其余三个协整关系的线性组合。但是，这时的协整关系都为（1，–1）。从而，分辨 $PI(1)$过程与 $I(1)$过程的关键在于检验这些限制是否成立。Franses（1994）在采用 Johansen 方法[参见 Johansen（1988，1991），Johansen 和 Juselius（1990）]确定 $r(A)$=3 之后，再对这些限制进行检验。

另一种情形是，向量过程 Y_τ 有三个季节单位根–1，和±i，但没有 0 频率单位根 1。这时 $r = 1$，即存在唯一的协整关系(1,1,1,1)使得 $y_{1\tau} + y_{2\tau} + y_{3\tau} + y_{4\tau}$ 平稳。对于包含这四个根的各种组合（Hylleberg 等，1990）的过程，我们必须采取不同的限制（Franses，1994）。

由式（6.38）可知，GHL 联合检验实质上可以看做是对 Franses 检验式（6.39）的重新参数化。这与 HEGY 和 Kunst 季节单整检验之间的关系有类似之处。GHL 检验与 Franses 检验二者最根本的不同在于它们的备择假设不同，Franses 检验方法中备择假设下认为过程是周期性单整的，而 GHL 检验方法允许对算子 Δ_4 的单个根按季节逐一进行研究。

（三）Boswjk-Franses 检验

Franses 方法过度参数化，即使在真实数据生成过程为季节性随机游走过程时，也需要对无限制的 $S \times S$ 矩阵 A 进行估计，而 DHF 检验仅需要估计一个参数，HEGY 需要估计 S 个参数。由于 Franses 多元检验方法高度参数化，需要估计至少 $S \times S$ 个参数，这使得它在实际应用中缺乏可操作性。Boswjk 和 Franses（1996）专门设计了原假设下过程 $y_t \sim PI(1)$的检验方法。

Boswjk-Franses 检验中，原假设下过程是 $PI(1)$过程，于是向量表示式（6.39）中矩阵 A 的协整秩为 3，从而序列 $y_{1\tau}$，$y_{2\tau}$，$y_{3\tau}$ 和 $y_{4\tau}$ 具有一个共同的随机趋势。以季度情形为例，季度周期性单整 PAR(1)过程的这一共同的随机趋势可以通过最终方程表达式

$$(1-\phi_1\phi_2\phi_3\phi_4 L^4)\begin{pmatrix} y_{1\tau} \\ y_{2\tau} \\ y_{3\tau} \\ y_{4\tau} \end{pmatrix} = \begin{bmatrix} \varepsilon_{1\tau}+\phi_1\varepsilon_{4,\tau-1}+\phi_1\phi_4\varepsilon_{3,\tau-1}+\phi_1\phi_3\phi_4\varepsilon_{2,\tau-1} \\ \varepsilon_{2\tau}+\phi_2\varepsilon_{1\tau}+\phi_1\phi_2\varepsilon_{4,\tau-1}+\phi_1\phi_2\phi_4\varepsilon_{3,\tau-1} \\ \varepsilon_{3\tau}+\phi_3\varepsilon_{2\tau}+\phi_2\phi_3\varepsilon_{1\tau}+\phi_1\phi_2\phi_3\varepsilon_{4,\tau-1} \\ \varepsilon_{4\tau}+\phi_4\varepsilon_{3\tau}+\phi_3\phi_4\varepsilon_{2\tau}+\phi_2\phi_3\phi_4\varepsilon_{1\tau} \end{bmatrix}$$

予以描述。令

$$\eta_\tau = \varepsilon_{1\tau}+\phi_1\varepsilon_{4,\tau-1}+\phi_1\phi_4\varepsilon_{3,\tau-1}+\phi_1\phi_3\phi_4\varepsilon_{2,\tau-1},$$

在原假设下过程 $y_t \sim PI(1)$，即 $\phi_1\phi_2\phi_3\phi_4=1$，所以过程 $y_{1\tau}$ 的最终方程表达式为 $y_{1\tau}=y_{1,\tau-1}+\eta_\tau$。假定过程的初值为零，经过反复迭代后有

$$y_{1\tau}=\sum_{j=1}^{\tau}\eta_j,$$

$\sum_{j=1}^{\tau}\eta_j$ 即为过程 $y_{1\tau}$ 的随机趋势。对于 $PI(1)$过程，有

$$\begin{aligned} y_{2\tau} &= \varepsilon_{2\tau}+\phi_2 y_{1\tau}, \\ y_{3\tau} &= \varepsilon_{3\tau}+\phi_3\varepsilon_{2\tau}+\phi_2\phi_3 y_{1\tau}, \\ y_{4\tau} &= \varepsilon_{4\tau}+\phi_4\varepsilon_{3\tau}+\phi_3\phi_4\varepsilon_{2\tau}+\phi_2\phi_3\phi_4 y_{1\tau}, \end{aligned}$$

于是，序列 $y_{2\tau}, y_{3\tau}$ 和 $y_{4\tau}$ 分别有随机趋势 $\phi_2\sum_{j=1}^{\tau}\eta_j$，$\phi_2\phi_3\sum_{j=1}^{\tau}\eta_j$ 和 $\phi_2\phi_3\phi_4\sum_{j=1}^{\tau}\eta_j$，$\sum_{j=1}^{\tau}\eta_j$ 是序列 $y_{1\tau}, y_{2\tau}, y_{3\tau}$ 和 $y_{4\tau}$ 的共同趋势。当 $\tau\to\infty$ 时，$T_\tau^{-1/2}\sum_{j=1}^{\tau}\eta_j$ 收敛于 $\sigma\omega_\eta(r)$，其中 $\omega_\eta(r)$ 为标准布朗运动。当 $\tau\to\infty$ 时，（标准化的）$y_{s\tau}$ 都收敛于 $\omega_\eta(r)$。

在不考虑增项和确定项的情形下，Boswjk-Franses 检验采用如下回归检验式

$$y_t=\sum_{s=1}^{4}\phi_s\delta_{st}y_{t-1}+\varepsilon_t。\tag{6.41}$$

在零假设下过程是周期性单整的，这相当于施加了限制 $\phi_1\phi_2\phi_3\phi_4=1$，所以必须采用非线性最小二乘估计；在备择假设下对回归式中的参数没有施加任何限制，从而可以采用 OLS 估计。下面采用似然比检验统计量 LR。在原假设下，LR 收敛于 Dickey-Fuller 分布的平方，即

$$LR \Rightarrow \frac{\left[\int_0^1 W_\eta(r)\,\mathrm{d}W_\eta(r)\right]^2}{\int_0^1 \left[W_\eta(r)\right]^2\mathrm{d}r}。\tag{6.42}$$

显然，一个 $PI(1)$过程包含且只包含了一个（可由随机趋势 $\sum_{j=1}^{\tau}\eta_j$ 来表达的）单位根。这个单位根检验实际是一个普通的 Dickey-Fuller 检验。

Boswijk 和 Franses 还对原假设为自回归系数在各季度是常数的情形（数据生成过程是非周期性的）进行了研究。季度数据情形下在 PAR(1)中，等价于对原假设 $\phi_1=\phi_2=\phi_3=\phi_4$ 进行检验。当怀疑过程含有单位根出现时，可以首先采用 Boswijk-Franses 周期性单位根检验，再对

过程的自回归系数是否为常数进行检验；或者采取相反的顺序。Boswijk 和 Franses 证明：无论序列是否含有单位根，在上述两种情况下 LR 检验（χ^2 检验）仍然是渐近有效的。

此外，还可以对单位根和常系数进行联合检验。在联合检验中所采用的回归式为

$$\Delta y_t = \sum \pi_{s1}\delta_{st} y_{t-1} + \varepsilon_t \,, \tag{6.43}$$

利用 GHL 方法对原假设 $\pi_{s1}=0$（$s=1,2,3,4$）进行检验，检验的 Wald 统计量的渐进分布为

$$W \Rightarrow \sum_{s=1}^{4} \frac{\left[\int_0^1 \sum_{i=1}^{4} W_i(r)\mathrm{d}W_s(r)\right]^2}{\int_0^1 \left[\sum_{i=1}^{4} W_i(r)\right]^2 \mathrm{d}r}。$$

Boswij 和 Franses 证明，上式是两个独立变量之和，其中一个是自由度为 3 的 χ^2 变量（与常回归系数检验相关），另外一个是 Dickey-Fuller 分布的平方（与单位根检验相关）。

（四）扩展

与季节单位根检验一样，周期性单位根检验的回归式中也可以添加增项及确定性因素，这并不会对检验统计量的渐近分布产生影响。当然，一般也允许增项及确定性因素具有周期性变化。在原假设 $y_t \sim SI(1)$下，Franses 检验和 GHL 检验回归式中的增项 $\Delta_4 y_{st}$ 及其滞后项都是平稳的，显著性检验仍然有效。在原假设 $y_t \sim SI(1)$下，Boswjk-Franses 检验回归式中的增项由拟差分 $D_s y_{s\tau}$ 及其滞后项组成。因为 $D_s y_{s\tau}$ 在原假设下是平稳变量，所以显著性检验也仍然是有效的。

在 Boswijk 和 Franses 检验中，添加拟差分 $D_s y_{s\tau}$ 及其滞后项作为增项等价于添加过程 y_t 的滞后项作为增项。以 PAR(2)过程为例：

$$y_{s\tau} - \alpha_s y_{s-1,\tau} = \beta_s (y_{s-1,\tau} - \alpha_{s-1} y_{s-2,\tau}) + \varepsilon_{\varepsilon\tau} \,,$$

当 $\beta_s = 0$ 时，这是一个 PAR(1)过程 $y_{s\tau} = \alpha_s y_{s-1,\tau} + \varepsilon_{s\tau}$。当方程包含增项——拟差分 $D_s y_{s\tau}$ 的一阶滞后时，我们可以将上式重新参数化为水平过程 $y_{s\tau}$ 的方程，其中包含 $y_{s-2,\tau}$。即使在没有周期性单整的限制条件 $\alpha_1\alpha_2\cdots\alpha_S = 1$，这两种参数形式下的假设检验也是渐近等价的。于是，我们可以通过一般的检验方法在过程 $y_{s\tau}$ 的水平回归式下确定增项阶数。但是，水平过程 $y_{s\tau}$ 回归方程中的增项的阶数大于 1。在过程是周期性单整过程的原假设下，PAR(1)过程中系数的估计值 $\hat{\alpha}_s$ 的分布是非标准的。

下面我们讨论当回归检验式包含确定性因素的情形。GHL 检验以过程是季节性单整作为联合原假设，并且在回归检验式中包括有季节性变动的常数项，从而允许过程有非零初始值。进一步地，漂移项周期性变化的 SI（1）过程通常意味着 $\Delta_S y_{st}$ 的均值具有周期性变化。为了在增长率具有周期性变化的情形下仍然保持检验统计量的不变性，Kiviet 及 Phillips（1992）认为，应该在回归检验式中包括季节性变动的趋势项。在备择假设下，$y_{s\tau}$ 围绕季节性变动的线性趋势平稳波动，GHL 给出了上述这种情形下的临界值表。然而，在各季节趋势为常数的备择假设下，这相当于在 GHL 回归检验中施加了必须含有季节趋势项的限制，导致过度参数化。对于将 GHL 方法扩展到这类施加了限制的回归中，仍然是一个值得进一步

研究的问题。

由于 Franses 检验回归式与 GHL 检验回归式实际上是等价的，所以在 Franses 检验的向量回归式中，通常建议包括常数项和趋势项。当然，由于回归式是高度参数化的，我们应该对有限制的 VAR 模型进行单位根检验。在单位根检验前，我们可以从确定项不施加任何限制的 VAR 模型开始，对将要施加的限制是否成立进行预检验。但是，由于确定项系数的检验统计量的渐近分布通常依赖于对单位根的限制是否有效，所以这种连续检验方法有待商榷。Paap 和 Franses（1999）在 Boswijk-Franses 周期性单整检验的框架下，对确定项（的限制）和单位根进行联合检验。与回归式包括未施加限制的周期性常数项与趋势项的周期性单位根检验相比，目前尚不清楚 Paap 和 Franses（1999）联合检验方法是否更优。

至今，对回归检验式中确定项应当如何施加（具有经济意义的）先验限制，这方面的研究还很少。特别地，由于经济序列中不欢迎季节性变动的时间趋势，所以在非周期性季节单位根检验时，我们通常在回归式中包含常数时间趋势项。同理，在周期性单位根检验中我们一般对回归式施加限制来保证模型具有非季节性时间趋势。

第三节　周期性协整

在非季节性情形下，如果两个 I（1）过程 x_t 和 y_t 之间存在平稳的线性组合 y_t-kx_t，则定义这两个过程存在协整关系。类似地，如果两个周期性单整过程 $x_{s\tau}$ 和 $y_{s\tau}$ 之间存在平稳的线性组合 $y_{s\tau}-k_s^P x_{s\tau}$，则定义这两个过程存在周期性协整关系。其中上标 P 表示过程的参数具有周期性变动，以区别周期性协整与季节性协整。本节将对周期性协整问题及误差修正模型进行了探讨[Birchenhall 等（1989），Boswijk 和 Franses（1995），Franses 和 Kloek（1995），Kleibergen 和 Franses（1999），Franses（1996a）以及 Franses 和 McAleer（1998）等]。为了使分析尽可能简化，下面仍以季度情形为例。

一、周期性协整的定义

定义 6.2　考虑年度观测序列 $x_{s\tau}$ 和 $y_{s\tau}$（$s=1,2,\cdots,S$），其中各序列都是 $I(1)$过程。若存在系数 k_s^P 使得 $y_{s\tau}-k_s^P x_{s\tau}$ 平稳并且系数 k_s^P（$s=1,2,\cdots,S$）不全相等，则称变量 x 与 y 完全周期性协整。若仅对某些 s 存在系数 k_s^P 使得 $y_{s\tau}-k_s^P x_{s\tau}$ 平稳，则称变量 x 与 y 部分周期性协整。

如果将季度时间序列 $x_{s\tau}$ 和 $y_{s\tau}$（$s=1,2,\cdots,S$）看作独立的年度观测序列，这时原时间序列 y_t 和 x_t 可以是 $I(1)$、$SI(1)$或 $PI(1)$过程（Boswijk 和 Franses，1995）。定义 6.2 不允许系数 k_s^P（$s=1,2,\cdots,S$）全相等，即 $x_{s\tau}$ 和 $y_{s\tau}$（$s=1,2,\cdots,S$）没有完全相同的协整关系，从而排除了 $x_{s\tau}$ 和 $y_{s\tau}$（$s=1,2,\cdots,S$）具有完全相同协整关系的可能。从协整关系具有周期性变动这个角度上讲，定义 6.2 所定义的周期性协整是一个真正意义上的周期性协整。

首先讨论当过程 y_t 和 x_t 同为 $I(1)$、$SI(1)$或 $PI(1)$过程时，它们之间可能具有的协整关系。如果过程 y_t 和 $x_t\sim I(1)$并且在某一季度 s 上有 $y_{s\tau}-kx_{s\tau}\sim I(0)$，则在季节 $s=1,2,\cdots,S$ 上都存在协整向量（1,−k）。例如，当 $\Delta_1 y_{s\tau}=v_{s\tau}^y$ 和 $\Delta_1 x_{s\tau}=v_{s\tau}^x$ 时（其中 $v_{s\tau}^x$ 和 $v_{s\tau}^y$ 都是平稳序列），则有 $y_{s\tau}-kx_{s\tau}=y_{s-1,\tau}-kx_{s-1,\tau}+v_{s\tau}^y-kv_{s\tau}^x$。由于表达式左侧是平稳的，从而右侧也一定是平稳的，

即过程 y_{t-1} 和 x_{t-1} 在季节 $s-1$ 上也存在协整向量（1，$-k$）。由此可见，任意两个 $I(1)$过程之间不可能具有周期性协整关系，即它们要么在所有季节上都存在非周期性协整关系，要么在任意季节上都不存在协整关系。

类似地，当过程 y_t 和 $x_t\sim PI(1)$，并且在某一个季度上具有协整关系，则它们必然在所有季度上都存在协整关系。从而，任意两个 $PI(1)$过程之间不可能存在部分周期性协整关系，即两个周期性单整过程要么具有完全周期性协整关系，要么根本不存在协整关系。例如，当 $y_{s\tau}=\alpha_s^y y_{s-1,\tau}+v_{s\tau}^y$ 和 $x_{s\tau}=\alpha_s^x x_{s-1,\tau}+v_{s\tau}^x$（$v_{s\tau}^x$ 和 $v_{s\tau}^y$ 都是平稳序列并且 $\alpha_1^i\alpha_2^i\alpha_3^i\alpha_4^i=1, i=x,y$）时，有 $y_{s\tau}-k_s^P x_{s\tau}=\alpha_s^y y_{s-1,\tau}-k_s^P\alpha_s^x x_{s-1,\tau}+v_{s\tau}^y-k_s^P v_{s\tau}^x$。令 $k_{s-1}^P=k_s^P\alpha_s^x/\alpha_s^y$，则 $y_{s\tau}-k_s^P x_{s\tau}=\alpha_s^y(y_{s-1,\tau}-k_{s-1}^P x_{s-1,\tau})+v_{s\tau}^y-k_s^P v_{s\tau}^x$。由于表达式左侧是平稳的，从而右侧也一定是平稳的，即过程 y_t 和 x_t 在季节 $s-1$ 上也存在协整关系，协整向量为（1，k_{s-1}^P）。由此可见，除非在季节上 $\alpha_s^x=\alpha_s^y$（这意味着 $k_s^P=k_{s-1}^P$），否则只能是完全周期性协整关系。

当过程 y_t 和 $x_t\sim SI(1)$，则 $x_{s\tau}$ 和 $y_{s\tau}$（s=1, 2, ⋯, S）之间可能存在完全或部分周期性协整关系。因为序列 $x_{s\tau}$ 和 $y_{s\tau}$（s=1, 2, ⋯, S）都是独立的单位根过程，从而变量 $x_{s\tau}$ 和 $y_{j\tau}$（j= 1, 2, ⋯, S；s=1, 2, ⋯, S）之间可能有协整关系，也可能没有协整关系。若 k_s^P（s=1, 2, ⋯, S）不全相等，则是周期协整，否则是（部分季节的）季节协整。

接下来，进一步研究当 x_t 是外生变量并且具有单整属性时的情形。此时，如果 y_t 和 x_t 之间具有某种协整关系，这种协整关系反映了它们之间重要的经济关系，则 y_t 的非平稳性是由 x_t 的非平稳性以及协整关系共同确定的。具体地，可能有以下三种情况：

（1）$x_t\sim I(1)$。若 y_t 和 x_t 具有完全周期性协整关系，则 $y_t\sim PI(1)$。例如，假定

$$y_{s\tau}=k_s^P x_{s\tau}+u_{s\tau}, \tag{6.44}$$

其中，$u_{s\tau}$ 是平稳过程。由 $x_t\sim I(1)$可得

$$y_{s\tau}=k_s^P x_{s-1,\tau}+k_s^P v_{s\tau}^x+u_{s\tau}。$$

由于 y_t 和 x_t 具有完全周期性协整关系，则

$$y_{s-1,\tau}=k_{s-1}^P x_{s-1,\tau}+u_{s-1,\tau},$$

其中，$u_{s-1,\tau}$ 是平稳过程。将后一方程乘以 k_s^P/k_{s-1}^P 后与前一方程相减，得

$$y_{s\tau}-\frac{k_s^P}{k_{s-1}^P}y_{s-1,\tau}=k_s^P v_{s\tau}^x+u_{s\tau}-\frac{k_s^P}{k_{s-1}^P}u_{s-1,\tau}, \tag{6.45}$$

其中，方程右侧都是平稳变量，从而方程左侧也是平稳的。由于 $y_{s-1,\tau}$ 的系数 $\alpha_s^y=k_s^P/k_{s-1}^P$，所以 $\alpha_1^y\alpha_2^y\alpha_3^y\alpha_4^y=1$ 成立，即 $y_t\sim PI(1)$。由于偏好的季节性变动导致收入和消费之间存在周期性协整关系，如果收入序列 x_t 是一个 $I(1)$过程，那么消费序列 y_t 就是一个 $PI(1)$过程（Osborn，1988）。特别地，当 $k_1^P=k_2^P=k_3^P=k_4^P$ 时，y_t 和 x_t 具有非周期性协整关系，则 y_t 就是一个 $I(1)$过程而不是一个 $PI(1)$过程。

（2）$x_t\sim PI(1)$。若 y_t 和 x_t 具有完全周期性协整关系或非周期性协整关系，则通常 $y_t\sim PI(1)$。当 y_t 和 x_t 具有完全周期性协整关系时，与情形（1）类似，有

$$y_{s\tau}-\frac{k_s^P\alpha_s^x}{k_{s-1}^P}y_{s-1,\tau}=k_s^P v_{s\tau}^x+u_{s\tau}-\frac{k_s^P\alpha_s^x}{k_{s-1}^P}u_{s-1,\tau}。$$

从而 $y_{s-1,\tau}$ 的系数 $\alpha_s^y=\alpha_s^x k_s^P/k_{s-1}^P$，这意味着 $\alpha_1^y\alpha_2^y\alpha_3^y\alpha_4^y=1$，即 y_t～$PI(1)$。当 y_t 和 x_t 具有非周期性协整关系时，则 $\alpha_s^y=\alpha_s^x$。从而，y_t 和 x_t 具有完全相同的周期性性质。

（3）x_t～ SI（1）。若 y_t 和 x_t 具有（周期性或者非周期性）协整关系时，则通常 y_t～$SI(1)$。由序列 $x_{s\tau}$（s=1, 2, ⋯, S）是独立的单位根过程以及关系式 $y_{s\tau}=k_s^P x_{s\tau}+u_{s\tau}$ 可知，序列 $y_{s\tau}$（s=1, 2, ⋯, S）也是独立的单位根过程，即 y_t～$SI(1)$。从而 y_t 不可能是 $I(1)$或者 $PI(1)$过程。显然，$SI(1)$过程 x_t 包含四个单位根。如果 y_t 和 x_t 具有协整关系，那么过程 y_t 也包含四个单位根。

由此可见，以上三种情形下，当过程 y_t 和 x_t 具有周期性协整关系时，过程 y_t 具有不同的单位根性质，并不存在唯一的 ECM 表示。比如，在情形（1）下，当过程 y_t 和 x_t 具有周期性协整关系时，相应的误差修正模型 ECM 为

$$D_s y_{s\tau}=\lambda_s^P(y_{s-1,\tau}-k_{s-1}^P x_{s-1,\tau})+\omega_{s,\tau},\quad s=1,2,3,4, \tag{6.46}$$

其中，$D_s y_{s\tau}=(y_{s-1,\tau}-k_{s-1}^P x_{s-1,\tau})$ 是序列 $y_{s\tau}$ 的平稳周期性拟差分，并且 $\omega_{s,\tau}$ 是平稳过程（可能具有周期性）。调整系数 λ_s^P 通常是周期性的。误差修正模型 ECM 可以添加适当的平稳滞后变量，即 $\Delta_1 x_{s-i,\tau}$（i=0,1, ⋯）和 $D_{s-i}y_{s-i,\tau}$（i=1,2, ⋯）。由于 x_t 是外生变量，所以误差修正模型中可以包括变量 $\Delta_1 x_{s\tau}$。

在第二种情形下，当过程 y_t 和 x_t 具有周期性协整关系时，有类似的误差修正模型 ECM。此时，y_t 是 PI(1)过程。误差修正模型 ECM 可以添加适当的平稳滞后变量 $D_{s-i}y_{s-i,\tau}$（i=0,1, ⋯）和 $D_{s-i}y_{s-i,\tau}$（i=1,2, ⋯）。当过程 y_t 和 x_t 具有非周期性协整关系($k_1^P=k_2^P=k_3^P=k_4^P$）时，$x_{s\tau}$ 和 $y_{s\tau}$ 的有相同的季节性单整系数，即 $\alpha_s^y=\alpha_s^x$。

在第三种情形下，因为过程 x_t～ SI(1)，所以 x_t 的每个季节的年度序列 $x_{s\tau}$（s=1, 2, ⋯, S）都是独立的单位根过程。同理，过程 y_t 的每个季节的年度序列 $y_{s\tau}$（s=1, 2, ⋯, S）也都是独立的单位根过程。从而，各个季节有各自的误差修正模型 ECM

$$\Delta_4 y_{s\tau}=\lambda_s^P(y_{s-1,\tau}-k_{s-1}^P x_{s-1,\tau})+\omega_{s,\tau},\quad s=1,2,\cdots,S。 \tag{6.47}$$

误差修正模型 ECM 可以添加适当的平稳滞后变量 $\Delta_4 x_{t-i}$（i=0,1, ⋯）和 $\Delta_4 y_{t-i}$（i=1,2, ⋯）。在实际应用中，普遍采用带有滞后变量的误差修正模型[Birchenhall 等（1989），Franses 和 Kloek（1995），Herwartz（1997），Boswijk 和 Franses （1995）]。

二、周期协整的检验

对于季节性时间序列之间的各种协整关系，我们可以在 VAR 模型下对年度堆积向量进行单位根检验（Franses，1995a）。对两个变量的季度数据，此时堆积向量为 $Z_{s\tau}=(y_{1\tau},x_{1\tau},y_{2\tau},x_{2\tau},y_{3\tau},x_{3\tau},y_{4\tau},x_{4\tau})$。在 VAR（1）模型下，有

$$\Delta_4 Z_\tau=AZ_{\tau-1}+U_\tau, \tag{6.48}$$

其中，A 为 8×8 矩阵。式（6.48）可以看作 Franses 多元检验的向量表示的二元形式。该 VAR 模型不仅用于表达周期性协整关系，而且也可以用于描述非周期性协整（Franses，1996b）。

当两个 I（1）或 PI（1）过程 y_t 和 x_t 具有（周期或非周期性）协整关系时，因为 $x_{s\tau}$（s=1, 2, 3,4）之间有三个协整关系，$y_{s\tau}$ 与 $x_{s\tau}$（s=1, 2, 3,4）之间有四个协整关系，所以式（6.48）中的矩阵 A 的秩为 7。另一种解释是，由于 $x_{s\tau}$（s=1, 2, 3,4）之间有三个协整关系，$y_{s\tau}$ 之间也有三个协整关系，$y_{s\tau}$ 与 $x_{s\tau}$ 之间的四个协整关系都是由其中一个协整关系推导而来，于是矩阵 A 的秩为 7。

如果两个 SI（1）过程 y_t 和 x_t 具有完全周期性协整关系 $y_{s\tau}-k_s^P x_{s\tau}$（$s$=1, 2, 3,4），那么式（6.48）中的矩阵 A 秩为 4。令 K 为协整向量矩阵，则此时

$$K'=\begin{bmatrix}1 & -k_1^P & 0 & 0 & 0 & 0 & 0 & 0\\ 0 & 0 & 1 & -k_2^P & 0 & 0 & 0 & 0\\ 0 & 0 & 0 & 0 & 1 & -k_3^P & 0 & 0\\ 0 & 0 & 0 & 0 & 0 & 0 & 1 & -k_4^P\end{bmatrix}, \tag{6.49}$$

特别地，当 SI(1)过程 y_t 和 x_t 之间具有非周期性协整关系时，$k_1^P=k_2^P=k_3^P=k_4^P$。可采用 Johansen 和 Juselius （1990）协整检验的方法对限制 $k_1^P=k_2^P=k_3^P=k_4^P$ 是否成立进行检验。若拒绝原假设，则认为变量 y_t 和 x_t 之间具有周期性协整关系而不是非周期性协整关系。上述方法也适用于对部分周期性（非周期性）协整进行检验，其中 A 的秩恰好为存在协整关系的季节个数。

当变量 x_t 为外生变量以及协整矩阵 K 为式(6.49)时，相应的误差修正模型即为式(6.47)。此时，VAR 模型中调整矩阵Λ为如下 8×4 矩阵

$$\Lambda=\begin{bmatrix}\lambda_1^p & 0 & 0 & 0\\ 0 & 0 & 0 & 0\\ 0 & \lambda_2^p & 0 & 0\\ 0 & 0 & 0 & 0\\ 0 & 0 & \lambda_3^p & 0\\ 0 & 0 & 0 & 0\\ 0 & 0 & 0 & \lambda_4^p\\ 0 & 0 & 0 & 0\end{bmatrix}, \tag{6.50}$$

并且 $A=\Lambda K'$。

在实际应用中，采用 Johanse（1988）向量方法检验变量之间是否存在周期性协整关系需要对式（6.48）中所包括的大量参数进行估计。即便在只包括两个变量的季度数据情形下，矩阵 A 中仍有 64 个元素需要估计。当月度数据及回归检验式中含有增项时，显然会增加矩阵 A 中待估参数的个数。

当 SI（1）过程 y_t 和 x_t 之间存在完全周期性协整关系时，由式（6.49）和式（6.50）可知矩阵 A 是准对角矩阵。这个性质使得 Johansen 方法简便可行。特别地，当我们只关心某个特定季节 s 下过程 $y_{s\tau}$ 与 $x_{s\tau}$ 之间是否存在周期性协整关系时，对应的 VAR（1）模型为

$$\Delta_4 Z_{s\tau}=A_s Z_{s,\tau-1}+U_{s\tau}, \tag{6.51}$$

其中，$Z_{s\tau}=(y_{s\tau},x_{s\tau})'$，$A_s$为 A 的第 S 个 2×2 准对角子阵，$U_{s\tau}=(\varepsilon^y_{s\tau},\varepsilon^x_{s\tau})'$是变量在$\tau$年 s 季的扰动向量。显然，$y_{s\tau}$与$x_{s\tau}$协整意味着A_s的秩为 1，从而我们可以采用 Johanse （1988）中的方法对此研究。然而，关于过程y_t和x_t之间存在周期性协整关系还是非周期性协整关系的检验要求对季节 s=1, 2, 3,4 同时进行检验，这又回到了式（6.48）。

Birchenhall 等（1989）和 Franses 及 Kloek （1995）的研究是基于 Engle 和 Granger（1987）的两步法而不是 VAR 向量方法。第一步，利用（特定季节 s） $y_{s\tau}$与$x_{s\tau}$的 OLS 回归残差检验$y_{s\tau}$与$x_{s\tau}$之间是否存在协整关系。若存在协整关系，则第二步对调整系数λ_s^P进行估计。这种方法虽然直接明了，但是这种对逐个季节检验过程$y_{s\tau}$与$x_{s\tau}$之间是否存在协整关系的方法不能检验过程 y_t 和 x_t 之间存在的是周期性协整关系还是非周期性协整关系。Boswijk 和 Franses （1995）采取了基于（特定季节 s）的误差修正模型的方法，即式（6.47）。而且，他们的方法能够检验过程y_t和x_t之间存在的是周期性协整关系还是非周期性协整关系。下面首先利用 VAR 方法考虑一个更基本的问题，即我们应该对$y_{s\tau}$与$x_{s\tau}$之间的协整关系进行季节协整检验还是周期性协整检验。

（一）Franses 周期协整检验

Franses（1993,1995a）讨论了在实际应用中应该选择何种协整关系来模拟两个非平稳季节时间序列之间的长期均衡关系的问题，即是选择季节协整关系还是选择周期性协整关系。为了便于描述，我们以两个季度单整变量y_t和x_t的情形为例。

如果两个季度单整变量 y_t 和 x_t 具有完全周期性协整关系，那么其协整向量矩阵形如式（6.49）。当两个季度单整变量y_t和x_t在所有季节频率处都具有季节协整关系时，其协整向量矩阵为

$$K'=\begin{bmatrix} 1 & -k_1 & 1 & -k_1 & 1 & -k_1 & 1 & -k_1 \\ -1 & k_2 & 1 & -k_2 & -1 & k_2 & 1 & -k_2 \\ 0 & k_I & -1 & k_R & 0 & -k_I & 1 & -k_R \\ 1 & -k_R & 0 & k_I & -1 & k_R & 0 & -k_I \end{bmatrix}, \qquad (6.52)$$

第一行对应于零频率处的协整关系，第二行对应于半年频率处的协整关系，后面两行对应于全年频率处的协整关系。在全年频率处，$y^{(3)}_{4\tau}=y_{4\tau}-y_{2\tau}$与$x^{(3)}_{4\tau}=x_{4\tau}-x_{2\tau}$和$x^{(3)}_{3\tau}=x_{3\tau}-x_{1\tau}$相关联；$y^{(3)}_{3\tau}=y_{3\tau}-y_{1\tau}$与$x^{(3)}_{4\tau}$和$x^{(3)}_{3\tau}$相关联。在后一种情形下，由于$(1+L^2)x^{(3)}_{4\tau}$是平稳的，我们可以用$x^{(3)}_{2\tau}$代替$x^{(3)}_{4\tau}$。

正如 Franses（1993，1995a）中所指出的那样，季节协整检验和周期性协整检验分别是对协整向量矩阵施加了不同的限制。显然，如果$k_1^P=k_2^P=k_3^P=k_4^P$不成立，则无论式（6.49）经过何种行变换也都无法变成式（6.52）的形式，反之亦然。从而，它们之间不具有包含关系。所以，Franses（1995a）提出，可以通过检验对协整矩阵的限制是否成立来区分究竟是季节协整还是周期性协整，这些检验都是在一般的协整向量矩阵框架下进行的。事实上基于同样的道理，我们也可以在此框架下对非周期性协整（$k_1^P=k_2^P=k_3^P=k_4^P$）进行检验。在所有的各种情形下，当我们设定协整向量个数为 4 时，在原假设下关于这些限制的检验统计量服从一般的 F 分布。由于季节协整关系与周期性协整关系之间不具有包含关系，所以我们不能像

Franses（1993）文章中那样一开始便假定协整关系是周期性的。

显然，非周期性协整关系（$k_1^P=k_2^P=k_3^P=k_4^P$）是有限制的周期性协整关系的特例。同时，非周期性协整关系（$k_1^P=k_2^P=k_3^P=k_4^P$）又是有限制的季节协整关系的特例。从而，我们有如下定理。

定理 6.1 如果季度变量 y_t 和 x_t～SI（1），它们之间存在完全周期性协整关系与存在季节协整关系等价的充分必要条件是在零频率以及季节频率上有 $k_1=k_2=k_R$，k_I=0。

非周期性协整关系意味着协整向量矩阵为

$$K'=\begin{bmatrix}1 & -k & 0 & 0 & 0 & 0 & 0 & 0\\ 0 & 0 & 1 & -k & 0 & 0 & 0 & 0\\ 0 & 0 & 0 & 0 & 1 & -k & 0 & 0\\ 0 & 0 & 0 & 0 & 0 & 0 & 1 & -k\end{bmatrix}, \tag{6.53}$$

左乘非奇异矩阵 R'，

$$R'=\begin{bmatrix}1 & 1 & 1 & 1\\ -1 & 1 & -1 & 1\\ 0 & -1 & 0 & 1\\ 1 & 0 & -1 & 0\end{bmatrix},$$

即为式（6.52）的特例，其中 $k_1=k_2=k_R=k$，k_I=0。此处的非奇异矩阵 R'与第二章及第三章中的矩阵 R' 一致。因为 R' 是非奇异矩阵，所以季节协整的特例（$k_1=k_2=k_R=k$，k_I=0）也意味着非周期性协整（$k_1^P=k_2^P=k_3^P=k_4^P$），即这两种表达形式等价。从而，非周期性协整将季节协整与周期性协整联系在一起。事实上，在我们考虑非平稳季节变量时，我们首先应该考虑对 $y_{s\tau}$ 与 $x_{s\tau}$ 之间的协整关系进行季节协整检验以及周期性协整检验。

（二）Boswijk-Franses 周期协整检验

周期性协整检验允许 x_t 是一个向量并且不要求 x_t 是外生变量。为了便于描述，这里我们仍然假定 x_t 是一个单元外生变量。

对于给定的季节 s，我们利用 Boswijk（1994）方法在回归检验式（6.47）中对原假设 $\lambda_s^P=0$ 进行检验。Boswijk 检验是非季节情形下的协整检验，但是对于（给定季节 s 下）过程 $y_{s\tau}$ 与 $x_{s\tau}$ 同样适用。此时，备择假设为过程是平稳的，即 $\lambda_s^P<0$。当 $\lambda_s^P=0$ 时，$\lambda_s=\lambda_s^P k_s^P=0$。从而，此时式（6.47）中的所有系数都为零。由于 Boswijk 检验采用的是 F 类联合检验统计量，所以不允许单边检验。我们可以将误差修正模型式（6.47）等价表达为

$$\Delta_4 y_{s\tau}=\beta_s' Z_{s,\tau-1}+\varepsilon_{s\tau}^y \tag{6.54}$$

其中，$\beta_s'=\left[\lambda_s^P,-\lambda_s^P k_s^P\right]$，$Z_{s\tau}=(y_{s\tau},x_{s\tau})'$。并且，假定扰动过程 $\varepsilon_{s\tau}^y$ ～（0，σ^2）（s=1,2,3,4）。

在原假设下，单变量年度过程 $y_{s\tau}$（s=1,2,3,4）是一个随机游走过程。于是，第三章中有关随机游走过程的渐近分布仍然适用。采用双下标记号表示如下

$$T_\tau^{-1}\sum_{\tau=1}^{T_\tau}\varepsilon_{s\tau}^{y}y_{s,\tau-1}\Rightarrow\sigma^2\int_0^1 W_s^y(r)\mathrm{d}W_s^y(r)\,, \tag{6.55}$$

$$T_\tau^{-2}\sum_{\tau=1}^{T_\tau}y_{s,\tau-1}^{2}\Rightarrow\sigma^2\int_0^1\left[W_s^y(r)\right]^2\mathrm{d}r\,, \tag{6.56}$$

其中，$W_s^y(r)$（s=1,2,3,4）是分别与随机游走过程 $y_{s\tau}$（s=1,2,3,4）相对应的独立标准布朗运动。为了便于表述，我们假定过程 $x_t \sim SI$（1）并且是一个季节随机游走过程，于是每个过程 $x_{s\tau}$（τ=1, 2, …）都是随机游走过程。如果 $x_{s\tau}$ 中扰动过程有方差 ω^2（关于季节 s 不变），则对应于式（6.56）有

$$T_\tau^{-2}\sum_{\tau=1}^{T_\tau}x_{s,\tau-1}^{2}\Rightarrow\omega^2\int_0^1\left[W_s^x(r)\right]^2\mathrm{d}r \tag{6.57}$$

其中，$W_s^x(r)$（s=1,2,3,4）是分别与随机游走过程 $y_{s\tau}$（s=1,2,3,4）相对应的独立标准布朗运动。由于 $x_{s\tau}$ 是外生变量，从而随机游走过程 $y_{s\tau}$ 与 $x_{s\tau}$ 相互独立。所以，在原假设下布朗运动 $W_s^y(r)$ 和 $W_s^x(r)$ 相互独立，即有

$$T_\tau^{-1}\sum_{\tau=1}^{T_\tau}\varepsilon_{s\tau}^{y}x_{s,\tau-1}\Rightarrow\sigma\omega\int_0^1 W_s^x(r)\mathrm{d}W_s^y(r) \tag{6.58}$$

$$T_\tau^{-2}\sum_{\tau=1}^{T_\tau}x_{s,\tau-1}y_{s,\tau-1}\Rightarrow\sigma\omega\int_0^1 W_s^x(r)W_s^y(r)\mathrm{d}r \tag{6.59}$$

令 $W_s(r)=[W_s^y(r),\ W_s^x(r)]$，下面我们将采用向量表示形式。

当采用普通最小二乘法对误差修正模型式（6.54）中的参数进行估计时，原假设 $\beta_s=0$ 下的 Wald 检验统计量为

$$\mathrm{Wald}(\hat\beta_s)=\hat\beta_s'[\hat V(\hat\beta_s)]^{-1}\hat\beta_s \tag{6.60}$$

其中，$\hat V(\hat\beta_s)=\tilde\sigma^2[\sum_{\tau=1}^{T_\tau}Z_{s,\tau-1}Z_{s,\tau-1}']^{-1}$ 是参数 $\hat\beta_s$ 的协方差估计，$\tilde\sigma^2$ 是 σ^2 的最小二乘估计。在原假设 $\beta_s=0$ 下，由于 $\tilde\sigma^2\to\tilde\sigma^2$，根据式（6.55）~式（6.59）可得 Wald 检验统计量的渐近分布（Boswijk，1994）。

$$\mathrm{Wald}(\hat\beta_s)=\tilde\sigma^{-2}\left[\sum_{\tau=1}^{T_\tau}\varepsilon_s^yZ_{s,\tau-1}\right]'\left[\sum_{\tau=1}^{T\tau}Z_{s,\tau-1}Z'_{s,\tau-1}\right]^{-1}\left[\sum_{\tau=1}^{T_\tau}\varepsilon_s^yZ_{s,\tau-1}\right]$$

$$\Rightarrow\left[\int_0^1 W_s'(r)\mathrm{d}W_s^y(r)\right]\left[\int_0^1 W_s(r)W_s'(r)\mathrm{d}r\right]^{-1}\times\left[\int_0^1 W_s(r)\mathrm{d}W_s^y(r)\right] \tag{6.61}$$

除了考虑单个季节之间的协整检验以外，我们还可以考虑原假设为在所有季节上都不存

在协整关系的全面检验。此时，在原假设下过程 $y_{s\tau}$ 与 $x_{s\tau}$（s=1,2,3,4）在所有季节上都不存在协整关系，这意味着过程 y_t 与 x_t 相互独立，即 $\beta_s = 0$（s=1,2,3,4）。布朗运动 $W_s^y(r)$ 和 $W_s^x(r)$ 相互独立，$\beta_s = 0$（s=1,2,3,4）的 Wald 检验统计量也相互独立。从而，Wald 检验统计量以及其渐近分布为

$$\text{Wald}(\hat{\beta}) = \sum_{s=1}^{4} \text{Wald}(\hat{\beta}_s)$$

$$\Rightarrow \sum_{s=1}^{4}\left[\int_0^1 W_s'(r)\mathrm{d}W_s^y(r)\right]\left[\int_0^1 W_s(r)W_s'(r)\mathrm{d}r\right]^{-1}\left[\int_0^1 W_s(r)\mathrm{d}W_s^y(r)\right]。\quad (6.62)$$

Boswijk 和 Franses（1995）也得到了式（6.62），但是他们的方法与这里有所不同。并且，他们还编制了单个季节的 Wald 检验统计量以及全面 Wald 检验统计量的临界值表。他们采用如下检验回归式（忽略增项的不同）

$$\Delta_4 y_t = \sum_{s=1}^{4} \delta_{st}\lambda_s^P (y_{t-4} - k_s^P x_{t-4}) + \varepsilon_t^y,\ t = 1,\ 2,\ \cdots, T,$$

其中，δ_{st} 是季节哑变量。上式是（6.54）式关于季节 s=1,2,3,4 的简单叠加，所以上式又可以等价表达为

$$\Delta_4 y_t = \beta' X_{t-4} + \varepsilon_t^y,\ t = 1,\ 2,\ \cdots, T, \quad (6.63)$$

其中，$\beta' = (\beta_1', \beta_2', \beta_3', \beta_4')$ 和 $X_t' = (\delta_{1t} y_t, \delta_{1t} x_t, \cdots, \delta_{4t} y_t, \delta_{4t} x_t)$。由于变量中包含有季节哑变量 δ_{st}，从而它们的交叉矩阵 $\sum_{t=1}^{T} X_{t-4} X_{t-4}'$ 是一个准对角分块矩阵，其中第 s 个主对角子块为 $\sum_{\tau=1}^{T_\tau} Z_{s,\tau-1} Z_{s,\tau-1}'$。所以，式（6.63）中参数的普通最小二乘估计与式（6.54）中的参数普通最小二乘估计是完全一致的。对于检验回归式（6.63）、式（6.61）和式（6.62）的结果仍然成立。

如果 $y_{s\tau}$ 与 $x_{s\tau}$ 在某个季节 s 上存在协整关系，Boswijk 和 Franses 建议应该对误差修正模型的系数进行如下估计

$$\hat{\lambda}_s^P = \hat{\beta}_{s1},\ \hat{k}_s^P = -\hat{\beta}_{s2} / \hat{\beta}_{s1}, \quad (6.64)$$

其中，$\hat{\beta}_s' = (\hat{\beta}_{s1}, \hat{\beta}_{s2})$。当 $y_{s\tau}$ 与 $x_{s\tau}$ 在所有季节 s 上都存在协整关系时，我们可以通过对检验每个 λ_s^P 和 k_s^P 来检验协整关系是否为周期性的。此时，原假设下过程之间的协整关系是非周期性的，在备择假设下过程之间的协整关系是周期性的，我们可以通过普通的 F 检验对原假设 $k_1^P = k_2^P = k_3^P = k_4^P$ 进行检验。因为式（6.64）中的 k_s^P 是通过对式（6.63）中参数做非线性变换所得，从而我们应该在原假设下进行非线性最小二乘估计。此时，检验统计量的渐近分布服从一般的 F 分布，所以这个检验不需要另外编制专门的检验表。

同样，对原假设 $\lambda_1^P = \lambda_2^P = \lambda_3^P = \lambda_4^P$（或者 $\lambda_1^P = \lambda_2^P = \lambda_3^P = \lambda_4^P$ 以及 $k_1^P = k_2^P = k_3^P = k_4^P$）也可以通过在式（6.63）中采用普通的 F 检验来完成。在这些情形中，只需要采用线性最小二乘估计量即可。前者等价于对原假设 $\beta_{11} = \beta_{21} = \beta_{31} = \beta_{41}$ 进行检验，而后者等价于对原假设

$\beta_{11}=\beta_{21}=\beta_{31}=\beta_{41}$ 和 $\beta_{12}=\beta_{22}=\beta_{32}=\beta_{42}$ 进行联合检验。当然，这些检验统计量的渐近分布都服从一般的 F 分布。

（三）扩展

在本节中，我们所讨论的模型在许多方面都存在着各种简化。我们忽视了增项、确定项以及其他变量的影响，下面我们对此分别进行简单的讨论。

为便于对协整关系进行讨论，首先在模型中忽略了高阶动态滞后项，只包含有一阶滞后项。实际上，模型中通常应该带有高阶平稳动态增项，这并不会对统计量的渐近分布产生影响。在 VAR 模型式（6.48）中添加 $\Delta_4 Z_{\tau-i}$（i=1, 2, …）或者在第 s 个季节的误差修正模型中加入 $\Delta_4 y_{t-i}$（i=1, 2, …）或者 $\Delta_4 x_{t-i}$（i=0,1,…）对于 Boswijk-Franses 检验方法中统计量的渐近分布的影响微乎其微。当变量 x 是外生变量时，模型中可以含有增项 $\Delta_4 x_t$。类似地，当变量 x～SI（1）时模型中也可以含有增项 $\Delta_4 x_{t-i}$（i=1, 2, …）。

其次，在模型中忽略了其他的变量。而实际上，模型中通常应该带有其他的变量，当然这会增加 VAR 模型（式 6.48）的维数，使得协整系数矩阵的阶数增加。在模型中加入平稳外生变量对统计量的分布（至少是渐近）没什么影响。但是，在协整关系中所包含的外生变量的数目对检验统计量 Wald($\hat{\beta}_s$)和 Wald($\hat{\beta}$)的渐近分布却是有影响的，使得需要根据在协整关系中所包含的外生变量的数目的不同编制不同的临界值表。

最后，在周期性协整模型中都没有确定项，因此所给出的渐近分布都是假设过程 $x_{s\tau}$和 $y_{s\tau}$ 具有零初值的。对于单位根过程来说，确定项的出现对统计量的渐近分布具有至关重要的影响，从而影响协整检验统计量的临界值。Boswijk 和 Franses（1995）认为，模型中应该带有季节性常数项及季节性趋势项。季节性常数项反映了非平稳过程具有非零初值，而季节性趋势项则反映了变量具有非限制性漂移项。到目前为止，为了使模型与实际经济情况更加吻合，在周期性协整的研究中都没有考虑对确定项施加任何限制。

许多研究中都采用了周期性自回归模型。根据 Osborn（1988）理论上的季节消费模型，20 世纪 80 年代末的应用研究集中于消费问题[参见 Osborn 等（1988），Osborn 和 Smith（1989）]。进入 90 年代后，这方面的研究范围不断拓宽，Franses 和 Romijn（1993），Flores 和 Novales（1997），Wells（1997）对更多的时间序列进行了研究。他们发现，绝大多数宏观经济变量都具有周期性。他们的研究集中在对样本期间变量的行为进行模拟。从预测的角度上讲，Wells（1997），Novales 和 Fruto（1997）发现，与非周期性模型相比周期性模型的预测精度更差。经济典型化事实表明，即便在假设检验的结果表明变量是一个周期性过程的情形下，采用非周期性模型的预测精度依然更优。虽然如此，Novales 和 Fruto（1997）发现，对周期性模型中某些（而不是全部）系数施加常参数限制可以大幅度的提高模型的预测精度。

Proietti（1998）对 Franses 和 Paap（1994）所采用的模型设定程序再次进行了研究。Franses 和 Paap（1994）首先在假定变量是周期性过程的前提下来确定 VAR 表达式的阶数，然后再对变量是否真的是一个周期性过程进行检验。Proietti（1998）通过 Monte Carlo 模拟试验发现，当真实的数据生成过程是一个简单的非周期性不可观测的因素模型时，Franses 和 Paap 的模型设定程序倾向于选择采用更低阶数的 VAR 模型，比如 VAR（1），并且使得真实的常系数原假设频繁被拒绝。因此，Proietti 认为许多实证研究中得出的应该采用周期性模型的依据可能是“虚假”的。

与单变量周期性研究在早期集中于消费领域相类似，有关周期性协整的实证研究主要集中于研究收入与消费的关系[参见 Birchenhall 等（1989），Franses 和 Kloek（1995），Franses 和 Paap（1995b），Herwartz（1997）]。Herwartz（1997）对采用周期性协整是否可以提高预测的精度提出了质疑。

Franses （1995b）中采用 Monte Carlo 模拟试验对此进行了探讨，他发现季节调整程序不能将变量中的所有周期性特征全部剔除，于是他建议哪怕对季节调整后的数据也应该采用周期性方法。

总之，周期性过程具有许多吸引人的特点。最近几年来，涌现出许多用于对这类过程进行统计分析的工具。但是，这些方法在经济中的实际应用仍然相当少见。虽然众多的论据表明周期性的存在，但是目前我们不能因此而盲目地认为大多数重要的宏观经济变量都属于这种类型。并且，实证研究仍然仅局限于季度数据。对于月度数据，周期性方法需要大量的数据，特别是基于 VAR 表示法时。与非周期性模型相比，基于限制性周期性模型的方法只需设定相对少的附加参数，它在不损失过多自由度的前提下在模型中体现了变量所具有的重要的周期性特征。从这一方面讲，限制性周期性模型未来更有发展潜力。

第四节　案例：理性预期下生命周期持久收入假说的检验

众所周知，消费是经济学研究的重要问题之一，而理性预期持久收入假说 REPIH（Rational Expectation - Permanent Income Hypothesis）是目前最有影响的消费理论。Hall（1978）以生命周期理论的基本假设为基础,分析了消费者在面临未来收入不确定的情况下，选择使一生的期望效用最大化的消费所必须满足的一阶条件。这个一阶条件被称为"欧拉方程"，它表示，在考虑时间偏好率和实际利率的影响下，下一时期消费的边际效用的条件数学期望与现期消费的边际效用相等。因为，如果现期消费的边际效用和下期不同，就可以通过调整消费在这两个时期之间的配置使一生的总效用增加。由此得出两个主要结论：消费的边际效用服从随机游动；消费本身也近似服从随机游动。这意味着，当模型中含有消费的滞后值时，由于到当期为止前期消费值包含了所有可以预期的信息，因此，实际收入的滞后值对本期消费不再具有解释能力，从而只有不可预期的经济政策变化才会影响消费者的行为。

一、REPIH 的（季节）检验方法

消费行为的一个不可忽视的特征是具有季节性。忽视季节性的作用，会对模型的设定、检验及解释等方面产生不利的影响。Osborn（1988）采用效用函数

$$u(c_t)=\frac{c_t^{1-\beta_s}}{1-\beta_s}，0<\beta_s<1，s=1,2,3,4 \tag{6.65}$$

将 Hall（1978）的理论扩展到季节情形。其中，β_s 表示相对风险厌恶程度。总效用函数为

$$U_t=\sum_{i=0}^{T}\alpha_s^i u_{t+i}=\sum_{i=0}^{T}\alpha_s^i\left(\frac{c_t^{1-\beta_s}}{1-\beta_s}\right),\quad 0<\alpha<1, \tag{6.66}$$

其中，α 表示主观折现率。消费者所面临的预算限制为

$$c_t=y_t-a_t+a_{t-1}(1+r_{t-1}), \tag{6.67}$$

其中，c_t 是消费总额，y_t 是实际工资和转移支付的收入，a_t 是实际资产水平，r_t 是实际利息率。

消费者的最优决策是在预算限制下使得总效用函数最大化，由此可推导出效用函数和主观折现率具有季节变动情形下的一阶条件（欧拉方程）

$$\frac{E_t c_{t+1}^{-\beta_{s+1}}}{c_t^{-\beta_s}} = \frac{1}{\alpha_{s+1}(1+r)}。 \tag{6.68}$$

在上式中加入扰动项 ε_{t+1} 来反映消费固有的随机性。在理性预期下，ε_{t+1} 代表消费者对新获得信息的反映，它是零均值和非自相关的。式（6.68）两边取自然对数，经整理有

$$\beta_{s+1}\ln c_{t+1} = \beta_s \ln c_t - \ln\left\{\left[\alpha_{s+1}(1+r)\right]^{-1} + \varepsilon_{t+1}\right\}, \tag{6.69}$$

进一步，假设随机项

$$\ln\left\{\ \left[\alpha_{s+1}(1+r)\right]^{-1} + \varepsilon_{t+1}\right\} \sim N\left(\mu_{s+1}, \sigma^2\right), \tag{6.70}$$

则根据对数正态分布的性质，有

$$E_t\left\{\ \left[\alpha_{s+1}(1+r)\right]^{-1} + \varepsilon_{t+1}\right\} = \exp\left(\mu_{s+1} + \tfrac{1}{2}\sigma^2\right)。 \tag{6.71}$$

显然，上式左侧等于$\left[\alpha_{s+1}(1+r)\right]^{-1}$，于是可得

$$\mu_{s+1} = \ln\left[\alpha_{s+1}(1+r)\right]^{-1} - \tfrac{1}{2}\sigma^2, \tag{6.72}$$

从而

$$\ln c_{t+1} = \gamma_{s+1} + \phi_{s+1}\ln c_t + u_{t+1}, \tag{6.73}$$

其中

$$\phi_{s+1}=\beta_s/\beta_{s+1},$$

$$\gamma_{s+1} = (1/\beta_s)[\ln\alpha_{s+1} + \ln(1+r) + \tfrac{1}{2}\sigma^2]。$$

由 ϕ_{s+1} 的定义可得，$\phi_1\phi_2\phi_3\phi_4=1$。这意味着，上式是一个一阶周期单整过程 *PI*（1），是 Hall 随机游走模型在季节情形下的一个扩展。将季节性包含到效用函数中，意味着在理性预期下消费者在各个季度的行为也是具有随机游走的特征的。

二、中国消费行为的 REPIH 检验结果

首先，对我国居民消费总额（c_t）的季节模式进行一个初步的分析。受数据获得的影响，样本区间为 1990 年第一季度至 2006 年第二季度。为消除数据中可能存在的异方差，对数据取自然对数，$\ln c_t$ 的变化曲线见图 6.4。序列 $\ln c_t$ 的变化表现出明显的季节特征，第四季度的值都远远高于其余三个季度的值。这是由我国的消费习惯所决定的。图 6.5 是 $\Delta_4 \ln c_t$ 的自相关函数，如果数据生成过程是确定性季节性过程，则对原始数据做季节差分后所得的序列是一个不可逆的 MA 过程，自相关函数应该具有 4 阶截尾的特征。由图 6.5 可见，$\Delta_4 \ln c_t$ 的自相关函数缓慢衰减，这表明 $\Delta_4 y_t$ 中可能存在共轭复数根并且至少有一个单位根。从而，数据生成过程不可能是一个确定性季节性过程，季节性具有随机演变的特点。

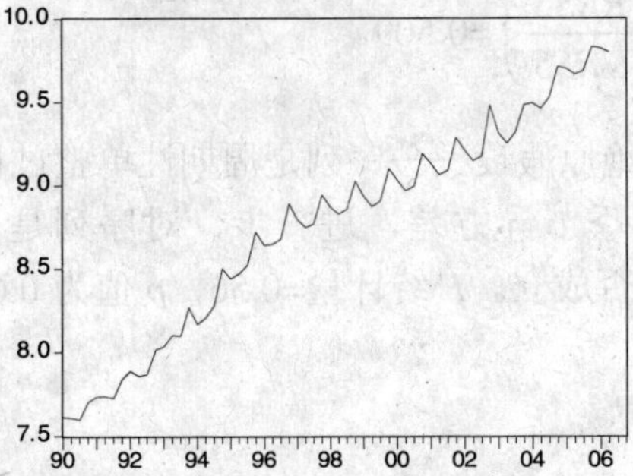

图 6.4　居民消费总额 $\ln c_t$ 的变化曲线

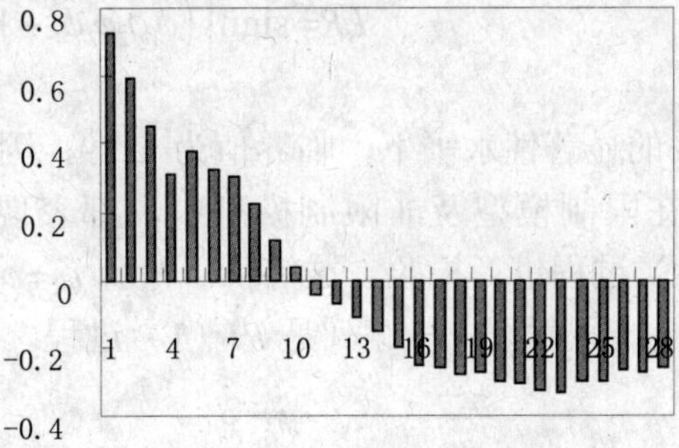

图 6.5　$\Delta_4 \ln c_t$ 的自相关函数

当怀疑序列是随机非平稳时，可以首先采用 Boswijk-Franses 周期性单位根检验，再对过程的自回归系数是否为常数进行检验；或者采取相反的顺序。Boswijk 和 Franses 证明：无论序列是否含有单位根，在上述两种情况下 LR 检验都是渐近有效的。

下面我们采用第一种做法。首先，利用 Boswijk 和 Franses 方法检验序列是否是一阶周期单整过程，从而判断理性预期持久收入假说（REPIH）是否能够解释我国居民的消费行为。

1．非限定 PAR（1）模型的普通最小二乘估计结果

$$\ln c_t = 0.231D1 + 0.286D2 - 0.1634D3 - 0.088D4 +$$

$$(1.605)\quad (2.1685)\ (-1.1006)\quad (-0.604)$$

$$0.968\,D1\ln c_{t-1} + 0.965D2\times\ln c_{t-1} + 1.022\,D3\times\ln c_{t-1} + 1.031D4\times\ln c_{t-1}$$

$$(59.828)\qquad (64.229)\qquad (59.757)\qquad (61.645)$$

$F_{AR,\ 1\sim4}= 1.590[0.191]$　　　　$F_{ARCH,\ 1\sim4}= 3.025\ [0.025]$

JB=1.84[0.40]　　　　$URSS$=0.096

其中 D1，D2，D3，D4 代表季节虚拟变量，(　) 中数字为 t 统计量，[ ]中数字为检验的 p 值，*URSS* 为非限定模型的残差平方和。对模型残差的诊断表明，不存在序列 1～4 阶的自相关，残差服从正态分布，但是具有 4 阶条件异方差。因此，PAR(1)过程未能充分模拟序列的动态性。

2．限定 PAR（1）模型的极大似然估计结果如下

$$\ln c_t=0.196D1+0.256D2-0.200D3-0.123D4+$$

$$(1.594)\ (2.222)\quad (-1.575)\quad (-0.975)$$

$$0.972D1\times \ln c_{t-1}+0.968D2\times \ln c_{t-1}+1.026D3\times \ln c_{t-1}+1.035D4\times \ln c_{t-1}$$

$$(70.40)\qquad (73.84)\qquad (70.35)\qquad (72.13)$$

$F_{AR,\ 1\sim4}$=1.57（0.19）　　　　$F_{ARCH,\ 1\sim4}$=3.39（0.015）

JB=1.53（0.46）　　　　$RRSS$=0.096

RRSS 为非限定模型的残差平方和。对模型残差的诊断表明，不存在序列 1～4 阶的自相关，残差服从正态分布，但是具有 4 阶条件异方差。因此，限定 PAR(1)过程也未能充分模拟序列的动态性。

由上述结果可得似然比估计量为

$$LR=\text{sign}\left[\left(\hat{\phi}_1\hat{\phi}_2\hat{\phi}_3\hat{\phi}_4-1\right)\right]\sqrt{T\cdot\ln\left(\frac{RRSS}{URSS}\right)}=0.509。$$

在 5%的显著性水平下，临界值为-2.89，因此不能拒绝原假设——序列是周期性单整过程。由于在限制模型及非限制模型中，都表现出明显的季节异方差，进一步，对序列是否是 *PI*（1）过程进行检验，这等价于检验 $\phi_1=\phi_2=\phi_3=\phi_4$ 是否成立。*F* 统计量=0.56，*p* 值为 0.689，不能拒绝原假设——序列是 *PI*（1）过程。

第七章　非线性季节模型

在金融市场中，我们所遇到的数据常常是一些高频数据，不同类型的季节性是造成高频数据波动的主要源泉。这些季节性不仅包括前面所介绍的季度和月度季节性，还包括交易日内的季节模式。其复杂的季节模式以及庞大的观察值数量不仅对计量经济学家提出了挑战，也为非线性季节模型的研究提供了基础。Andersen 和 Bollerslev（1997a，1997b），Engle 和 Russell（1997，1998），Ghysels（2000a）以及 Ghysels，Gourieroux 和 Jasiak（1997，1998a，1998b）对高频数据从季节和非季节两方面进行了研究。在这一章中，我们并非要涵盖非线性季节模型的全部研究观点和模型，只是选择其中常用的几类模型予以介绍。

在第一节中，讨论了季节 GARCH 类模型，它不仅抓住金融时间序列普遍存在的变易率聚类（volatility clustering）和厚尾部分布等性质，而且同时考虑了季节性的作用，是一类具有季节异方差的 ARMA 过程。第二节介绍随机系数季节自回归模型，特别是随机季节单位根过程。随机单位根过程在线性单位根过程与 ARCH 模型之间搭起桥梁[Bollerslev，Engle 和 Nelson（1994）]。Taylor 和 Smith（1998）对随机季节单位根过程进行了分析，由于过程的随机季节根均值为 1，展现出异方差季节单整性。在最后一节中，介绍周期马尔可夫开关模型。

第一节　季节 GARCH 模型

在 ARCH 模型提出来之前，描述股票价格 p_t 等金融现象最常用的模型是随机游走模型。如

$$p_t=p_{t-1}+\varepsilon_t\,,$$

其中 ε_t 为白噪声干扰。根据这一模型，时刻 t 的收益 p_t-p_{t-1} 是期望为零的白噪声过程，在样本量较大时可用正态分布作近似。该模型符合金融学中有效市场的理论，运用简便，但在应用中有明显的局限性。金融市场中的一个常见的现象，是股价或其他类似的金融产品的变异率不仅随时间变化，而且常在某一时段中连续出现偏高或偏低的情况。比如，图 1.3 中所给出的深圳成份指数的日收益率数据，它上下波动的幅度反映了变易率的大小。显然，这一时间序列呈现出波动集群（volatility clustering）和厚尾部分布等性质。股价和其他金融变量（如兑换率等）的这一特征很难由随机游走模型来解释，但却可用 ARCH 模型来描述。

ARCH 模型是自回归条件异方差（AutoRegressive Conditional Heteroskedastic）过程的简称，由 Engle（1982）首次提出。自诞生以来立刻受到广大经济研究者的重视，对它的性质和特点进行了深入的研究，并且在理论上取得了重大发展[Bera 和 Higgins（1993），Bollerslev，Engle 和 Nelson（1994）]，出现了关于 ARCH 模型的各种推广形式。并且在实际金融领域中立即得到了广泛的应用[Bollerslev，Chou 和 Kroner（1992）]，如今已成为研

究实证金融学和金融经济计量学的主要工具之一。

在金融市场中，变易率具有季节性是普遍存在的一种现象。例如，十月份的S&P指数的方差是三月份方差的十倍[Gallant，Rossi和Tauchen（1992）]。Bollerslev 和Hodrick（1995）发现股票市场的月度红利也具有明显的季节条件异方差性质。第一章中的图1.3说明我国股市也具有这一现象。关于日度数据，French 和Roll（1986），Baillie 和Bollerslev（1989）发现，虽然股票日收益率和汇率均值在非交易日后比平常股票市场歇业后低，但是变易率却更高。Wood，McInish和Ord（1985），Gourieroux，Jasiak和LeFol（1999）发现，在一天之间股票收益率方差曲线为典型的 U 型曲线。Baillie 和 Bollerslev（1991），Harvey 和 Huang（1991），Dacorogna（1993）发现，汇率的变易率具有相同的特点。不仅只是金融时间序列，大多数宏观经济时间序列都具有这种季节性异方差[参见Burridge 和Wallis（1990），Fiorentini和Maravall（1996），Jaditz（1996）及Racine（1997）]。上述研究取得了许多新颖而又有趣的结论，但是同时也提出了一些新的问题。比如，根据同一市场不同频率的抽样数据可能会产生一些相悖的结论。因此，选择正确的模型结构及如何处理日内季节波动模式变得尤为重要[参见Anersen 和Bollerslev（1997b），Engle和Russell（1998），Ghysels等（1998a，1998b）及Ghysels（2000a）]。

一、季节GARCH类模型的定义和性质

下面，首先回顾一般GARCH类模型的定义和性质。用 r_t 表示资产在 t 时刻的对数收益率，考虑给定 $t-1$ 时刻已知的信息集 F_{t-1} 时，r_t 的条件均值和条件方差，即

$$\mu_t=E(r_t| F_{t-1}),\quad \sigma_t^2=\text{Var}(r_t| F_{t-1})=E[(r_t-\mu_t)^2| F_{t-1}],$$

信息集 F_{t-1} 是由过去收益率的全体线性函数组成。收益率序列通常表现出很弱的前后序列相关性，因此不妨假定 r_t 服从一个平稳的ARMA模型

$$r_t=\mu_t+v_t,\quad \mu_t=\phi_0+\sum_{i=1}^{p}\phi_i r_{t-i}+\sum_{i=1}^{p}\theta_i v_{t-i}, \tag{7.1}$$

则

$$\sigma_t^2=\text{Var}(r_t| F_{t-1})=\text{Var}(v_t| F_{t-1})。$$

ARCH模型的基本思想是：均值修正的资产收益率 v_t 是前后不相关的，但不是独立的；并且这种不独立性可以用一个它的延迟值的简单二次函数来描述．具体地说，在一个ARCH（m）模型中

$$v_t=\sigma_t\varepsilon_t,\quad \sigma_t^2=\alpha_0+\sum_{i=1}^{m}\alpha_i v_{t-i}, \tag{7.2}$$

其中$\{\varepsilon_t\}$是独立同分布的随机变量序列，均值为0，方差为1；$\alpha_0>0$，$\alpha_i\geqslant 0$。实际中，通常假定 ε_t 服从标准正态分布或标准化的 t 分布。从模型的结构上看，大的抖动会接着另一个大的抖动。这种特征与对资产收益率所观察到的波动率聚集现象相吻合。

在ARCH模型中，系数 α_i 必须满足一些正则性条件保证 v_t 的无条件方差是有限的。以ARCH（1）模型为例：

$$v_t=\sigma_t\varepsilon_t,\quad \sigma_t^2=\alpha_0+\alpha_1 v_{t-1}^2,$$

其中 $\alpha_0>0$，$\alpha_1\geqslant 0$。首先 v_t 的无条件均值仍是0，即

$$E(v_t)=E[E(v_t| F_{t-1})]=E[\sigma_t E(\varepsilon_t)]=0, \qquad (7.3)$$

无条件方差是

$$\begin{aligned}\mathrm{Var}(v_t)&= E(v_t^2)=E[E(v_t^2| F_{t-1})]=E[\alpha_0+\alpha_1 v_{t-1}^2]\\&=\alpha_0+\alpha_1 E(v_{t-1}^2)=\alpha_0+\alpha_1 \mathrm{Var}(v_{t-1})=\alpha_0+\alpha_1 \mathrm{Var}(v_t)。\end{aligned}$$

因为 v_t 是均值为 0 的平稳过程，所以 $\mathrm{Var}(v_{t-1})=\mathrm{Var}(v_t)$，从而，我们有

$$\mathrm{Var}(v_t)=\alpha_0+\alpha_1 \mathrm{Var}(v_t)=\alpha_0/(1-\alpha_1), \qquad (7.4)$$

因为 v_t 的方差必须为正，我们需要条件 $0\leqslant\alpha_1<1$。

为研究 v_t 的尾部性质，我们要求 v_t 的四阶矩是有限的。在 ε_t 是正态分布的假定下，有

$$E(v_t^4| F_{t-1})=3[E(v_t^2| F_{t-1})]^2=3(\alpha_0+\alpha_1 v_{t-1}^2)^2,$$

因此

$$E(v_t^4)=E[E(v_t^4| F_{t-1})]= 3E(\alpha_0+\alpha_1 v_{t-1}^2)^2。$$

若 v_t 是四阶平稳的，则有

$$E(v_t^4)=\frac{3\alpha_0^2(1+\alpha_1)}{(1-\alpha_1)(1-3\alpha_1^2)}。$$

这个结果有两个重要含义：1）因为 v_t 的四阶矩是正的，所以 α_1 必须满足 $0\leqslant\alpha_1^2<1/3$；2) v_t 的峰度是

$$\frac{E(v_t^4)}{[\mathrm{Var}(v_t)]^2}=\frac{3\alpha_0^2(1+\alpha_1)}{(1-\alpha_1)(1-3\alpha_1^2)}\times\frac{(1-\alpha_1)^2}{\alpha_0^2}>3。 \qquad (7.5)$$

可见，v_t 的分布尾部比正态分布的尾部厚。换句话说，服从条件高斯的 ARCH 模型的抖动 v_t 比高斯白噪声序列更容易产生异常值（outliers），这是与资产收益率中出现“异常值” 比独立同分布的正态随机变量序列出现“异常值”的时候多的经验结果相一致的。这些性质对高阶 ARCH 模型仍成立，但公式会变得更复杂一些。

ARCH 模型虽然简单，但为了充分地描述资产收益率的波动率过程，往往需要许多参数。这样就必须寻找其他模型。Bollerslev 在 1986 年将其推广得到 GARCH 模型。

对对数收益率序列 r_t，假定其均值方程是一个 ARMA 模型。设 $v_t=r_t-\mu_t$ 是均值修正的对数收益率，若

$$v_t=\sigma_t\varepsilon_t, \quad \sigma_t^2=\alpha_0+\sum_{i=1}^{m}\alpha_i v_{t-i}^2+\sum_{j=1}^{n}\beta_j\sigma_{t-j}^2, \qquad (7.6)$$

其中，$\{\varepsilon_t\}$ 是独立同分布的随机变量序列，均值为 0，方差为 1。如果 $\alpha_0>0$，$\alpha_i\geqslant0$，$\beta_j\geqslant0$，$\sum_{i=1}^{\max(m,n)}(\alpha_i+\beta_i)<1$，则称 v_t 服从 GARCH（m，n）模型。对 α_I 和 β_j 的限制条件保证 v_t 的无条件方差是有限的。当 n=0 时，GARCH 模型就简化成一个纯 ARCH 模型。ARCH 类模型虽然能够很好地模拟数据所表现出来的某些典型化事实，但是却并不能够全面代表收益的厚尾和波动集群特征。于是，计量经济学家在此基础上又提出了许多新模型。 比如：IGARCH 模型、GARCH-M 模型、EGARCH 模型、TARCH 模型等。

令 $\eta_t=v_t^2-\sigma_t^2$，可以证明 η_t 是一个鞅差分序列。则 GARCH 模型有如下等价表达式

$$v_t=\sigma_t\varepsilon_t,\quad v_t^2=\alpha_0+\sum_{i=1}^{\max(m,n)}(\alpha_i+\beta_i)v_{t-i}^2+\eta_t-\sum_{j=1}^{n}\beta_j\eta_{t-j}\,, \tag{7.7}$$

上式是 v_t^2 的 ARMA 形式。由于 GARCH 模型可以看作是 ARIMA 思想在序列 v_t^2 的应用，因此与以前各章讨论的季节模型相对应，季节 GARCH 模型基本可以分为三种情况：一种是在模型的方程中引入季节性外生变量；另一种是允许模型的条件方差方程中含有季节滞后项；第三种则是令模型的条件方差方程中的系数具有季节性变动。在实证研究中，根据序列的特征有时会同时考虑上述因素。

如果认为序列中的季节性是外生的、确定性的（比如日历性），则可以通过在（均值方程或条件方差）方程中添加外生变量（比如：季节虚拟变量）来进行描述。以 GARCH（1，1）为例

$$v_t^2=\sum_{s=1}^{S}\gamma_s\delta_{st}+\alpha_0+[\alpha_1+\beta_1]v_{t-1}^2-\beta_1\eta_{t-1}+\eta_t\,。 \tag{7.8}$$

如果认为序列中的季节性是非外生的和随机的，则常用的作法是通过在（均值方程或条件方差）方程中添加季节滞后变量来进行描述，记作 SGARCH。下面以 SGARCH（1，1）为例，有

$$v_t^2=\alpha_0+[\alpha_1+\beta_1]v_{t-S}^2-\beta_1\eta_{t-S}+\eta_t\,, \tag{7.9}$$

是关于 v_t^2 的 SARMA(1,1)过程。图 7.1（a）和（c）是季节 GARCH（1，1）模型的例子，其中 S=5, ϕ=0.9, θ=0.1。它保留了变易率聚类（波动集群）（volatility clustering）和厚尾部分布等性质。

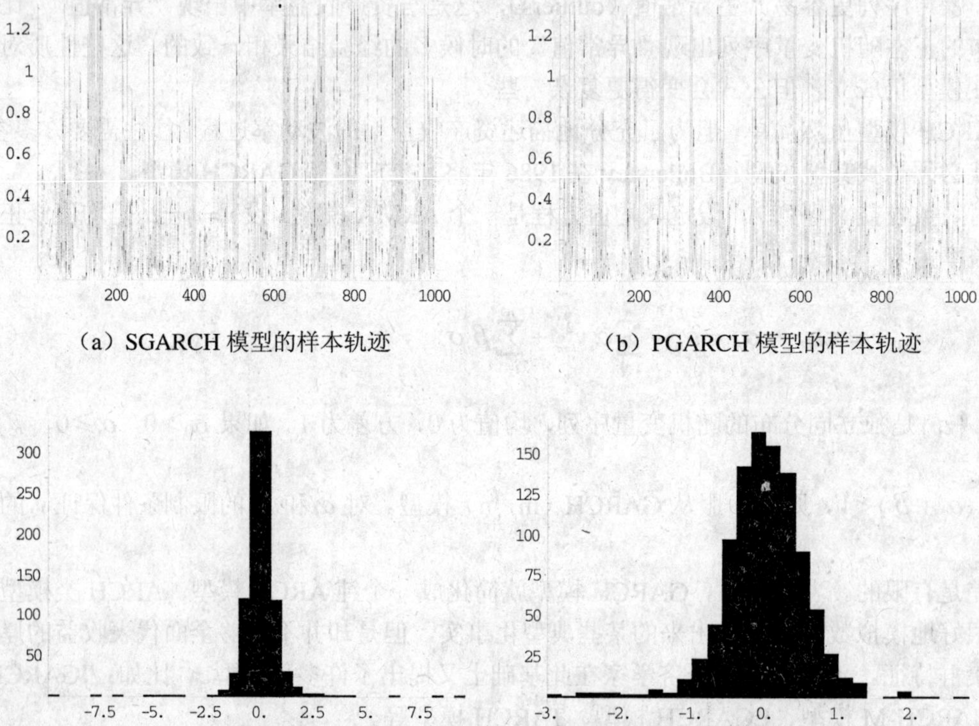

（a）SGARCH 模型的样本轨迹　（b）PGARCH 模型的样本轨迹

（c）SGARCH 的样本直方图　（d）PGARCH 的样本直方图

图 7.1　SGARCH 和 PGARCH 模型的样本轨迹和直方图

如果在一个 GARCH 模型中，它参数的变化服从一个季节性随机过程，则称它为周期 GARCH 模型。

定义 7.1 若有一个随机过程{ v_t}满足

$$E[v_t \mid F_{t-1}^s]=0,$$

$$E[v_t^2 \mid F_{t-1}^s] \equiv \sigma_t^2 = \alpha_{0s(t)} + \sum_{i=1}^{p} \alpha_{is(t)} v_{t-i}^2 + \sum_{j=1}^{q} \beta_{js(t)} \sigma_{t-j}^2, \tag{7.10}$$

其中，i 和 j 表示滞后期；$s(t)$表示时刻 t 对应的季节（在一个完整周期中的位置）；F_{t-1}^s 是 t 期以前所有信息构成的信息集，则称{ v_t}服从周期 GARCH 过程，记作 v_t～P-GARCH 过程。图 7.1 图（b）和图（d）是周期 GARCH 模型的例子，其中 $S=2, \phi_1=0.5, \phi_2=0.9, \theta_1=\theta_2=0.1$。

在已有的关于 ARCH 模型的文献中，通常对 $\alpha_{0,s(t)}$ 施加限制来模拟非交易日影响。式（7.10）的表示形式允许过程具有更为丰富的动态结构，即不同时期的新息通过系数 $\alpha_{i,s(t)}$ 和 $\beta_{j,s(t)}$ 对过程的变易率产生各自不同的影响。系数 $\alpha_{i,s(t)}$ 度量了最新的创新对过程的变易率产生的直接影响，而系数 $\beta_{j,s(t)}$ 反映了过程变易率长期平滑的演进。在许多实际应用中，我们都很自然地将系数 $\alpha_{i,s(t)}$ 限定为是周期性变动，而系数 $\beta_{j,s(t)}$ 在周期的各个阶段是不变的，即 $\beta_{j,s(t)} \equiv \beta_j$。从而，这意味着 P-GARCH 模型式（7.10）中仅在模型的自回归部分具有周期性。类似于 GARCH 模型可以表示成一个 ARMA 过程，我们可以将 P-GARCH 模型表示成一个周期性 ARMA 过程。由于周期 ARMA 过程与时不变的 SARMA 过程之间具有映射关系，可知一个P-GARCH过程与时不变的SARMA过程之间具有映射关系[Tiao和Grupe（1980），Osborn（1991）]。Bollerslev 和 Ghysels（1996） 利用德国马克对美元和德国马克对英镑的汇率的日度数据说明了 P-GARCH 模型在实证研究中的适用性。

二、检验和估计

建立一个季节 GARCH 类模型包括三个步骤：（1）采用前面几章的方法对收益率序列建立均值模型，以分离出数据中的任何线性相关成分，并用该模型的残差序列检验条件异方差性；（2）具体确定 GARCH 模型的阶，并估计参数；（3）仔细检验所拟合的 GARCH 模型，对它进行必要的改进。下面，就以季节 ARCH 模型为例进行介绍。

1．对均值效应建立模型和检验

对所观察到的时间序列建立一个 ARMA 类模型，分离出数据中的先后相关性。对大多数资产收益率序列来说，这一步就是把样本均值从数据中分离出来。对某些日收益率序列，可能会需要考虑在均值上的季节性和相依性，采用前面几章的方法对收益率序列的均值效应建立模型。

设 $\hat{e}_t$ 是该 ARMA 模型的残差，用平方序列 $\hat{e}_t^2$ 来检验条件异方差性。有两种检验方法可供使用，其中一种是通过 Ljung-Box 统计量来检验 $\hat{e}_t^2$ 是否是白噪声序列，另一种方法是 Engle 在 1982 年提出的拉格朗日乘子法，这种检验法是通过辅助回归

$$\hat{e}_t^2 = \alpha_0 + \alpha_1 \hat{e}_t^2 + \cdots + \alpha_m \hat{e}_{t-m}^2 + \varepsilon_t \tag{7.11}$$

来完成的。检验统计量为

$$LM = TR^2$$

其中 R^2 是辅助回归式的可决系数，m 是一个事先给定的正整数，T 是样本容量。在原假设 H_0：$\alpha_1=\alpha_2=\cdots=\alpha_m$ 成立时，LM 渐近服从自由度为 m 的卡方分布。充分考虑到数据中的季节性，在 m 的选择过程中尽量（至少）从 S 开始。

2．阶的确定

如果 LM 检验统计量是显著的，则认为残差 $\hat{e}_t$ 中有条件异方差。由于 P-GARCH 过程与时不变的 SARMA 过程之间具有映射关系，所以我们可以根据 $\hat{e}_t^2$ 序列的自相关函数和偏自相关函数来确定 GARCH 模型的阶数。$\hat{e}_t^2$ 的 PACF 是确定阶的有用工具，但 η_t 不是同分布的，模型的最小二乘估计虽然是一致的，但不是有效的。当样本容量较小时，$\hat{e}_t^2$ 的 PACF 可能也不是有效的。因此 GARCH 模型的阶并不十分容易确定。在实际应用中，一般只用到低阶的 GARCH 模型，比如 GARCH（1，1）、GARCH（1，2）、GARCH（2，1）等。

3．估计

如果假定 ε_t 服从标准正态分布，则 r_t 的条件分布是正态分布，密度函数为

$$f(r_t \mid F_{t-1}) = \frac{1}{\sqrt{2\pi}\sigma_t}\exp(-\frac{(r_t-\mu_t)^2}{2\sigma_t^2}),$$

信息集 F_{t-1} 是直到 t-1 时刻为止的信息集。将均值方程中待估的未知参数$\{\alpha, \beta\}$和方差方程中待估的未知参数$\{\phi, \theta\}$列成一个向量 Ψ，则 ARCH 模型的似然函数为

$$\ln L(\Psi) = -\frac{T}{2}\ln(2\pi) - \frac{1}{2}\sum_{t=1}^{T}\ln\sigma_t^2 - \sum_{t=1}^{T}\frac{(r_t-\mu_t)^2}{2\sigma_t^2}, \tag{7.12}$$

在有些应用中，假设 ε_t 服从像标准化的 t 分布这样的厚尾分布。

4．模型的检验

令

$$a_t = \frac{\hat{v}_t}{\hat{\sigma}_t},$$

可通过序列 a_t 来验证所拟合的 ARCH 模型是否合适。特别是，用 a_t 的 Ljung-Box 统计量来检验均值方程，用 a_t^2 的 Ljung-Box 统计量来检验波动率方程的有效性，用 a_t 的偏度、峰度、QQ 图来检验 a_t 服从标准正态或标准化的 t 分布的假设的是否有效。

为了检验模型是否具有周期性 GARCH 结构，可以采用 LR、LM 和 Wald 统计量。令 $\Psi=(\Psi_1, \Psi_2,\cdots,\Psi_S)'$，其中 Ψ_s 是对应于季节 s 的参数。检验的假设如下

$$H_0: \Psi_s=\Psi_0, \quad s=1,2,\cdots, S, \tag{7.13}$$

在原假设下模型中的系数在各个季节是相同的，是非时变的。

此时，LR 检验统计量具有通常的形式如下

$$LR = -2[\ln(\hat{\Psi}_R) - \ln(\hat{\Psi}_U)] \tag{7.14}$$

其中，$\hat{\Psi}_U$ 为参数的非限定极大似然估计，$\hat{\Psi}_R$ 为参数的限定极大似然估计；在原假设下，LR 统计量渐近服从卡方分布，其中自由度为原假设下对参数施加的限制数目，即 $df=k(S-1)$，其中 k 为参数向量 Ψ_0 的维数。

同样地，根据式（7.12）的得分函数和信息矩阵也能直接推导出 LM 统计量

$$\mathrm{LM}=\left(\frac{\partial \ln L}{\partial \hat{\Psi}_0}\right)'\left(\left(I(\hat{\Psi}_0)\right)\right)^{-1}\left(\frac{\partial \ln L}{\partial \hat{\Psi}_0}\right), \tag{7.15}$$

其中$\left(I(\hat{\Psi}_0)\right)$为信息矩阵，是$\hat{\Psi}_0$的方差—协方差矩阵的逆矩阵。具体地，有

$$LM_T^P = T^{-1}\sum_{s=1}^{S}[S_s(\hat{\psi}_0)'\hat{V}^{-1}S_s(\hat{\psi}_0)]^d, \tag{7.16}$$

其中，$S_s(\hat{\psi}_0)=\sum_{t=1}^{T}\delta_{st}S_{st}(r_t,\hat{\psi}_0)$，$S_{st}(r_t,\hat{\psi}_0)$为 s 季节的第 t 个观测值的得分函数。在原假设下，LM 统计量渐近服从卡方分布，其中自由度为原假设下对参数施加的限制数目。LM 检验只需对约束模型进行估计，在这里对模型施加约束后能够使得模型形式变得更加简单，因此 LM 检验比 LR 检验更具优势。类似地，还可以进行 Wald 检验。

第二节　随机系数季节自回归过程

在第二章和第三章中，我们假设模型具有固定系数，但是固定系数模型忽略了一系列小的宏观波动对动态经济模型结构的影响。由于制度除了在少数时期发生巨大的结构突变，通常情形是渐进衍变的而并非一成不变，传统模拟制度变迁的确定性方法以及固定系数模型都将不再适用。Cramer（1961）将固定系数 ARIMA 模型扩展为具有随机波动系数模型。当 ARIMA 过程中系数的变化服从一个随机过程时，我们称其为随机系数 ARIMA 模型。系数的变动使得模型在不同的 DGP 之间转换——不仅在平稳 DGP 之间转换，甚至能够在平稳 DGP 机制与非平稳 DGP 机制之间进行转换，从而模型能够更好地模拟大量的微小的宏观波动对动态经济模型结构的影响。

一、随机系数 ARIMA 模型的性质

随机系数 ARIMA 模型是一类宽泛的过程，许多非线性模型都包括在其中，比如 ARCH 模型、BILINEAR 模型和门限自回归模型等[参见 Tong（1990），Granger 和 Teräsvirta（1993）]。从实际应用观点看，有必要对此类模型以某种方式予以近似，得到简约的参数模型。与固定系数 ARIMA 模型类似，随机系数 AR 模型是对随机系数 ARIMA 模型一个很好的近似和简化，此时模型的 AR 系数是一个具有常均值和方差的随机变量。

下面以最简单的一阶随机系数的自回归过程 RCAR（1）模型为例，说明这类模型的性质特点。令

$$y_t = \phi_t y_{t-1} + \varepsilon_t, \tag{7.17}$$

其中，系数$\phi_t = \rho + \xi_t$，为方便叙述，这里假设扰动ε_t和ξ_t相互独立且都服从正态分布，即$\varepsilon_t \sim N(0,\sigma^2)$，$\xi_t \sim N(0,\omega^2)$；实际上这些条件都可以适当放宽。图 7.2 给出了 ρ 取不同值情形下随机系数序列式（7.17）和对应的固定系数序列的样本轨迹，其中 $\sigma^2=\omega^2=0.1$，$y_0=0$，$T=200$。可见，随着 ρ 的增大，随机系数序列的波动幅度越来越大，与对应的固定系数序列之间的差异也随之增大，并且，随机系数序列的波动比对应的固定系数序列剧烈。

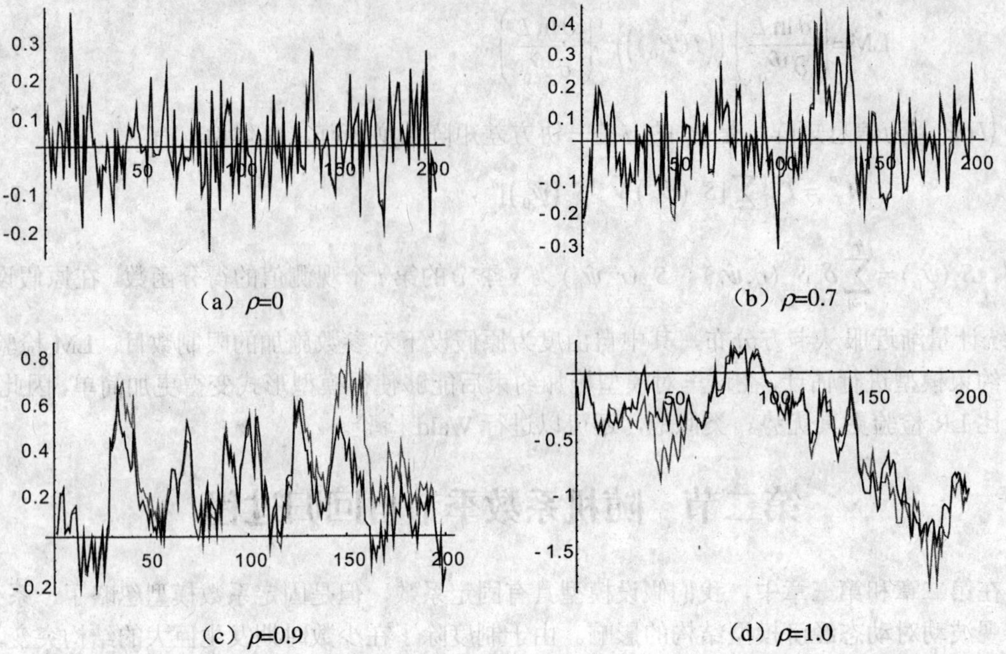

图 7.2 随机系和固定系数过程的样本轨迹的示例（虚线是随机系数序列）

若初值为 0，则均值与方差分别为

$$E(y_t)=0。$$

$$\mathrm{Var}(y_t)=\sigma^2\sum_{j=1}^{t-1}\left(\rho^2+\omega^2\right)^j$$

$$=\begin{cases}\sigma^2\dfrac{1-\left(\rho^2+\omega^2\right)^t}{1-\left(\rho^2+\omega^2\right)}, & \left(\rho^2+\omega^2\right)\neq 1,\\ \sigma^2 t, & \left(\rho^2+\omega^2\right)=1。\end{cases}$$

$$\mathrm{Cov}(y_t, y_{t-s})=\rho^s\sigma^2\sum_{j=1}^{t-s-1}\left(\rho^2+\omega^2\right)^j$$

$$=\begin{cases}\rho^s\sigma^2\dfrac{1-\left(\rho^2+\omega^2\right)^{t-s}}{1-\left(\rho^2+\omega^2\right)}, & \left(\rho^2+\omega^2\right)\neq 1,\\ \rho^s\sigma^2(t-s), & \left(\rho^2+\omega^2\right)=1。\end{cases}$$

显然，当 $\rho^2+\omega^2\geqslant 1$ 时，过程是非平稳的。当 $\rho^2+\omega^2<1$ 时，有

$$\mathrm{Var}(y_t)=\frac{\sigma^2}{1-\left(\rho^2+\omega^2\right)}。$$

$$\mathrm{Cov}(y_t, y_{t-s})=\frac{\sigma^2\rho^s}{1-\left(\rho^2+\omega^2\right)}。\qquad(7.18)$$

过程是协方差平稳的，s 阶自相关系数为 ρ^s。从二阶矩的角度上看，当 $\rho^2+\omega^2<1$ 时，过程（7.17）和一般的 AR（1）过程是相同的，从频域上讲，由于谱是自协方差的傅里叶变换，从而二者

的谱也没有什么不同。根据序列的谱或者自相关系数，是很难判断数据究竟来自于固定系数还是随机系数的 ARMA 过程。

Tsay（1987）最先对随机系数 ARIMA 模型的条件异方差性质进行了深入的研究。由式（7.17）可知过程等价于

$$y_t = \rho y_{t-1} + \xi_t y_{t-1} + \varepsilon_t \text{，} \tag{7.19}$$

从而过程具有条件异方差性，即 y_t 关于 $\{\alpha_i, y_i \text{，} 0<i<t\}$ 的条件分布服从正态分布 $N(\rho y_{t-1}, \sigma^2 + \omega^2 y_{t-1}^2)$ 。GARCH 模型也同样具有条件异方差性，只是采用不同的方式对序列中的条件异方差进行了刻画。Tsay（1987）研究了两类过程之间的区别与联系，发现在某些特定条件下二者实际上是等价的。

将随机系数自回归过程推广到季节情形，当 SARIMA 过程中系数的变化服从一个随机过程时，称其为随机系数 SARIMA 模型。以一阶季节随机系数自回归过程 RCSAR（1）模型为例，沿用前文的双下标记号，有

$$(1-\phi_{s\tau}L^S)y_{s\tau} = \varepsilon_{s\tau}\text{，}\ s=1,2,\cdots,S\text{，}\ \tau=1,2,\cdots,T_\tau\text{，} \tag{7.20}$$

其中，系数 $\phi_{s\tau} = \rho + \xi_{s\tau}$ ，扰动都服从独立的正态分布，即 $\varepsilon_{s\tau} \sim N(0,\sigma^2)$，$\xi_{s\tau} \sim N(0,\omega^2)$ 。与非季节情形类似，过程具有条件季节异方差。

事实上，序列 $y_{s\tau}$ 可以是更为广泛的一类过程

$$\Phi_{s\tau}(L)[y_{s\tau} - \mu_s - \beta_s \cdot (St+s)] = u_{s\tau} \text{，} \tag{7.21}$$

其中，$\Phi_{s\tau}(L) = \prod_{i=1}^{p}(1-\pi_{s\tau}^i L)$ 是具有随机系数 AR 滞后多项式，$\pi_{s\tau}^i$ 是随机过程；$u_{s\tau}$ 是弱平稳过程；μ_s 和 β_s 是随季节变化的确定性因素。特别，当 $\pi_{s\tau}^i$ 的均值为 1 时，为随机季节单位根过程，记作 SI_t（1）。

以式（7.20）为例，当 ρ=1 时为随机系数季节随机游走过程，一般的季节随机游走过程是 ω^2=0 时的特例；过程的自相关性弱于一般的季节随机游走过程。图 7.3 给出了 ρ=1 但 ω^2 取不同值时式（7.17）的样本轨迹。其中 σ^2 =0.1，y_0=0，T=200。可见，当 ω^2 的取值较小时，随机系数随机游走过程和一般的随机游走过程是非常相似的。随着 ω^2 的增大，随机系数随机游走过程和一般的随机游走过程序列之间的差异也随之增大。

实际的宏观经济序列绝大多数表现出明显的非平稳性特征，从而现代应用计量分析中大多数假设序列是非平稳的，并且认为通过差分可以实现平稳。这种做法隐含着一种观点，即序列中的非平稳性可以通过固定系数单位根过程予以模拟。实际上，数据生成过程是相当复杂的，差分平稳并非总是一个理想的假设，随机单位根过程的非平稳性比固定系数单位根更加剧烈，并且是不能通过差分剔除的。

从理论角度上讲，固定系数 ARIMA 结构是传统协整和误差修正模型的基础。如果序列中的非平稳性无法通过差分剔除，那么传统协整和误差修正模型将不再适用，此时估计量的性质与差分平稳下的结果大相径庭①——协整向量的估计量收敛速度为 $T^{1/2}$，不再是超一致

① 有关异质协整回归模型的相关研究，参见 Hansen（1992）。

的；EG 两步法下得到的误差修正估计量也是非一致的。因此，判断一个非平稳序列究竟采用固定系数还是随机系数单位根模型来模拟是非常关键的。

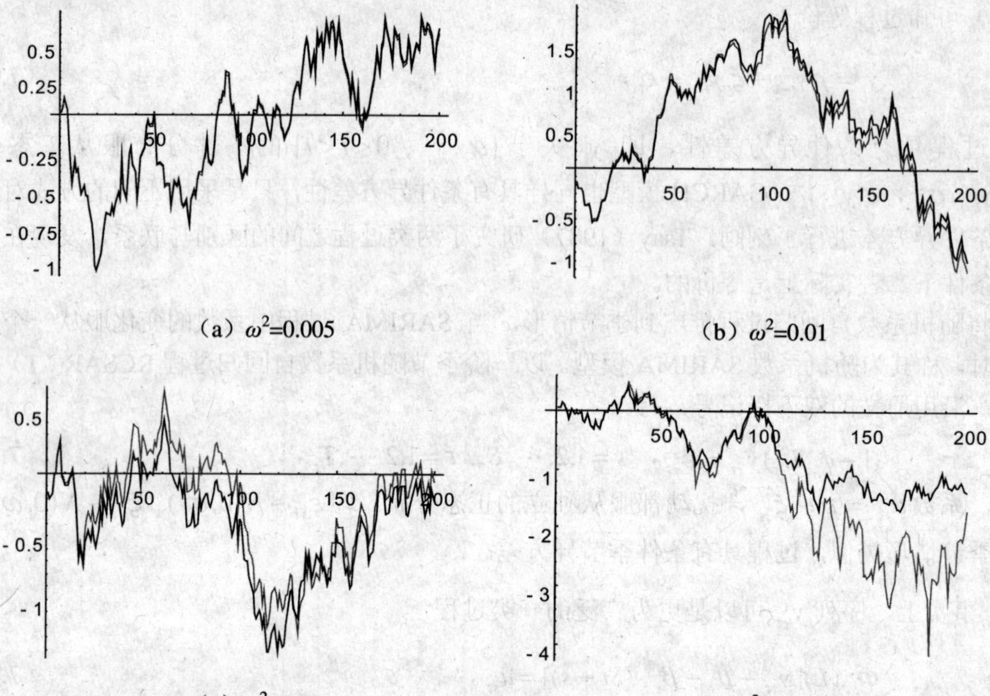

（a）$\omega^2=0.005$　（b）$\omega^2=0.01$

（c）$\omega^2=0.05$　（d）$\omega^2=0.1$

图 7.3　随机单位根和一般单位根过程的样本轨迹示例（虚线是随机的）

二、检验和估计

Cox（1983）和 Chesher（1984）建立一个局部最优检验 LMP 用于识别过程是常系数过程还是随机系数过程。Taylor 和 Smith（2001）采用相同的原理将其推广到季节模型，构造了 Taylor-Smith 异方差季节单整检验。

对于过程

$$(1-\alpha_{s\tau}L^S)z_{s\tau}=\varepsilon_{s\tau},\quad s=1,2,\cdots,S,\ \tau=1,2,\cdots,T_\tau, \tag{7.22}$$

其中，$z_{s\tau}=\Phi(L)[y_{s\tau}-\mu_s-\gamma_s(S\tau+s)]$，$y_{s\tau}$ 是观测数据；$\alpha_{s\tau}=1+\delta_{s\tau}$，$\delta_{s\tau}=\rho\delta_{s\tau-1}+\xi_{s\tau}$；扰动都服从独立的正态分布，即 $\varepsilon_{s\tau}\sim N(0,\sigma^2)$，$\xi_{s\tau}\sim N(0,\omega^2)$。由于 $y_{s\tau}$ 与 $z_{s\tau}$ 变换之间的雅可比行列式为 1，可以从 $z_{s\tau}$ 出发进行极大似然分析。

在原假设 $H_0:\omega^2=0$ 下，过程（7.22）是一般的季节单位根过程；在备择假设 $H_A:\omega^2>0$ 下，过程（7.22）是具有随机系数的季节单位根过程。

令 $\ln L(\alpha)$ 表示 $\{z_{s\tau},\ s=1,\ 2,\ \cdots,S,\ \tau=1,2,\cdots,T_\tau\}$ 关于参数向量 $\alpha=(\alpha_1,\alpha_2,\cdots,\alpha_S)'$ 的条件对数似然函数，其中 $\alpha_s=(\alpha_{s1},\alpha_{s2},\cdots,\alpha_{sT_\tau})'$，$s=1,\ 2,\ \cdots,S$。在原假设下，$z_{s\tau}$ 关于 $\{\alpha_{sj}\}_{j=1}^{\tau}$ 和 $\{\varepsilon_{sj}\}_{j=1}^{\tau}$ 的条件分布为 $N(\alpha_{s\tau}z_{s,\tau-1},\sigma^2)$。从而，有

$$\ln L(\alpha)=\sum_{s=1}^{S}\ln L_s(\alpha_s)\,,\tag{7.23}$$

其中，

$$\ln L_s(\alpha_s)=-\frac{T_\tau}{2}\ln\sigma^2-\frac{1}{2\sigma^2}\sum_{\tau=1}^{T_\tau}(z_{s\tau}-\alpha_{s\tau}z_{s,\tau-1})^2\ 。$$

由式（7.22）可知，α_s 的均值是 T_τ 维单位向量，方差 $\Omega_s(\omega^2)=\omega^2L(\rho)L(\rho)'$，其中 $L(\rho)$ 是 T_τ 阶下三角方阵

$$L(\rho)=\begin{pmatrix}1 & 0 & 0 & \cdots & 0\\ \rho & 1 & 0 & \cdots & 0\\ \rho^2 & \rho & \ddots & \ddots & \vdots\\ \vdots & \ddots & \ddots & 1 & 0\\ \rho^{T_\tau-1} & \dots & \rho^2 & \rho & 1\end{pmatrix},$$

LMP 检验统计量为

$$\sum_{s=1}^{S}\mathrm{tr}\left[\left(\frac{\partial\ln L_s(\alpha_s)}{\partial\alpha_s}\frac{\partial\ln L_s(\alpha_s)}{\partial\alpha_s'}+\frac{\partial^2\ln L_s(\alpha_s)}{\partial\alpha_s\partial\alpha_s'}\right)_{\alpha_s=1}\times\left(\frac{\partial\Omega_s(\omega^2)}{\partial\omega^2}\right)_{\omega^2=0}\right]\tag{7.24}$$

其中 tr[•]表示求方阵的迹。由

$$\frac{\partial\ln L_s(\alpha_s)}{\partial\alpha_{s\tau}}=\frac{1}{\sigma^2}z_{s,\tau-1}\varDelta_S z_{s\tau}\,,$$

$$\frac{\partial^2\ln L_s(\alpha_s)}{\partial\alpha_{s\tau}^2}=-\frac{1}{\sigma^2}z_{s,\tau-1}^2\,,\quad \left.\frac{\partial^2\ln L_s(\alpha_s)}{\partial\alpha_{s\tau}\partial\alpha_{s',\tau'}}\right|_{s\neq s'}=0\,,$$

$$\partial\Omega_s(\omega^2)/\partial\omega^2=L(\rho)L(\rho)',$$

得 LMP 检验统计量为

$$S_\rho=\frac{1}{\sigma^4}\sum_{s=1}^{S}\sum_{j=1}^{T_\tau}\rho^{-2j}[(\sum_{\tau=j}^{T_\tau}\rho^\tau z_{s,\tau-1}\varDelta_S z_{s\tau})^2-\sigma^2\sum_{\tau=j}^{T_\tau}\rho^{2\tau}z_{s,\tau-1}^2]\ 。\tag{7.25}$$

统计量 S_ρ 依赖于式（7.22）中的参数 ρ，这个参数在原假设下是无法识别的。从原理上讲，可以固定 ρ 的取值或者令统计量 S_ρ 关于 ρ 最大化，然后再推导统计量的分布。但是，这样计算量是相当大的，操作起来非常困难。一个简单可行的解决办法是，在 $\rho=0$ 和 $\rho=1$ 两种极端情形下推导统计量 S_0 和 S_1 的分布。由式（7.25）可得

$$S_0=\frac{1}{\sigma^4}\sum_{s=1}^{S}\sum_{j=1}^{T_\tau}z_{s,\tau-1}^2[(\varDelta_S z_{s\tau})^2-\sigma^2]$$

$$=\frac{1}{\sigma^4}\sum_{s=1}^{S}\sum_{\tau=1}^{T_\tau}(\sum_{v=1}^{\tau-1}\varepsilon_{sv})^2[\varepsilon_{s\tau}^2-\sigma^2] \tag{7.26}$$

和

$$S_1=\frac{1}{\sigma^4}\sum_{s=1}^{S}\sum_{j=1}^{T_\tau}[(\sum_{\tau=j}^{T_\tau}z_{s,\tau-1}\Delta_S z_{s\tau})^2-\sigma^2\sum_{\tau=j}^{T_\tau}z_{s,\tau-1}^2]$$

$$=\frac{1}{\sigma^4}\sum_{s=1}^{S}\sum_{j=1}^{T_\tau}\{[\sum_{\tau=j}^{T_\tau}\varepsilon_{s,\tau}(\sum_{v=1}^{\tau-1}\varepsilon_{sv})]^2-\sigma^2\sum_{\tau=j}^{T_\tau}(\sum_{v=1}^{\tau-1}\varepsilon_{sv})^2\}\text{。} \tag{7.27}$$

在原假设 $H_0:\omega^2=0$ 下，式（7.22）中的观测值$\{y_{s\tau}\}$可以表示为

$$\Delta_S y_{s\tau}=b_s+\sum_{i=1}^{p}\phi_i\Delta_S y_{s-i,\tau}+\varepsilon_{s\tau}\text{，}$$

其中，$b_s=S\gamma_s$。对该回归检验式做 OLS 估计，得到残差

$$\hat{\varepsilon}_{s\tau}=\Delta_S y_{s\tau}-\hat{b}_s-\sum_{i=1}^{p}\hat{\phi}_i\Delta_S y_{s-i,\tau}\text{。}$$

令

$$\hat{\sigma}^2=\frac{1}{ST_\tau}\sum_{s=1}^{S}\sum_{\tau=1}^{T_\tau}\hat{\varepsilon}_{s\tau}^2\text{，}$$

$$\hat{\kappa}^2=\frac{1}{ST_\tau}\sum_{s=1}^{S}\sum_{\tau=1}^{T_\tau}(\hat{\varepsilon}_{s\tau}^2-\hat{\sigma}^2)^2\text{，}$$

在原假设 $H_0:\omega^2=0$ 下，$\left\{\hat{\phi}_i\right\}_{i=1}^{p},\hat{\sigma}^2,\hat{\kappa}^2$ 是参数$\left\{\phi_i\right\}_{i=1}^{p},\sigma^2,\kappa^2$ 的一致估计量，收敛速度为 $T^{1/2}$。令 $S_{\varepsilon,T_\tau}^{s}(r)\equiv(\sigma^2T)^{-1/2}\sum_{\tau=1}^{[T_\tau r]}\varepsilon_{s\tau}$ 和 $S_{\varepsilon^2,,T_\tau}^{s}(r)\equiv(\kappa^2T)^{-1/2}\sum_{\tau=1}^{[T_\tau r]}(\varepsilon_{s\tau}^2-\sigma^2)$，其中$[T_\tau r]$表示$T_\tau r$的整数部分，$r\in[0，1]$。有 $S_{\varepsilon,T_\tau}^{s}(r)$ 和 $S_{\varepsilon^2,\,T_\tau}^{s}(r)$ 弱收敛于 $W_s(r)$和 $H_s(r)$，其中$\left\{W_s(r)\right\}_{s=1}^{S}$ 和$\left\{H_s(r)\right\}_{s=1}^{S}$ 是独立的标准布朗运动[参见 McCabe 和 Tremayne（1995）]。

将残差代入式（7.26）和式（7.27），经整理得 Taylor-Smith 检验统计量

$$\hat{S}_0\equiv T^{-3/2}\hat{\sigma}^{-2}\hat{\kappa}^{-1}\sum_{s=1}^{S}\sum_{\tau=1}^{T_\tau}(\sum_{v=1}^{\tau-1}\hat{\varepsilon}_{sv})^2[\hat{\varepsilon}_{s\tau}^2-\hat{\sigma}^2] \tag{7.28}$$

和

$$\hat{S}_1\equiv T^{-3}\hat{\sigma}^{-4}\sum_{s=1}^{S}\sum_{j=1}^{T_\tau}\{[\sum_{\tau=j}^{T_\tau}\hat{\varepsilon}_{s,\tau}(\sum_{v=1}^{\tau-1}\hat{\varepsilon}_{sv})]^2-\hat{\sigma}^2\sum_{\tau=j}^{T_\tau}(\sum_{v=1}^{\tau-1}\hat{\varepsilon}_{sv})^2\}\text{。} \tag{7.29}$$

由泛函中心极限定理，$\hat{S}_0$ 和 $\hat{S}_1$ 的极限分布分别为

$$\hat{S}_0 \Rightarrow \sum_{s=1}^{S}\int_0^1 B_s(r)\mathrm{d}H_s(r)-[\sum_{s=1}^{S}\int_0^1 B_s(r)^2\mathrm{d}r][S^{-1}\sum_{s=1}^{S}H_s(1)], \tag{7.30}$$

$$\hat{S}_1 \Rightarrow \sum_{s=1}^{S}\int_0^1\left[\left(\int_r^1 B_s(\tau)\mathrm{d}B_s(\tau)\right)^2-\int_r^1 B_s(\tau)^2\mathrm{d}\tau\right]\mathrm{d}r, \tag{7.31}$$

其中，$B_s(r)=W_s(r)-rW_s(1)$。显然，它们都是非标准分布，Taylor 和 Smith（2001）给出了 S=2，4，12 情形下 $\hat{S}_0$ 和 $\hat{S}_1$ 的临界值。Pak wing Fong 和 Li（2003）研究了随机单位根和随机季节单位根同时存在的情形。

由于模型中的系数是随机的，会在不同的时点发生未知的变动，这使得条件似然函数没有显式表示形式，从而传统的估计方法不再适用。Leybourne，McCabe 和 Mills（1996）用状态空间来表示随机系数模型，并借助卡尔曼滤波代数方法构造似然函数，通过极大似然方法估计模型中所有的参数。Hamilton（1994a）对卡尔曼滤波以及状态空间模型予以了全面讨论。McCulloch 和 Tsay（1994）发现，Gibbs 抽样法①在解决自回归中随机系数模型时非常有效。Pak wing Fong 和 Li（2003）对美国货币供给量 M1 建立了季节随机单位根模型并利用该方法进行了估计。

第三节　周期马尔可夫开关模型

一、周期马尔可夫开关模型的定义和性质

当人们对宏观经济或金融时间序列进行长期观测时，常常会看到一些戏剧性的变化。时间序列所表现出的这种突变，究其根源可能是战争、金融恐慌或政府政策的重大调整。一个典型的例子是墨西哥银行美元对比索的汇率［见图 7.4（Rogers，1992）]。

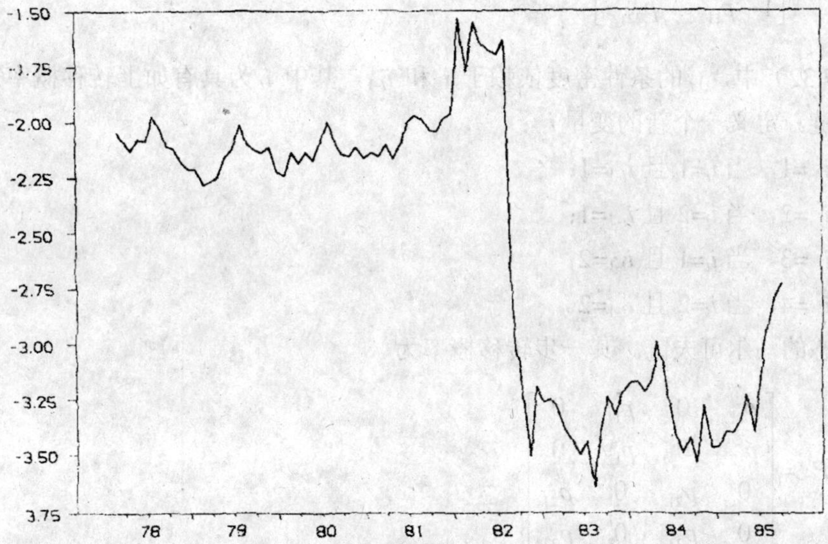

图 7.4　墨西哥银行美元对比索的汇率（1978～1985）

① Gibbs 抽样法由 Gelfand 和 Smith(1990)写出，有关该方法在时间序列分析中的应用的详细论述参见 Carlin 等（1992），Chib（1993），Chib 和 Greenberg（1994），Carter 和 Kohn（1994）以及 Shephared（1994）。

对于这样一个时间序列过程，应该如何建模呢？一个简单的想法是在 1982 年自回归的常数项发生了变化。因此，对 1982 年前的数据采用模型

$$y_t-\mu_1=\phi(y_{t-1}-\mu_1)+\varepsilon_t,$$

而对 1982 年后的数据采用模型

$$y_t-\mu_2=\phi(y_{t-1}-\mu_2)+\varepsilon_t,$$

上面的模型看起来是对数据的一个直观的描述，但作为一个时间序列模型并不令人满意。比如，我们如何利用它进行预测？显然，如果过去的过程发生了变化，那么它在将来也可能发生变化，所以在预测时应该充分考虑到这一点。另外，体制的变化肯定不能视做完全可预见的、确定性事件，体制变化应该一个随机变量。一个完整的时间序列模型还应该包括参数从 μ_1 到 μ_2 变化的概率规律，即未被观察到的随机变量 i_t，其中 i_t 表示过程在时刻 t 的状态或体制。如果 $i_t=1$，则过程处在体制 1，而 $i_t=2$ 则意味着过程处于体制 2。则上面的模型可等价写作

$$y_t-\mu(i_t)=\phi(y_{t-1}-\mu(i_{t-1}))+\varepsilon_t。\tag{7.32}$$

其中描述这类离散性随机变量 i_t 的最简单而有效的时间序列模型是马尔可夫链，我们称形如式（7.32）的模型为马尔可夫开关模型（Hamilton，1994a）。

接下来，首先介绍有关马尔可夫链的一些基本概念。

如果随机过程$\{x_t\}$等于某个 j 值的概率仅依赖于上期的取值，即

$$\mathrm{P}\{x_{t+1}=j|x_t=i,x_{t-1}=k,\cdots\}=\mathrm{P}\{x_{t+1}=j|x_t=i\}=p_{ij},$$

则称$\{x_t\}$为转移概率$\{p_{ij}\}_{i,j=1,\cdots,N}$的 N 个状态的马尔可夫链，简称马氏链。

转移概率 p_{ij} 给出了状态 i 之后出现状态 j 的概率，有 $p_{i1}+p_{i2}+\cdots+p_{iN}=1$。比如，对于一个二状态的马尔可夫链，其转移概率矩阵为

$$P=\begin{bmatrix} p_{11} & 1-p_{22} \\ 1-p_{11} & p_{22} \end{bmatrix}。\tag{7.33}$$

在过程（7.32）中，y_t 的条件密度依赖于 i_t 和 i_{t-1}，其中 i_t 为具有如上转移概率矩阵的二状态马尔可夫链。定义一个新的变量 i_t^*：

$i_t^*=1$，当 $i_t=1$ 且 $i_{t-1}=1$；

$i_t^*=2$，当 $i_t=2$ 且 $i_{t-1}=1$；

$i_t^*=3$，当 $i_t=1$ 且 $i_{t-1}=2$；

$i_t^*=4$，当 $i_t=2$ 且 $i_{t-1}=2$。

i_t^* 是一个 4 状态的马尔可夫链。其一步转移概率为

$$P^*=\begin{bmatrix} p_{11} & 0 & p_{11} & 0 \\ p_{12} & 0 & p_{12} & 0 \\ 0 & p_{21} & 0 & p_{21} \\ 0 & p_{22} & 0 & p_{22} \end{bmatrix}。\tag{7.34}$$

于是，y_t 的条件密度仅依赖于当期体制 i_t^*，式（7.32）等价于

$$y_t=C(i_t^*)+\phi y_{t-1}+\varepsilon_t。\tag{7.35}$$

其中，

$$C(i_t^*)=\mu(i_t)-\phi\mu(i_{t-1})。$$

有不少文章进行关于马尔可夫开关制度变迁模型（Switching Regime Models）的研究，参见 Hamilton（1988, 1989, 1990, 1994b），Phillips（1991），Cecchetti 和 Lam（1992），Albert 和 Chib（1993），Diebold，Lee 和 Weinbach（1994），Durland 和 McCurdy（1994），Filardo（1994），McCulloch 和 Tsay（1994），Sichel（1994）等等。

当采用季节数据建立马尔可夫开关制度变迁模型时，最常用的方式之一是添加季节滞后项。考虑一个季度时间序列$\{y_t\}$——例如 GDP 的增长率，假定其随机结构为

$$\begin{aligned} y_t-\mu(i_t)=\phi_1\{y_{t-1}-\mu(i_{t-1})\}+\phi_2\{y_{t-2}-\mu(i_{t-2})\} \\ +\phi_3\{y_{t-3}-\mu(i_{t-3})+\phi_4\{y_{t-4}-\mu(i_{t-4})\}\}+\varepsilon_t, \end{aligned} \tag{7.36}$$

其中，ε_t 服从独立同分布的$N(0,\sigma^2)$，i_t 为二状态的马尔可夫链。为了将上式写成仅依赖于当期体制的形式，变量i_t^*被定义为 32 个状态的马尔可夫链。当 i_t，i_{t-1}，…，i_{t-4} 都等于 1 时，$i_t^*=1$；当 $i_t=2$，$i_{t-1}=i_{t-2}\cdots=i_{t-4}=1$ 时，$i_t^*=2$；等等 i_t，i_{t-1}，…，i_{t-4} 的 32 个可能的组合。

另一种方式是允许制度的转移概率随季节波动，建立周期性马尔可夫开关模型。Ghysels（1991）提出了该类模型，并将它用于研究英国经济周期转折点的分布是否具有季节均匀性（the non-uniformity of the distribution）。下面，就通过一个简单的例子来说明周期马尔可夫开关模型的基本结构。考虑一个年度观察频率为 S 的单变量的时间序列 y_t:

$$\{y_t-\mu[(i_t,s_t)]\}=\phi\{y_{t-1}-\mu[(i_{t-1},s_{t-1})]\}+\varepsilon_t, \tag{7.37}$$

$$\mu[(i_t,s_t)]=\alpha_0+\beta\, i_t+\sum_{s=1}^{S-1}\delta_{st}\alpha_s\ , \tag{7.38}$$

其中$|\phi|<1$，$s_t=t\,\mathrm{mod}(S)$ 是季节示性过程；ε_t 服从独立相同的正态分布$N(0,\sigma^2)$。$\mu[\bullet]$表示截矩推移函数（intercept shift function），它允许含有季节哑变量δ_{st}。特别，当 $\beta=0$ 时，式（7.37）是一个具有确定性季节性的 AR（1）过程。i_t 表示体制在时刻 t 所处的状态。假定$i_t\in\{0,1\}$是两状态的马尔可夫链且过程i_t和s_t通过下面方式相互作用

$$\begin{array}{ccc} & 0 & 1 \\ 0 & q(s_t) & 1-q(s_t) \\ 1 & 1-p(s_t) & p(s_t) \end{array} \tag{7.39}$$

其中，转移概率$p(\cdot)$和$q(\cdot)$随季节变化而变化[①]，显然i_t的转移概率是非齐次的。定义一个新的变量i_t^*：

$i_t^*=1$，当 $i_t=1$ 且 $s_t=1$；

$i_t^*=2$，当 $i_t=2$ 且 $s_t=1$；

⋮

①当 $p(\cdot)=\overline{p}$，$q(\cdot)=\overline{q}$ 时，即为标准的齐次马尔可夫链模型。

$i_t^* = 7$，当 i_t=1 且 s_t=4；

$i_t^* = 8$，当 i_t=2 且 s_t=4。

i_t^* 是一个 8 状态的马尔可夫链，具有齐次转移概率

$$P^* = \begin{bmatrix} 0 & 0 & p_1 & 1-p_1 & 0 & 0 & 0 & 0 \\ 0 & 0 & 1-q_1 & q_1 & 0 & 0 & 0 & 0 \\ 0 & 0 & 0 & 0 & p_2 & 1-p_2 & 0 & 0 \\ 0 & 0 & 0 & 0 & 1-q_2 & q_2 & 0 & 0 \\ 0 & 0 & 0 & 0 & 0 & 0 & p_3 & 1-p_3 \\ 0 & 0 & 0 & 0 & 0 & 0 & 1-q_3 & q_3 \\ p_4 & 1-p_4 & 0 & 0 & 0 & 0 & 0 & 0 \\ 1-q_4 & q_4 & 0 & 0 & 0 & 0 & 0 & 0 \end{bmatrix}。 \quad (7.40)$$

再考虑到 y_t 的条件密度依赖于 s_t 和 s_{t-1}，如果 y_t 写成仅依赖于当期体制的形式，与前面式(7.36)类似，制度变量将为 16 个状态的马尔可夫链。

过程$\{y_t\}$在一定的正则条件下是协方差平稳的。从而，它有线性 Wald 的 MA 表达式。注意到随机开关过程 i_t 有如下的 AR(1)表达形式

$$i_t = [1 - q(s_t)] + \lambda(s_t) i_{t-1} + v_t(s_t), \quad (7.41)$$

其中 $\lambda(\cdot) \in \{\lambda^1, \cdots, \lambda^S\}$，

$$\lambda(s_t) \equiv -1 + p(s_t) + q(s_t) = \lambda^s, \quad s_t = s,$$

并且在 $i_{t-1} = 1$ 的条件下，有

$$v_t(s_t) = \begin{cases} [1 - p(s_t)], & \text{发生概率是 } p(s_t), \\ p(s_t), & \text{发生概率是} 1 - p(s_t)。 \end{cases} \quad (7.42)$$

在 $i_{t-1} = 0$ 的条件下，有

$$v_t(s_t) = \begin{cases} -[1 - q(s_t)], & \text{发生概率是 } q(s_t), \\ q(s_t), & \text{发生概率是} 1 - q(s_t)。 \end{cases} \quad (7.43)$$

将年度内所有季节的值表示为向量形式

$$\overline{i_\tau} \equiv (i_{1\tau}, i_{2\tau}, \cdots, i_{S\tau})', \quad (7.44)$$

$$\overline{v_\tau} \equiv (v_{1\tau}, v_{2\tau}, \cdots, v_{S\tau})', \quad (7.45)$$

则式（7.41）等价表示为

$$\begin{bmatrix} 1 & 0 & \cdots & & 0 \\ -\lambda^2 & 1 & \cdots & & 0 \\ \vdots & \ddots & & & \vdots \\ \vdots & & & & \\ 0 & & & 1 & 0 \\ 0 & \cdots & \cdots & -\lambda^S & 1 \end{bmatrix} \overline{i_\tau} \equiv \begin{bmatrix} 1-q^1 \\ 1-q^2 \\ \vdots \\ \\ \vdots \\ 1-q^S \end{bmatrix} + \begin{bmatrix} 0 & \cdots & \lambda^1 \\ 0 & & 0 \\ \vdots & & \vdots \\ & & \\ & & \\ 0 & \cdots & 0 \end{bmatrix} \overline{i}_{\tau-1} + \overline{v}_\tau \text{。} \tag{7.46}$$

由式（7.41）可见，状态不仅与i_t有关还和s_t有关。式（7.41）是一个周期 AR（1）过程，其中所有的参数（包括误差过程的参数）在每个季度的取值都是不同的。虽然，它的形式与第六章中的周期 ARMA 过程类似，二者具有很多共同的特性。但是，它们之间还存在许多本质的区别。式（7.41）中的扰动过程是一个离散的过程，过程i_t具有隐藏的周期性以及非线性预测的特性。

由于式（7.37）可以等价表示为

$$y_t = \alpha_0 + \alpha_1 i_t + \sum_{s=1}^{S-1} \delta_{st} \alpha_s + (1-\phi L)^{-1} \varepsilon_t \text{，} \tag{7.47}$$

其中，ε_t服从独立相同的正态分布$N(0,\sigma^2)$，我们可以把$y_t - \sum_{s=1}^{S-1} \delta_{st}\alpha_s$看作独立的两个不可观测的过程$i_t$和$(1-\phi L)^{-1}\varepsilon_t$之和。显然，不可测过程$i_t$所具有的特征都将传递到可观测过程$\{y_t\}$，有

$$s_y(z) = \alpha_1^2 s_i(z) + [1/(1-\phi z)(1-\phi z^{-1})](\sigma^2/2\pi) \text{，} \tag{7.48}$$

所以这个线性表达式具有由过程i_t传递而来的隐藏的周期性以及非线性预测的特性。

Ghysels（2000b）将周期马尔可夫开关模型推广到高阶 AR 动态过程以及包括多个过程的情形。Ghysels, McCulloch 和 Tsay（1998）以及 Bac，Cheveth 和 Ghysels（2000b）提供了关于美国宏观经济时间序列总体和历史上小麦价格序列实证的例子。

二、估计和检验

首先介绍马尔可夫链的向量自回归表达形式，它在随后估计的迭代式中会非常有用。

令ξ_t表示一个N维向量：

$$\xi_t = \begin{cases} (1,0,0,\cdots,0)', & s_t = 1\text{，} \\ (0,1,0,\cdots,0)', & s_t = 2\text{，} \\ \quad\vdots & \quad\vdots \\ (0,0,0,\cdots,1)', & s_t = N\text{。} \end{cases} \tag{7.49}$$

当s_t=i 时，

$$E(\xi_{t+1} \mid s_t = i) = \begin{bmatrix} p_{i1} \\ p_{i2} \\ \vdots \\ p_{iN} \end{bmatrix} \text{。} \tag{7.50}$$

因此有

$$E(\xi_{t+1} \mid \xi_t) = P\xi_t,$$

从而

$$\xi_{t+1} = P\xi_t + v_{t+1}, \tag{7.51}$$

其中 $v_{t+1} = \xi_{t+1} - E(\xi_{t+1} \mid \xi_t)$ 是一个鞅差分序列。

下面，我们就以如下过程为例介绍马尔可夫模型的估计和检验。对于过程

$$y_t = C(i_t) + \phi(i_t)\, y_{t-1} + \varepsilon_t,$$

其中 ε_t 服从独立相同的正态分布 $N(0,\sigma^2)$，且 i_t 独立于 ε_t。令 $F_t=(\boldsymbol{y}_t, \boldsymbol{y}_{t-1}, \cdots, \boldsymbol{y}_{-m})$ 包含到时期 t 为止的所有的观测值。则过程在 $i_t=j$ 时的条件密度为

$$f(y_t \mid y_{t-1}, i_t = j; \alpha) = \frac{1}{\sqrt{2\pi\sigma}} \exp\{\frac{-(y_t - c_j - \phi_j y_{t-1})^2}{2\sigma^2}\}, \quad j=1, 2, \cdots, N, \tag{7.52}$$

其中 $\alpha=(c_j,\phi_j)$ 表示条件密度的参数向量。将这些条件密度列成一个 N 维向量，记作 $\boldsymbol{\eta}_t$。

将所有参数 α 和 p_{ij} 列成向量 θ，我们的目标是根据 F_t 估计 θ 的值。首先我们假定 θ 是已知的，但是我们还是不知道过程在样本中的每一个时期处于哪一个制度，只能进行概率推断。记

$$\xi_{t|t}(j) = P\{s_t = j \mid F_t; \theta\} = E[\xi_t \mid F_t],$$
$$\xi_{t+1|t}(j) = P\{s_{t+1} = j \mid F_t; \theta\} = E[\xi_{t+1} \mid F_t],$$

由

$$f\{y_t, s_t = j \mid F_{t-1}; \theta\} = P\{s_t = j \mid F_{t-1}; \theta\} \times f\{y_t \mid s_t = j, F_{t-1}; \theta\} = \hat{\xi}_{t|t-1} \circ \eta_t,$$
$$P\{s_t = j \mid F_t; \theta\} = f\{y_t, s_t = j \mid F_{t-1}; \theta\} / f(y_t \mid F_{t-1}; \theta\}$$

和马尔可夫链的向量自回归形式可得 $\hat{\xi}_{t|t}$ 和 $\hat{\xi}_{t+1|t}$ 的最优推断和预测可以通过对下面方程迭代而求得

$$\hat{\xi}_{t|t} = \frac{(\hat{\xi}_{t|t-1} \circ \eta_t)}{1'(\hat{\xi}_{t|t-1} \circ \eta_t)}, \tag{7.53}$$

$$\hat{\xi}_{t+1|t} = P \cdot \hat{\xi}_{t|t}, \tag{7.54}$$

这里 $\boldsymbol{\eta}_t$ 表示条件密度向量，$\boldsymbol{P}$ 表示 $N\times N$ 转移概率矩阵，$\mathbf{1}$ 表示元素都为 1 的 N 维向量，$\circ$ 表示元素对元素的乘法。给定初始值 $\hat{\xi}_{1|0}$ 和参数 θ 的初始值，可通过对上面方程迭代求得每个时期的 $\hat{\xi}_{t|t}$ 和 $\hat{\xi}_{t+1|t}$ 值。在这个过程中我们还可以得到对数似然函数在 θ 的值，

$$\ln L(\theta) = \sum_{t=1}^{T} \log f(y_t \mid F_{t-1}; \theta\}, \tag{7.55}$$

其中

$$f\{y_t \mid F_{t-1}; \theta\} = 1'(\hat{\xi}_{t|t-1} \circ \eta_t).$$

根据上述的似然函数，可以构造各种检验统计量对模型的设定进行检验，比如检验自相

关性、ARCH 以及马尔可夫链动态性等等，详细内容参见 Hamilton（1991c）。我们在以前各章中所介绍的检验方法在这里仍然适用。下面，专门介绍对模型周期性马尔可夫结构的检验。

为了检验模型的转移矩阵是否具有周期性结构，可以采用 LR、LM 和 Wald 统计量，检验的假设如下

$$H_0:\ p_s=\overline{p} \text{ 且 } q_s=\overline{q}, \quad s=1,2,\cdots, S, \tag{7.56}$$

$$H_0:\ p_s=\overline{p}, \quad s=1,2,\cdots, S, \tag{7.57}$$

$$H_0:\ q_s=\overline{q}, \quad s=1,2,\cdots, S, \tag{7.58}$$

其中第一个假设限定对于两种体制转移矩阵在各个季节是相同的；第二个假设限定对于扩张这种体制转移矩阵在各个季节是相同的；第三个假设限定对于衰退体制转移矩阵在各个季节是相同的。

此时，LR 检验统计量具有通常的形式如下

$$LR=-2[\ln L(\hat{\theta}_R)-\ln L(\hat{\theta}_U)], \tag{7.59}$$

其中，$\hat{\theta}_U$ 为参数 θ 的非限定极大似然估计，$\hat{\theta}_R$ 为参数 θ 的限定极大似然估计；在原假设下，LR 统计量渐近服从卡方分布，其中自由度为原假设下对参数施加的限制数目，即：在式(7.56)中自由度 $df=2(S-1)$；在式（7.57）和式（7.58）中自由度 $df=(S-1)$。

同样地，得分函数和信息矩阵也能直接推导出 LM 统计量

$$LM=\left(\frac{\partial \ln L}{\partial \tilde{\theta}}\right)'\left(I(\tilde{\theta})\right)^{-1}\left(\frac{\partial \ln L}{\partial \tilde{\theta}}\right) \tag{7.60}$$

其中 $I(\tilde{\theta})$ 为信息矩阵，是 $\tilde{\theta}$ 的方差—协方差矩阵的逆矩阵。在原假设下，LM 统计量渐近服从卡方分布，其中自由度为原假设下对参数施加的限制数目。LM 检验只需对约束模型进行估计，在这里对模型施加约束后能够使得模型形式变得更加简单，因此 LM 检验比 LR 检验更具优势。

由于信息矩阵具有块对角结构，Wald 检验统计量有如下形式

$$W_{\text{Wald}}=\frac{\left(\hat{p}_i-\hat{p}_j\right)^2}{\text{Var}(\hat{p}_i)+\text{Var}(\hat{p}_j)}, \tag{7.61}$$

在原假设下，Wald 统计量渐近服从卡方分布，其中自由度被检验的约束条件的个数。Wald 检验只需对约束模型进行估计。

参考文献

1. 张晓峒．计量经济分析．北京：经济科学出版社，2000.
2. 张晓峒．小样本D W统计量的分布特征．南开经济研究，1999，12：40~43
3. 杜勇宏．季节时间序列分析: [博士后出站报告]．天津：南开大学经济学院，2004
4. 杜勇宏，王健，张晓峒．周期过程和周期协整．南开经济研究，2005，3：7~11
5. 栾惠德．居民消费价格指数的实时检测——基于季节调整的方法．经济科学，2007，2：59～67
6. 栾惠德．季节调整中的春节模型．经济学季刊，2007，6(2)：707～722
7. 栾惠德．假日经济与居民消费——来自季节调整的证据．当代经济科学，2007，5：89～94
8. 马薇，王健．计量经济模型的伪回归问题研究．现代财经，2005，6:52～55
9. 王健．季节模型中的虚假回归——理论研究及实证分析: [博士毕业论文]．天津：南开大学经济学院，2005
10. 王健，杜勇宏．X-12 季节调整与单位根检验．中国数量经济学 2006 年会论文．2006，5
11. 王健，杜勇宏，张晓峒．季节虚假回归检验的一个新方法——SDW 统计量的分布特征与检验功效．21 世纪数量经济学．2005，5：29～37
12. 张晓峒，王健，杜勇宏．季节虚假回归中相关统计量的分布特征．系统工程学报，2006，8：361～367
13. Abeysinghe T. Inappropriate Use of Seasonal Dummies in Regression. *Economics Letters*, 1991, **36**: 175~179
14. Abeysinghe T. Deterministic Seasonal Models and Spurious Regression. *Journal of Econometrics*, 1994, **61**: 259~272
15. Abraham B, Ledolter J. Statistical Methods for Forecasting. Wiley New York , 1983
16. Ahtola J, Tiao G C. Distribution of Least Squares Estimators of Autoregressive Parameters for a Process with Complex Roots on the Unit Circle. *Journal of Time Series Analysis*, 1987, **8**: 1~14
17. Albert J, Chib S. Bayesian Inference via Gibbs Sampling of Autoregressive Time Series Subject to Markov Measured Variance Shifts. *Journal of Business and Economic Statistics*, 1993, **11**: 1~15
18. Andel J. Autoregressive Series with Random Parameters. *Mathmatische Operationsforschung und Statistik, Series Statistics*, 1976, **7**: 736~741
19. Andersen T G., Bollerslev T. Heterogeneous Information Arrivals and Return Volatility

Dynamics: Uncovering the Long –Run in High Frequency Returns. *Journal of Finance*, 1997a, **52**: 975~1005

20. Andersen T G., Bollerslev T. Intraday Periodicity and Volatility Persistence in Financial Markets. *Journal of Empirical Finance*, 1997b, **4**: 115~158
21. Ansley C F, Newbold P. Finite Sample Properties of Estimators for Autoregressive Moving Average Models. *Journal of Econometrics*, 1980, **13**: 159~183
22. Bac C, Chevet J M, Ghysels E. A Time Series Model with Periodic Stochastic Regime Switching, Part Ⅱ: Applications to 16th and 17th Century Grain Prices. *Macroeconomic* Dynamics, 1999
23. Baillie R T, Bollerslev T. The Message in Daily Exchange Rates: A Conditional Variance Tale. *Journal of Business and Economic Statistics*, 1989, **7**: 297~305
24. Baillie R T, Bollerslev T. Intra Day and Inter Market Volatility in Foreign Exchange Rates. *Review of Economic Studies*, 1991, **58**: 565 ~585
25. Baillie R T, Bollerslev T, Mikkelson H O. Fractional Integrated Generalized Autoregressive Conditional Heteroskedasticity. *Journal of Econometrics*, 1996, **74**: 3~30
26. Banerjee A, Lumsdaine R L, Stock J H. Recursive and Sequential Tests of the Unit-Root and Trend-Break Hypotheses: Theory and International Evidence. *Journal of Business and Economic Statistics*, 1992, **10**: 271~288
27. Banerjee A, Dolado J, Galbraith J W, et al. Co-Integration Error-Correction and the Econometric Analysis of Non-Stationary time Series, Oxfords: Oxford University Press, 1993
28. Barsky R, Miron J. The Seasonal and the Business Cycle, *Journal of Political Economy*, 1989, **97**: 503~534
29. Baxter M, King R G. Measuring Business Cycles: Approximate Band Pass Filters for Economic Time Series. *Review of Economics and Statistics*, 1999, **81**: 575~593
30. Beaulieu J J, Miron J A. Seasonal Unit Roots in Aggregate U.S. Data. *Journal of Econometrics*, 1993, **55**: 305~328
31. Bell W R. Signal Extraction for Nonstationary Time Series. Annals of Statistics, 1984,12: 646~664
32. Bell W R. A Note on Overdifferencing and the Equivalence of Seasonal Series Models with Monthly Means and Models with $(0, 1, 1)_{12}$ Seasonal Parts When $\Theta = 1$. *Journal of Business and Economic Statistics*, 1987, **5**: 383~387
33. Bell W R. An Overviews of REGARIMA Modeling, Lecture Notes. Bureau of Census, 1996
34. Bell W R. On Some Properties of X-l1 Symmetric Linear Filters. Unpublished document, Statistical Research Division, U.S. Bureau of the Census, 1992
35. Bell W R, Hillmer S C. Issues Involved with the Seasonal Adjustment of Economic Time Series. *Journal of Business and Economic Statistics*, 1984, **2**: 191~320
36. Bell W R, Kramer M. Toward Variances for X-11 Seasonal Adjustments. *Survey Methodology*, 1999, **25**:13~29
37. Bera A K, Higgins M L. ARCH Models: Properties, Estimation, and Testing, *Journal of Economic Surveys*, 1993, **7**: 305~366
38. Birchenhall C R, Bladen-Hovell R C, Chui A P L, et al. A Seasonal Model of Consumption.

Economic Journal, 1989, **99**: 837~843
39. Bobbitt L, Otto M C. Effects of Forecasts on the Revisions of Seasonally Adjusted Values Using the X-11 Seasonal Adjustment Procedure. Proceedings of the Business and Economic Statistics Section, Alexandria. American Statistical Association, 1990. 449~453
40. Bollerslev T. Generalized Autoregressive Conditional Heteroskedasticity. *Journal of Econometrics*, 1986, **31**: 307~327
41. Bollerslev T, Chou R Y, Kroner K E. ARCH Modeling in Finance: A Review of Theory and Empirical Evidence. *Journal of Econometrics*, 1992, **52**: 5~59
42. Bollerslev T, Domowitz I. Trading Patterns and Prices in the Interbank Foreign Exchange Market. *Journal of Finance*, 1993, **48**: 1421~1443
43. Bollerslev T, Engle R E, Nelson D B. ARCH Models. In: Engle R E, McFadden D. Handbook Of Econometrics. Amsterdam: Elsevier Science/North-Holland, 1994. Vol.4, 2959~3038
44. Bollerslev T, Ghysels E. Periodic Autoregressive Conditional Heteroskedasticity, *Journal of Business and Economic Statistics*, 1996, **14**: 139~152
45. Bollerslev T, Hijack R J. Financial Market Efficiency Tests. In: Pesaran M H, Wickens M. Handbook Of Applied Econometrics: Macroeconomics. Oxford Blackwell, 1995, 415~458
46. Bollerslev T, Wooldridge J M. Quasi Maximum Likelihood Estimation and inference in Dynamic Models with Time Varying Covariances. *Econometric Reviews*, 1992, **11**: 143~172
47. Boswijk H P. Testing for an Unstable Root in Conditional and Structural Error Correction Models. *Journal of Econometrics*, 1994, **63**: 37~60
48. Boswijk H P, Franses P H. Periodic Cointegration: Representation and Inference. *Review of Economics and Statistics*, 1995, **77**: 436~454
49. Boswijk H P, Franses P H. Unit Roots in Periodic Autoregressions. *Journal of Time Series Analysis*, 1996, **17**: 221~245
50. Bougerol P, Picard N. Stationarity of GANCH Processes. *Journal of Econometrics*. 1991, **52**: 115~127
51. Box G E P, Pierce D A. Time Series Analysis: Forecast and Control. San Francisco, California: Holden-Day, 1970
52. Box G E P, Jenkins G M. Time Series Analysis, Forecasting and Control. rev ed. Englwood Cliffs, NJ: Prentice-Hall, 1976
53. Box G E P, Pierce D A. Distribution of Residual Autocorrelations in Autoregressive Integrated Moving Average Time Series Models. *Journal of the American Statistical Association*, 1970, **64**: 1509~1526
54. Box G E P, Tiao G C. Intervention Analysis with Applications to Economic and Environmental Problems. *Journal of the American Statistical Association*, 1975, **70**: 70~79
55. Breitung J, Franses P H.On Phillips-Perron Type Tests for Seasonal Unit Roots. *Econometric Theory*, 1998, **14**: 200~221
56. Bunzel H, Hylleberg S. Seasonality in Dynamic Regression Models. A Comparative Study of Finite Sample Properties of Various Regression Estimators Including Band Spectrum Regression. *Journal of Econometrics*, 1982, **19**: 345~366.

57. Burridge P, Taylor A M R. On the Properties of Regression-Based Tests for Seasonal Unit Roots in the Presence of Higher Order Serial Correlation. Mimeo. City University, London, 2000
58. Burridge P, Wallis K F. Unobserved Component Models for Seasonal Adjustment Filters. *Journal of Business and Economic Statistics*, 1984, **2**: 350~359
59. Burridge P, Wallis K F. Prediction Theory for Autoregressive Moving Average Processes. *Econometric Reviews*, 1988, **7**: 65~95
60. Burridge P, Wallis K F. Seasonal Adjustment and Kalman Filtering: Extension to Periodic Variances. *Journal of Forecasting*, 1990, **9**: 109~118
61. Buys Ballot C H D. Les Changements Periodiques de Température. Kemink et Fils, Utrecht, 1847
62. Caner M. A Locally Optimal Seasonal Unit-Root Test. *Journal of Business and Economic Statistics*, 1998, **16**: 349~356
63. Canova F. An Alternative Approach to Modeling and Forecasting Seasonal Time Series, *Journal of Business and Economic Statistics*, 1992, **10**: 97~108
64. Canova F. Forecasting Time Series with Common Seasonal Patterns, *Journal of Econometrics*, 1992, **55**: 173~200
65. Canova F, Ghysels E. Changes in Seasonal Patterns: Are They Cyclical? *Journal of Economic Dynamics and Control*, 1994, **18**: 1143~1171
66. Canova F, Hansen B E. Are Seasonal Patterns Constant Over Time? A Test for Seasonal Stability. *Journal of Business and Economic Statistics*, 1995, **13**: 237~252
67. Cecchetti S G, Lam P. What Do We Learn from Variance Ratio Statistics? A Study of Stationary and Nonstationary Models with Breaking Trends. Mimeo, Ohio State University, 1992
68. Chan K, Chan K C, Karolyi G A. Intraday Volatility in the Stock Index and Stock Index Futures Market. *Review of Financial Studies*, 1991, **4**: 657~684
69. Chan N H, On the Nearly Nonstationary Seasonal Time Series. *The Canadian Journal of Statistics*, 1989a, **17**: 279~284
70. Chan N H. Asymptotic Inference for Unstable Autoregressive Time Series with Drifts. *Journal of Statistical Inference and Planning*, 1989b, **23**: 301~312
71. Chan N H, Wei C Z. Limiting Distributions of Least Squares Estimates of Unstable Autoregressive Processes. *Annals of Statistics*, 1988, **16**: 367~401
72. Chang I, Tiao G C. Estimation of Time Series Parameters in the Presence of Outliers. Technical Report 8, Statistics Research Center, University of Chiago, 1983
73. Chesher A D. Testing for Neglected Heterogeneity. *Econometrica*, 1984, **52**: 865~872
74. Cleveland W P. Analysis and Forecasting of Seasonal Time Series: [Ph-D dissertation], Statistics Department, University of Wisconsin, 1972
75. Cleveland W P, Tiao G C. Decomposition of Seasonal Time Series: A Model for the X-11 Program. *Journal of the American Statistical Association*, 1976,**71**: 581~587
76. Cox D R. Some Remarks on Overdispersion. *Biometrika*, 1983, **70**: 269~274
77. Cramér H. On Some Classes of Nonstationary Processes. Proc. Berkeley Sympos. *Math Statist*

Probability, 1960, **4**(2), 57~58
78. Cramér H. 1961On Some Classes of Nonstationary Stochastic Proccesses. In: Preceedings of the Fourth Berkeley Symposium on Mathematical Statistics and Probability, Vol2, Berkeley: University of California Press, 57~78
79. Dacorogna M M, Muller U A, Nagler R J, et al. A Geographical Model for the Daily and Weekly Seasonal Volatility in the Foreign Exchange Marked. *Journal of International Money and Finance*, 1993, **12**: 413~438
80. Dagum E B. The X-11-ARIMA Seasonal Adjustment Method. Report 12-564E, Statistics Canada, Ottawa, 1980
81. Dagum E B. The Effects of Asymmetric Filters on Seasonal Factor Revisions. *Journal of the American Statistical Association*, 1982, **77**:732~738
82. Dagum E B. Special Properties of the Concurrent and Forecasting Seasonal Linear Filters of the X-11 ARIMA Method. *The Canadian Journal of statistics*, 1983, **11**: 73~90
83. Da Silva Lopes A C B, Montanes A. The Behaviour of Seasonal Unit Roots Tests with Seasonal Mean Shifts:[Discussion Paper], 10~99, Universidade Tecnica de Lisboa, 1999
84. De Gooijer J G, Franses P H. Forecasting and Seasonality: Editors' Introduction to Special Issue. *International Journal of Forecasting*, 1997, **13**: 303~305
85. Deistler M, Dunsmuir W, Hannan E J. Vector Linear Time Series Models: Corrections and Extensions. *Advances in Applied Probability*, 1978, **8**: 360~372
86. De Jong P. The diffuse Kalman Filter. *Annals of Statistics*, 1991, **19**:1073~1083
87. De Jong P. Lin C C. Stationary and Nonstationary State Space Models. *Journal of Time Series Analysis*, 1994, **15**: 151~166
88. Dickey D A. Discussion: Seasonal Unit Roots in Aggregate US Data. *Journal of Econometrics*, 1993, **55**: 329~331
89. Dickey D A. Estimation and Hypothesis Testing for Nonstationary Time Series: [Ph-D Thesis]. Iowa State University, Ames, 1976
90. Dickey DA, Fuller W A. Distribution of the Estimators for Autoregressive Time Series with a Unit Root. *Journal of the American Statistical Association*, 1979, **74**: 427~431
91. Dickey DA, Fuller W A. Likelihood Ratio Statistics for Autoregressive Time Series with a Unit Root. *Econometrica*, 1981, **49**: 1057~1072
92. Dickey DA, Hasza D P, Fuller W A. Testing for Unit Roots in Seasonal Time Series. *Journal of the Ammerican Statistical Association*, 1984, **79**: 355~367
93. Dickey DA, Pantula S G. Determining the Order of Differencing in Autoregressive Processes. *Journal of Business and Economic Statistics*, 1987,**5**: 455~461
94. Diebold F X, Lee J H, Weinbach G C. Regime Switching with Time Varying Transition Probabilities. In: Hargreaves C, ed. Nonstationarity Time series Analysis and Cointegration. Oxford: Oxford University Press, 1994
95. Drost F C, Nijman T E. Temporal Aggregation of GARCH Processes. *Econometrica*, 1993, **61**: 909~928
96. Dunsmuir W, Hannan E J. Vector Linear Time Series Models. *Advances in Applied Probability*, 1976, **8**: 339~364

97. Durland M J, McCurdy T H. Duration-Dependent Transitions in a Markov Model of US GNP Groan. *Journal of Business and Economic Statistics*, 1994, **22**: 279~288
98. Engle R F. Band Spectrum Regression. *Int Econ Rev*, 1974, **15**: 1~11
99. Engle R F. Exact Maximum Likilihood Methods for Dynamic Regressions and Band Spectrum Regressions. *Int Econ Rev*, 1974, **21**: 391~407
100. Engle R F. Autoregressive Conditional Heteroskedasticity with Estimates of the Variance of UK Inflation. *Econometrica*, 1982, **50**: 987~l008
101. Engle R F. Discussion of Stock Market Volatility and the Crash of 87. *Review of Financial Studies*, 1990, **3**: 103~106
102. Engle R F. The Econometrics of Ultra-High Frequency Data, *Econometrica*, 2000, **68**: l~22
103. Engle R F, Ganger C W J. Cointegration and Error Correction Representation, Estimation and Testing. *Econometrica*, 1987, **55**: 25l~276
104. Engle R F, Ganger C W J, Hallman J J. Merging Short-ac tong-Run Forecasts: An Application of Seasonal Cointegration to Monthly Electricity Sales Forecasting. *Journal of Econometrics*, 1988, **40**: 45~62
105. Engle R F, Ganger C W J, Hallman J J, et al. Seasonal Cointegration: The Japanese Consumption Function. *Journal of Econometrics*, 1993, **5**: 275~303
106. Engle R F, Hendry D F, Richard J F. Exogeneity, *Econometrica*, 1983, **44**: 277~304
107. Engle R F, Ito T, Lin W-L. Meteor Showers or Heat Wave? Heteroskedastic Intra-Daily Volatility in the foreign Exchange Market. *Econometrica*, 1990, **58**: 525~542
108. Engle R F, Russell J. Forecasting the Frequency of Changes in Quoted Forage Exchange Prices with the Autoregressive Conditional Duration Model. *Journal of Empire Finance*, 1997, **4**: 187~212
109. Engle R F, Russell J. Autoregressive Conditional Multinomial: A New Model for Irregularly Spaced Discrete-Valued Time Series Data with Applications to High Frequency Financial Data. *Econometrica*, 1998, **66**: 1127~1162
110. Engle R F, Yoo B S. Forcasting and Testing in Co-integerated System. *Journal of Econometrics*, 1987, **35**: 143~159
111. Ericsson W R, Hendry D F, Tran H A. Cointegration Seasonality Encompassing and the Demand for Money in the United Kingdom. In: Hargreaves C P, ed. Nonsationary Time Series Analysis and Cointegration, Oxford: Oxford Undersity Press, 1994,17~224
112. Evans G BA, Savin N E. Testing for Unit Root: 2. *Econometrica*, 1984, **52**: 1241~1269
113. Filardo A J. Business Cycle Phases and Their Transitional Dynamics. *Journal of Business and Economic Statistics*, 1994, **12**: 299~308
114. Findley D F, Monsell B C, Bell W R, et al. New Capabilities and Methods of the X-12-ARIMA Seasonal-Adjustment Program. *Journal of Business and Economic Statistics*, 1998, **16**: 127~177
115. Findley, D F, Monsell B C, Shulman H B, et al. Sliding Spans Diagnostics for Seasonal and Related Adjustments. *Journal of the American Statistical Association*, 1990, **85**: 345~355
116. Fiorentini G, Maravall A. Unobserved Components in ARCH Models. *Journal of Forecasting* 1996, **15**: 175~201

117. Flores R, Novales A. A General Test for Univariate Seasonality. *Journal of Time Series Analysis*, 1997, **18**: 29~48
118. Fong P W, Li W K. On Time Series with Randomized Unit Root and Randomized Seasonal Unit Root. *Computational Statistics & Data Analysis*, 2003, **43**: 369~395
119. Foster F D, Viswanathan S. Can Speculative Trading Explain the Volume-Volatility Relation? *Journal of Business and Economic Statistics*, 1995, **13**: 379~396
120. Franses P H. Seasonality, Nonstationarity and the Forecasting of Monthly Time Series. *International Journal of Forecasting*, 1991, **7**: 199~208
121. Franses P H. A Method to Select Between Periodic Cointegration and Seasonal Cointegration, *Economics Letters*, 1993, **41**: 7~10
122. Franses P H. A Multivariate Approach to Modeling Univariate Seasonal Time Series. *Journal of Econometrics*, 1994, **63**: 133~151
123. Franses P H. A Vector of Quarters Representation for Bivariate Time Series. *Econometric Reviews*, 1995a, **14**: 55~63
124. Franses P H. The Effects of Seasonally Adjusting a Periodic Autoregressive Process. *Computational Statistics and Data Analysis*, 1995b, **19**: 683~704
125. Franses P H. Recent Advances in Modeling Seasonality. *Journal of Economic Surveys*, 1996a, **10**: 299~345
126. Franses P H. Periodicity and Stochastic Tread in Economic Time Series. Oxford: Oxford University Press, 1996b,
127. Franses P H, Hylleberg S, Lee H S. Spurious Deterministic Seasonality, *Economics Letters*, 1995, **48**: 241~248
128. Franses P H, Kloek T A. Periodic Cointegration Model of Quarterly Consumption. *Applied Stochastic Models and Data Analysis*, 1995, **11**: 159~166
129. Franses P H, Kunst R. On the Role of Seasonal Intercepts in Seasonal Cointegration. *Oxford Bulletin of Economics and Statistics*, 1999, **61**: 409~434
130. Franses P H, McAleer M. Cointegration Analysis of Seasonal Time Series. *Journal of Economic Surveys*, 1998, **12**: 65l~678
131. Franses P H, Paap R. Model Selection in Periodic Autoregressions. *Oxford Bulletin of Economics and Statistics*, 1994, **56**: 421~39
132. Franses P H, Paap R. Seasonality and Stochastic Trends in German Consumption And income. *Empirical Economics*, 1995b, **20**: 109~132
133. Franses P H, Romijn G. Periodic Integration in Quarterly UK Macroeconomic Variables. *International Journal of Forecasting*, 1993, **9**: 467~476
134. Franses P H, Vogelsang T. On Seasonal Cycles, Unit Roots, and Mean Shifts. *Review of Economics and Statistics*, 1998, **80**: 231~240
135. French K R, Roll R. Stock Return Valances: The Arrival of Information and the Reaction of Traders. *Journal of Financial Economics*, 1986, **17**: 5~26
136. Fuller W A. Introduction to Statistical Time Series. 2nd ed. New Yoke: Wiley, 1996.
137. Gallant A R, Rossi P E, Tauchen G.. Stock Prices and Volume. *Review of Financial Studies*, 1992, **5**: 199~242

138. Gersovitz M, MacKinnon J G. Seasonality in Regression An Application of Smoothness Priors. *Journal of the American Statistical Associated*, 1978, **73**: 264~273
139. Geweke J. The Temporal and Sectoral Aggregation of Seasonally Adjusted Time Series. In: Zellner A, ed. Seasonal Analysis of Economic Time Series. Washington, DC: U.S. Department of Commerce, Census Bureau, 1978
140. Ghysels E. The Economics of Seasonality: The Case of the Money Supply:[Unpublished PhD dissertation]. Department of Managerial Economics and Decision Science, Northwestern University, 1984,
141. Ghysels E. A Study Towards a Dynamic of Seasonality for Economic Time Series. *Journal of the American Statistical Association*, 1988, **83**: 168~172
142. Ghysels E. Are Business Cycle Turning Points Uniformly Distributed Throughout the Year? Discussion Paper 3891 CRDE, University de Montreal, 1991,
143. Ghysels E. On Scoring Asymmetric Periodic Probability models of Turning Point Forecasts. *Journal of Forecasting*, 1993, **12**: 227~238
144. Ghysds E. On the Economics and Econometrics of Seasonality.In: Sims C A, ed. Advances in Econometrics-Sixth World Congress of the Econometric Society, Cambridge: Cambridge University Press, 1994a, Vol l, Chap 7 , 257~316
145. Ghysels E. On the Periodic Structure of the Business Cycle. Journal of Business and Economic Statistics, 1994b, 12: 289~298
146. Ghysels E. Seasonal Adjustment and Other Data Transformations. *Journal of Business and Economic Statistics*, 1997a, **15**: 410~418
147. Ghysels E. On Seasonality and Business able Durations: A Nonparametric Investigation. *Journal of Econometrics*, 1997b, 79, 269~290
148. Ghysels E. Some Econometric Recipes for High Frequency Data Cooking. *Journal of Business and Economic Statistics*, 2000a, **18**: 154~163
149. Ghysels E. A Time Series Model with Periodic Stochastic Regime Switching, Part I: Theory. Macroeconomic Dynamics, 2000b
150. Ghysels E, Gouriéroux C, Jasiak J. High Frequency Financial Time Series Data: Some Stylized Facts and Models of Stochastic Volatility. In Dunis C, Zhou B, ed. Nonlinear Modelling of High Frequency Financial Time Series. New York: Wiley, 1997, Chap 7, 127~159
151. Ghysels E, Gouriéroux C, Jasiak J. Testing Causality in Financial Market Transition Dynamics: An Application to Return, Spreads and Volume, Discussion Paper. Centre de Recherche en Economie et Statistique, Paris, 1998a
152. Ghysels E, Gouriéroux C, Jasiak J. Stochastic Volatility Durations, Discussion Paper. Centre de Recherche en Economie et Statistique, Paris, 1998b
153. Ghysels E, Granger C W J, Salvos P. Is Seasonal Adjustment a Linear or Nonlinear Data Filtering Process? *Journal of Business and Economic Statistics*, 1996, **14**: 374~386
154. Ghyseis E, Granger C W J, Siklos P. Seasonal Adjustment and Volatility Dynamics, Working Paper, Penn State University, 1998.
155. Ghysels E, Hall A, Lee H S. On Periodic Structures and Testing for Seasonal Unit Roots.

Journal of the American Statistical Association, 1996, **91**: 1551~1559
156. Ghysels E, Lee H S, Noh J. Testing for Unit Roots in Seasonal Time Series: Some Theoretical Extensions and a Monte Carlo Investigators. *Journal of Econometrics*, 1994, **62**: 415~442
157. Ghysels E, Lieberman O. Dynamic Regression and Filtered Data Series: A Laplace Approximation to the Effects of Filtering in Small Samples. *Econometric Theory*, 1996, **12**: 432~457
158. Ghysels E, McCulloch R, Tsay R. Bayesian inference for a General des of Periodic Markov Switching Regime Models. *Journal of applied Econometrics*, 1998, **13**: 129~144
159. Ghysels E, P Perron. The Effect of Seasonal Adjustment Filters on Tests for a Unit Root, *Journal of Econometrics*, 1993, 55, 57~99
160. Gibbons M R, Hess P J. Day of the Week Effects and Asset Returns. *Journal of Business*, 1981, **54**: 579~596
161. Gladyshev E G. Periodically Correlated Random Sequence. *Soviet Mathematics*, 1961, **2**: 85~388
162. Glosten L R, Jagannathan R, Rubble D E. On the Relation Between the Expected Value and the Volatility of the Nominal Excess Return on stocks. *Journal of Finance*, 1993, **48**: 1779~1801
163. Godfrey M D, Karreman H. A Spectrum Analysis of Seasonal Adjustment. In: Shubik M, ed. Essays in Mathematical Economics in Honor of Oscar Morgenstern. Princeton, NJ: Princeton University Press, 1967
164. Gomez V. Three Equivalent Methods for Filtering Finite Nonstationary Time Series. *Journal of Business and Economic Statistics*, 1999, **17**: 109~116
165. Gomez V, Maravall A. Estimation, Prediction and Interpolation for Nonstationary Series with the Kalman Filter. *Journal of the American Statistical Association*, 1994, **86**: 611~624
166. Gomez V, Maravall A. Programs TRAMO and SEATS Instructions for the User. Working Paper 9628. Bank of Spain, 1996
167. Goodhart C A E, Hall S G, Henry S G B, et al. New Effects in a High-Frequency Model of the Sterling-Dollar Exchange Rate. *Journal of Applied Ecnometrics*, 1993, **8**: 1~13
168. Gourieroux C, Jasiak J, LeFol G. Intraday Market Activity. *Journal of Financial Markets*, 1999, **3**: 193~226
169. Granger C W J, Newbold P. Forecastion Economic Time Series. New York: Academic Press, 1977
170. Granger C W J. Seasonality: Causation, Interpretation and Implications. In: Zeller A, ed. Seasonal Analysis of Economic Time Series. Washington, DC: Department of Commerce, 1978
171. Granger C W J. Developments in the Study of Cointegrated Economic Variables. *Oxford Bulletin of Economics and Statistics*, 1986, **48**: 213~227
172. Granger C W J, Hatanaka M. Spectral Analysis Of Economic Time Series. Princeton, NJ: Princeton University Prams, 1964
173. Granger C W J, Hyung N, Jeon Y. Spurious regressions with stationary series. *Applied Economics*, 2001, **33**: 899~904

174. Granger C W J, Newbold P. Spurious Regressions in Econometrics. *Journal of Econometrics*, 1974, **2**: 111~120
175. Granger C W J, Swanson N R. An introduction to Stochastic Unit Roots. *Journal of Econometrics*, 1997, **80**: 35~62
176. Granger C W J, Teräsvirta T, Modeling Nonlinear Economic Relationships. Oxford, UK: Oxford University Press, 1993
177. Hall R E. Stochastic Implications of the life cycle-permanent income hypothesis. *Journal of political economy*, 1978, **86**: 971~987
178. Hall A R. Testing for a Unit Root in Tab Sends With Pretest Data-Based Model Selection. *Journal of Business and Economic Statistics*, 1994, **12**: 461~470
179. Hamao Y, Masulis R W, Ng V. Correlations in Price Changes and Volatility Across International Stock Markets. *Review of Financial Studies*, 1990, **3**: 281~307
180. Hamilton J D. Rational-Expectations Econometric Analysis Of Changes in Regime: An Investigation of the Term Structure of Interest Rates. *Journal of Economic Dynamics and Control*, 1988, **12**: 385~423
181. Hamilton J D. A New Approach to the Economic Analysis of Nonstationary Time Series and the Business Cycle. *Econometrics*, 1989, **57**: 357~384
182. Hamilton J D. Analysis of Time Series Subject to Changes in Regime. *Journal of Econometrics*, 1990, **45**: 39~70
183. Hamilton J D. Time Series Analysis. Princeton: Princeton University Press, 1994a
184. Hamilton J D. State-Space Models. In: Engle R F and McFadden D, ed. Handbook of Econometrics 4. Amsterdam: North-Holland, 1994b. 3038~3080
185. Hannan E J. The Estimation of the Seasonal Vacation in Economic Time Series. *Journal of the American Statistical Association*, 1963, **58**: 31~44
186. Hannan E J. Measurement of a Wandering Signal Amid Noise. *Journal of Applied Probability*, 1967, **4**: 90~102
187. Hannan E J. The Asymptotic Theory of Linear acme Series Models. *Journal of Applied Probability*, 1973, **10**: 130~145
188. Hannan E J, Rissanen J. Recursive Estimation of Mixed Autoregressive-Moving Average Order. *Biometrika*, 1982; **69**: 81~94
189. Hannan E J, Terrell R D, Tuckwell N E. The Seasonal Adjustment of Economic Time Series. *International Economic Review*, 1970, **11**: 24~52
190. Hansen B E. Heteroskedastic Cointegration. *Journal of Econometrics*, 1992, **54**: 139~158
191. Hansen L P, Sargent T J. Seasonality and Approximation Errors in Rational Expectations Models. *Journal of Econometrics*, 1993, **55**: 21~56
192. Harvey A C. Forecasting Structural Time Series Models and the Kalman Filler. Cambridge: Cambridge University Press, 1989
193. Harvey A C. Time Series Models. 2nd ed. Cambridge: MIT Press, 1993
194. Harvey A C, Pierse R G. Estimating Missing Observations in Economic Time Series. *Journal of the American Statistical Association*, 1984, **79**: 125~131
195. Harvey A C, Todd P M J. Forecasting Economic Time Series with Structural and Box-Jenkins

Models. *Journal of Business and Economic Statistics*, 1983, **1**: 299~315 (with discussion)
196. Harvey C R, Huang R D. Volatility in the Foreign Currency Futures Market. *Review of Financial Studies*, 1991, **4**: 543~569
197. Hasza D P, Fuller W A. Testing for Nonstationarity Parameter Specifications in Seasonal Time Series Models. *Annals of Statistics*, 1982, **10**: 209~216
198. Herwartz H. Performance of Periodic Error Correction Models in Forecasting Consumption Data. *International Journal of Forecasting*, 1997, **13**: 421~431
199. Hillmer S C, Tiao G C. An ARIMA-Model Based Approach to Seasonal Adjustment. *Journal of the American Statistical Association*, 1982, **77**: 63~70
200. Hodrick R J, Prescott E C. Postwar US Business Cycles: An Empirical Investigation. *Journal of Money Credit and Banking*, 1997, **29**: 1~16
201. Hylleberg S. A Comparative Study of Finite Sample Properties of Band Spectrum Regression Estimators. *Journal of Econometrics*, 1977, **5**: 167~182
202. Hylleberg S. Sæsonvariation i Regressionsdata. In: Jensen B S and Høskuldsson A, ed. Anvendt økonometri. Copenhagen: Nyt Nordisk Forlag, 1979. 336~339
203. Hylleberg S. Seasonality in Regression. New York: Academic Press, 1986
204. Hylleberg S. Modelling Seasonality. Oxford: Oxford University Press, 1992
205. Hylleberg S. Modelling Seasonal Vacation. In Hargreaves C P, ed. Nonstationary Time Series Analysis and Cointegration. Oxford: Oxford University Press, 1994
206. Hylleberg S. Tests for Seasonal Unit Roots: General to Specific or Specific to General? *Journal of Econometrics*, 1995, **69**: 5~25
207. Hylleberg S, Engle R F, Granger C W J, et al. Seasonal Integration and Cointegration. *Journal of Econometrics*, 1990, **44**: 215~238
208. Hylleberg S, Jorgensen C, Sorensen N K. Seasonality in Macroeconomic Time Series. *Empirical Economics*, 1993, **18**: 321~335
209. Ilmakunnas P. Testing the Order of Differencing in Quarterly Data: An Illustration of the Testing Sequence. *Oxford Bulletin of Economics and Statistics*, 1990, **52**: 79~87
210. Jaditz T. Seasonality in Valances is Common in Macro Time Series: [Discussion Paper]. US Bureau of Statistics, 1996
211. Jevons W S. On the Study of Periodic Commercial Fluctuations. In: Investigations in Currency and Finance. London: MacMillan, 1884. 2~11
212. Jevons W S. On the Frequent Autumnal Pressure in the Money Market, and the Action of the Bank of England. In: Investigations in Currency and Finance. London: MacMillan, 1884. 160~193
213. Jorgenson S Q. Minimum Variance Linear Unbiased Seasonal Adjustment of Economic Time Series. *Journal of American Statistics Association*, 1964, **59**: 681~724
214. Jorgenson S Q. Seasonal Adjustment of Data for Econometric Analysis. *Journal of American Statistics Association*, 1967, **62**: 137~140
215. Johansen S. Statistical Analysis of Cointegration Vectors. *Journal of Economic Dynamics and Control*, 1988, **12**: 231~254
216. Johansen S. Estimation and Hypothesis Testing of Cointegrating Vectors in Gaussian Vector

Autoregressive Models. *Econometrica*, 1991, **59**: 1551~1580
217. Johansen S. The Role of the Constant and Linear Terms in Cointegration Analysis of Nonstationary Variables. *Econometric Reviews*, 1994, **13**: 205~229
218. Johansen S, Juselius K. Maximum Likelihood Estimation and inference on Cointegration — With Applications to the Demand for Money. *Oxford Bulletin of Economics and Statistics*, 1990, **52**: 169~210
219. Johansen S, Schaumburg E. the Analysis of Seasonal Cointegration. *Journal of Econometrics*, 1999, **88**: 301~339
220. Joyeux R. Harmonizable Processes in Economics: [Doctoral Dissertation]. San Diego: Department of Economics, University of California. 1979
221. Kim C J. Dynamic Linear Models with Markov Switching. *Journal of Econometrics*, 1994, **60**: 1~22
222. Kims T H, Lee Y S, Newbold P. Spurious regressions with stationary processes around linear trends. *Economics Letters*, 2004, **83**: 257~262
223. Kiviet J E, Phillips G D A. Exact Similar Tests for Unit Roots and Cointegration. Oxford *Bulletin of Economics and Statistics*, 1992, **54**: 349~367
224. Kleibergen F R, Franses P H. Cointegration in a Periodic Vector Autorgression. Technical Report EI-9906/A, Econometric Report, University of Rotterdam, 1999
225. Kohn R, Ansley C F. Prediction Mean Squared Error for State Space Models with Estimated Parameters. *Biometrika*, 1986, **73**: 467~473
226. Koopman S J, Harvey A C, Doornik J A, et al. Stamp: Structural Time Series Analyses Modeller and Predictor. London: Chapman & Hall, 1996
227. Kukkonen P. Analysis of Seasonal and Other Short-term Variations with Applications to Finnish Economic Time Series. In: Bank of Finland. Institute for Economic Research Publications Series B28. Helsinki, 1968
228. Kullback S, Leibler R A. On Information and Sufficiency. *Annals of Mathematical Statistics*, 1951, **22**: 79~86
229. Kunst R M. Seasonal Cointegration in Macroeconomic Systems: Case Studies for Small and Large European Countries. *Review of Economics and Statistics*, 1993, **75**: 325~330
230. Kunst R M. Testing for Cyclical Non-Stationarity in Autoregressive processes. *Journal of Time Series Analysis*, 1997, **18**: 123~135
231. Kunst R M, Franses P H. The Impact of Seasonal Constants on Forecasting Seasonally Cointegrated Time Series. *Journal of Forecasting*, 1998, **17**: 109~124
232. Kwiatkowski D, Phillips P C B, Schmidt P, et al. Testing the Null Hypothesis of Stationarity against the Alternative of a Unit Roots. *Journal of Econometrics*, 1992, **54**: 150~178
233. Laroque G. Analyst d'une Methode de Desaisonnalisaton: Le Programme X-11 du US Bureau of the Census Version Trimestrielle. *Annales de l'INSEE*, 1977, **88**: 105~127
234. Laux P, Ng L K. The Sources of GARCH: Empirical Evidence from an Intraday Returns Model Incorporating Systematic and Unique Risks. *Journal of International Money and Finance*, 1993, **12**: 543~560
235. Lee H S. Maximum Likelihood Inference on Cointegration and Seasonal Cointegration.

Journal of Econometrics, 1992, **54**: 1~49
236. Lee H S, Siklos P. Unit root and seasonal unit root in macroeconomic time series: Canadian evidence. *Economics Letter*, 1991, **35**: 273~277
237. Lee S W, Hansen B E. Asymptotic Theory for the GARCH(l, l) Quasi-Maximum Likelihood Estimator. *Econometric Theory*, 1994, **10**: 29~52
238. Leybourne S J, McCabe B P M, Mills T C. Randomized Unit Root Processes for Modelling and forecasting Financial Time Series: Theory and Applications. *Journal of Forecasting*, 1996, **15**: 253~270
239. Leybourne S J, McCabe B P M, Tremayne A R. Can Economic Time Series Be Differenced to Stationarity? *Journal of Business and Economic Statistics*, 1996, **14**: 435~446
240. Locke P R, Sayers C L. Intra-day Futures Price Volatility: Information Effects and Variance Persistence. *Journal of Applied Econometrics*, 1993, **8**: 15~30
241. Lovell M C. Seasonal Adjustment of Economic Time Series. *Journal of American Statistics Association*, 1963, **58**: 993~1010
242. Lovell M C. Alternative Axiomatizations of Seasonal Adjustment. *Journal of American Statistics Association*, 1966, **61**: 800~802
243. Lumsdaine R L. Consistency and Asymptotic Normality of the Quasi-Maximum Likelihood Estimator in IGARCH(l, l) and Covariance Stationary IGARCH(l, l) Models. *Econometrica*, 1996, **64**: 575~596
244. Lütkepohl H. Linear Transformations of Vector ARMA Processes. *Journal of Econometrics*, 1984, **26**: 283~293
245. Lütkepohl H. Introduction to Multiple Time Series Analysis. Basin: Springer-Verlag 1991
246. Macaulcy E R. The Smoothing of Time Series. New York: National Bureau of Economy Research, 1931
247. MacKinnon J G. Critical Values for Co-Integration Tests. In: Engle R F, Granger C W J, ed. Long-Run Economic Relationships. Oxford: Oxford University Press, 1991
248. Maravall A. On Structural Time Series Models and the Characterization of Components. *Journal of Business and Economic*, 1985, **3**: 350~355
249. Maravall A. A Note on Minimum Mean Squared Error Estimation of Signals with Unit Roots. *Journal of Economic Dynamics and Control*, 1988, **12**: 589~593
250. Maravall A. Unobserved Components in Economic Time Series. In Pesaran H, Schmidt P, Wickens M, ed. The Handbook of Applied Econometrics. Oxford: Blackwell, 1995, Vol. 1
251. McCabe B P M, Tremayne A R. Testing a Time Series for Difference Stationarity. *The Annals of Statistics*, 1995, **23**: 1015~1028
252. McCulloch R E, Tsay R S. Bayesian Analysis of Autoregressive Time series via the Gibbs sampler. *Journal of time Series Analysis*, 1994, **15**: 235~250
253. Mendershausen H. Annual Survey of Statistical Technique: Methods of Computing and Elimination Changing Seasonal Fluctuations. *Econometrica*, 1937, **5**: 234~262
254. Mills F C. Statistical Methods. London: Pitman, 1924
255. Miron J A. The Economics of Seasonal Cycles. In: Sims C A, ed. Advances in Econometrics—Sixth World Congress. Cambridge: Cambridge University Press, 1994, Vol. I, Chap 6,

213~251
256. Miron J A. The Economics of Seasonal Cycles. Cambridge, MA: MIT Press, 1996
257. Nankervis J C, Savin N E. Testing the Autoregressive Parameter with the t-Statistics. *Journal of Econometrics*, 1985, **27**: 143~161
258. Nelson D B. Stationarity and Persistence in the GARCH(1,1) Model. *Econometric Theory*, 1990, **6**: 318~334
259. Nelson D B. Conditional Heteroskedasticity in Asset Returns: A New Approach. *Econometrica*, 1991, **59**: 347~370
260. Nelson D B, Cao C Q. Inequality Constraints in the Univariate GARCH Model. *Journal of Business and Economic Statistics*, 1992, **10**: 229~235
261. Nerlove M. Spectral Analysis of Seasonal Adjustment Procedures. *Econometrica*, 1964, **32**: 41~286
262. Nerlove M, Grether D M, Carvalho J L. Analysis of Economic Time Series: A Synthesis. New York: Academic Press, 1979
263. Newbold P, Agiakloglou C, Miller J. Adventures with ARIMA Software. *International Journal of Forecasting*, 1994, **10**: 573~581
264. Newey W K, West K. A Simple Positive Semi-Definite Heteroskedasticity and Autocorrelation Consistent Covariance Matrix. *Econometrica*, 1987, **55**: 703~708
265. Nijman T, Sentana E. Marginalization and Contemporaneous Aggregation in Multivariate GARCH Processes. *Journal of Econometrics*, 1996, **71**: 71~87
266. Novales A, de Fruto R F. Forecasting with Periodic Models: A Comparison with Time invariant Coefficient Models. *International Journal of Forecasting*, 1997, **13**: 393~405
267. Nyblom J. Testing for the Constancy of Parameters Over Time. *Journal of the American Statistical Association*, 1989, **84**: 223~230
268. Osborn D R. On the Criteria Functions Used for the Estimation of Moving Average Processes. *Journal of the American Statistical Association*, 1982, **77**: 388~392
269. Osborn D R. Seasonality and Habit Persistence in a Life-Cycle Model of Consumption. *Journal of Applied Econometrics*, 1988, **3**: 255~266
270. Osborn D R. The Implications of Periodically Varying Coefficients for Seasonal Time Series Processes. *Journal of Econometrics*, 1991, **48**: 373~384
271. Osborn D R. Discussion: Seasonal Cointegration. *Journal of Econometrics*, 1993, **55**: 299~303
272. Osborn D R, Chui A P L, Smith J P, et al. Seasonality and the Order of Integration for Consumption. *Oxford Bulletin of Economics and Statistics*, 1988, **50**: 361~377
273. Osborn D R, Heravi S, Birchenhall C R. Seasonal Unit Roots and Forecasts of Two-Digit European Industrial Production. *International Journal of Forecasting*, 1999, **15**: 27~47
274. Osborn D R, Rodrigues P M M. Asymptotic Distributions of Seasonal Unit Root Tests: A Unifying Approach, Discussion Paper 9811. Manchester: School of Economic Studies, University of Manchester, 1998
275. Osborn D R, Smith J P. The Performance of Periodic Autoregressive Models in Forecasting Seasonal U K Consumption. *Journal of Business and Economic Statistics*, 1989, **7**: 117~127
276. Paap R, Franses P H. On Trends and Constants in Periodic Autoregressions. *Econometric*

Reviews, 1999, **18**: 271~286

277. Paap R, Franses P H, Hoek H. Bayesian Analysis of Seasonal Unit Roots and Seasonal Mean Shirts. *Journal of Econometircs*, 1997, **78**: 359~380
278. Pagano M. On Periodic and Multiple Autoregressions. *Annals of Statistics*, 1978, **6**: 1310~1317
279. Perron P. The Great Crash, the Oil Price Shock and the Unit Root Hypothesis. *Econometrica*, 1989, **57**: 1361~1401
280. Perron P. The Limiting Distribution of the Least-Squares Estimator in Nearly Integrated Seasonal Models. *The Canadian Journal of Statistics*, 1991, **20**: 121~134
281. Perron P, Vogelsang T. Nonstationarity and Level Shifts with and Application to Purchasing Power Parity. *Journal of Business and Economic Statistics*, 1992, **10**: 301~320
282. Pfeffermann D. A General Method for Estimationg the Variances of X-11 Seasonally Adjusted Estimators. *Journal of Time Series Analysis*, 1994, **15**: 85~116
283. Pfeffermann D, Morry M, Wong P. Estimation of the Variances of X-11-ARIMA Seasonally Adjusted Estimators for a Multiplicative Decomposition and Heteroscedastic Variances. *International Journal of Forecasting*, 1995, **11**: 271~283
284. Phillips K L. A Two-Country Model of Stochastic Output with Changes in Regime. *Journal of International Economics*, 1991, **31**: 121~142
285. Phillips P C B. Understanding Spurious Regressions in Econometrics. *Journal of Econometrics*, 1986, **33**: 311~340
286. Phillips P C B. Towards a Unified Asymptotic Theory for Autoregression. *Biometrika*, 1987, **74**: 535~547
287. Phillips P C B, Perron P. Testing for a Unit Root in Time Series Regression. *Biometrika*, 1988, **75**: 335~346
288. Pierce D A. Signal Extraction Error in Nonstationary Time Series. *Annals of Statistics*, 1979, **7**: 1303~1320
289. Priestly M B. Evolutionary Spectra and Nonstationar Processes. *Journal of Royal Statistical Society Ser B*, 1965, **27**: 204~229
290. Priestley M B. Spectral Analysis and Time Series. London: Academic Press, 1981,Vol1
291. Proietti T. Spurious Periodic Autoregressions. *Econometrics Journal*, 1998, **1**: C1~C22
292. Psaradakis Z. Testing for Unit Roots in Time Series with Nearly Deterministic Seasonal Variation. *Econometric Reviews*, 1997, **16**: 421~439
293. Racine M D. Modelling Seasonality in US Stock Market Retruns. Discussion Paper. Wilfrid Laurier University, 1997
294. Rodrigues P M M, Osborn D R. Performance of Seasonal Unit Root Tests for Monthly Data. *Journal of Applied Statistics*, 1999a, **26**: 985~1004
295. Rodrigues P M M, Osborn D R. Asymptotic Confidence Intervals and Seasonal Unit Root Test Statistics. Discussion Paper 9916. School of Economic Studies, University of Manchester, 1999b
296. Rogers J H. The Currency Substitution Hypothesis and Relative Money Demand in Mexico and Canada. *Journal of Money, Credit, and Banking*, 1992, **24**: 300~318

297. Rose D F. Forecasting Aggregates of Independent ARIMA Processes. *Journal of Econometrics*, 1977, **5**: 323~345
298. Sargan J T, Bhargava A. Testing Residuals from Least Squares Regression for being generated by the Gaussian Random Walk. *Econometrica*, 1983, **51**: 153~174
299. Savin N E. Multiple Hypothesis Tests. In: Griliches Z, Intriligator M D, ed. Handbook of Econometrics 2. Amsterdam: North-Holland, 1984. 827~879
300. Schwert G W. Tests for Unit Roots: A Monte Carlo Investigation. *Journal of Business and Economic Statistics*, 1989, **7**: 147~159
301. Schwert G W. Indexes of U S Stock Prices from 1802 to 1987. *Journal of Business*, 1990, **63**: 399~426
302. Shiskin J, Young A H, Musgrave J C. The X-11 Variant of the Census Method II Seasonal Adjustment Program. Technical Paper 15. U S Department of Commerce, Bureau of Economic Analysis, 1967
303. Sichel D E. Inventories and the Three Phases of the Business Cycle. *Journal of Business and Economic Statistics*, 1994, **12**: 269~278
304. Sims C A. Seasonality in Regression. *Journal of the American Statistical Association*, 1974, **69**: 618~626
305. Sims C A. Rational Expectations Modelling with Seasonally Adjusted Data. *Journal of Econometrics*, 1993, **55**: 9~20
306. Slutzky E F. The Summation of Random Causes as the Source of Cyclical Processes in "Problems of Economic Conditions" by the Conjuncture Institute Moscow 3 (in Russian). Econometrica 5, 1937. 105~146
307. Smith J, Otero J. Structural Breaks and Seasonal Integration. *Economics Letters*, 1997, **56**: 13~19
308. Smith R J, Taylor A M R. Additional Critical Values and Asymptotic Representations for Seasonal Unit Root Tests. *Journal of Econometrics*, 1998, **85**: 269~288
309. Smith R J, Taylor A M R. Likelihood Ratio Tests for Seasonal Unit Roots. *Journal of Time Series Analysis*, 1999, **20**: 453~476
310. Sobel E L. Prediction of a Noise-Distorted Multivarate Non-Stationary Signal. *Journal of Applied Probability*, 1967, **4**: 330~342
311. Tam W K, Reinsel G C. Tests for Seasonal Unit Root in ARIMA Models. *Journal of the American Statistical Association*, 1997, **92**: 725~738
312. Tam W K, Reinsel G C. Seasonal Moving-Average Unit Root Tests in the Presence of a Linear Trend. *Journal of Time Series Analysis*, 1998, **19**: 609~625
313. Tanaka K. Time Series Analysis: Nonstationarity and Noninvertible Distribution Theory. New York: Wiley, 1996
314. Taylor A M R. On the Practical Problems of Computing Seasonal Unit Root Tests. *International Journal of Forecasting*, 1997, **13**: 307~318
315. Taylor A M R, Smith R J. Tests on Seasonal Unit Root Hypothesis Against Heteroscedastic Seasonal Integration. *Journal of Business and Economic Statistics*, 2001, **192**: 192~207
316. Thomas J J, Wallis K F. Seasonal Variation in Regression Analysis. *Journal of Royal Statistical*

Society Ser A, 1971, **134**: 67~72
317. Thomson P, Ozaki T. Transformation and Seasonal Adjustment. Technical Report. Institute of Statistics and Operations Research, Victoria University, 1992
318. Tiao G, Grupe M. Autoregressive~Moving Average Models in Time Series Data. *Biometrika*, 1980, **67**: 365~373
319. Tiao G C, Box G E P. Modeling Multiple Time Series with Applications. *Journal of American Statistics Association*, 1981, **76**: 802~816
320. Tong H. Nonlinear Time Series: A Dynamical System Approach. Oxford: Oxford University Press, 1990
321. Troutman B M. Some Results of Periodic Autoregression. *Biometrika*, 1979, **66**: 365~373
322. Tsay R S. Conditional Heteroscedastic Time Series Models. *Journal of the American Statistical Association*, 1987, **82**: 590~604
323. Vandaele W. Applied Time Series and Box-Jenkins Models. New York: Academic Press, 1983
324. Wallis K F. Seasonal Adjustment and Relations Between Variables. *Journal of the American Statistical Association*, 1974, **69**: 18~32
325. Wallis K F. Multiple Time Series Analysis and the Final Form of Econometric Models. *Econometrica*, 1977, **45**: 1481~1497
326. Wallis K F. Seasonal Adjustment and Multiple Time Series Analysis. Seasonal Analysis of Economic Time Series Proceedings of the Conference on the Seasonal Analysis of Economic Time Series, Washington DC, 1976
327. Wei W W S. Some Consequences of Temporal Aggregation in Seasonal Time Series Models In: Zellner A, ed. Seasonal Analysis of Economic Time Series, Economic Research Report ER-1. Washington, DC: Bureau of the Census, 1978
328. Weiss A A. Asymptotic Theory for ARCH Models: Estimation and Testing. *Econometric Theory*, 1986, **2**: 107~131
329. Wells J M. Modelling Seasonal Patterns and Long-Run Trends in US Time Series. *International Journal of Forecasting*, 1997, **13**: 407~420
330. Wood R, MCInish T, Ord J K. An Investigation of Transaction Data for NYSE Stocks. *Journal of Finance*, 1985, **40**: 723~739
331. Yule G U. On a Method of Investgating Peridicties in Disturbed Series with Special Reference to Wolfer's Sunspot Number. *Philos Trans Roy Soc*, 1927, **226**: 267~298
332. Young A H. Estimating Trading-Day Variation in Monthly Economic Time Series. Technical Report 12, Bureau of the Census, U S Department of Commerce, 1965
333. Young A H. Linear Approximation to the Census and BLS Seasonal Adjustment Methods. *Journal of the American Statistical Association*, 1968, **63**: 445~471
334. Zakoian J M. Threshold Heteroskedasticity Models. *Journal of Economic Dynamics and Control*, 1994, **18**: 931~956
335. Zivot E, Andrews D W K. Further Evidence on the Great Crash, the Oil Price Shock and the Unit Root Hypothesis. *Journal of Business and Economic Statistics*, 1992, **10**: 251~270

附表 1　t分布百分位数表

f	α					
	0.25	0.10	0.05	0.025	0.01	0.005
1	1.00	3.08	6.31	12.71	31.82	63.66
2	0.82	1.89	2.92	4.30	6.96	9.93
3	0.76	1.64	2.35	3.18	4.54	5.84
4	0.74	1.53	2.13	2.78	3.75	4.60
5	0.73	1.48	2.02	2.57	3.37	4.03
6	0.72	1.44	1.94	2.45	3.14	3.71
7	0.71	1.42	1.90	2.37	3.00	3.50
8	0.71	1.40	1.86	2.31	2.90	3.36
9	0.70	1.38	1.83	2.26	2.82	3.25
10	0.70	1.37	1.81	2.23	2.76	3.17
11	0.70	1.36	1.80	2.20	2.72	3.11
12	0.70	1.36	1.78	2.18	2.68	3.06
13	0.69	1.35	1.77	2.16	2.65	3.01
14	0.69	1.35	1.76	2.15	2.62	3.00
15	0.69	1.34	1.75	2.13	2.60	2.95
16	0.69	1.34	1.75	2.12	2.58	2.92
17	0.69	1.33	1.74	2.11	2.57	2.90
18	0.69	1.33	1.73	2.10	2.55	2.88
19	0.69	1.33	1.73	2.09	2.54	2.86
20	0.69	1.33	1.73	2.09	2.53	2.85
22	0.69	1.32	1.72	2.07	2.51	2.82
24	0.68	1.32	1.71	2.06	2.49	2.80
26	0.68	1.32	1.71	2.06	2.4S	2.78
28	0.68	1.31	1.70	2.05	2.47	2.76
30	0.68	1.31	1.70	2.04	2.46	2.75
32	0.68	1.31	1.69	2.04	2.45	2.74
34	0.68	1.31	1.69	2.03	2.44	2.73
36	0.68	1.31	1.69	2.03	2.43	2.72
38	0.68	1.30	1.69	2.02	2.43	2.71
40	0.68	1.30	1.68	2.02	2.42	2.70
60	0.68	1.30	1.67	2.00	2.39	2.66
120	0.68	1.29	1.66	1.98	2.36	2.62
∞	0.67	1.28	1.65	1.96	2.33	2.58

注: $P\{t > t_{\alpha(f)}\} = \alpha$，其中 α 表示显著性水平，f表示自由度。

附表 2　　χ^2 分布百分位数表

f	α							
	0.99	0.975	0.95	0.90	0.10	0.05	0.025	0.01
1	0.016	0.001	0.004	0.016	2.706	3.841	5.024	6.635
2	0.020	0.051	0.103	0.211	4.605	5.991	7.378	9.210
3	0.115	0.216	0.375	0.584	6.251	7.851	9.348	11.345
4	0.297	0.484	0.711	1.064	7.779	9.488	11.143	13.277
5	0.554	0.831	1.145	1.610	9.236	11.071	12.833	15.086
6	0.872	1.237	1.635	2.204	10.645	12.952	14.449	16.812
7	1.239	1.690	2.167	2.833	12.017	14.067	16.013	18.475
8	1.646	2.180	2.733	3.490	13.362	15.507	17.535	20.090
9	2.088	2.700	3.325	4.168	14.864	16.919	19.023	21.666
10	2.558	3.247	3.940	4.865	15.987	18.307	20.483	23.209
11	3.053	3.816	4.575	5.578	17.275	19.675	21.920	24.725
12	3.571	4.404	5.226	6.304	18.549	21.026	23.337	26.217
13	4.107	5.009	5.892	7.402	19.812	22.362	24.736	27.688
14	4.660	5.629	6.571	7.790	21.064	23.685	26.119	29.141
15	5.229	6.262	7.261	8.547	22.307	24.996	27.488	30.578
16	5.812	6.908	7.962	9.312	23.542	26.296	28.845	32.000
17	6.408	7.564	8.672	10.085	24.769	27.587	30.191	33.409
18	7.015	8.231	9.390	10.865	25.989	28.869	31.526	34.805
19	7.633	8.907	10.117	11.651	27.204	30.144	32.852	36.191
20	8.260	9.591	10.851	12.443	28.412	31.410	34.170	37.566
21	8.897	10.283	11.591	13.240	29.615	32.671	36.479	38.932
22	9.542	10.982	12.338	14.042	30.813	33.924	36.781	40.289
23	10.196	11.698	13.091	14.848	32.007	35.172	38.076	41.638
24	10.856	12.402	13.848	15.659	33.196	36.415	39.364	42.980
25	11.524	13.120	14.611	16.473	34.832	37.652	40.646	44.314
26	12.198	13.844	15.379	17.292	35.653	38.885	41.923	45.642
27	12.879	14.573	16.151	18.114	36.741	40.113	43.194	46.963
28	13.565	15.308	16.928	18.939	37.916	41.337	44.461	48.278
29	14.257	16.047	17.708	19.768	39.087	42.557	45.722	49.588
30	14.954	16.791	18.493	20.599	40.256	43.773	46.979	50.892
40	22.164	24.433	26.509	29.051	51.805	55.758	59.342	63.691
50	29.710	32.360	34.760	37.690	63.170	67.500	71.420	76.150
60	37.480	40.480	43.190	46.460	74.400	79.080	83.300	88.380
70	45.440	48.760	51.740	55.330	85.530	90.530	95.020	100.400
80	53.540	57.150	60.390	64.280	96.580	101.900	106.600	112.300
90	61.750	65.650	69.130	73.290	107.600	113.100	118.100	124.100
100	70.060	74.220	77.930	82.360	118.500	124.300	129.600	135.800

注：$P\{\chi^2 > \chi^2_{\alpha(f)}\} = \alpha$，其中 α 表示显著性水平，f 表示自由度。

附表 3　　F分布百分位数表

α=0.05

f_2	f_1									
	1	2	3	4	5	6	8	10	20	∞
1	161.40	199.50	215.70	224.60	230.20	234.00	238.90	241.90	248.00	254.30
2	18.51	19.00	19.16	19.25	19.30	19.33	19.37	19.40	19.45	19.50
3	10.13	9.55	9.28	9.12	9.01	8.94	8.85	8.79	9.66	8.53
4	7.71	6.94	6.59	6.39	6.26	6.16	6.04	5.96	5.80	5.63
5	6.61	5.79	5.41	5.19	5.05	4.95	4.82	4.74	4.56	4.36
6	5.99	5.14	4.76	4.53	4.39	4.28	4.15	4.06	3.87	3.67
7	5.59	4.74	4.53	4.12	3.97	3.87	3.73	3.64	3.44	3.23
8	5.32	4.46	4.07	3.84	3.69	3.58	3.44	3.35	3.15	2.93
9	5.12	4.26	3.86	3.63	3.48	3.37	3.23	3.14	2.94	2.71
10	4.96	4.10	3.71	3.48	3.33	3.22	3.07	2.98	2.77	2.54
11	4.84	3.98	3.59	3.36	3.20	3.09	2.95	2.85	2.65	2.40
12	4.75	3.89	3.49	3.26	3.11	3.00	2.85	2.75	2.54	2.30
13	4.67	3.81	3.41	3.18	3.03	2.92	2.77	2.67	2.46	2.21
14	4.60	3.74	3.34	3.11	2.96	2.85	2.70	2.60	2.39	2.13
15	4.54	3.68	3.29	3.06	2.90	2.79	2.64	2.54	2.33	2.07
16	4.49	3.63	3.24	3.01	2.85	2.74	2.59	2.49	2.28	2.01
17	4.49	3.59	3.20	2.96	2.81	2.70	2.55	2.45	2.23	1.96
18	4.41	3.55	3.16	2.93	2.77	2.66	2.51	2.41	2.19	1.92
19	4.38	3.52	3.13	2.90	2.74	2.63	2.48	2.38	2.16	1.88
20	4.35	3.49	3.10	2.87	2.71	2.60	2.45	2.35	2.12	1.84
22	4.30	3.44	3.05	2.82	2.66	2.55	2.40	2.30	2.07	1.78
24	4.26	3.40	3.01	2.78	2.62	2.51	2.36	2.25	2.03	1.73
26	4.23	3.37	2.98	2.74	2.59	2.47	2.32	2.22	1.99	1.69
28	4.20	3.34	2.95	2.71	2.56	2.45	2.29	2.19	1.96	1.65
30	4.17	3.32	2.92	2.69	2.53	2.42	2.27	2.16	1.93	1.62
40	4.08	3.23	2.84	2.61	2.45	2.34	2.18	2.08	1.84	1.51
50	4.03	3.18	2.79	2.56	2.40	2.29	2.13	2.03	1.78	1.44
60	4.00	3.15	2.76	2.53	2.37	2.25	2.10	1.99	1.75	1.39
80	3.96	3.11	2.72	2.49	2.33	2.21	2.06	1.95	1.70	1.32
100	3.94	3.09	2.70	2.46	2.31	2.19	2.03	1.93	1.68	1.28
125	3.92	3.07	2.68	2.44	2.29	2.17	2.01	1.91	1.65	1.25
150	3.90	3.06	2.66	2.43	2.27	2.16	2.00	1.89	1.64	1.22
200	3.89	3.04	2.65	2.42	2.26	2.14	1.98	1.88	1.62	1.19
300	3.87	3.03	2.63	2.40	2.24	2.13	1.97	1.86	1.61	1.15
500	3.86	3.01	2.62	2.39	2.23	2.12	1.96	1.85	1.59	1.11
∞	3.84	3.00	2.60	2.37	2.21	2.10	1.94	1.83	1.57	1.00

注: $P\{F > F_{0.05}(f_1, f_2)\}=0.05$, 其中 f_1 表示分子自由度, f_2 表示分母自由度。

附表 4　　VM 分布百分位数表

p	1%	2.5%	5%	7.5%	10%	20%
1	0.748	0.593	0.470	0.398	0.353	0.243
2	1.070	0.898	0.749	0.670	0.610	0.469
3	1.350	1.160	1.010	0.913	0.846	0.679
4	1.600	1.390	1.240	1.140	1.070	0.883
5	1.880	1.630	1.470	1.360	1.280	1.080
6	2.120	1.890	1.680	1.580	1.490	1.280
7	2.350	2.100	1.900	1.780	1.690	1.460
8	2.590	2.330	2.110	1.990	1.890	1.660
9	2.820	2.550	2.320	2.190	2.100	1.850
10	3.050	2.760	2.540	1.400	2.290	2.030
11	3.270	2.990	2.750	2.600	2.490	2.220
12	3.510	3.180	2.960	2.810	2.690	2.410

注：摘自 Canova, F. and B. E. Hansen (1995)中表 1。

附表 5　　DHF 分布百分位数表

	N	0.01	0.025	0.05	0.10	0.50	0.90	0.95	0.975	0.99
	40	-2.58	-2.20	-1.87	-1.51	-0.20	1.14	1.53	1.86	2.23
	60	-2.57	-2.20	-1.89	-1.52	-0.21	1.10	1.49	1.82	2.20
	80	-2.56	-2.20	-1.89	-1.53	-0.22	1.09	1.47	1.80	2.18
a	200	-2.56	-2.20	-1.90	-1.53	-0.23	1.07	1.45	1.78	2.17
	400	-2.56	-2.20	-1.90	-1.53	-0.24	1.07	1.44	1.77	2.16
	800	-2.56	-2.20	-1.90	-1.53	-0.24	1.07	1.44	1.77	2.16
	∞	-2.56	-2.20	-1.90	-1.53	-0.24	1.07	1.44	1.77	2.16
	40	-3.14	-2.73	-2.38	-2.00	-0.60	0.80	1.19	1.54	1.94
	60	-3.11	-2.71	-2.38	-2.00	-0.63	0.76	1.15	1.49	1.89
	80	-3.09	-2.71	-2.38	-2.01	-0.64	0.74	1.13	1.47	1.87
b	200	-3.07	-2.70	-2.38	-2.02	-0.66	0.72	1.11	1.46	1.86
	400	-3.06	-2.70	-2.38	-2.02	-067	0.72	1.11	1.45	1.85
	800	-3.06	-2.70	-2.38	-2.02	-0.67	0.72	1.10	1.45	1.85
	∞	-3.05	-2.70	-2.38	-2.03	-0.67	0.72	1.10	1.45	1.85
	40	-5.01	-4.57	-4.21	-3.83	-2.55	-1.30	-0.94	-0.61	-0.26
	60	-4.85	-4.46	-4.14	-3.79	-2.58	-1.36	-1.01	-0.70	-0.35
	80	-4.78	-4.41	-4.11	-3.78	-2.60	-1.40	-1.05	-0.74	-0.39
c	200	-4.67	-4.34	-4.06	-3.75	-2.63	-1.45	-1.11	-0.81	-0.45
	400	-4.64	-4.32	-4.05	-3.74	-2.64	-1.47	-1.14	-0.84	-0.48
	800	-4.62	-4.31	-4.04	-3.74	-2.65	-1.48	-1.15	-0.85	-0.49
	∞	-4.61	-4.30	-4.04	-3.73	-2.65	-1.49	-1.16	-0.86	-0.50

注：摘自 Dickey, D. A., D. P. Hasza, and W. A. Fuller(1984)中表 3、表 5 和表 7。

附表 6　　季节单位根检验临界值表

辅助回归	N	检验水平α					
		0.05	0.1	0.05	0.1	0.90	0.95
无常数项	48	-1.95	-1.59	-1.95	-1.60	2.45	3.26
无季节虚拟变量	100	-1.97	-1.61	-1.92	-1.57	2.39	3.12
无趋势项	136	-1.93	-1.59	-1.94	-1.61	2.41	3.14
	200	-1.94	-1.62	-1.95	-1.61	2.42	3.16
常数项	48	-2.96	-2.62	-1.95	-1.60	2.32	3.04
无季节虚拟变量	100	-2.88	-2.58	-1.95	-1.60	2.35	3.08
无趋势项	136	-2.89	-2.58	-1.91	-1.58	2.36	3.00
	200	-2.87	-2.57	-1.92	-1.59	2.37	3.12
常数项	48	-3.08	-2.72	-3.04	-2.69	5.50	6.60
季节虚拟变量	100	-2.95	-2.63	-2.94	-2.63	5.56	6.57
无趋势项	136	-2.94	-2.62	-2.90	-2.59	5.56	6.63
	200	-2.91	-2.59	-2.89	-2.60	5.56	6.61
常数项	48	-3.56	-3.21	-1.91	-1.57	2.23	2.95
无季节虚拟变量	100	-3.47	-3.16	-1.94	-1.60	2.31	2.98
趋势项	136	-3.46	-3.16	-1.96	-1.63	2.33	3.04
	200	-3.44	-3.15	-1.95	-1.62	2.34	3.07
常数项	48	-3.71	-3.37	-3.08	-2.73	5.37	6.55
季节虚拟变量	100	-3.53	-3.22	-2.94	-2.63	5.52	6.60
趋势项	136	-3.52	-3.21	-2.93	-2.61	5.55	6.62
	200	-3.49	-3.18	-2.91	-2.60	5.56	6.57

注：摘自 Hylleber-Engle-Granger-Yoo(1990)中表 1。

附表 7　　Kunst 分布百分位数表

n	分位数							
	0.1	0.25	0.5	0.75	0.9	0.95	0.975	0.99
1	0.0	0.1	0.6	1.6	2.9	4.1	5.1	6.8
2	0.3	0.8	1.7	3.2	5.0	6.5	7.9	9.5
3	0.7	1.4	2.7	4.4	6.8	8.5	10.0	12.0
4	1.3	2.2	3.8	5.9	8.4	10.1	11.9	14.2
5	1.9	3.0	4.8	7.2	9.9	11.7	13.5	16.0
6	2.6	3.9	5.9	8.7	11.6	13.8	15.7	17.9
7	3.2	4.7	6.9	9.8	12.8	14.9	17.2	19.8
8	4.0	5.6	8.1	11.1	14.5	16.8	19.0	21.9
9	4.7	6.5	9.1	12.3	15.8	18.3	20.4	23.0
10	5.5	7.4	10.3	13.6	17.3	19.6	21.8	24.6
11	6.1	8.4	11.3	14.8	18.4	21.1	23.4	26.8
12	7.1	9.4	12.6	16.3	20.4	23.0	25.2	28.5

注：摘自 Kunst, R. M. (1997)中表 1。

附表 8　季节协整检验临界值表

（一）

协整回归中的确定项	T	t_3		t_4		F_{34}		
		0.05	0.10	0.05	0.10	0.05	0.10	0.99
无常数项	48	-4.04	-3.34	-2.05	2.05	6.01	7.46	10.80
无季节虚拟变量	100	-3.94	-3.30	-2.12	2.10	5.91	7.21	10.24
	136	-3.90	-3.28	-2.15	2.13	5.83	7.11	10.14
	200	-3.89	-3.29	-2.13	2.13	5.84	7.11	10.10
常数项	48	-3.96	-3.27	-2.03	2.12	5.96	7.35	10.51
	100	-3.86	-3.27	-2.08	2.12	5.83	7.10	10.15
	136	-3.84	-3.26	-2.10	2.14	5.83	7.13	10.09
	200	-3.86	-3.26	-2.13	2.15	5.79	7.01	10.02
常数项	48	-4.87	-4.18	-2.07	2.08	9.00	10.65	14.11
季节虚拟变量	100	-4.77	-4.12	-2.14	2.10	8.66	10.12	13.26
	136	-4.77	-4.14	-2.14	2.13	8.57	9.99	13.25
	200	-4.76	-4.12	-2.13	2.12	8.57	9.99	13.25

注：辅助回归式中无确定项。

（二）

协整回归中的确定项	T	t_3		t_4		F_{34}		
		0.05	0.10	0.05	0.10	0.05	0.10	0.99
无常数项	48	-3.89	-3.21	-2.00	2.08	5.77	7.13	10.22
无季节虚拟变量	100	-3.86	-3.24	-2.10	2.11	5.84	7.08	9.88
	136	-3.87	-3.26	-2.10	2.13	5.83	7.06	9.76
	200	-3.86	-3.26	-2.12	2.13	5.79	7.05	10.07
	48	-3.90	-3.23	-2.00	2.07	5.83	7.22	10.19
常数项	100	-3.87	-3.26	-2.10	2.09	5.80	7.09	10.02
	136	-3.83	-3.24	-2.10	2.14	5.73	7.07	9.96
	200	-3.87	-3.25	-2.12	2.12	5.78	7.10	9.95
常数项	48	-4.81	-4.11	-2.00	2.08	8.79	10.42	13.86
季节虚拟变量	100	-4.74	-4.10	-2.11	2.09	8.56	10.03	13.12
	136	-4.72	-4.10	-2.11	2.12	8.55	9.94	12.95
	200	-4.68	-4.10	-2.13	2.14	8.53	9.90	12.87

注：辅助回归式中仅有常数项。